AF551729

Die Welt der **Pflanzenfarben**

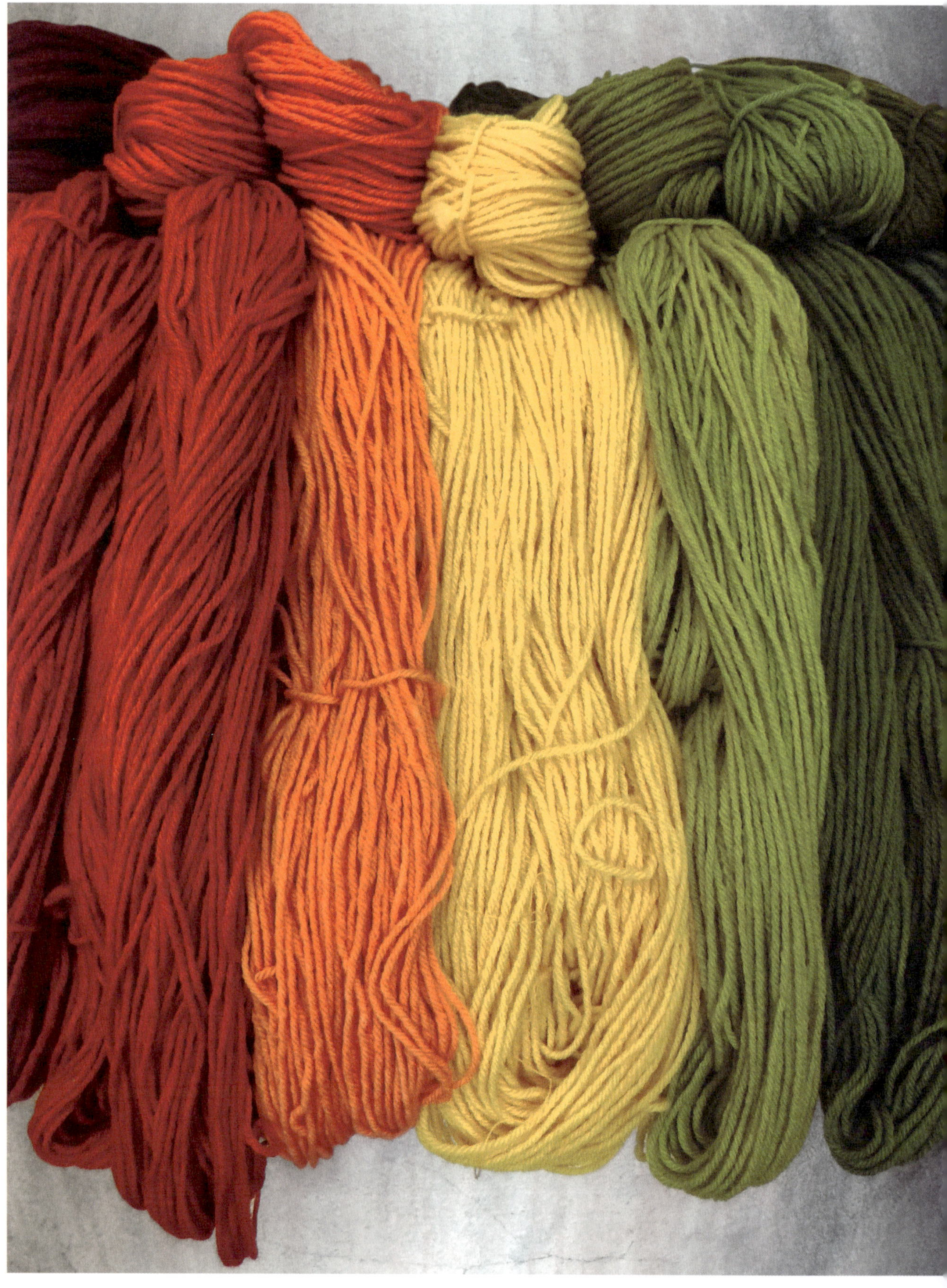

DIETER KAISER

Die Welt der Pflanzenfarben

Ein buntes Arbeits- und Reisebuch zum Färben von Wolle

at VERLAG

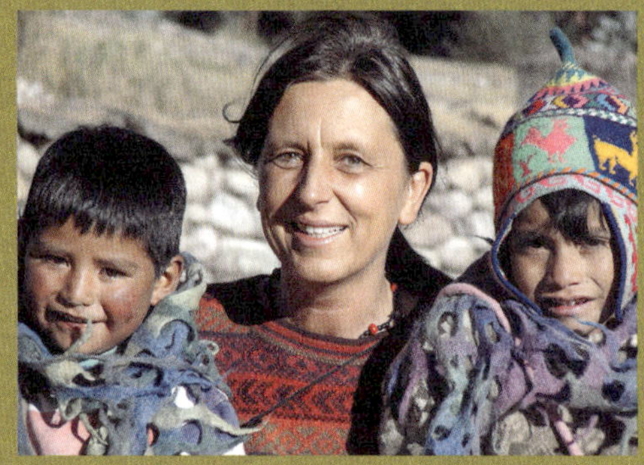

FÜR CHRISSE

Seit über vierzig Jahren ist die Pflanzenfärberei meine Arbeit, das Wissen darüber hat sich in dieser Zeit über anfängliches zaghaftes Experimentieren zu einem inzwischen akzeptablen Kenntnisstand entwickelt. Genauso lange begleitet mich auch schon meine Frau Chrisse durch das Leben. Sie war es, die meine Lust auf die Pflanzenfarben weckte und förderte. Ohne ihre Beharrlichkeit, ihren Tatendrang und ihre Zuversicht bei all meinen Rückschlägen wäre ich wohl bei der Arbeit verzweifelt, wäre auf dem Weg steckengeblieben. Als ich während meiner Arbeit mit den Pflanzenfarben und auch mit dem Buch oft Zeit und Raum vergaß, erledigte sie alles für mich vermeintlich Nebensächliche.

Ihre Kreativität war und ist grenzenlos. Handgewebte Teppiche aus pflanzengefärbter Wolle fertigte sie in traumhaften Designs, das Unterrichten im Filzen auf 4000 Meter Höhe in Peru bewerkstelligte sie erfolgreich mit der gleichen Präzision. Einen weltweit liefernden Betrieb zu managen, war eine Herausforderung; auch das gelang dank ihrer Kraft und ihres Elans. Dass zudem ihre Kochkünste bei unseren Färbekursen die Teilnehmerinnen fast vergessen lassen, wofür sie eigentlich hier sind, ist nur ein weiteres Beispiel ihrer Unverzichtbarkeit an meiner Seite.

Ohne Chrisse wäre ich heute nicht da, wo ich bin, wäre mein Wissen nicht auf diesem Stand, auch dieses Buch würde es nicht geben. Für all dies gibt es nur ein Wort:

Danke

Inhaltsverzeichnis

Vorwort

von Frau Dr. Annette Massmann,
Vorständin der GLS Zukunftsstiftung Entwicklung Bochum

Farben
Welches Lied singen die Farben meines Ortes?
Welche Farbe zeigt mir, wohin ich gehöre?
Welche Farbe streift meine Erinnerung
und lässt sie blühen?

Seit über zwanzig Jahren arbeite ich mit Menschen im globalen Süden zusammen – in Lateinamerika und der Karibik, Asien und Afrika. Mit den Jahren verschwanden die Farben der Orte und die Farben der Trachten. Sie wichen im Rhythmus neu entstehender Zementziegelbauten, aus deren Dächern die rostigen Moniereisen ragen, die von der Hoffnung auf Weiterbau künden. Sie wichen den knallbunten Plastikfarben ohne Herkunft und Geschichte. Sie wichen der Schnelle der Zeit.

Mit ihnen ging die Identität der Menschen, die eingewobenen Erzählungen der eigenen Herkunft und das Wissen darüber, welche Pflanzen und damit welche Farben die Heimat bestimmen. In den Dörfern der Cordillera de los Andenes zog mit diesen Zeiten das industriell gefertigte Garn ein. Die Frauen, die das Handwerk des Garnherstellens, Färbens und Webens beherrschten, ersetzten ihre eigenen durch diese Garne, denn irgendwann war dies sogar billiger.

Gleiches erlebte ich in Ländern wie Indien oder Nepal, die einmal über eine einzigartige Kunstfertigkeit des Webens von Textilien oder Teppichen aus natürlich gefärbten Garnen verfügten, wobei jede Kombination von Farben, Motiven und Mustern die Zugehörigkeit zu einem bestimmten

Ort und einer bestimmten Gruppe dokumentierte. Der Verlust des Wissens über die Pflanzen und den Herstellungsprozess bedeutete gleichzeitig etwas zu verlieren, was diese Menschen vorher in der eigenen Hand hatten – das zu verlieren, worüber sie aus eigenem Vermögen verfügen konnten. Es bedeutete auch, vom Warenkreislauf und Geld abhängig zu werden. Das wird spätestens dann zum Problem, wenn das notwendige Geld eben nicht vorhanden ist – und das ist in dieser Welt leider bei der Mehrzahl der Menschen der Fall.

Dank der Reisen und der Arbeit von Christa Laiß und Dieter Kaiser sind die weichen Naturfarben in die Hochanden genauso wie in den Himalaya oder nach Usbekistan zurückgekehrt. In Peru hat sich diese Kunstfertigkeit unter den Frauen wieder weit verbreitet, dazu kam die Technik des Filzens. Längst haben viele Frauen dank dieser Fertigkeiten eine Lebensgrundlage gefunden. Sie geben ihr Wissen weiter. In Nepal steht die Entwicklung des natürlichen Färbens noch am Anfang – doch auch hier wächst das Interesse rasant.

Aus der Perspektive meiner Arbeit ist es nicht nur die Freude an der Schönheit dieser Farben, sondern vor allem auch die Freude daran, dass das natürliche Färben vielen Frauen im Textilbereich – denn es sind zumeist Frauen, die in diesem Bereich arbeiten – eine Lebensgrundlage bietet. Und das auf der Basis dessen, worüber sie unmittelbar verfügen, was sie unmittelbar pflegen und erhalten können.

Dieses Buch lässt den Leser und die Leserin nicht nur zu den Pflanzen und ihren Farben, sondern auch zu den Menschen und der Geschichte ihrer Farben reisen. Mir bleibt, Christa Laiß und Dieter Kaiser für ihre Arbeit und ihren großen Einsatz für Pflanzen und Menschen zu danken.

Dr. Annette Massmann
GLS Zukunftsstiftung Entwicklung

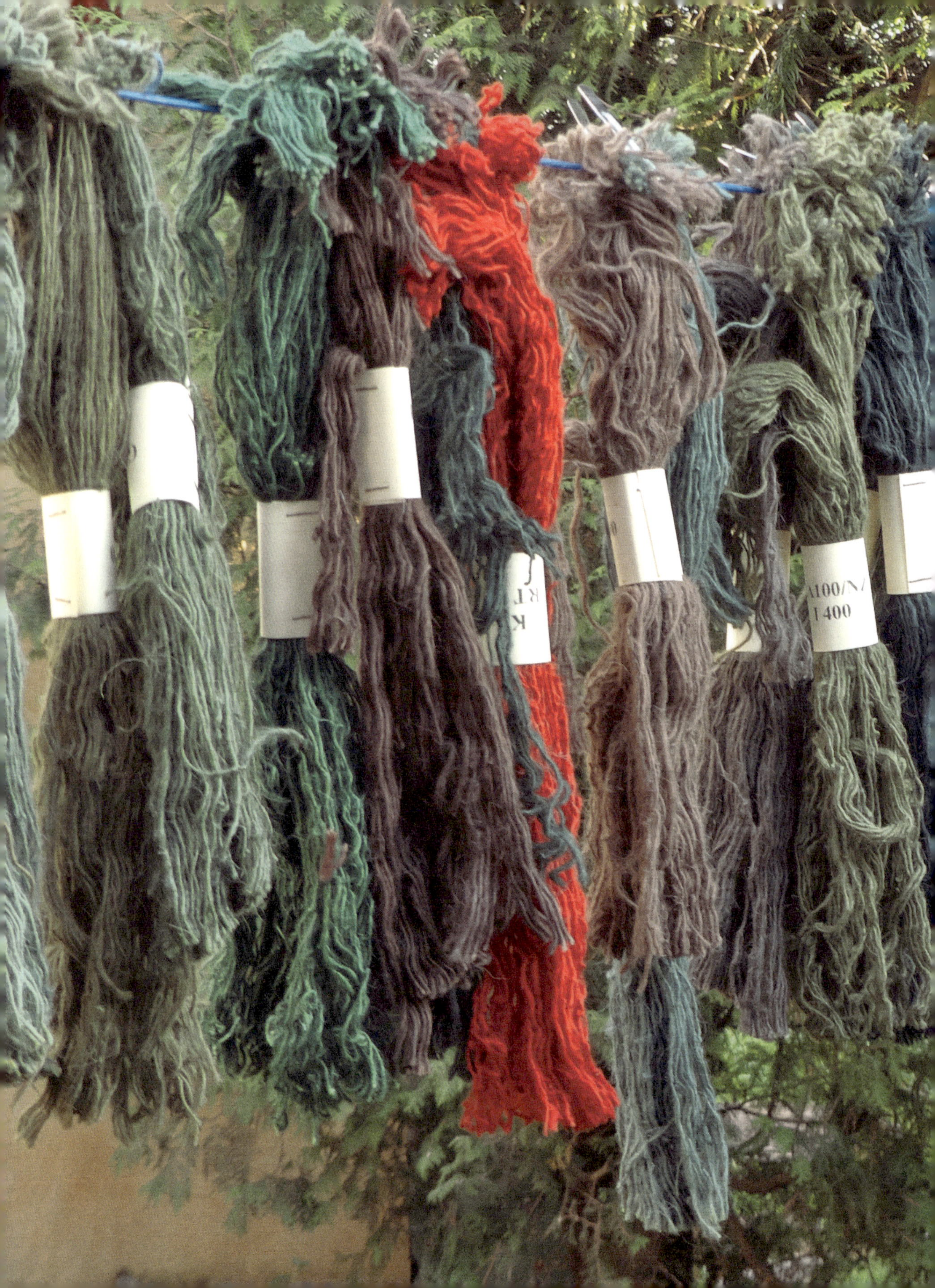
A100/N/
I 400

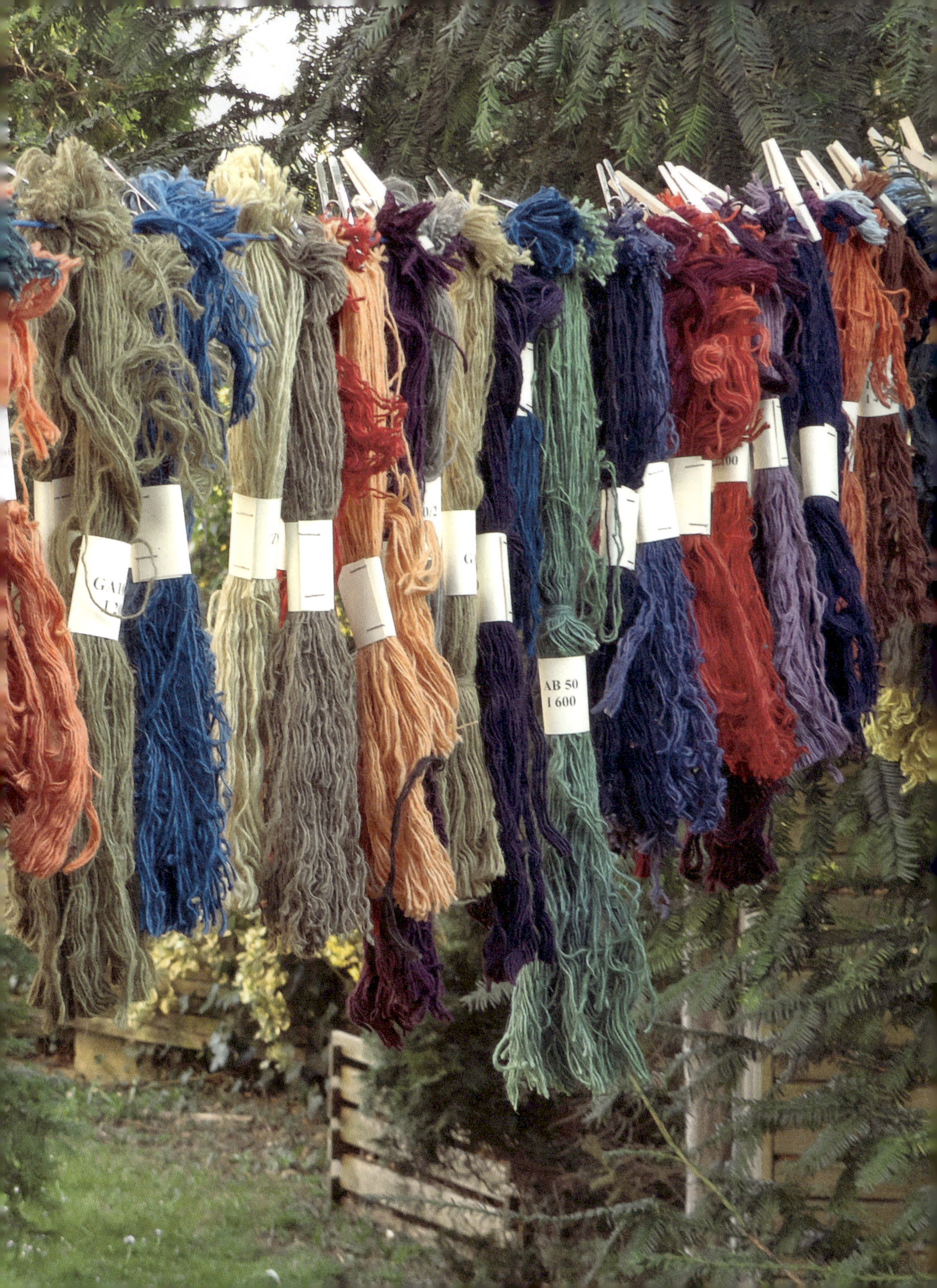
AB 50
I 600

Über dieses Buch

Es ist August. Wieder einmal sind es fast vierzig Grad Außentemperatur. Wir befinden uns beim Färbekurs in der Filzschule in Oberrot. Ich bin diese Hitze schon gewöhnt, im letzten Jahr war es auch so heiß. Die Hoffnung auf ein wenig Abkühlung und angenehmere Temperaturen erfüllt sich nicht. Erschwerte Bedingungen also in der Vorstellungsrunde für eine neue Woche mit zwölf Teilnehmerinnen am Färbekurs. Es ist ein übliches Ritual, um sich im Vorfeld ein wenig kennenzulernen. Alle schildern ihre hohe Motivation und die Freude auf das gemeinsame Lernen, bis zwei Damen an der Reihe sind, deren Blicke etwas konsterniert wirken und sie selbst etwas fehl am Platz. Dieser Eindruck bestätigt sich: Die beiden Frauen haben den Kurs geschenkt bekommen und sind nun mehr aus Höflichkeit dem Geschenk gegenüber anwesend, ihre Neugier auf einen Färbekurs hält sich sehr in Grenzen. Sie lassen auch keinen Zweifel daran, dass sie, sollte ihnen der Kurs nicht zusagen, abreisen wollen.

Ich kann die beiden gut verstehen, warum soll man sich auch mit Farben auseinandersetzen, ist der tägliche Umgang mit ihnen doch so selbstverständlich. Farbe ist einfach präsent in unserem ganzen Leben, ob in der Natur, im Haus, bei Lebensmitteln oder anderen Produkten. Aber meine Erfahrung hat mir auch gezeigt, dass die Menschen sehr schnell auf dieses Thema neugierig werden, schon wenn man fragt, wie die Menschen denn vor der Entdeckung der chemischen Farbstoffe jahrtausendelang Farben hergestellt und verwendet haben. Spätestens bei einer Färbedemonstration und endgültig durch die Erfahrung bei einem Kurs haben wir jede und jeden mit unserem Thema gefangen.

So auch bei diesen beiden Teilnehmerinnen. Nach einem halben Tag schwand ihre Skepsis, und schon am ersten Abend überwog die Neugier auf das, was noch folgen sollte. Nach fünf Tagen im Färberausch waren die anfänglichen Bedenken längst vergessen: »Wir wollten doch nicht abreisen! Was für eine tolle Woche!«

Dieses Buch setzt genau auf diesen Ansatz, eine vorhandene Skepsis in Neugierde zu verwandeln, Seite für Seite tiefer einzutauchen in die bunte Welt der Pflanzenfärberei. Den Horizont erweitern und neues Wissen aufnehmen, Menschen in anderen Kulturen kennenlernen und sehen, wie sich ihr Leben durch dieses Wissen verändert. Mehr über die Geschichte der Färberei erfahren, über Handelsrouten, über soziale Verwerfungen. Die Farbenlehre verstehen lernen. Sehen, wie Rot und Blau Lila ergibt. Und vielleicht am Ende selbst mit der Pflanzenfärberei zu beginnen. Wenn Sie dazu nicht die Zeit finden, dann haben Sie zumindest etwas gelernt: nicht nur über Farben, sondern auch, wie man mit der Färberei Entwicklungszusammenarbeit erfolgreich praktiziert. Und wie man Menschen auf Augenhöhe begegnet: der erste und wesentlichste Schritt für eine fruchtbare Zusammenarbeit.

Eine Vielfalt an Farbmustern, hergestellt im Färbekurs in Oberrot

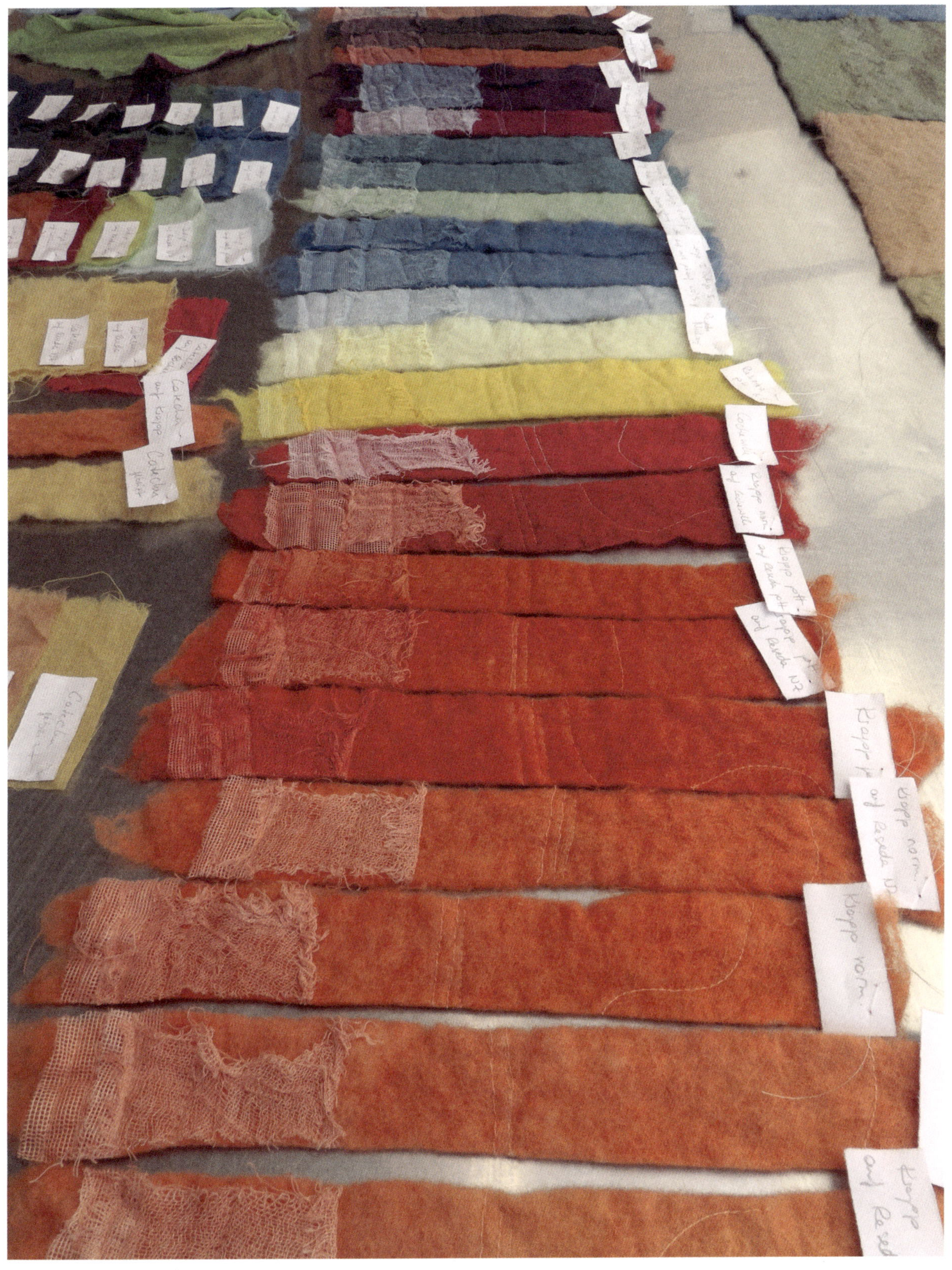

Wichtig ist uns auch, dass sich Ihre Perspektive verändert. Wenn Sie die Pflanzenfärberei bislang als ein Hobby, einen Zeitvertreib betrachtet haben, um farbliche Harmonien aus der Natur herzustellen, wollen wir Ihnen zeigen, dass es sich vielmehr um ein Jahrtausende altes Handwerk, ein immaterielles Kulturgut handelt, das es zu bewahren gilt. Dies ist besonders wichtig für die Entwicklungszusammenarbeit. Die Färberei ist ein universelles Handwerk. Überall auf der Welt wurden und werden Farbstoffe hergestellt, wurde und wird gefärbt, nur dass der technische Fortschritt überall das vorhandene Wissen und Können verdrängt und verschüttet hat. Dieses verschollene Wissen verschiedener Kulturen wiederzuentdecken und den Menschen wieder zugänglich zu machen, haben wir uns zur Aufgabe gemacht. Vielen Menschen konnten wir, und viele Mitstreiterinnen und Mitstreiter mit uns, dadurch ein besseres Leben ermöglichen. Für alle Beteiligten ist dies ein besonderes und nachhaltiges Erlebnis.

Die Möglichkeiten für einen ökologisch und gleichzeitig ökonomisch erfolgreichen Einsatz der Pflanzenfärberei sind in der heutigen Zeit vielfältig vorhanden, sodass es sich lohnt, diese genauer zu betrachten. Ob in der Entwicklungszusammenarbeit, für Wollproduzenten, für Kurse und Seminare, als Lehrstoff an Kunst- und Textilhochschulen oder Schulen und Kindergärten: Richtig angewendet und eingesetzt, bietet die Pflanzenfärberei ein weites Betätigungsfeld.

All diese Aspekte werden wir in diesem Buch ansprechen. Das Fundament dafür ist nicht die reine Theorie, sondern unsere langjährige Arbeit und unsere Erlebnisse in der Färberei und der dazugehörigen kleinhandwerklichen Wollverarbeitung. Und natürlich auch unsere Erfahrungen bei den vielen Einsätzen im Ausland.

Viele Pflanzen liefern Farben, es gibt aber nur wenige, die für einen professionellen Einsatz geeignet sind. Deshalb widmen wir unsere besondere Aufmerksamkeit in diesem Buch fünf Färbemitteln aus Flora und Fauna: Färberwau, Indigo, Katechu, Krapp-

Beim Färbekurs in Pacha, Peru

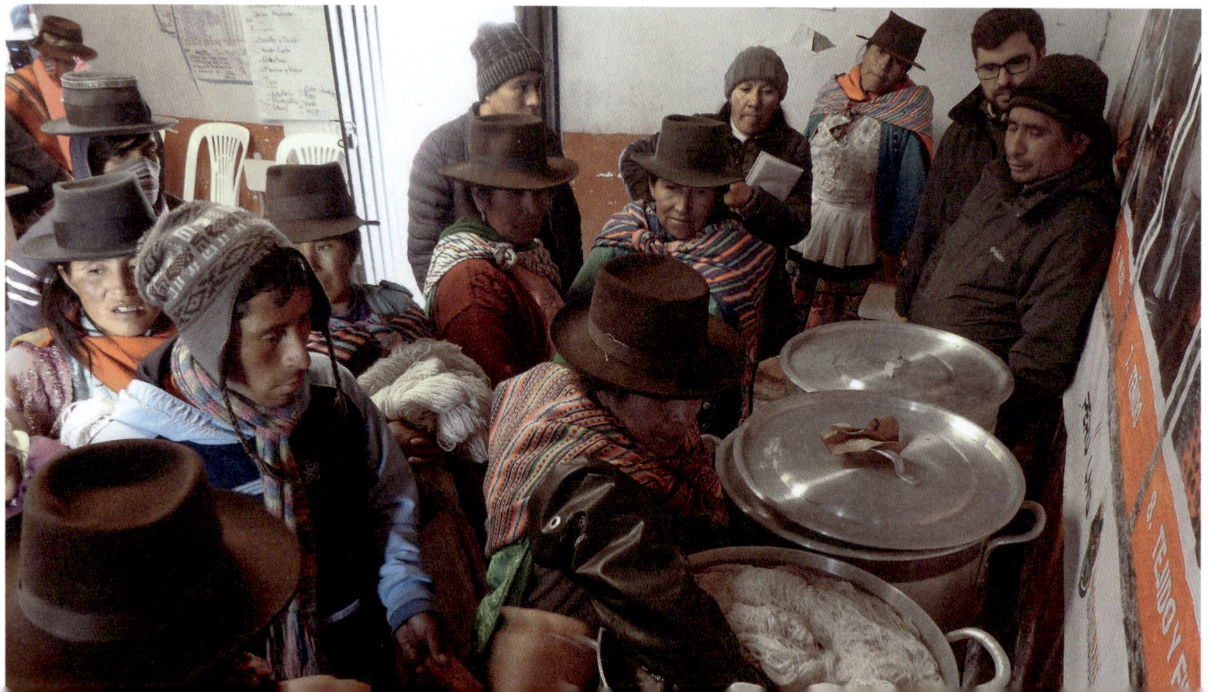

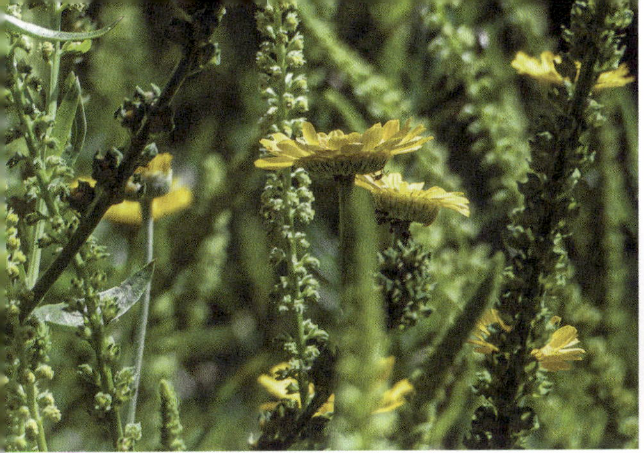

Links: Blühende Färberkamille und Reseda im Garten
Rechts: Farbmuster, gefärbt auf Strickwolle

wurzel aus dem Reich der Pflanzen und die Koschenillelaus aus dem Reich der Tiere. Wir zeigen Ihnen anhand genauer Grundrezepturen, wie Sie mit diesen fünf Farbstoffen eine eindrucksvolle Anzahl miteinander harmonierender Farben auf die Wolle zaubern. Die Beschreibung weiterer gängiger Farbstoffe, von Goldrute, Färberkamille, Walnussschalen, Granatapfel und Gallapfel, erweitert die Farbpalette ins nahezu Unendliche.

Dieses Buch ist ein Eintauchen in die Vielfalt der Pflanzenfärberei, aber es ist auch unsere eigene Geschichte, die seit vierzig Jahren mit Wolle und Farben fest verwoben ist. Ganz besonders ist es aber auch ein Buch gegen das Vergessen.

DIE REZEPTE

Alle in diesem Buch aufgeführten Rezepte sind das Ergebnis von Erfahrung, manch schlafloser Nacht, nicht enden wollenden Überlegungen und ausführlichen Diskussionen. Ein Punkt war aber von Anfang an klar: Wir wollen kräftige und dunkle Farben zeigen. Das immer wiederkehrende Argument, dass mit natürlichen Stoffen nur blasse und matte Farben gelingen können, wollten wir widerlegen. Wir haben deshalb alle Rezepte so angelegt, dass immer ein schöner kräftiger Farbton erreicht wird.

Hellere Farben können auch in einem Nachzug gefärbt werden, oder das Rezept kann einfach umgestellt werden. Anstelle der von uns verwendeten Farbstoffmenge kann auch mit weniger gearbeitet werden.

Natürlich sind unsere Rezepte nicht der Weisheit letzter Schluss. Das Färben mit Pflanzen ist so vielschichtig und abhängig von den unterschiedlichsten Faktoren, jeder Färber weltweit sammelt bei seiner Arbeit seine persönlichen Erfahrungen. Unsere eigene, jahrzehntelange Praxis ist die Grundlage für dieses Buch, alle Rezepte und technischen Beschreibungen sind unzählige Male durchgeführt worden, sodass Sie sich darauf verlassen können, ohne große Probleme damit arbeiten zu können. Anregungen, Kritik oder auch Verbesserungsvorschläge nehmen wir aber gerne an, schließlich dreht sich die Welt weiter, und ein offenes Ohr war schon immer der beste Grundstein für weitere Entwicklungen.

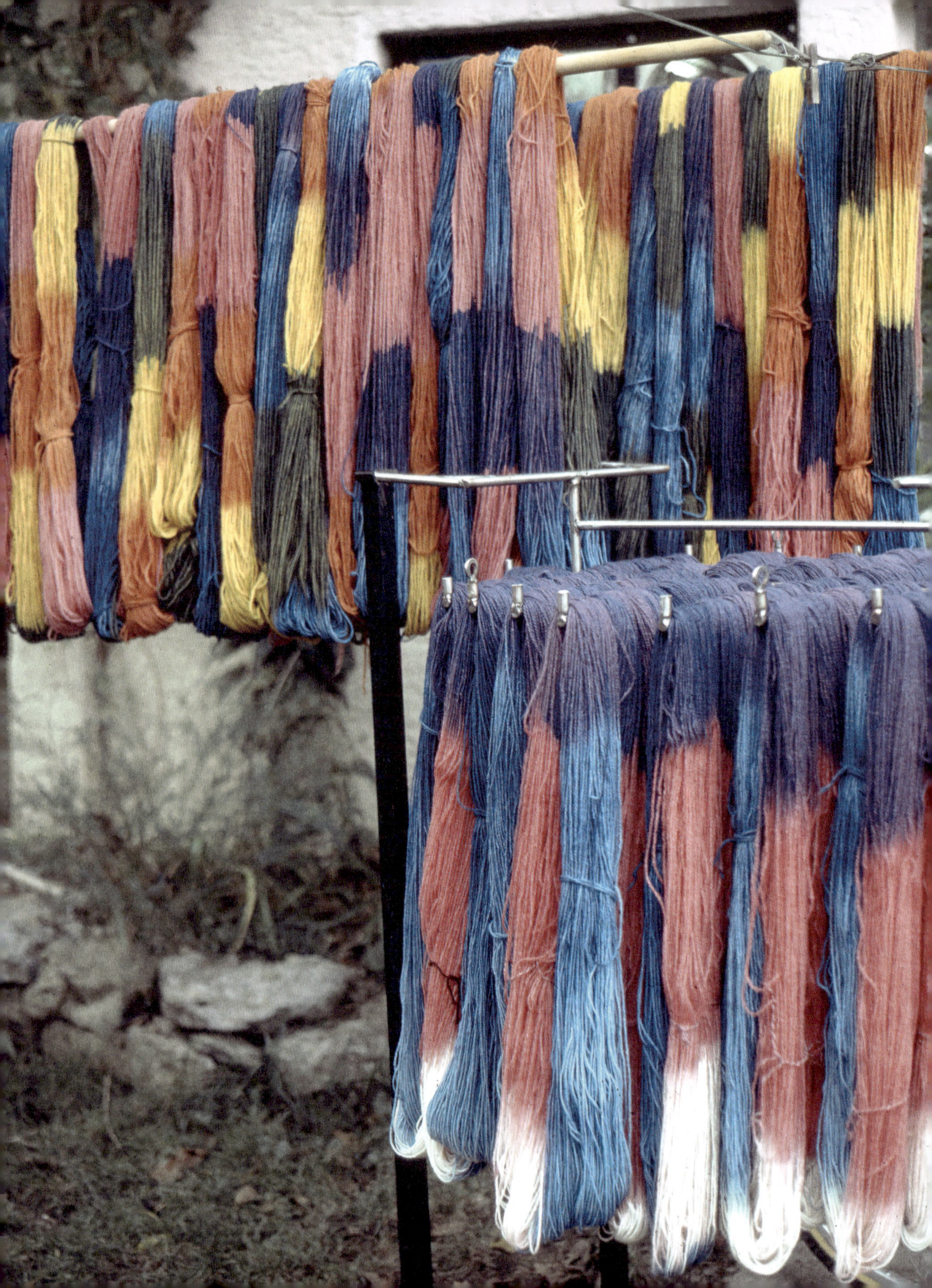

Über uns und unsere Geschichte

BEGEGNUNG MIT DEN PFLANZENFARBEN

Die Begegnung mit den Pflanzenfarben war keine Liebe auf den ersten Blick. Es war vielmehr eine langsame, manchmal schmerzhafte, mit Rückschlägen verbundene Annäherung. Ungeduld, Unwissenheit und der Wunsch nach schnellen Ergebnissen waren, im Nachhinein betrachtet, keine guten Voraussetzungen für schöne Farben.

Meine Frau Chrisse äußerte eines Tages den Wunsch, ich solle doch versuchen, für ihre gewebten Teppiche Wolle mit Pflanzen zu färben. Ich stürzte mich also in ein Abenteuer, ohne zu wissen, was auf mich zukommen würde. Vor mir lagen etliche Färbebücher; unzählige Rezepte mit giftigen Beizen wie Chromkali und Kupfersulfat verursachten mehr Verwirrung, als dass sie mir Hilfe boten. Wo und wie fange ich an? In einem alten Waschkessel begann ich mit den ersten Färbungen. Ich hatte von der Wichtigkeit der Beizen gelesen, also gab ich diese in den Kessel, später noch einen Zusatz von Pottasche. Ich hatte zu diesem Zeitpunkt noch keine Ahnung von der Wirkung dieser Substanzen. Die Reaktion im Kessel war aber eindeutig, das Farbbad ergoss sich in einem nicht mehr endenden Schwall über den Kesselrand. Die Dämpfe durchzogen das Haus, der Gestank war eine Woche lang kaum auszuhalten. Die Wolle im Kessel war nicht mehr zu gebrauchen, keine Farbe zu erkennen – Begeisterung für die Pflanzenfarben bei mir ebenso wenig.

Chrisse musste viel Überzeugungsarbeit leisten, um mich zu einem zweiten Anlauf zu bewegen. Ich musste eine Strategie finden, um das Chaos in meinem Kopf zu beseitigen. Ich beschloss, mir aus all der Literatur *ein* Buch auszusuchen und mit diesem zu arbeiten. Aufmerksam las ich nun alles durch und setzte mich mit der Materie zunächst theoretisch auseinander. Dies war der richtige Weg für den Einstieg in die Pflanzenfärberei. Jetzt stellte sich auch langsam die Freude an dieser Arbeit ein und eine Neugier auf all das für mich Neue.

Als Beizstoffe verwendete ich wegen ihrer Umweltverträglichkeit nur noch Alaun und Weinstein und lernte den Umgang mit den Farbstoffen. Die Ergebnisse wurden mit der Zeit immer ansehnlicher. Die pflan-

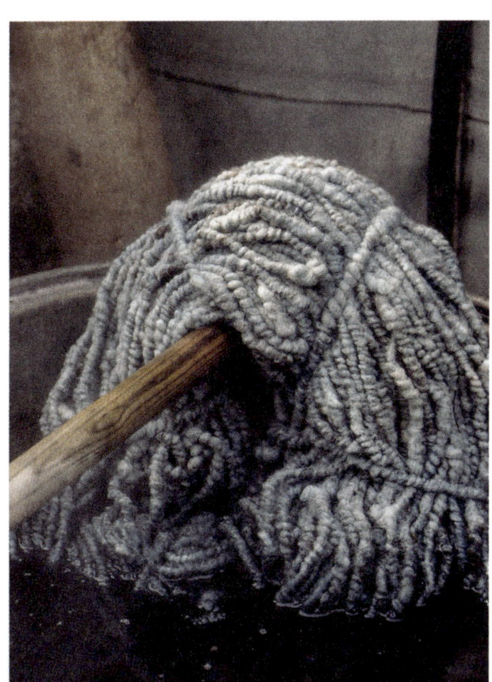

Links: Regenbogenwolle, komplett und noch auf Gelb wartend
Rechts: Die ersten Anfänge, Teppichwolle für Chrisse

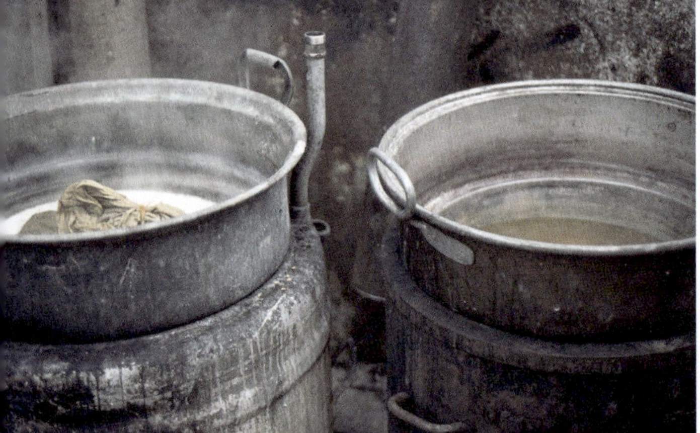

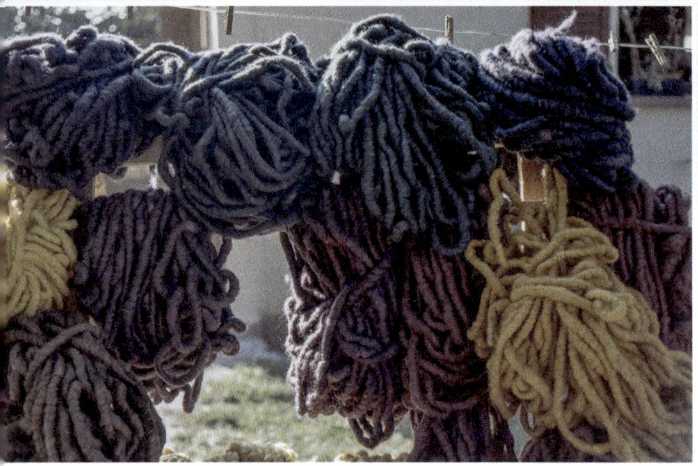

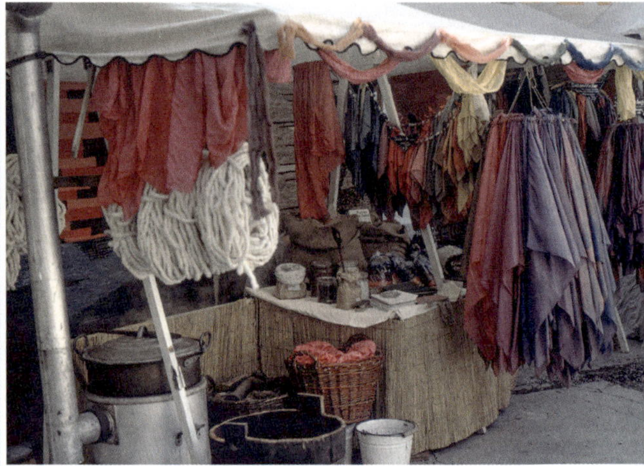

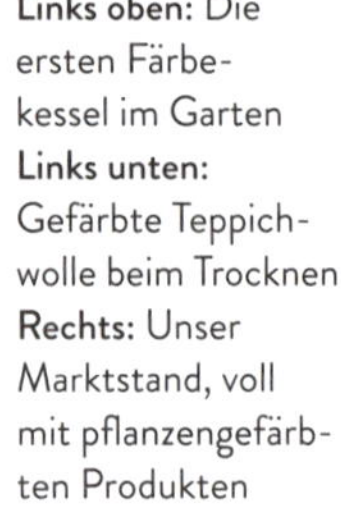

Links oben: Die ersten Färbekessel im Garten
Links unten: Gefärbte Teppichwolle beim Trocknen
Rechts: Unser Marktstand, voll mit pflanzengefärbten Produkten

zengefärbten Teppiche, die Chrisse in mühevoller Arbeit am Handwebstuhl aus meiner Wolle gestaltete, waren unsere ersten erfolgreichen Produkte. Wir präsentierten die Stücke auf Handwerker- und Künstlermärkten, fertigten aber auch auf Wunsch von Kunden.

Um unsere Produktpalette zu vergrößern, begann ich mich mit Seide zu beschäftigen. Sie erwies sich noch um Einiges komplizierter und schwieriger zu färben, vor allem, wenn die Seidenstoffe gleichmäßig und fleckenfrei werden sollen. Aber mit Geduld, Hartnäckigkeit und Chrisses liebevoller Unterstützung gelang es. Die bunten Tücher wurden unser zweites Standbein, und immer mehr Produkte füllten unseren Marktstand.

DER GROSSHANDEL – WELTWEIT LIEFERN

Unser Weg war nie vorgegeben, wir hatten beide kein klares Ziel vor Augen. »Der Weg ist das Ziel.« Diesem Motto folgend, hielten wir vor jeder Weggabelung an, den Blick nach rechts und links gerichtet. Wenn sich eine neue und interessante Richtung auftat, schlugen wir sie ein, nie ahnend, wohin sie uns führen würde. Klar war nur: Die Arbeit mit Wolle, Seide und der Pflanzenfärberei wird unser Leben bestimmen.

So konnten wir die Anfrage einer hier ortsansässigen Naturwarenfirma nach unseren Produkten nicht ablehnen. Dies war der Anfang der Pflanzenfärberei »Neckarmühle«, Herstellung und Großhandel mit pflanzengefärbten Produkten. Anfangs mit wenigen Kunden, entwickelte sich die Färberei Jahr für Jahr weiter zu einer weltweit liefernden Firma. Die Zahl der Produkte in unserem Katalog wuchs. Und wir hatten das Glück, auf einer Welle mitzureiten. Das Basteln mit Märchenwolle war in den neunziger Jahren ein unglaublicher Hype. Entstanden in der »anthropo-

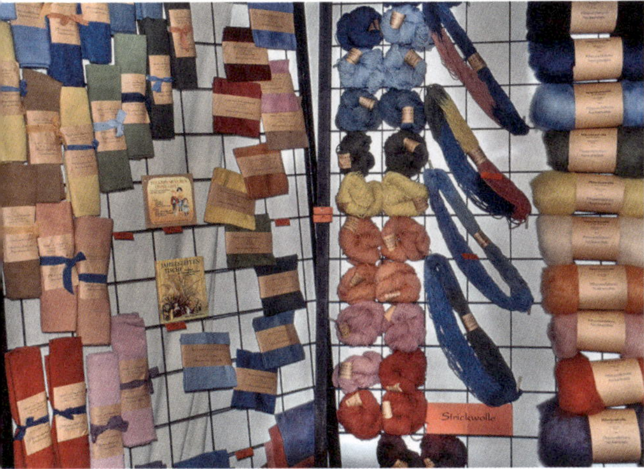

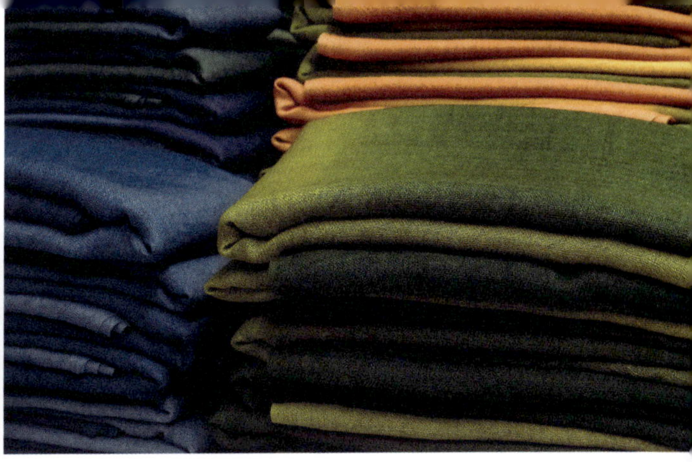

Links: Stand auf der internationalen Spielwarenmesse in Nürnberg
Rechts: Pflanzengefärbte Wolltücher vor dem Versand ins Ausland

sophischen Ecke« verbreitete sich die Lust an der bunten Bastelei. Naturfarben waren angesagt, auch jede konventionell arbeitende Firma wollte da mitschwimmen. Es gab zum Teil haarsträubende Anfragen, zum Beispiel: »Können Sie unsere synthetischen Strumpfhosen mit Pflanzen färben?« Für einen sehr bekannten, weltweit agierenden Textilkonzern erstellten wir Rezepte und Musterfärbungen für eine neue Kollektion – sie ging aber nie an den Start. Ein Hype ist eben ein Hype und kein langfristiger Trend.

Es folgten Präsentationen auf internationalen Messen, wir flogen zu Messebesuchen nach Tokio, all dies mit unseren eigenen pflanzengefärbten Produkten. Erfolg ist schön, aber macht blind. Wir sahen keine Abzweigungen mehr, sondern folgten blindlings dem erfolgreichen Weg. Irgendwann baute sich eine Mauer vor uns auf. Wo waren wir eigentlich? Unser soziales Umfeld bröckelte weg, die Familie war in Mitleidenschaft gezogen, körperlich und seelisch waren wir ausgebrannt. Ein radikaler Schritt war notwendig, eine Rückbesinnung auf das Wesentliche. Wir verkauften unseren Betrieb: Die Vollbremsung verhinderte Schlimmeres.

Aber schon nach kurzer Zeit erholten wir uns, schöpften Kraft. Neue Pläne entstanden in unseren Köpfen. Und so hielten wir wieder die Augen offen, um keine Wegabzweigung zu verpassen, die wir nun wieder sahen. Unsere bis dahin als Ferienhaus genutzte Finca auf La Palma machten wir zu unserem Zweitwohnsitz. Dort richteten wir eine Färberei sowie eine Schneiderwerkstatt ein und hatten wieder genügend Zeit für das Experimentieren mit Farbstoffen und neuen Farben.

DIE EINSÄTZE – WELTWEIT ARBEITEN

Der nächste gravierende Einschnitt in unserem Leben war eine Reise nach Peru, das Ursprungsland der Koschenille. Ein von der »GLS Zukunftsstiftung Entwicklung« initiiertes Projekt in den peruanischen Anden zur Unterstützung der dort ansässigen Alpakabauern hatten wir bereits seit längerer Zeit finanziell unterstützt, immer mit dem

Wunsch, das Projekt einmal vor Ort mit eigenen Augen zu sehen. Jetzt hatten wir Zeit, also reisten wir im Jahr 2004 zum ersten Mal zu dem kleinen Ort Tinki, auf 4000 Meter Höhe oberhalb von Cusco gelegen. Die dort installierte Solarwäscherei für Alpakawolle sollte den Unterhalt der Bauern verbessern und sie von den großen Wollkonzernen unabhängiger machen.

Als wir dort angekommen waren und uns die Einrichtungen ansahen, stellte sich heraus, dass das sehr ambitionierte Projekt mehr schlecht als recht funktionierte. Die Alpakawolle wurde zwar wie vorgesehen gewaschen, aber sie wurde danach nur gelagert und vergammelte in einer Halle. Wir waren frustriert. Aber eine Heimfahrt, ohne das Problem wenigstens anzugehen, kam für uns nicht infrage. Uns war schnell klar: Was dem Projekt fehlte, war die Weiterverarbeitung vor Ort. In kurzer Zeit skizzierten wir ein neues, in unseren Augen machbares Projekt: eine umfassende Wollverarbeitung von der Schur der Alpakas bis zum fertigen Endprodukt. Dies sollte nicht nur eine viel höhere Wertschöpfung bringen, sondern es würde auch viele neue Arbeitsplätze garantieren. So initiierten wir gemeinsam mit der indigenen Bevölkerung eine Wollverarbeitung, inklusive Pflanzenfärberei und Filzwerkstatt. Dafür waren wir schließlich Experten. Der Ort Tinki wurde unsere dritte Heimat. Über viele Jahre hinweg verbrachten wir ein bis zwei Monate im Jahr in der von Geistern belebten Bergwelt der Anden. Das Projekt entwickelte sich ständig weiter, weit über die Grenzen Perus hinaus.

Unsere Arbeit wurde auch vom SES Bonn, dem Senioren-Experten-Service, unterstützt. Zwar waren wir noch lange nicht im Rentenalter angekommen, aber durch den Verkauf unserer Firma hatten wir mehr Zeit und es gab keine Experten sonst auf diesem Gebiet. Daraufhin häuften sich internationale Anfragen, es war unmöglich, alle zu bedienen. Einige Projekte konnten wir erfolgreich anstoßen, andere waren nicht nachhaltig erfolgreich, beispielsweise eines in Albanien. Das Färben und Filzen mit den

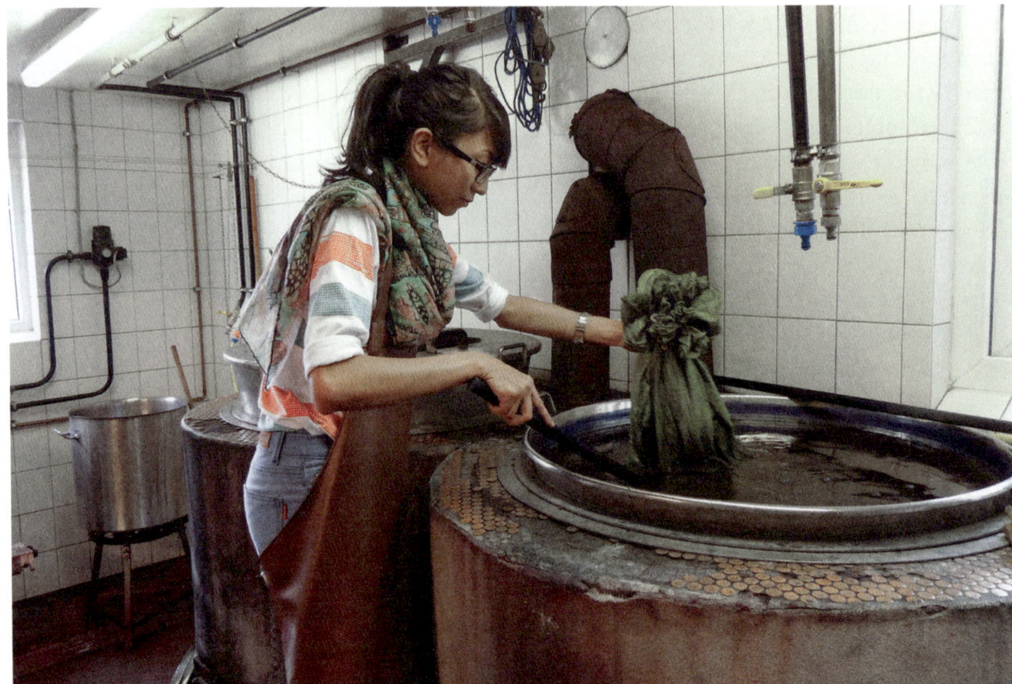

Besuch aus Nepal in unserer Färberei

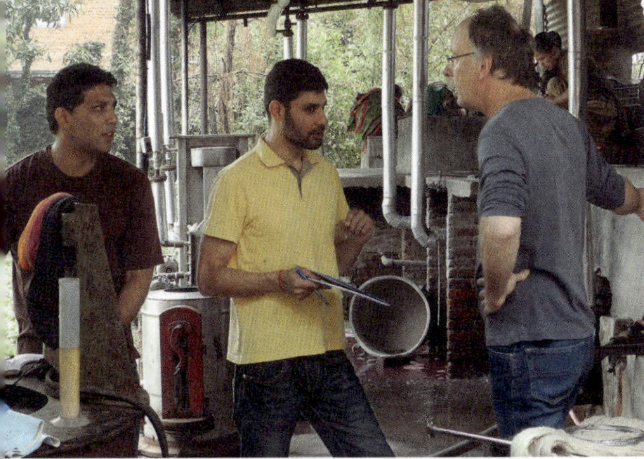

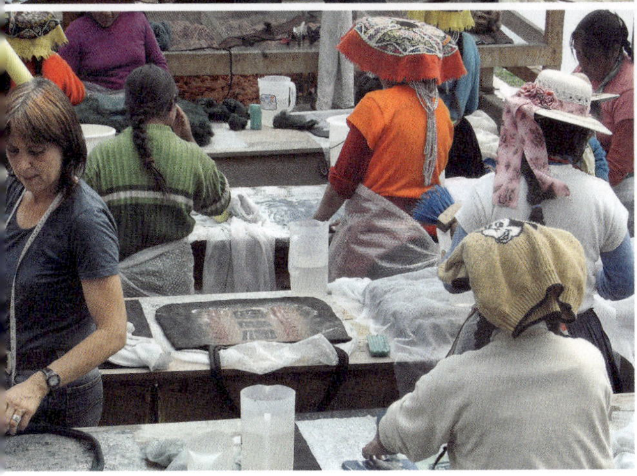

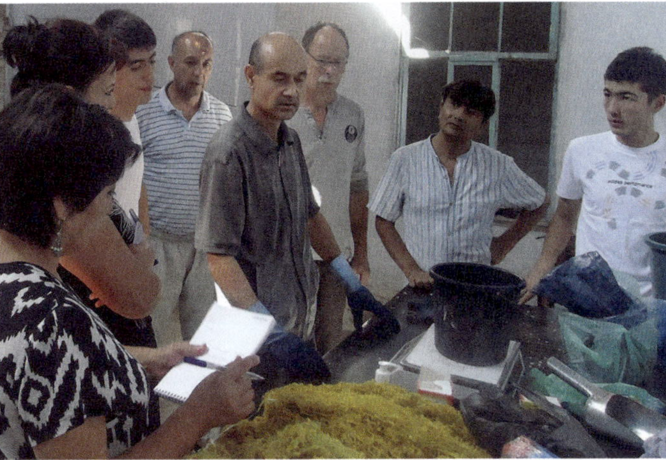

Links oben: Mit Toni und Johnny bei der Arbeit in Kathmandu
Links unten: Chrisse beim Filzen unterrichten in Tinki, Peru
Rechts: Färbeseminar bei Yodgorlik in Margillan, Usbekistan

warmherzigen Menschen dort ist uns unvergesslich. Letztlich aber scheiterte das Projekt. Der darauffolgende Arbeitseinsatz für den SES war von mehr Erfolg gekrönt. Es ging nach Usbekistan. In der Färbewerkstatt von Yodgorlik in Margilan waren alle Beteiligten mit Herz und Seele dabei – wir erzählen später mehr darüber. Danach interessierte sich die GIZ (Deutsche Gesellschaft für Internationale Zusammenarbeit) für unsere Arbeit, in deren Auftrag wir dann mehrere Einsätze in Usbekistan durchführten.

Ein weiteres Projekt entfachte unsere Begeisterung sofort, als wir hörten, wohin es uns führen sollte: nach Nepal. Rezepturen für Teppiche aus pflanzengefärbter Wolle für den internationalen Markt zu erstellen, war eine herausfordernde Arbeit. Nach den Erfahrungen in Peru und Usbekistan wurde uns nun eines klar: Unsere Lebensaufgabe wird in Zukunft sein, mit unserer Kenntnis über die Pflanzenfärberei all das verloren gegangene, alte Wissen wieder neu zu beleben, weltweit, wo immer wir gebraucht werden.

Dafür war jedoch wieder eine Vollbremsung nötig. Eine Finca auf La Palma, ein großes Anwesen in Kleiningersheim und ständige Arbeitseinsätze im Ausland, das war nicht zu stemmen, ohne unsere Gesundheit aufs Spiel zu setzen. Also trennten wir uns von unserer Finca. Die Begegnungen mit den Menschen in anderen Kulturen und die Erfahrungen bei der gemeinsamen Aufbauarbeit waren uns letztendlich viel mehr Wert, als ein gemütliches Leben auf einer von der Sonne verwöhnten Insel im Atlantik.

Heute beschränken wir uns in unserer Werkstatt darauf, für den Großhandel den

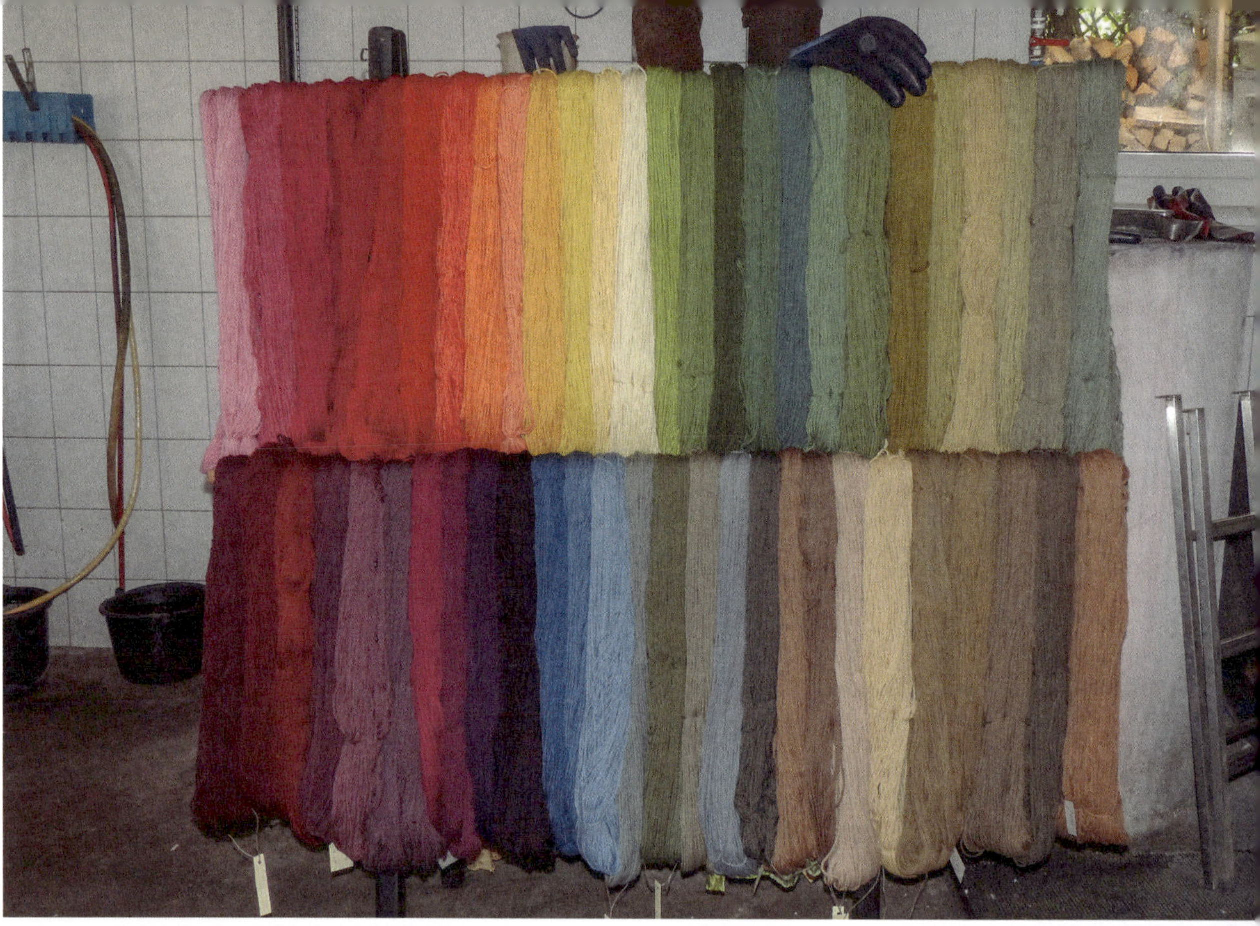

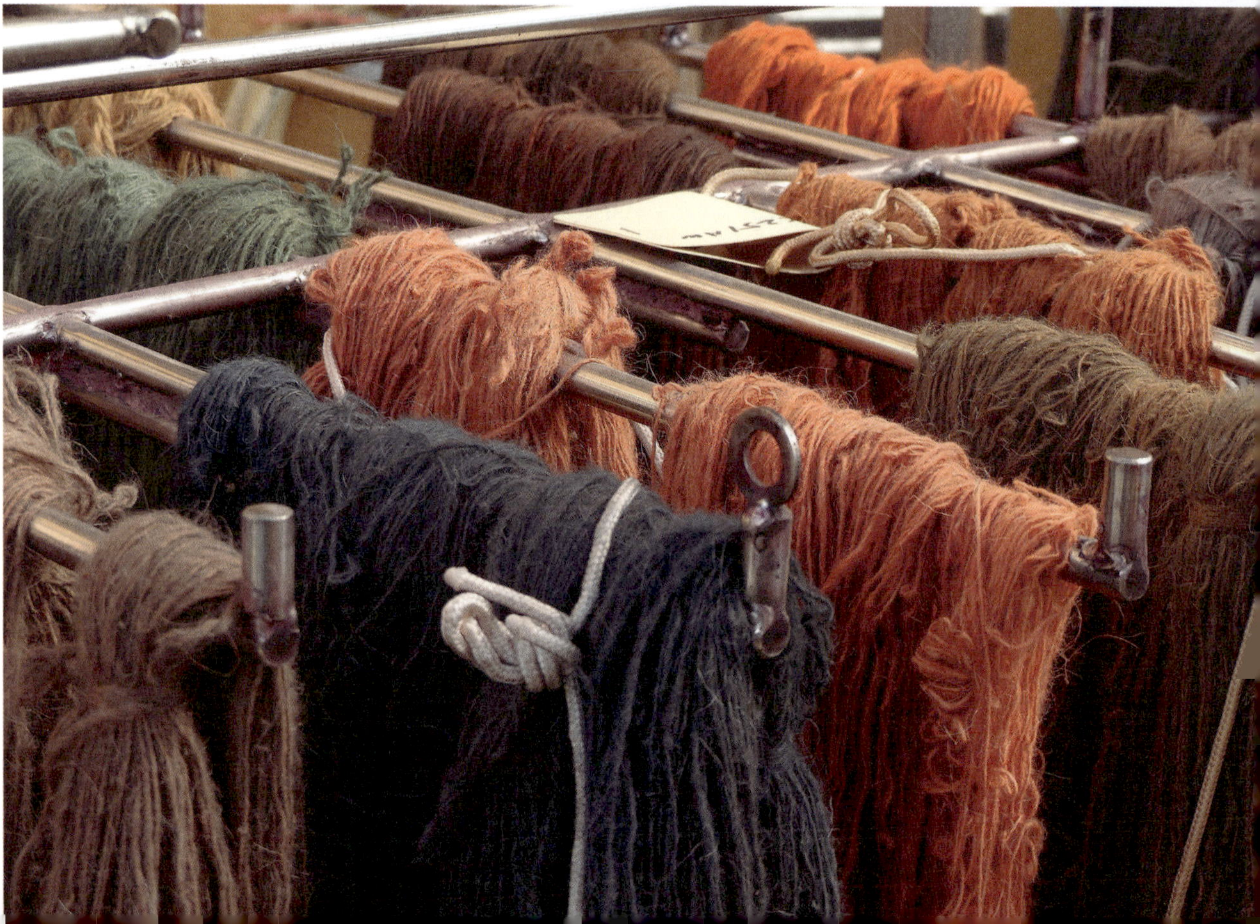

Farbenrausch der Natur auf Seidentücher zu zaubern. Auf Wunsch stellen wir auch weiterhin spezielle Musterfärbungen her. Unser Wissen weiterzugeben, ist zum wichtigsten Bestandteil unserer Arbeit geworden. Wir veranstalten Schnupperkurse, um in die Pflanzenfärberei einzuführen, und weiterführende Kurse, um interessierte Menschen bis zur Perfektion weiterzubilden. Ansonsten reisen wir in entlegene Regionen der Welt, um dortige Textiltraditionen wiederzubeleben. Zum Beispiel unterrichteten wir in der Women's Foundation in Kathmandu, ein weiteres Projekt in Kigali (Ruanda) war geplant. Und natürlich sind wir immer wieder in Peru. Die dort bereits sehr erfolgreiche Arbeit mit unseren peruanischen Freunden ist uns eine Herzensangelegenheit und ein fester Bestandteil in unserem Leben.

DIE PANDEMIE – WELTWEIT AUSGEBREMST

Dann folgte eine weitere Vollbremsung, diesmal jedoch ungewollt, für uns unnötig und zum absolut falschen Zeitpunkt. Im März 2020 hat das Coronavirus die Welt lahmgelegt und auch unsere Aktivitäten zum Stillstand gebracht. Seit diesem Zeitpunkt wurden alle Einsätze im Ausland verschoben, teilweise auch ganz abgesagt, wie das geplante Projekt in Ruanda. Der von der peruanischen Regierung erbetene Unterricht in den Kunsthandwerkerschulen ist ebenso unmöglich geworden wie die Ausbildung der Frauen in der Women's Foundation in Kathmandu.

Unsere mittlerweile weitverzweigten Wege waren im Dunkeln verborgen oder versperrt. Aber zum Glück gibt es heute ja Möglichkeiten zur Kommunikation. So konnten wir den Kontakt zu unseren Freunden in aller Welt per E-Mail, Messenger Dienste und Telefonie halten. Dadurch hatten wir immer die Gewissheit, dass es ihnen gut geht. Zum Glück leben sie noch alle, ob in Peru oder in Nepal. Es ist allerdings zu befürchten, dass die Pandemie die gemeinsam aufgebauten Projekte um Jahre zurückwerfen wird.

DIE HOFFNUNG – WELTWEIT WIEDER AKTIV

Ein Lichtblick am dunklen Horizont zeigte sich im April 2022. Der erste von drei Einsätzen in Kathmandu liegt erfolgreich hinter uns. Bei der Women's Foundation haben Martin Drukenmüller und ich den ersten von drei Unterrichtsblöcken abgehalten. Die Motivation der teilnehmenden Frauen ist riesig, sodass wir uns schon auf den nächsten Aufenthalt in Nepal freuen. Auch die immer wieder verschobene Reise nach Peru nimmt nun langsam Formen an, der Plan, im Frühjahr 2023 endlich den Unterricht durchführen zu können, wird konkreter. Wir sind zuversichtlich, dass alles wieder seinen gewohnten Gang gehen wird und wir weiterhin die Welt mit unserem Wissen ein wenig bunter gestalten können.

Oben: Nur ein kleiner Teil der Farbmuster für dieses Buch
Unten: Farbmuster für Teppiche in Usbekistan

Farben und ihre Bedeutung

PFLANZEN UND IHRE FARBSTOFFE

Rote Bete färbt rot, grüne Walnussblätter grün und der gelbblühende Krapp gelb. Könnte man meinen. Das stimmt aber leider nicht, es wäre doch allzu einfach. Die Rote Bete färbt wirklich intensiv rot, vor allem Ihre Hände beim Schälen. Dafür ist der enthaltene Farbstoff Betanin verantwortlich. Es gibt auch Rezepte, um mit Roter Bete Wolle zu färben, nur ist der Farbstoff weder licht- noch waschecht. Nach einiger Zeit bleibt höchstens noch ein zartes Rosa zurück. Für das Färben von Kleidung ist sie also nicht geeignet, aber die Lebensmittelindustrie verwendet sie unter der Bezeichnung E162 als Farbstoff, um Saucen, Joghurt und vielen anderen Produkten ein rotes Aussehen zu verleihen.

Frische Walnussblätter haben ein schönes, kräftiges Grün, da läge es doch auf der Hand, mit ihnen grün zu färben. Sollten Sie dies ausprobieren, wird das Ergebnis Sie überraschen. Das Färbegut würde Ihren Kessel in einem hellen Braun verlassen. Tatsächlich aber nimmt man die grünen Schalen der erntereifen Walnüsse zum Färben. Auch hier ist das Ergebnis ein Braun. Das Geheimnis liegt in den Inhaltsstoffen. In den Schalen sind verschiedene Farbstoffe enthalten, aber keine grün-, sondern braunfärbende, wie zum Beispiel das Glykosid Hydrojuglon. Falls Sie selbst Walnussschalen sammeln wollen, verwenden Sie besser Handschuhe.

Der zartgelb blühende Krapp hält auch nicht, was seine Blüten versprechen. Schneiden Sie die Pflanze ab, kochen sie aus und versuchen mit dem Sud zu färben, werden Sie enttäuscht. Der Farbstoff befindet sich nämlich ausschließlich in der Wurzel und muss nach der Ernte noch ein Jahr reifen. Er ergibt wunderbare Orange- bis Rottöne.

Es ist also nicht so einfach wie es scheint: Mit roten Rosen können Sie Ihre Mitmenschen beglücken, aber sicher keine Wolle rot färben. Die meisten Farbstoffe sind in den Pflanzen versteckt und müssen ihnen erst entlockt werden: die Flavonoide der Reseda, das Purpurin und das Alizarin dem Färberkrapp, das Indikan dem Indigostrauch. Das Kernholz der Gerber-Akazie (Katechu) lässt zumindest erahnen, dass es sich bei der Farbe um einen Braunton handelt. Eines aber haben alle Pflanzen gemeinsam: Sie enthalten niemals nur einen einzigen Farbstoff. Einer allerdings dominiert und bestimmt die Farbe. Diesem Umstand haben wir die faszinierende Farbharmonie aller Pflanzenfarben zu verdanken. Sie können beim Verarbeiten beliebige Farben miteinander mischen oder kombinieren, sie wirken zusammen immer lebendig und harmonisch, keine Farbe sticht heraus oder stört das Gesamtbild. Das erreichen Sie aber nur, wenn Sie Chrom oder Kupfersulfat als Beizen meiden wie der Teufel das Weihwasser. Diese Substanzen sprengen die Harmonie, zudem sind sie giftig und haben meiner Meinung nach in der Pflanzenfärberei nichts verloren.

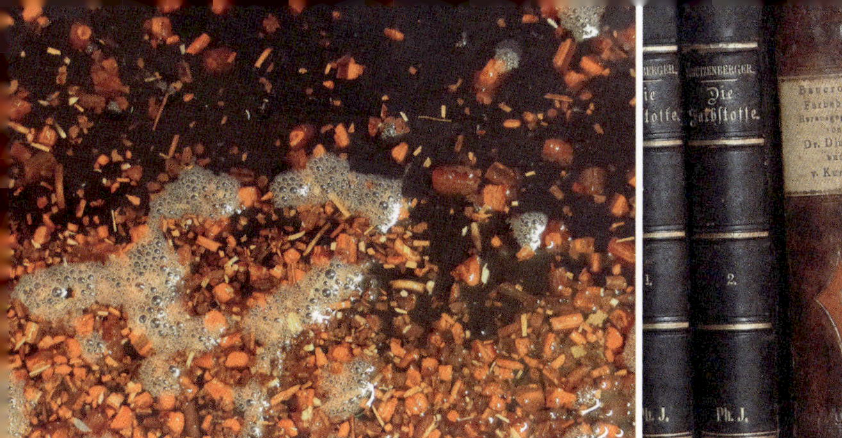

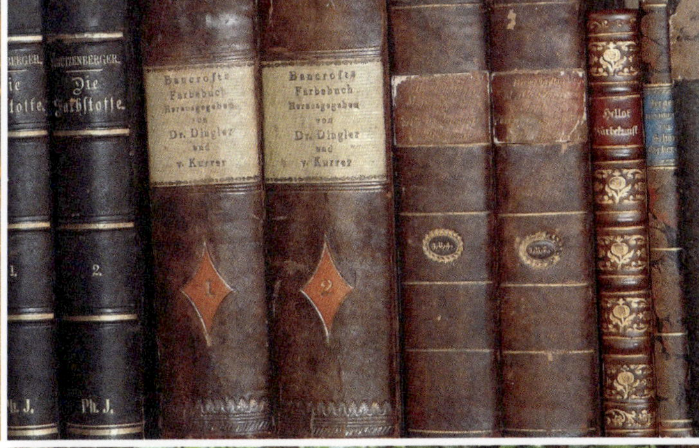

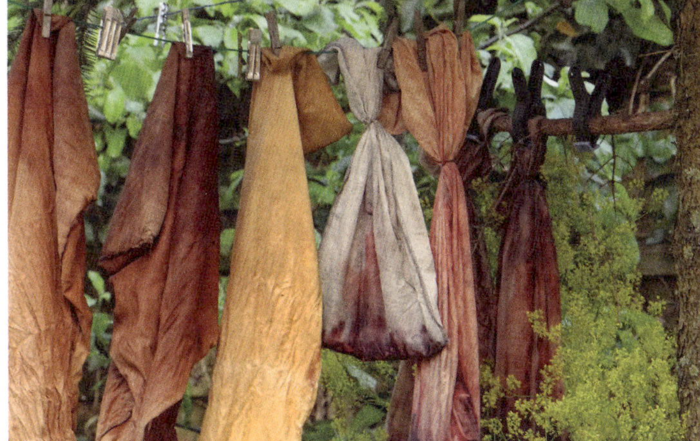

WAR GOETHE EIN FÄRBER?

Vermutlich wirkt diese Frage auf Sie befremdlich. Johann Wolfgang von Goethe, der große Dichter, der solch epochale Stücke wie den »Götz von Berlichingen« oder »Die Leiden des jungen Werther« verfasst hat, soll sich mit der Färberei beschäftigt haben? Praktisch wohl nicht, aber theoretisch sehr wohl: in seinem im Jahre 1810 veröffentlichten Werk »Zur Farbenlehre«, das er selbst sogar als sein wichtigstes angesehen hat. In vielen Experimenten erforschte er das Wesen der Farben und kam zu Erkenntnissen, die heute als subtraktive Farbsynthese der Farbmittel bezeichnet werden. Der sechsteilige Farbkreis, den er 1809 entwarf, enthält die Farben Rot, Orange, Gelb, Grün, Blau und Violett und ist für unsere Färberei grundlegend. Wir werden später auf ihn zurückkommen.

Ich habe viele Bücher über die Theorie der Farbenlehre gelesen, all diese Publikationen haben ihre Berechtigung, brachten sie doch immer wieder neue Erkenntnisse ans Tageslicht. Die Quintessenz nach der oft anstrengenden und trockenen Lektüre war für mich als praktizierenden Färber am Schluss immer dieselbe: Man benötigt drei Grundfarben: Blau, Rot und Gelb. Mit diesen drei Farben erzeugen Sie den Farbkreis: Blau und Rot für ein Violett, Rot und Gelb für ein Orange, Gelb und Blau für ein Grün. In unterschiedlichen Konzentrationen gemischt, können Sie damit eine riesige Farbpalette herstellen. Die subtraktive Farbmischung ist das, was unsere Arbeit bestimmt.

Von höherem Nutzen für die Praxis waren und sind für mich die Färbebücher der alten Meister in meiner Bibliothek. Sei es Jean Hellots »Färbekunst, oder Unterricht Wolle und wollne Zeuge zu färben; nebst Vorschriften wegen der Prüfungen durch Absieden« aus dem Jahre 1751 oder Johann Jergens »Handbuch der gesammten praktischen Schön Färberei auf Schaf- und Baumwolle« von 1837 – dieses geballte Färberwissen ist in vielen meiner Farben wiederzufinden.

Links: Krappwurzel im Farbbad für eine Kontaktfärbung
Rechts oben: Die wichtigen Bücher der alten Färbemeister
Rechts unten: Die Farbsäcke hängen beim Trocknen

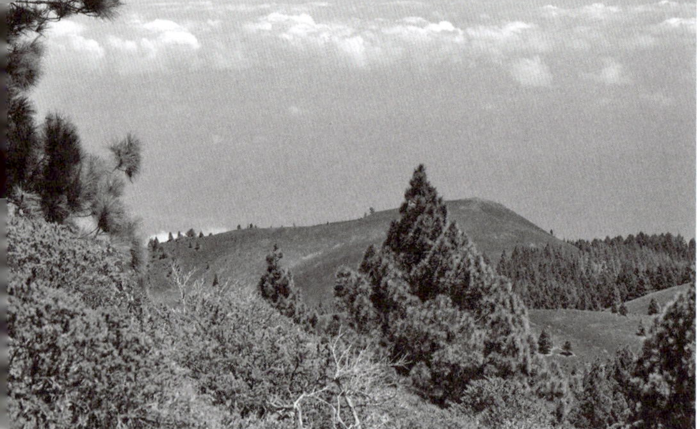

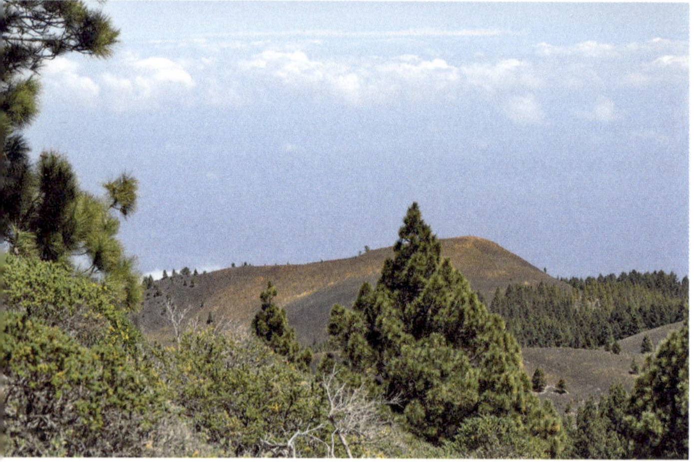

Die traumhafte Vulkanroute auf La Palma, einmal grau und einmal bunt

DER GRAUE VULKAN – EIN SCHLÜSSELERLEBNIS DER FARBWAHRNEHMUNG

Es gibt auf La Palma eine Wandertour, die zwar anstrengend ist, aber traumhafte Farbeindrücke bietet: die Vulkanroute, auch Königsetappe genannt. Bei dieser siebenstündigen Tour offenbart sich die ganze Farbenpracht der Landschaft. Zu Beginn grüne Kiefernwälder, danach ein Aufstieg durch pechschwarze oder rote Lavafelder, immer wieder gelbblühende Ginsterbüsche, rote Vulkankessel und das alles bei einem azurblauen Himmel, während sich der Atlantik in ständig wechselnden Blau- und Türkistönen ins Bild bringt.

Es geht aber auch völlig anders. Machen Sie die gleiche Tour bei Vollmond, dann erleben Sie eine vollkommen andere Welt. Die Landschaft ist in alle erdenklichen Grauschattierungen getaucht, es gibt keine Farben mehr. Wir haben auch diese Tour gemacht. Um 22 Uhr begann der Aufstieg durch die Kiefernwälder, grauen Riesen gleich säumten sie die Hänge bis zur Baumgrenze. Oben auf dem Kamm angekommen, glichen die Pfade einem grauschimmernden Band, die Vulkankessel hatten sich in bedrohlich anthrazit bis schwarze Abgründe verwandelt. Das fahle Licht des Vollmonds reichte aus, dass wir den Weg fanden, aber außer Grautönen nahmen wir nichts wahr, nur hell und dunkel. Ein spannendes Abenteuer und zugleich eine faszinierende Erfahrung. Die Umgebung nur in Graustufen wahrzunehmen, kommt einem Spaziergang durch ein dreidimensionales, unterbelichtetes Schwarzweißfoto gleich.

Mit dem Beginn der Morgendämmerung kamen die ersten Farben zurück, ganz zaghaft, die Landschaft wirkte anfangs wie ein Gemälde in Pastelltönen. Die aufgehende Sonne verwandelte langsam, aber sicher alles wieder in sein gewohntes Aussehen: hell und farbig. Die Welt war wieder in Ordnung, nur ich hatte ein kleines Problem. Am frühen Morgen erreichten wir das Dorf Fuencaliente im Süden La Palmas, das Ziel unserer nächtlichen Tour. Eine Bar hatte bereits geöffnet, nur, was bestelle ich jetzt? Einen Kaffee? Oder ist es nicht doch Zeit für ein Bier vor der wohlverdienten Nachtruhe?

DER ROSA PULLOVER

Stellen Sie sich folgende Situation vor: Sie gehen in einen Laden und wollen sich ein wenig umsehen. Plötzlich sehen Sie einen Pullover, der Sie magisch anzieht. Der Schnitt ist extravagant, das Material ein Traum: handversponnene Alpakawolle, kuschelig weich. Ein Blick auf das Etikett offenbart, dass er auch noch umwelt- und sozialverträglich hergestellt wurde. Sogar der Preis ist in Ordnung für diese Qualität. Aber seine Farbe: rosa – leider nicht gerade Ihre Lieblingsfarbe. Das Szenario ist, zugegebenermaßen, nicht realistisch, denn die Psychologie hat herausgefunden, dass der erste Blick immer auf die Farbe gerichtet ist. Es ist das erste und wichtigste Kaufkriterium. Wir alle haben unsere Lieblingsfarben. Rosa ist es nur bei den wenigsten, außer vielleicht bei kleinen Mädchen. Anfangs spielt die Farbe nur eine untergeordnete Rolle. Aber irgendwann stellt sich unser Geist auf eine Farbe ein, die dann bevorzugt verwendet wird. Diese Prägung unterstreicht die Wichtigkeit und Bedeutung von Farben. Es gibt keine Chance, nicht für den schönsten Pullover, unseren Körper wärmen und verschönern zu dürfen, wenn die Farbe nicht passt. Vermutlich werden Sie sich auch kein rosafarbenes Auto zulegen, auch hier muss die Farbe Ihren Vorlieben entsprechen. Sogar beim Essen spielen das Aussehen und die farbliche Zusammenstellung eine immense Rolle, schließlich isst das Auge mit. Die Lebensmittelindustrie hat sich darauf eingestellt, knallig bunt verführen uns die Gummibärchen, in mausgrau würde sie wohl niemand kaufen oder essen wollen.

Der Umgang mit Farbe vollzieht sich bei uns als Konsumenten in vollkommen unbewusster Selbstverständlichkeit. Die Produzenten aller möglichen Konsumgüter wissen aber sehr genau um die Kraft der Farbe und haben ihre Experten, die wissen, wie sie uns mit Farbeindrücken verführen können. Es ist keine Frage: Farbe ist ein fundamentaler Bestandteil unserer Wahrnehmung der Welt.

Kommen wir zurück zur Pflanzenfärberei. Auch ich möchte keine unansehnlichen Farben produzieren, und selbstverständlich werden wir auch Rosatöne färben. Aber für die Akzeptanz der Pflanzenfarben ist es enorm wichtig, eine breite Farbpalette von hellen und kräftigen Farben auf die Wolle zu zaubern, damit später die Teppiche, Tücher, Schals, Pullover und vieles mehr wunderschön werden – und das in bester Qualität und mit einem hohen Grad an Licht- und Waschechtheit. In unserer Färberei beschränken wir uns seit vielen Jahren weitgehend auf den Gebrauch von lediglich fünf Farbstoffen, auf die wir auch in diesem Buch den Schwerpunkt legen werden. Der Rest ergibt sich von allein, durch die richtigen Beizen, durch Mischungen, verschiedene Nachbehandlungen und vor allem durch die präzise und perfekt ausgeführte Arbeit.

Dicker Walkstoff schwimmt im rosa Farbbad

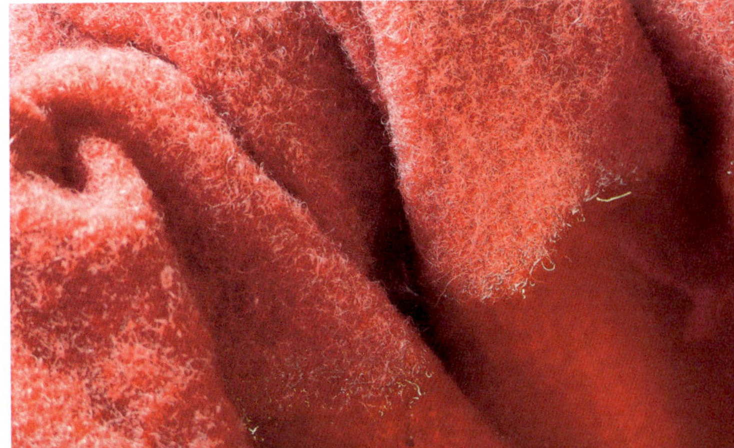

Das Schaf und seine Wolle

DAS SCHAF

Wenn wir morgens aufstehen und das Schlafzimmerfenster öffnen, haben wir oft den gleichen Ausblick vor Augen. Auf der Wiese gegenüber grasen friedlich die Schafe, lassen ab und zu ein lautes »Mäh« ertönen, manche tiefer, manche höher und schriller. Die frische Landluft füllt die Lungen, und sofort erwachen die Lebensgeister. Wenn dann das Geblöke laut anschwellend die Luft erfüllt, wissen wir, Uli nähert sich mit seinem Auto. Er ist ihr Halter und die Schafe wissen ganz genau, nun gibt es eine extra Portion zu naschen.

Wir haben Glück in unserem Dorf, es hat sich zu einem Mekka der Schafhalter entwickelt. Unser Nachbar Uli hält süddeutsche Merinoschafe, vermarktet und verwertet das Fleisch selbst. Er versorgt uns schon lange mit Lammfleisch, Lammwürsten und Maultaschen, alles superlecker und nicht aus industrieller Haltung. Sein Bruder bevorzugt eine andere Gattung. Auch er ist den Schafen verfallen, nur besteht seine kleine Herde aus Heidschnucken. Ein anderer Nachbar widmet sich der Haltung einer weiteren Rasse, aus einem Teil von deren Wolle entsteht ein natürlicher Dünger in Form von Pellets. Unser Dorf ist eine kleine Welt der Schafe, viele unterschiedliche Rassen tummeln sich auf den uns umgebenden Wiesen. Sie sehen zwar alle ähnlich aus, aber im Detail hat jede doch ihre Besonderheit. Ein wichtiges Merkmal ist das Fell. Es ist mal glatt und langhaarig wie Spaghetti, dann wieder gekräuselt – jede Rasse hat einen bestimmten Look.

DIE WOLLE

Die unterschiedliche Wolle lohnt sich genauer zu betrachten, denn für die Färberei ist dies von Bedeutung. Beginnen wir mit der Wolle des Merinoschafs, landauf und landab das bekannteste Schaf. In der Textilbranche hat sich die Merinowolle längst einen Namen gemacht, steht diese Wolle doch für eine besonders feine und weiche Qualität. Der Grund dafür liegt in der Beschaffenheit der einzelnen Haare. Sie weisen eine starke Kräuselung auf und sind zudem sehr fein. Sie haben eine Faserstärke von etwa 16 Mikron (1 Mikron entspricht 1 Mikrometer, d.h. 1 Tausendstel Millimeter). Die Mikronzahl ist ein Parameter für die Feinheit einer Wolle. Je kleiner die Zahl, desto feiner das Wollhaar. Eine Merinowolle mit 16 Mikron ist an Feinheit nur schwerlich zu überbieten. Im krassen Gegensatz dazu steht der Pelz einer Heidschnucke. Das grobe Oberhaar weist eine Feinheit von ca. 35 Mikron auf, wobei man da eigentlich nicht mehr von fein sprechen kann. Zudem ist das Haar lang und glatt, es besitzt so gut wie keine Kräuselung. Diese beiden Rassen bilden sozusagen die Pole der Feinheit. Zwischen ihnen gibt es unzählige weitere Rassen mit den unterschiedlichsten Wollqualitäten.

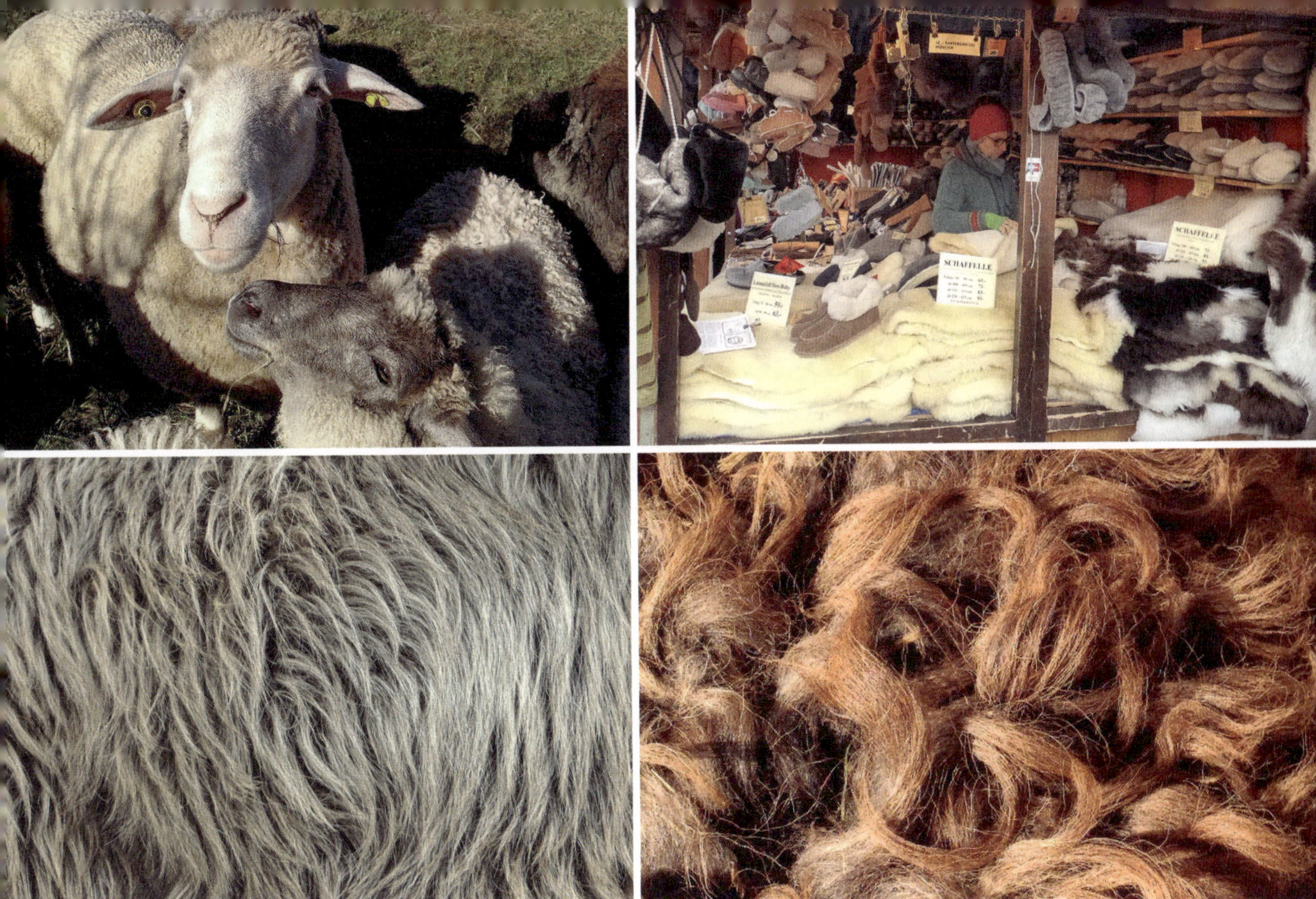

Links oben:
Das Schaf auf der Wiese
Links unten:
glatte Wolle
Rechts oben:
Das Fell auf dem Marktstand
Rechts unten:
gelockte Wolle

Zu diesem Thema kann ich Ihnen eine Anekdote erzählen, erlebt an unserem Marktstand: Wir sind auf dem Weihnachtsmarkt, an unserer Hütte steht ein Kunde vor den vielen ausgelegten Schaffellen. Seine Hand streicht sanft erst über das eine Fell, dann über noch eines und ein drittes. Dann blickt er leicht irritiert zu mir, gleichzeitig folgt die Frage: »Wieso sind die Felle alle so unterschiedlich?« Diese Frage wird öfter gestellt. Mit einem schnellen Blick schätze ich die Humorbereitschaft meiner Kundschaft ein, braucht es eine ernstgemeinte, wissenschaftliche Erklärung oder verträgt er einen kleinen sarkastischen Seitenhieb? Ich entscheide mich für Letzteres und antworte mit ernster Miene und trockenem Ton: »Leider ist beim Klonen etwas schiefgelaufen.« In der Regel entsteht nun eine Pause, kurz aber doch fühlbar lang. Die Reaktionen sind unterschiedlich, von einem leicht entsetzten Ausspruch: »Ich will kein geklontes Fell!« bis zu einem herzhaften Lacher über sich selbst ist alles möglich. Spaß muss sein, vor allem auf dem Markt.

Glatt, gelockt oder gekräuselt

Widmen wir unsere Aufmerksamkeit nun wieder der unterschiedlichen Beschaffenheit der Wolle. Warum ist dieser Punkt für einen Pflanzenfärber denn so wichtig? Vergleichen wir nochmals die Oberfläche der Wollhaare. Das Haar eines Merinoschafs hat, bedingt durch seine starke Kräuselung, eine große Oberfläche. Das bedeutet, dass beim Färben sehr viel Farbstoff auf die Faser gelangt. Die feinen Fasern der Merinowolle liegen locker aufeinander, somit hat ein

Farbmolekül viel Raum, seinen Platz zu finden. Das führt wiederum dazu, dass der Farbton tiefer und kräftiger nach dem Färben auf der Wolle aussieht. Die Kräuselung bedingt zusätzlich eine enorme Sprungkraft der einzelnen Haare. Auch dies ist beim Färben zu berücksichtigen. In der Praxis braucht ein Kilogramm Merinowolle deshalb mehr Platz im Kessel zum Färben. Das Flottenverhältnis muss dann angepasst werden.

Ein Wollhaar der Heidschnucke kann nicht mit solch einer Kräuselung aufwarten. Es ist in seiner Beschaffenheit einfach nur lang und rau. Deshalb besitzt es auch zu wenig Oberfläche für einen brillanten Farbton. Damit gelangen wir nun zur sogenannten Aufnahmefähigkeit einer Wolle. Dieser Parameter besagt, wie gut und wie schnell ein Wollhaar die Farbe aufnehmen kann. Eine gekräuselte Wolle hat wegen seiner großen Oberfläche ein sehr gutes Aufziehvermögen. Bei der Heidschnucke ist das Haar dagegen glatt und lang, ohne Kräuselung oder Sprungkraft. Die Farbe wirkt nach dem Färben eher stumpf.

Als Fazit sollten Sie sich merken: Das gleiche Farbrezept angewandt auf unterschiedliche Wollqualitäten führt aufgrund der beschriebenen Tatsachen zu unterschiedlichen Farbergebnissen. Deshalb müssen wir in unserer Färberei vor einem Auftrag immer erst die Wolle begutachten und einen Färbetest durchführen. Mit diesem Ergebnis können wir dann die Rezepte auf die Wollqualität abstimmen.

Weiß oder doch nicht weiß?

Es gibt noch ein weiteres wichtiges Kriterium, welches das Färbeergebnis beeinflusst: der sogenannte Weißheitsgrad der gewaschenen Wolle. Auf dieses Thema werden wir nur kurz eingehen, weil es vor allem für die industrielle Wollverarbeitung wichtig ist. Um ein gleichbleibendes Ergebnis bei wiederholten Färbungen zu erzielen, muss die zu färbende Wolle immer den gleichen natürlichen Farbton aufweisen, den gleichen Weißheitsgrad haben. Die verschiedenen Tiere haben aber jedes seine individuelle Haarfarbe, von Rasse zu Rasse ist der Unterschied noch größer. Die weiße Wolle eines Merinoschafs entspricht zum Beispiel nicht der eines Coburger Fuchses. Dessen Wolle besitzt einen ganz leicht rötlichen Schim-

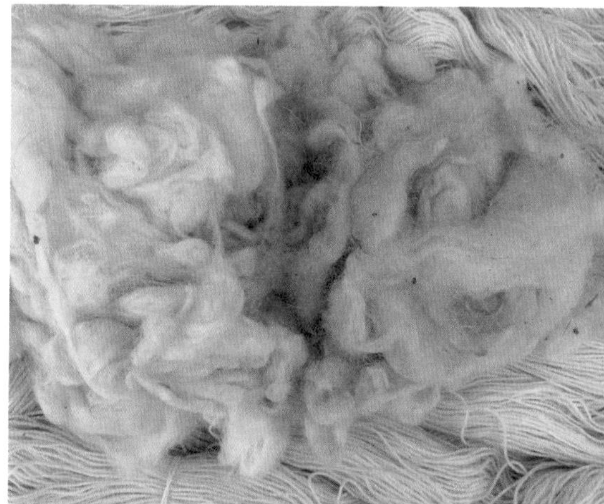

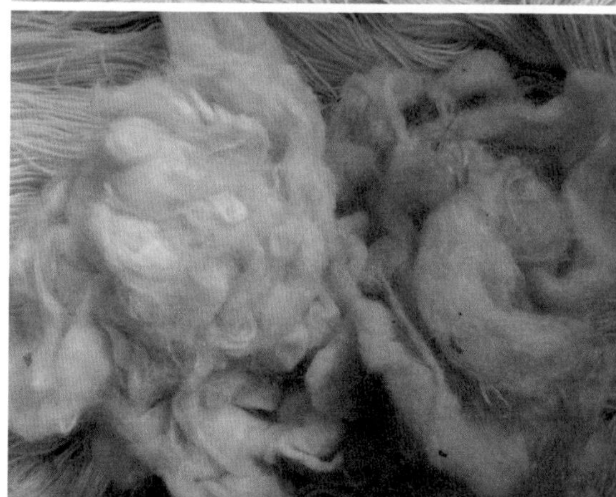

Oben: Gebleichte Wolle
Unten: Wolle im Naturton

mer, ist aber aufgrund der Beschaffenheit – das Haar hat eine gute Kräuselung – bestens zum Färben geeignet. Eine kräftigere Farbe ist das Ergebnis beim Färben. Die Wollindustrie löst dieses Problem mithilfe von Bleichmitteln, zum Beispiel Wasserstoffperoxyd. Damit ist es möglich, ein einheitliches Weiß für eine kontinuierliche Weiterverarbeitung zu garantieren. In unserer Färberei wird keine Wolle gebleicht, ganz im Gegenteil, wir lieben den individuellen Charakter der verschiedenen Wollsorten. Wenn Sie zum Beispiel eine weiß, braun und grau melierte Heidschnuckenwolle färben, ist das Ergebnis ein delikat meliertes Garn, hervorragend geeignet für die Verarbeitung zu gewebten Teppichen. Für Sie zuhause wird der Weißheitsgrad aber keine Rolle spielen.

Fettfrei

Fett stößt Wasser ab, das ist allgemein bekannt. Deshalb ist ein Schafspelz von Natur aus mit ziemlich viel Wollfett ausgestattet. Dieses Fett schützt das Schaf vor widrigen Wetterverhältnissen. Wenn Sie also eigene Wolle färben wollen, müssen Sie unbedingt das Fett so gut wie möglich aus der Rohwolle waschen. Eine fettige Wolle lässt sich nicht färben. Wir haben es trotzdem immer wieder einmal versucht, aber glauben Sie mir, es ist unendlich aufwendig und steht in keinem Verhältnis zum farblichen Ergebnis. Ein kleiner Rest von Wollfett ist akzeptabel, aber ein Waschen der Rohwolle ist sowieso notwendig, weil ja auch der Schmutz von Weide und Stall in der Wolle haftet.

Es gibt im Internet genügend Rezepte und Anleitungen für das Waschen, deshalb gehe ich hier nicht weiter darauf ein. Aber einen wichtigen Tipp möchte ich Ihnen dennoch mitgeben, um Ihnen unnötige Arbeit zu ersparen: Wenn Sie die Rohwolle mit warmem Wasser waschen, warten Sie nicht mit dem Schleudern, bis es abgekühlt ist, sonst schleudern Sie das Restwasser aus der Wolle, aber ein Großteil des Fettes bleibt in der Wolle. Die Fette werden nämlich wieder hart, wenn sie kalt werden. Um eine möglichst fettfreie Wolle zu erhalten, schleudern Sie die Wolle immer mindestens handwarm, dann wird das Wollfett zusammen mit dem Schmutzwasser entfernt.

EIN LANGES GESICHT

Wie unterschiedlich die Aufnahmefähigkeit der verschiedenen Wollqualitäten ist und vor allem, welche Reaktionen dies beim Färben auslöst, ist immer wieder bei der praktischen Arbeit in einem Färbekurs zu beobachten.

Wir befinden uns mitten in einem Färbekurs. Die Teilnehmerinnen sind Mitglieder der »Spinngilde«, sie haben ihre eigene Wolle zum Färben mitgebracht. Von gewaschener Flockenwolle bis zum fertigen Strickgarn in verschiedenen Wollqualitäten ist alles dabei, mitunter in beachtlichen Mengen. Unter anderem liegt ein erlesenes Garn vom Coburger Fuchs in der Beize. Das Bad mit Koschenille ist fertig, das Resedabad wartet ebenfalls auf die Wolle. Die Teilnehmerinnen versenken gleichzeitig und zügig ihre Wolle in den beiden Farbbädern. Spannung erfüllt den Raum. Nach einer gefühlt unendlichen Viertelstunde ist die Neugier nicht mehr zu bändigen. Dicht gedrängt am Färbekessel, voller Erwartung werden die Wollstränge zu einer ersten Begutachtung aus dem Farbbad gehoben. Ein wunderbares Rot erscheint an der Oberfläche, auch ein herrlich dunkles Gelb. Es ist die Wolle vom Coburger Fuchs, und die Teilnehmerin ist begeistert. Dann kommt ein fest versponnenes Dochtgarn ins

Blickfeld, doch hier herrscht keine überschwängliche Freude. Im Gegenteil, die Enttäuschung über die Farbe lässt sich kaum verbergen. Es ist zwar ein schönes Gelb, auch das Rot kann sich sehen lassen. Aber einem Vergleich mit den wunderschönen kräftigen Farben der Fuchswolle hält es nicht Stand. Ein langes Gesicht war die Folge. Nach Abschluss des Färbeprozesses verlassen die restlichen Wollqualitäten die Kessel in ebenfalls höchst unterschiedlichen Farbnuancen.

Im Kessel befand sich auch ein einfaches Sockengarn in der üblichen Mischung mit 75 Prozent Wolle und 25 Prozent Polyacryl. Ich persönlich mag es nicht wegen der synthetischen Beimischung, zumal sie sehr gut durch Ramie, eine Bastfaser, ersetzt werden kann. Dieses Garn, so muss ich zugeben, färbt aber ebenfalls hervorragend an, geradezu ein Traum an Farbkraft. Weshalb dies mit dem Anteil an chemischen Fasern so ist, verstehe ich bis heute nicht.

Zwei Farben aus einem Farbbad

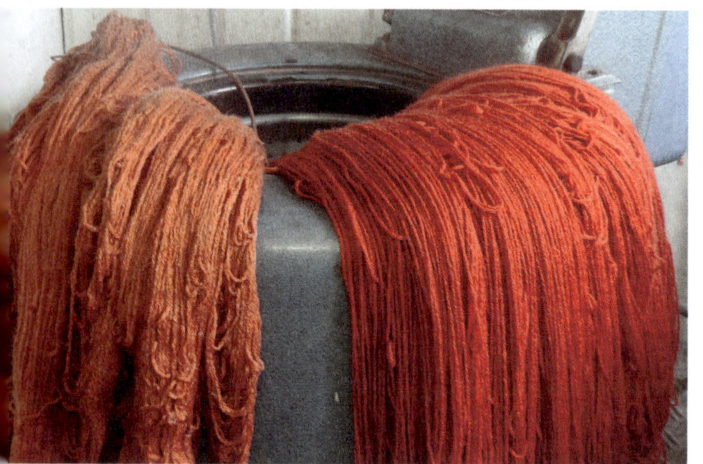

NOCH MEHR TIERISCHE FASERN

Schafe sind natürlich nicht die einzigen tierischen Lieferanten für Wolle, vor allem, wenn man global denkt. In allen Gegenden der Welt wurden und werden die dort heimischen Tiere zur Wollgewinnung genutzt. Die verschiedenen Fasern besitzen hervorragende Eigenschaften und sind selbstverständlich bestens zum Färben geeignet. Sehen wir sie uns in alphabetischer Reihenfolge an.

Alpaka

Das Alpaka ist ein Kamel, auch wenn es keinen Höcker hat. Peru und Alpakas gehören zusammen wie die Nordsee und der Fisch. Bei einer Fahrt durch die peruanischen Anden sind die Alpakas ständig präsent. Sie sind ein prägender Teil des Landschaftsbildes. Die Tiere werden einmal im Jahr geschoren. Bauch-, Brust und Rückenwolle sind unterschiedlich lang und weisen verschiedene Feinheiten auf. Deshalb werden sie separiert und klassifiziert, was für die Weiterverarbeitung äußerst wichtig ist.
Im Gegensatz zur Schafwolle ist die Alpakawolle fettfrei, die Faser ist innen hohl und hat deshalb besondere Thermoeigenschaften. Zum Färben mit Pflanzen ist die Wolle gut geeignet, bei unseren Einsätzen in Peru haben wir ausschließlich mit Alpakawolle gearbeitet. Filzen lässt sich Alpakawolle ebenso hervorragend, aus der mit Pflanzen eingefärbten Alpakawolle können alle Arten von Filzstücken gefertigt werden.

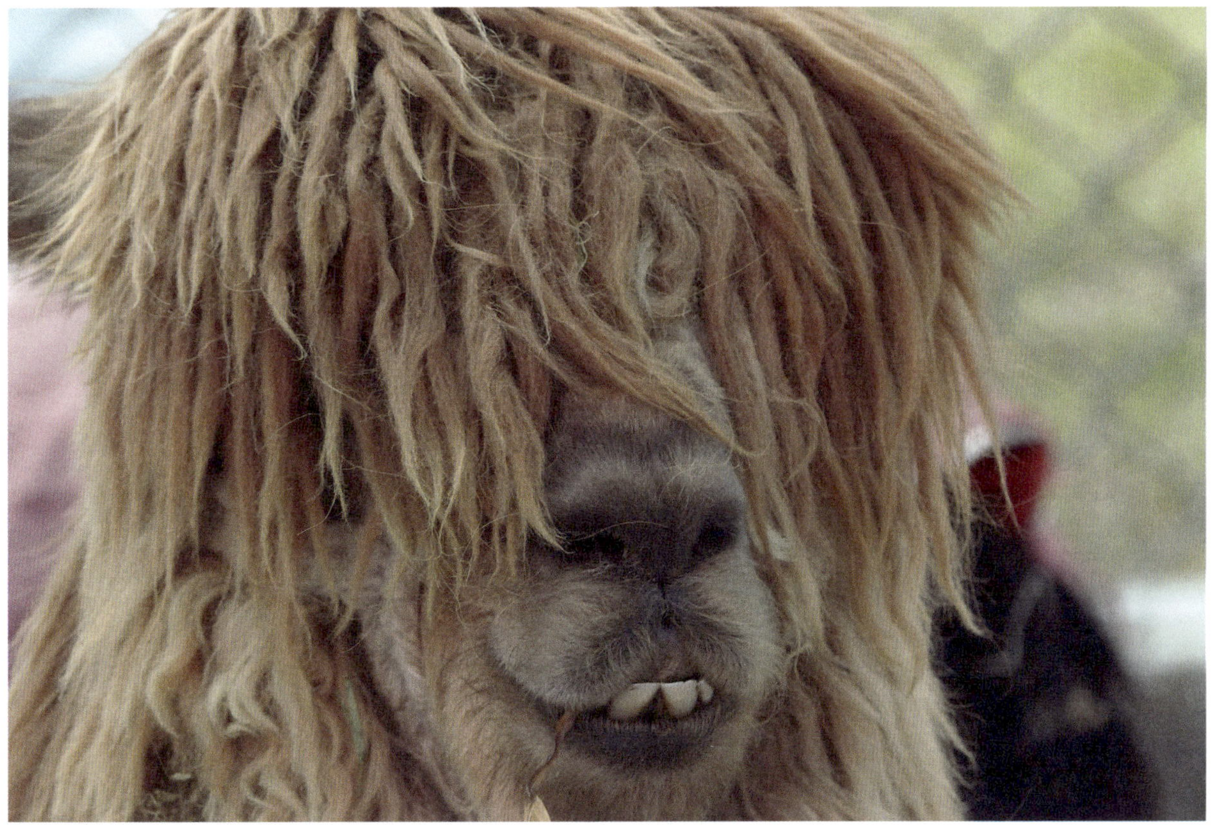

Das Alpaka wartet auf den Friseur

Kaschmir

Die Wolle der Kaschmirziege ist exklusiv und sehr teuer. Der Schwerpunkt der Produktion liegt in der Mongolei. Traditionell wird die Wolle einmal im Jahr schonend und vorsichtig ausgekämmt. Dieses wertvolle Garn bekommt man nur sehr selten in der Flocke zum Färben. Kaschmirtextilien sind in den letzten Jahren sehr in Mode gekommen. Um den Profit zu erhöhen, werden mittlerweile oft Methoden angewandt, die keineswegs dem Wohl der Kaschmirziegen dienlich sind. Und wenn Sie in Kathmandu durch die Altstadt Thamel schlendern, werden überall Textilien aus Kaschmir angeboten. Zum Superpreis, »best quality«, Pullover und Schals aus Kaschmir an allen Ecken und Enden. Ein Blick auf das Etikett offenbart jedoch: Es sind fast immer Mischgarne, ein kleiner Teil Kaschmirwolle, der Rest besteht aus allen möglichen Beimischungen.

Mohair

Dieses sehr feine und weiche Garn stammt von der Angoraziege – nicht zu verwechseln mit dem Angorakaninchen, das die flauschige Angorawolle liefert. Die Mohairwolle stammt ausschließlich von der Ziege. Die erste Schur von noch nicht ausgewachsenen Ziegen, das sogenannte Kidmohair, ist das feinste Garn. Der Hauptlieferant für Mohair ist Südafrika, dort treffen die Ziegen auf die für sie besten klimatischen Bedingungen. Die Ziegen sind fast alle weiß, farbige Tiere sind selten. Dadurch ist die Wolle zum Färben bestens geeignet, auch mit Pflanzenfarben können Sie wunderschöne Farben auf Mohairwolle zaubern.

Seide

Der Stoff, aus dem die Träume sind, wird von Seidenraupen produziert. Die Larven verpuppen sich in einem Kokon, bevor sie ausschlüpfen und dabei den Kokon durchbeißen, werden sie getötet. Die Endlosfaser kann so an einem Stück abgewickelt werden und muss dann noch entbastet werden. Es gab Zeiten, da war die Seide nur für wenige Menschen erschwinglich, heute ist sie fast ein Alltagsprodukt. Der Hauptanteil der weltweit verarbeiteten Seide wird in China produziert, dort ist die Seidenraupenzucht ein wichtiger Wirtschaftsfaktor. Indien, Usbekistan oder Japan spielen nur eine untergeordnete Rolle. Die Faser des Maulbeerspinners besteht zum größten Teil aus Proteinen, deshalb entstehen mit Pflanzenfarben herrlich leuchtende Farben auf dem Seidenstoff.

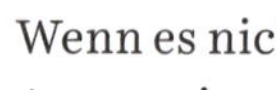

Ziegenhaar

Wenn es nicht eine Kaschmir- oder eine Angoraziege ist, kann man von Feinheit bei Ziegenhaar nicht reden, das Haar der einfachen Ziegen ist lang, grob und kratzig. Und trotzdem werden auch diese Fasern seit Menschengedenken verarbeitet. In biblischen Zeiten wurde daraus das sogenannte »Büßerhemd« gefertigt, das man unter der Kleidung auf der Haut trug, um sich zu kasteien. Davon abgesehen ist das Ziegenhaar für Teppiche bestens geeignet. Das äußerst robuste Garn ist extrem strapazierfähig. Es wird oft mit Schafwolle vermischt, dadurch wird der Griff etwas weicher. Das Ziegenhaar hat viel Ähnlichkeit mit der Wolle der Heidschnucken, beide sind lang und rau. Beim Färben erzielt man eher matte Töne, für Teppiche genau richtig.

Links unten: Die Fäden der Seidenkokons werden aufgewickelt
Rechts unten: Die geduldige Suche nach den Fäden

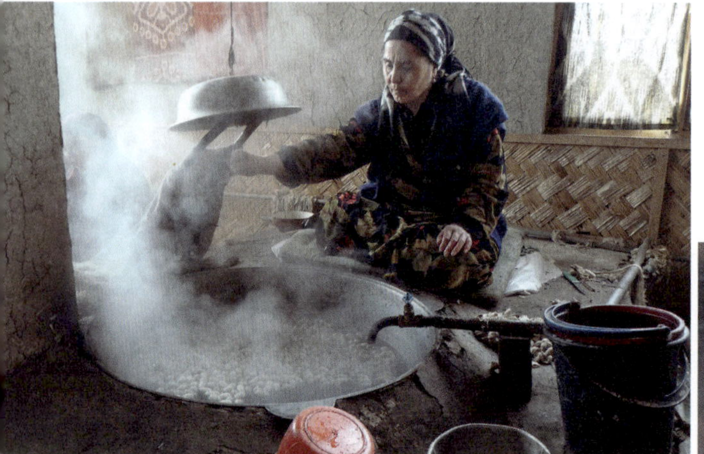

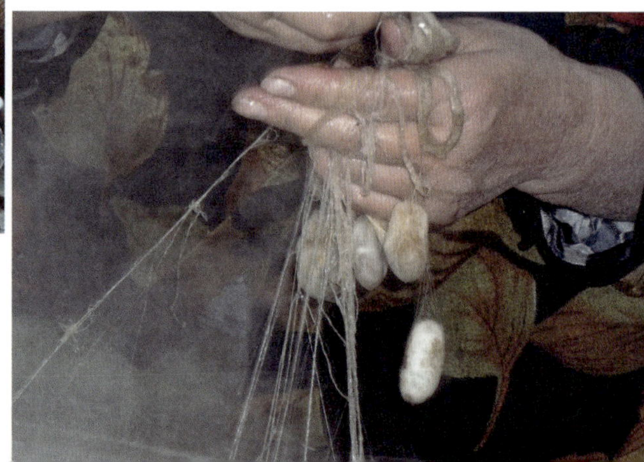

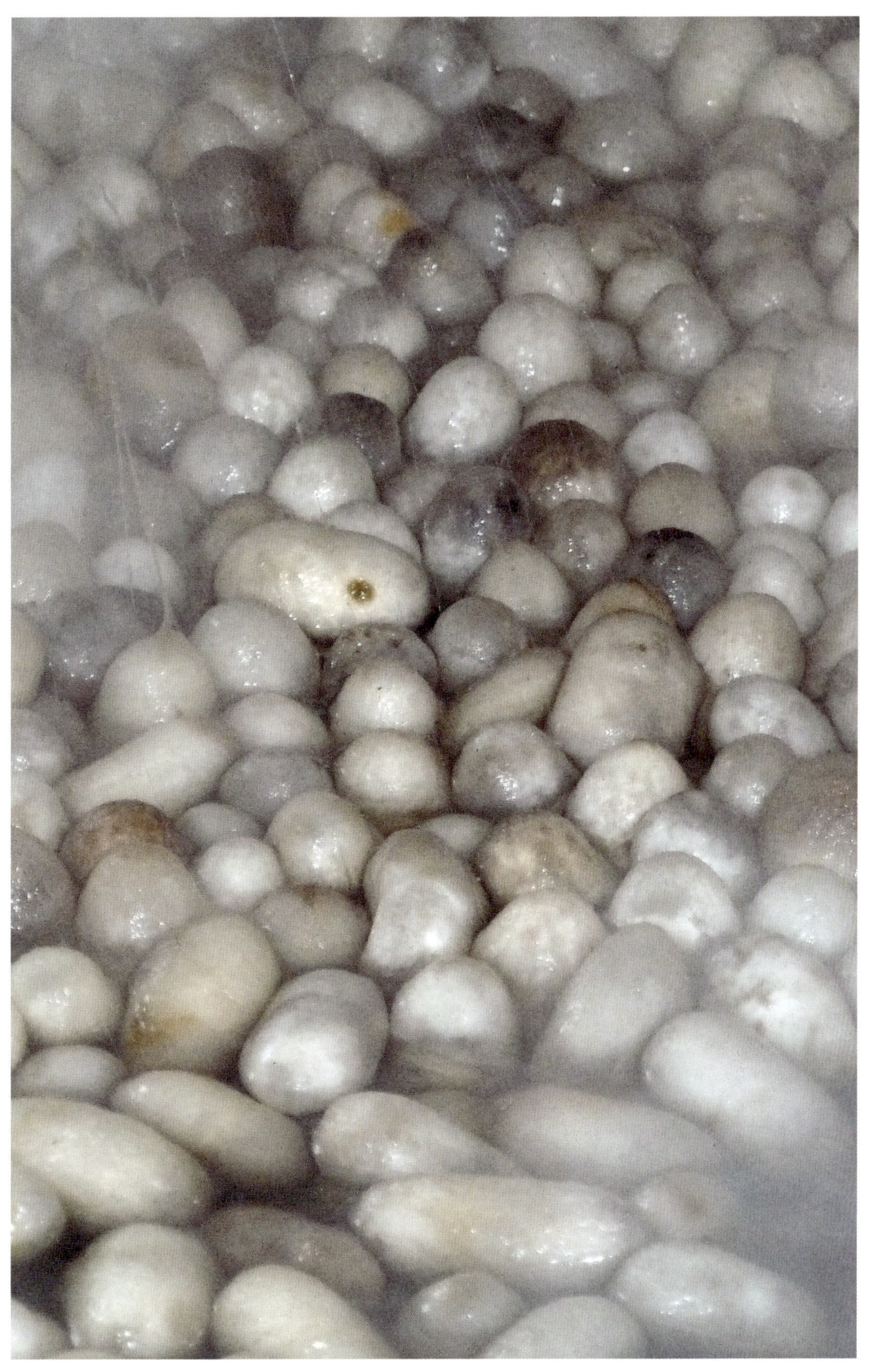

Seidenkokons im heißen Wasserbad

Die Färbewerkstatt

DIE DÜFTE

Es gibt einen Unterschied zwischen einer chemischen Färberei und einer Pflanzenfärberei, den jeder sofort wahrnimmt: die Gerüche beim Färbevorgang. In einer mit chemischen Farben arbeitenden Werkstatt raubt einem je nach Verwendung der Grundstoffe ein beißender Gestank den Atem. Dies trifft vor allem auf die Färbereien zu, die ich im heute als »Globaler Süden« bezeichneten Ausland besucht habe. Auch das Endprodukt ist nicht frei von herben Gerüchen. Besuchen Sie einmal eine internationale Textilmesse und begeben Sie sich in die Halle mit den Textilwaren aus fernen Ländern. Schon wenn Sie die Halle betreten, die Ihnen als das Paradies der Farben angepriesen wird, rümpfen Sie sicher die Nase. Die Farbe ist nicht nur sichtbar: Hier tauchen Sie in eine Wolke von Ausdünstungen ein, in der sich alle verwendeten Rohstoffe und Chemikalien zu einem schwer zu ertragenden Geruchsgemisch vereinen.

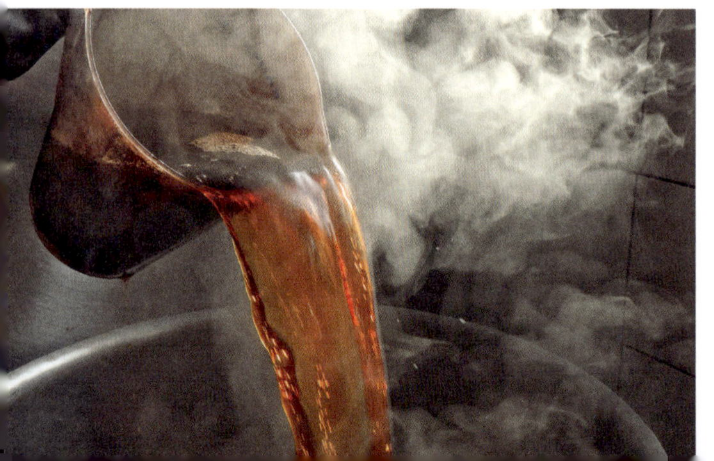

Der Duft vom Krapp zieht durch die Färberei

Ganz anders in einer Pflanzenfärberei. Beim Auskochen von Reseda zieht ein wohlriechender Duft durch die Färberei, man fühlt sich wie in einer überdimensionalen Teeküche. Aus dem Kessel, in dem die Krappwurzel vor sich hin simmert, steigt ein leicht erdiger Duft, angenehm in der Nase, aber keinesfalls aufdringlich. Der Höhepunkt für die Sinne war für mich die Arbeit mit nepalesischen Farbstoffen, wie zum Beispiel die Rhabarberwurzel aus dem Himalaya, die auch in der ayurvedischen Medizin eingesetzt wird. Ein fruchtiger, betörender Duft weht dann durch die Werkstatt. Als Färber hat man bei der Arbeit oft das Gefühl, auf Duftwolken zwischen den Kesseln zu schweben. Eine Ausnahme gibt es jedoch: beim Blaufärben mit Indigo hat schon manch ein Besucher die Nase gerümpft. Das liegt am Ammoniak, der zum Verküpen des Indigos notwendig ist; dieser leicht beißende Geruch erinnert mehr an einen Kuhstall als an eine Färberei. Aber landwirtschaftliche Gerüche ziehe ich immer noch einer chemischen Keule vor. Ein erfahrener Färber erkennt die kochende Pflanze blind am Geruch. Und wenn er den pH-Wert des Farbbades auch ohne Test, nur am Duft bestimmen kann, gehört er in die oberste Liga der Pflanzenfärber.

Nur einmal in vierzig Jahren habe ich mich überreden lassen, mit chemischen Farbstoffen zu färben, für einen Wollfabrikanten, der sich neben seiner Arbeit auch schon viel mit der Pflanzenfärberei auseinandergesetzt hatte. Seine Strickwolle ist

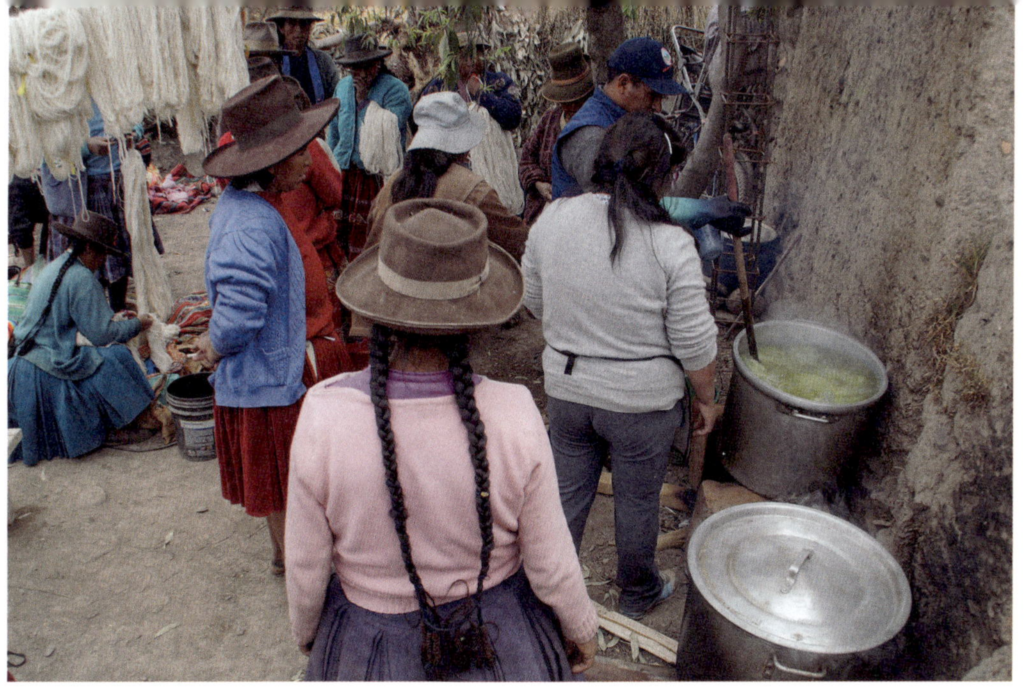

Färbekurs von Carlos, irgendwo in Peru

in jedem gut sortierten Wollladen zu finden. Er wollte neben seiner Wolle noch Seidentücher anbieten, mit von uns entwickelten Designs. Er war ein sehr sympathischer Mensch, deshalb habe ich ihm den Auftrag zugesagt. Ich gab Wasser in den Kessel, erhitzte es, gab Farbstoff zu und fing an zu färben. Die Farbe zog schnell auf die Seide, keine Vorbeize war notwendig. Und wenn der Farbton noch zu hell war, gab man noch etwas Farbstoff dazu, ohne die Färberei zu unterbrechen. Alles ging unglaublich schnell und einfach, doch die Arbeit und das Ergebnis waren für mich nicht befriedigend. Ich sehe mich heute noch an dem Kessel stehen, ohne Begeisterung, wie deplatziert: Was mache ich hier eigentlich? Keine angenehmen Düfte erfüllten die Färberei, sondern ein leicht beißender und saurer Geruch schwebte um die Nase. Am Ende des Tages saß ich in meiner Werkstatt, unzufrieden und mit der klaren Erkenntnis: nie wieder!

HIGHTECH ODER NICHT?

Noch ein Umstand unterscheidet unsere Werkstatt von einer chemischen Färberei. Wir arbeiten nicht mit großen Färbemaschinen, keine Färbehaspel für Wollstränge oder Jigger-Maschinen für Stoffbahnen stehen hier herum, kein Knopfdruck, nach dem alles wie von allein läuft. Bei uns kommen nur offene Edelstahlkessel in verschiedenen Größen zum Einsatz, und es ist viel Handarbeit notwendig – und voller Körpereinsatz, wiegt nasse Wolle doch um ein Vielfaches mehr als das ursprüngliche Gewicht im trockenen Zustand. Deshalb musste ich auch noch nie in irgendein Studio gehen, in dem man stupide Gewichte stemmt.

Die Einrichtung unserer Färberei haben wir ganz bewusst so gewählt. Für mich ist es wichtig, während dem Färben die Wolle im Farbbad im Auge zu behalten. Zieht die Farbe gut auf? Stimmt die Temperatur? Ist der pH-Wert richtig eingestellt? Wird die Wolle gut und gleichmäßig bewegt? Auf all diese Fragen bekomme ich eine Antwort, wenn ich in den Kessel schauen kann. So habe ich die Kontrolle für ein perfektes Ergebnis.

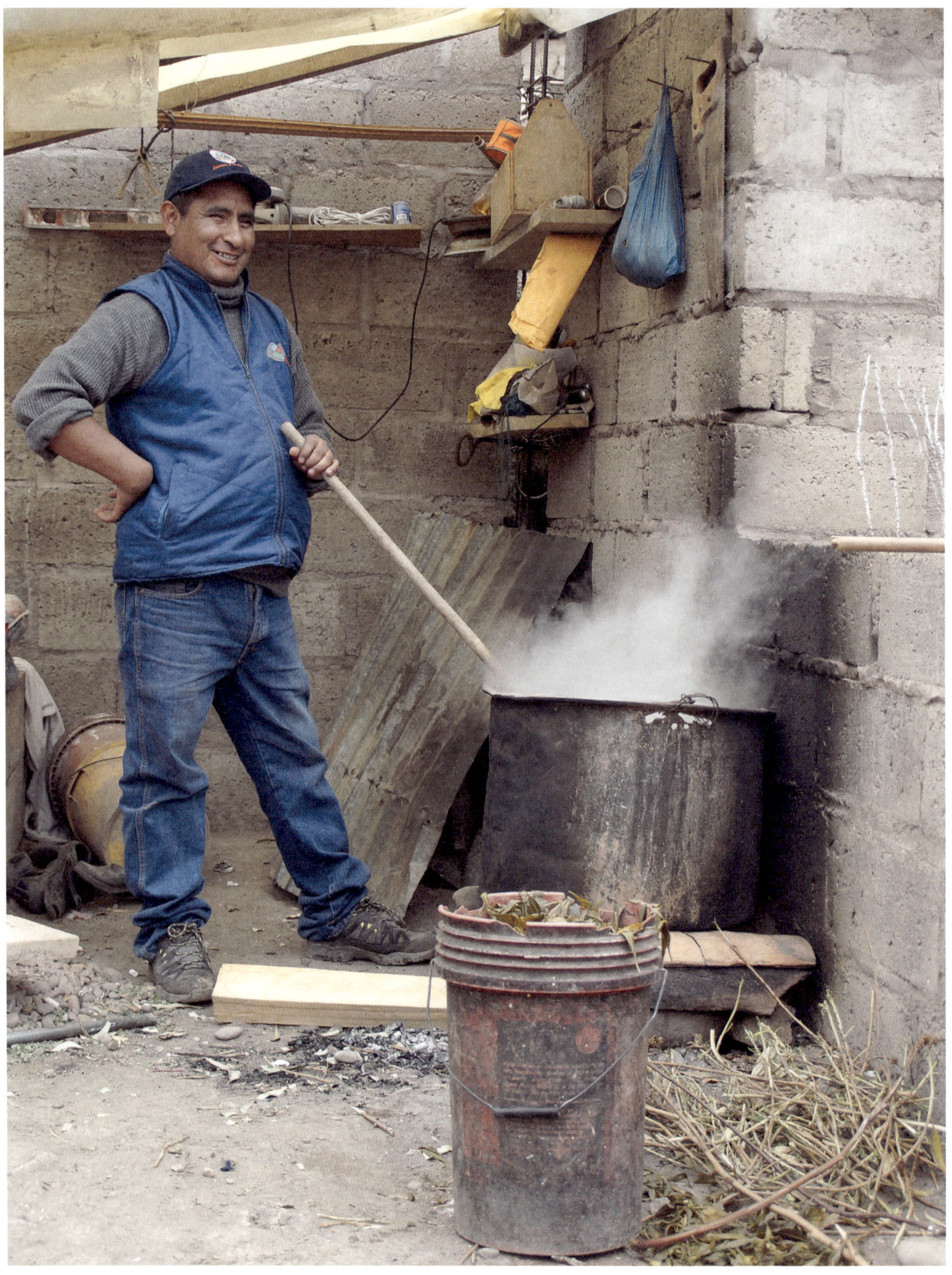

Ein weiteres wichtiges Argument für die kleinhandwerkliche Färbereieinrichtung wurde uns erst im Laufe der Zeit bewusst. Es hat mit unseren Erfahrungen in fremden Ländern zu tun, in denen die Färberei noch ganz ursprünglich betrieben wird: mit einfachen Kochkesseln, mit alten Fässern oder in Aluminiumtöpfen auf offenem Holzfeuer oder wie in Usbekistan auch mit Gasbefeuerung. Das haben wir alles erlebt, abenteuerlich und gefährlich zugleich. Wir kamen dort auch in industrielle Färbereien mit großen Maschinen, aber wo immer wir auch gearbeitet haben, waren sie vollkommen fehl am Platz. Im Gegensatz zu jenen waren wir immer imstande, auf die angetroffenen Begebenheiten einzugehen, die Arbeit mit unserer Erfahrung zu verbessern oder etwas Neues, den Menschen und ihrer Umgebung Entsprechendes aufzubauen. Behutsam, ohne hohe Investitionen und mit der Schaffung von weiteren Arbeitsplätzen. Viele Delegationen aus diesen Ländern haben unsere Färberei in Kleiningersheim besucht, um dann nach unserem Vorbild ihre Werkstätten zu modernisieren. Dazu aber noch mehr im Kapitel über Usbekistan.

Carlos und sein Färbekessel

DIE FÄRBEKÜCHE

An einem Tag ohne Arbeit erscheint einem Besucher die Färberei wie eine leerstehende Großküche. Keine Farbe in den Töpfen, keine Gerüche wabern durch die Werkstatt, nichts köchelt in den großen Kesseln. Ein ganz anderes Bild offenbart sich, wenn die Färberei in vollem Gange ist. In den drei kleinen, je 100 Liter fassenden Edelstahltöpfen, die mit Gas beheizt werden, kochen die Grundfarben aus: Reseda für Gelb, Koschenille für Rot und vielleicht noch Krappwurzel, die später ein schönes Orange im Topf erscheinen lässt. Im holzbefeuerten Grundofen mit seinem 200-Liter-Kessel wartet die fertige Küpe mit Indigo auf ihren Einsatz. Wir färben damit Wolle oder Seidentücher in allen Schattierungen blau, überfärben aber auch die Grundfarben aus den kleinen Kesseln. Über die Kessel sind Stahlseile gespannt, an denen die grundierten Wollstränge hängen; die Vollendung zu Regenbogenfarben findet ebenfalls im Indigo statt. Die Stahlseile über den drei Kesseln sind sehr praktisch. Für einfache Unifarben spielen sie keine Rolle, dabei verschwindet das Färbegut komplett im Färbetopf. Aber mehrfarbige Wolle oder Seide zu färben, ist ohne diese Seile schwierig.

Dann gibt es noch den großen Grundofen, ebenfalls mit Holzbefeuerung und einem Edelstahlkessel mit 300 Liter Fassungsvermögen. Ein tiefer Kessel, wunderbar für Strickwolle oder große Partien. Ein Schwenkkran mit Seilzug erleichtert die

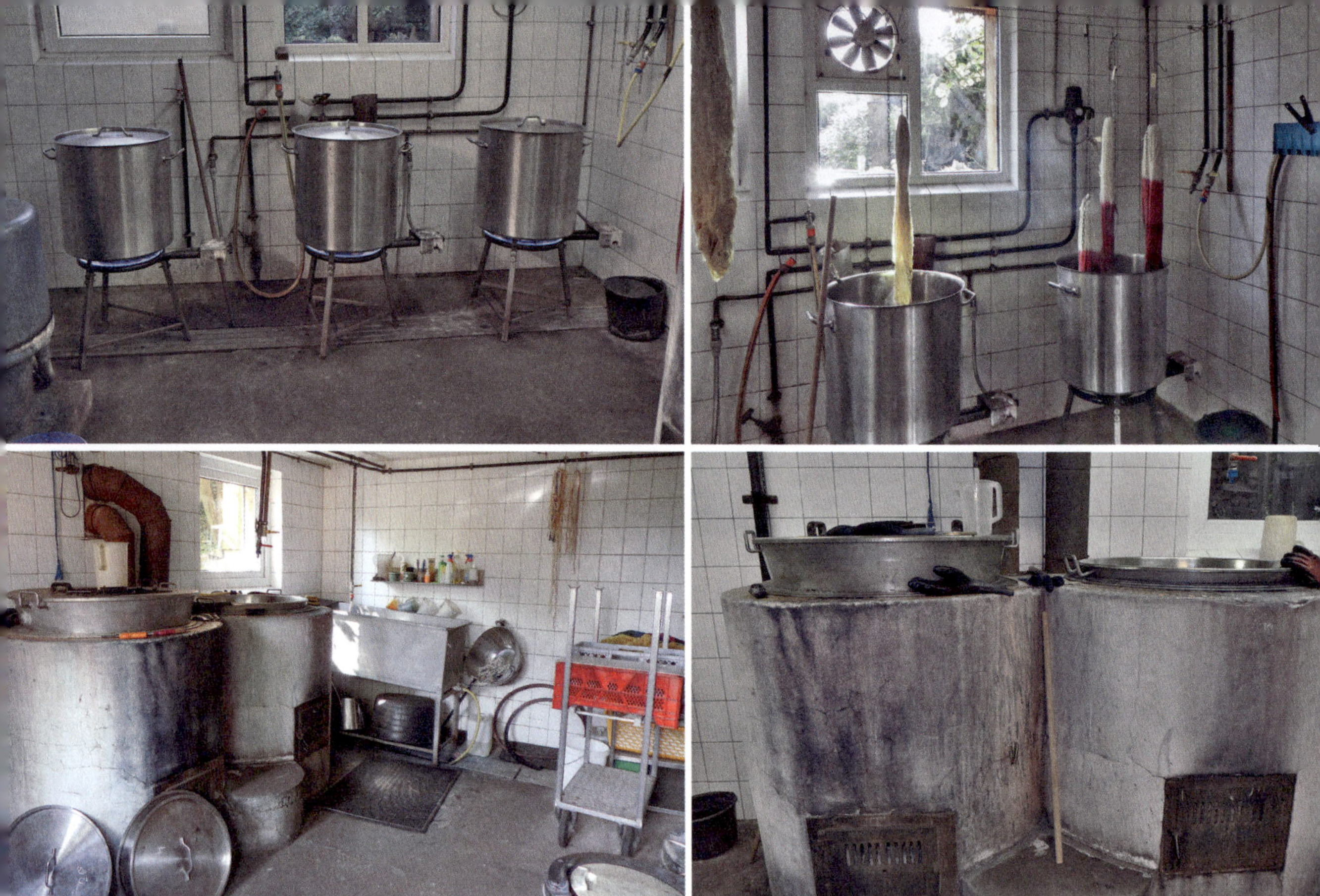

Links oben: Drei Edelstahltöpfe mit je 100 Litern
Links unten: Die unverzichtbare Ausspülwanne, Rollwägen und Kisten
Rechts oben: Wollstränge hängen im Färbekessel
Rechts unten: Grundöfen mit großen Edelstahlkesseln

Arbeit. Die Strickwolle wird mit dessen Hilfe eingelassen und auch wieder herausgezogen. Bei zu färbender Flockenwolle kommt ein großer Edelstahlkorb zum Einsatz. Die Wolle lässt sich ohne große Mühe ein- und austauchen, ein kurzer Griff am Korb erleichtert ein Kippen, und die Wolle fällt in einen darunter stehenden Bottich, fertig zum Auswaschen. Je nach Bedarf stehen noch große schwarze Bottiche am Boden, in ihnen zieht die Wolle oder Seide in einem Farbbad, das aus einem der Edelstahlkessel abgelassen wurde. Dies sind die sogenannten Abklingbecken. Das zu färbende Material hat hier viel Zeit zum Abkühlen und darf in aller Ruhe seine Farbintensität erhöhen. Auch zur Nachbehandlung mit Pottasche oder Eisensulfat sind die schwarzen Bottiche wichtig.

DIE FÄRBEKESSEL

Aus welchem Material sollen die Färbekessel sein? Wenn Sie mich so fragen, gebe ich Ihnen die einfache Antwort: aus Edelstahl. Dieses Material ist am besten geeignet, es ist neutral und führt zu keiner Farbveränderung. In Ihrer Küche können Sie auch Emailtöpfe verwenden, auch sie beeinflussen die Farbe nicht nachhaltig. Aber das ist nicht selbstverständlich. Denn wenn Sie beispielsweise dasselbe Rezept einmal in einem Kupfer- und einmal in einem Eisenkessel färben, erhalten Sie unterschiedliche Farbabstufungen. Zauberei? Nein: Chemie. Die jeweiligen Metallsalze der Kessel reagieren mit dem Farbstoff und verändern den Farbton. Genauso verhält es sich mit einem Kessel aus Aluminium. Die Aluminiumsalze hellen die Farbe erheblich auf, mit der

Folge, dass Sie für dunklere Töne viel mehr Farbstoff benötigen – falls es überhaupt gelingt. In Usbekistan hat uns dieser Umstand anfangs zum Verzweifeln gebracht.

WASSER ODER WASSER?

So einfach wie bei der Feuerwehr ist es in der Färbewerkstatt nicht. Zum Löschen reicht es, den Hahn aufzudrehen, das Wasser wird seine Aufgabe erfüllen. Aber Wasser ist nicht gleich Wasser. Von der Dosierung des Waschmittels beim Wäschewaschen oder Geschirrspülen kennen Sie es vielleicht: Es ist von der Wasserhärte, vom Gehalt an Kalk, Kalzium und Magnesium abhängig, wie viel Wasch- bzw. Geschirrspülmittel Sie brauchen, um die optimale Waschkraft zu erreichen. Das steht auf jeder Packung. Die Wasserwerke geben gerne Auskunft.

Für die Färberei muss man nicht so ins Detail gehen. Es genügt die Entscheidung zwischen Leitungs- und Regenwasser. Leitungswasser enthält Säuren, deshalb ist es zum Beispiel für eine Färbung mit Koschenille nicht einsetzbar. Die enthaltenen Säuren verklumpen das Farbbad. Deshalb benötigt man hier Regenwasser. Für manche Pflanzenfarben wiederum ist das Leitungswasser die bessere Qualität. Es erhöht die Farbstoffausbeute.

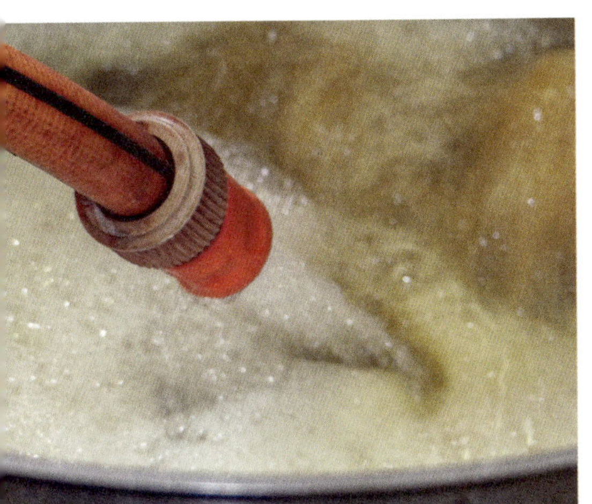

Deshalb gibt es in unserer Werkstatt zwei Leitungen, eine für Leitungswasser und eine für Regenwasser, gut gekennzeichnet, damit es keine Verwechslung gibt. Das Regenwasser vom Dach sammeln wir in einer Zisterne mit 12 000 Litern, die sich über das Fallrohr der Regenrinne füllt, wenn es regnet. Die Trockenheit durch den Klimawandel haben wir auch schon zu spüren bekommen. Längere Zeit kein Regen bedeutet, sparsam sein und das Wasser einteilen.

DER KLEINKRAM

Viele kleine Dinge sind nötig, wenn Sie gute und gleichmäßige Farben erreichen möchten. Das fängt an mit einer Waage, die auch kleine Mengen sehr genau anzeigen kann. Die vorgegebenen Rezepte sollten Sie nämlich penibel einhalten. Das ist besonders wichtig für eine gute Reproduzierbarkeit. Weiter brauchen Sie mehrere Paare stabile Gummihandschuhe. Sie sollten gegen ein kochendes – und das bedeutet an die 100 Grad – Farbbad, aus dem Sie den Farbsack mit den Pflanzen entfernen, gut geschützt sein. Und Sie sollten niemals mit denselben Handschuhen von einem Farbbad in ein anderes greifen, schon gar nicht von blau nach gelb. Vor allem, wenn Sie Seidentücher färben, entstehen hässliche Flecken. Sie können aber auch die Not zur Tugend machen und dies als besonderes Design anpreisen.

Weiter geht es mit Holzstöcken zum Bewegen des Färbegutes. Ich benutze mit Wohlbedacht den Ausdruck »bewegen«, nicht »rühren«. Unsere peruanischen Freunde haben anfangs gerührt. Wenn Sie die Wolle oder die Seidenschals im Kessel mit dem Holzstock immer im Kreis herumrühren, wickeln sie sich wie Spaghetti um die Gabel. Dass die Farbe so nicht gleichmäßig auf-

Das Wasser läuft in den Kessel

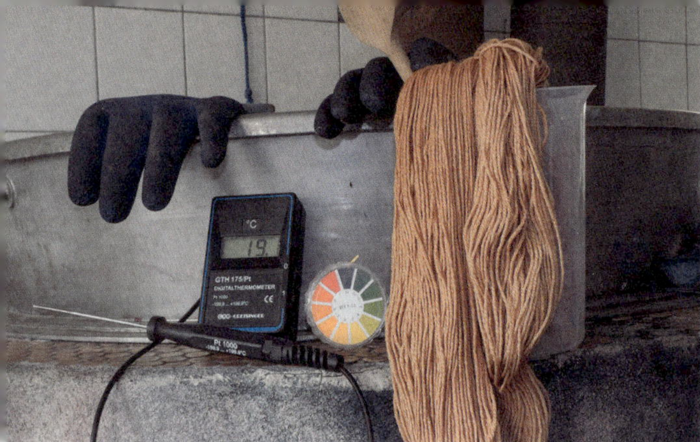

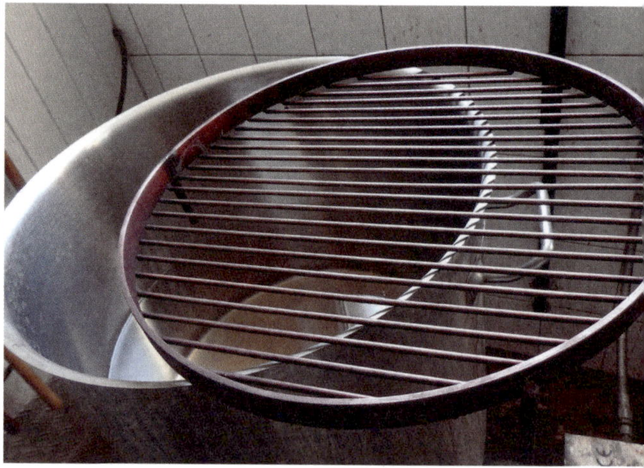

Links: Digitalthermometer, Handschuhe und pH-Papier **Rechts:** Der unverzichtbare Edelstahlrost für den Kesselboden

ziehen kann, werden Sie verstehen. Deshalb: sanft bewegen, von oben nach unten und von rechts nach links – dies ist ein Garant für ein schön gleichmäßiges Ergebnis. Für jede Farbe brauchen Sie einen eigenen Holzstock, damit es auch hier nicht zu Verfärbungen kommt. Gerade solche kleinen Fehler führen am Anfang meist zu großem Frust.

Von elementarer Bedeutung ist ein gutes Thermometer. Wenn Sie vorhaben öfter zu färben, kaufen Sie sich kein Einmachthermometer. Es ist zwar billig, aber es ist in der Handhabung sehr umständlich. Ein Digitalthermometer mit einem Fühler, einem Kabel und der Anzeige in sicherer Entfernung vom Kessel, ist die beste Wahl.

Wovon Sie nie genug haben können in einer Färberei, sind Eimer: für Musterfärbungen, zum Ausklingen einer Farbe oder zum Einweichen von Pflanzen. Das Gleiche gilt für Kunststoffkisten als Zwischenlager für noch nicht fertig gefärbte Wolle oder zum Abtropfen und Auskühlen nach einer Färbung. Und zuletzt benötigen Sie unbedingt Lackmuspapier, Sie bekommen es ihn jedem Drogeriemarkt oder in der Apotheke. Damit bestimmen Sie den pH-Wert der Bäder, ob sie basisch oder sauer sind. Das ist bei etlichen Färbungen unabdingbar.

GRILLEN ODER FÄRBEN?

Eine ganz wichtige Rolle spielen beim Färben die Gitter, die wie runde Grillroste aussehen. Sie gewährleisten, dass das empfindliche Färbegut beim Absinken nicht den heißen Kesselboden berührt. Wenn zum Beispiel Woll- oder Seidentücher auf den Grund des Kessels sinken, der durch die Hitzezufuhr von Gas oder Holzfeuerung viel heißer ist als das Farbbad, können sich hässliche Flecken einbrennen. Wir haben am Beginn unserer Färbetätigkeit viel Lehrgeld in Form von fleckigen Tüchern bezahlt. Das möchte ich Ihnen gerne ersparen. Deshalb verwenden Sie einen Grillrost aus Edelstahl, den gibt es in allen möglichen Durchmessern zu kaufen.

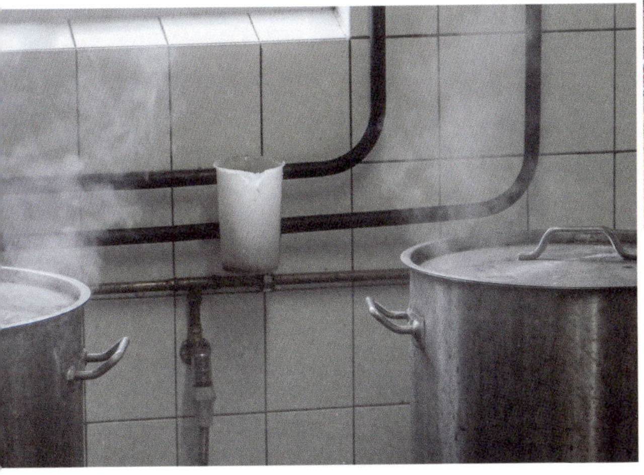

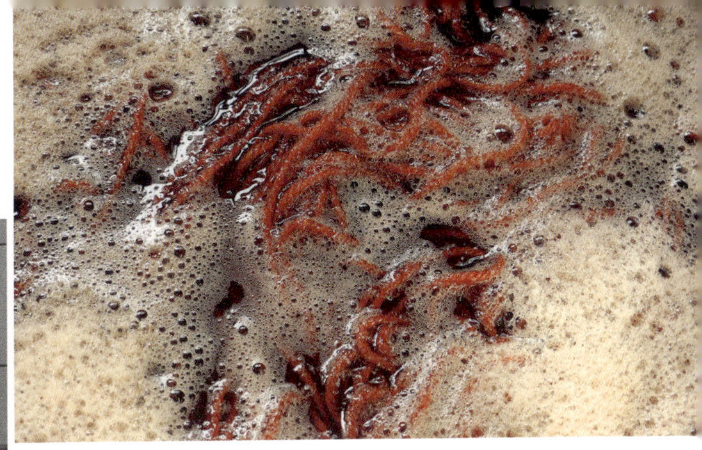

Links: Die Pflanzen werden ausgekocht …
Rechts: … danach schwimmt die Wolle im Farbbad

SAFETY FIRST

Zum Schluss noch ein Appell an Ihre Um- und Vorsicht. Die Pflanzenfärberei ist ein sehr ökologisches und umweltfreundliches Handwerk, hantieren wir dabei doch fast ausschließlich mit natürlichen Materialien. Fast: denn es bedarf trotzdem einiger weniger Chemikalien, vor allem für die Arbeit mit Indigo. Hydrosulfit, Ammoniak und Natronlauge sind gesundheitsgefährdend, ein vorsichtiger Umgang mit diesen Substanzen ist deshalb zwingend. Ebenso wichtig ist eine sichere Lagerung in der Werkstatt oder wo immer Sie färben, fernab von Kinderhänden oder zu neugierigen Besuchern. Ein sogenannter »Giftschrank«, abschließbar und an die Wand geschraubt, ist empfehlenswert, so sind die Stoffe sicher untergebracht.

Überhaupt sollten Sie die Arbeit in der Färberei zu Ihrer eigenen Sicherheit immer mit Ruhe und Bedacht ausführen. Hektik und Unachtsamkeit sind vollkommen fehl am Platz und erhöhen die Unfallgefahr, schließlich arbeiten Sie mit heißen und kochenden Flüssigkeiten. Meine Erfahrung will ich Ihnen nicht vorenthalten, sie mag Ihnen eine Warnung sein. Unter Stress und Zeitdruck habe ich einmal versucht, eine Glühbirne über einem Färbekessel auszuwechseln. Mit offenen Schuhen am Kesselrand balancierend, gelang es mir, die Glühbirne zu greifen, dann aber rutschte mein rechtes Bein ab und mein Fuß tauchte bis über den Knöchel in die gerade auskochende Koschenillebrühe. Ich erspare es Ihnen, den Anblick meines Fußes zu beschreiben, die Schmerzen waren unbeschreiblich. Deshalb: keine Hektik in der Färberei! Das passt schon vom Prinzip her nicht zu dieser bunten, oft meditativen Arbeit.

Die Wolle und das Beizen

DIE EIWEISSFASER

Was ist unter Eiweißfasern zu verstehen? Es ist ganz einfach: Alle tierischen Fasern wie Schafwolle, aber auch die Wolle des Alpakas, der Mohairziege und die Seide zählen dazu. Pflanzliche Fasern wie die Baumwolle oder das Leinen sind Cellulosefasern. Sie haben einen anderen chemischen Aufbau und müssen deshalb beim Färben mit Pflanzen völlig anders behandelt werden. Die Rezepturen, die wir hier besprechen, sind nicht auf solche Fasern übertragbar, die Ergebnisse wären unbefriedigend. Aus diesem Grund gelten alle Rezepte in diesem Buch nur für tierische Fasern. Die Probefärbungen haben wir alle mit reiner Schafwolle durchgeführt.

Das Geheimnis bei der Pflanzenfärberei mit tierischen Fasern ist, dass Gegensätze sich anziehen. Deshalb lässt sich auch Schafwolle so wunderbar färben. Im Detail betrachtet sieht das so aus: Die Pflanzenfarbstoffe sind in der Regel anionisch, also negativ geladen, Eiweißmoleküle enthalten positiv geladene Aminosäuren. Treffen diese in einem Farbbad aufeinander, ziehen sie sich gegenseitig an. Gut gebeizt binden sie fest aneinander, und es entsteht eine dauerhafte und langlebige Beziehung, die sogar der hochenergetischen Sonneneinstrahlung trotzt, wie auch dem Waschen in einer Waschmaschine mit einem sanften Wollwaschmittel. Gut gebeizt? Was das bedeutet, erfahren Sie als Nächstes.

GRUNDSÄTZLICHES ZUM THEMA BEIZEN

Das Wort »beizen« hat seinen Ursprung im Mittelalter. Schon damals beschreibt es die Vorbehandlung einer Wolle zum Färben. Das als Beizmittel verwendete Alaun legt sich auf die Faser und bringt den Farbstoff dazu, sich an der Faser »festzubeißen«. Dies garantiert je nach Färbepflanze eine wasch- und lichtechte Färbung. Die Konzentration des Beizbades spielt dabei eine genauso wichtige Rolle wie die Durchführung des Beizens an sich. Außerdem kann man auch nach dem Färben auf die Farben einwirken. Dafür hat sich die Bezeichnung »Nachbeize« eingebürgert.

Ich habe bereits erwähnt, dass es für das Färben fast ebenso viele Rezepte wie Bücher gibt. Beim Thema Beizen ist es das Gleiche. Einmal werden 5 Prozent Beize empfohlen, dann wiederum der Gebrauch von 10 Prozent, ein weiteres Buch behauptet, schöne Farben sind nur mit 20 bis 25 Pro-

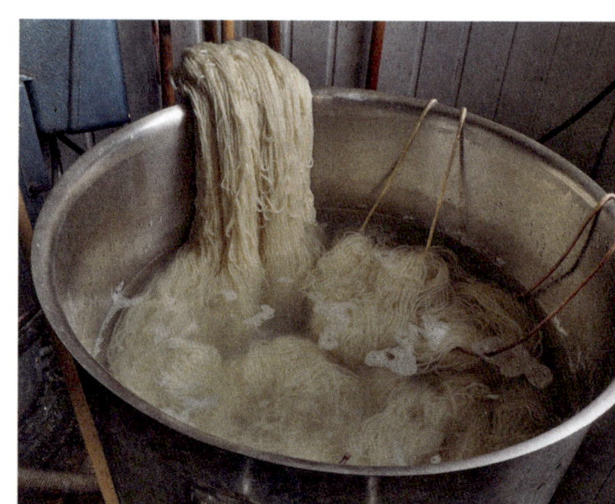

Die Strickwolle im Beizbad

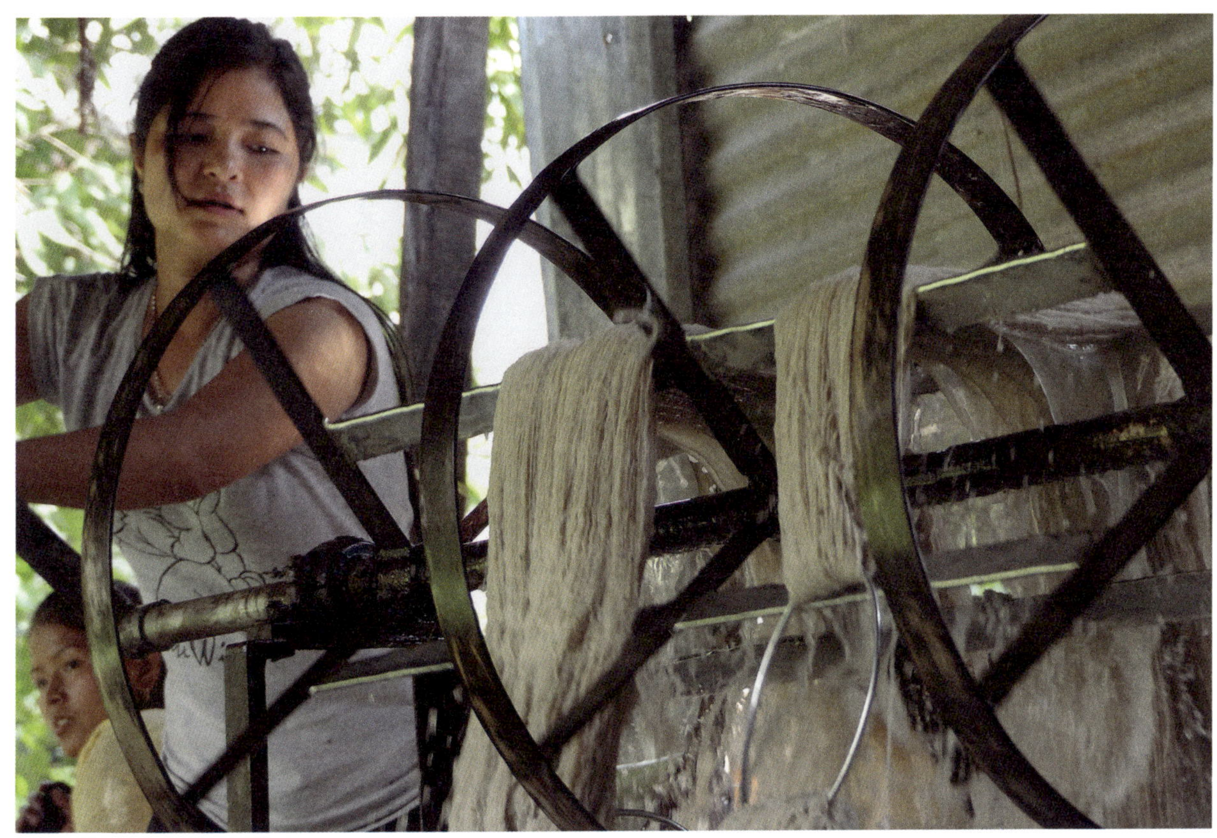

Beim Beizen von Wolle in Nepal

zent erreichbar. Wenn man wie wir pflanzengefärbte Produkte weltweit liefert oder im Ausland Menschen als Färber für hochwertige Teppiche ausbildet, hat man eine große Verantwortung, nicht nur den Färbern und deren Kunden gegenüber. Es ist uns auch sehr daran gelegen, dass das Handwerk der Pflanzenfärberei an sich nicht durch ungenaue oder gar fehlerhafte Anleitungen beschädigt wird. Deshalb haben wir Testreihen durchgeführt, um anhand der Resultate die beste und zuverlässigste Rezeptur zu finden. Unendlich viele Probebeizen und -färbungen brachten schließlich das Ergebnis, dass wir nur noch mit 15 Prozent Alaun als Vorbeize arbeiten. Ich verspreche Ihnen, dass dies kein aus Verlegenheit benutzter Mittelwert ist, sondern das Ergebnis vieler durchgeführter Untersuchungen.

Ich möchte auch noch einmal auf einen wichtigen Aspekt zum Thema Verunsicherung eingehen. Auf die in den verschiedenen Publikationen vorgestellten Beizen wie Chromkali, Kupfersulfat und auch Zinnchlorid verzichten wir konsequent. Sie haben, wie ich schon betont habe, in der Pflanzenfärberei nichts verloren. Ihr Gebrauch ist giftig, umweltschädlich, und zudem sprengen die damit hergestellten Farben die Harmonie der Pflanzenfarben. Alle Farben, die Sie in diesem Buch sehen und die Sie nach unseren Rezepten färben können, sind ohne diese Substanzen hergestellt. Schon die Fotos mit den vielen wunderschönen Wollsträngen sollten jeden überzeugen, dass mit den wenigen hier verwendeten Mitteln eine unglaubliche Vielfalt an Farben erreicht werden kann. Deshalb der dringende Rat: Verzichten Sie auf diese Beizen. Alaun und Weinsteinrahm sind als Vorbeizen vollkommen ausreichend für eine umfangreiche Palette an traumhaft schönen Farben.

Alaun

Beginnen wir dem Alaun, das wichtigste Beizmittel in der Pflanzenfärberei. Der wissenschaftliche Name lautet Kaliumaluminiumsulfat-Dodekahydrat, die chemische Formel $KAl(SO_4)_2 \cdot 12\ H_2O$. Das müssen Sie sich nicht merken, umgangssprachlich genügt Alaun oder Kali-Alaun, dann weiß jeder Färber und jeder einschlägige Händler, was gemeint ist. Es ist ein geruchsloses Salz mit einer zusammenziehenden Wirkung, verwendet wird es als Beizmittel seit den Anfängen der Färberei. Aufgelöst in heißem Wasser, entsteht eine saure Lösung mit einem pH-Wert von 4 bis 5, in dieser Lösung wird die Wolle gebeizt.

Weinsteinrahm

Außerdem benötigen wir den Weinsteinrahm, chemische Bezeichnung Kaliumhydrogentartrat, die Formel lautet $C_4H_5KO_6$. Der Weinsteinrahm ist ungiftig. In der Lebensmittelindustrie wird er als Backtriebmittel verwendet und ist ein phosphatfreier Ersatz für das übliche Backpulver. Unersetzlich ist der Weinsteinrahm bei der Färberei mit Koschenille. Nur mit diesem Zusatz erhalten Sie die herrlichen Rottöne. Bei Färbungen mit zum Beispiel Krapp oder Reseda spielt der Weinstein keine Rolle, die Farbveränderung ist minimal. Aber eine etwas härtere Wolle wird durch den Gebrauch im Griff weicher und geschmeidiger.

Roher Alaunstein auf dem Markt in Kathmandu

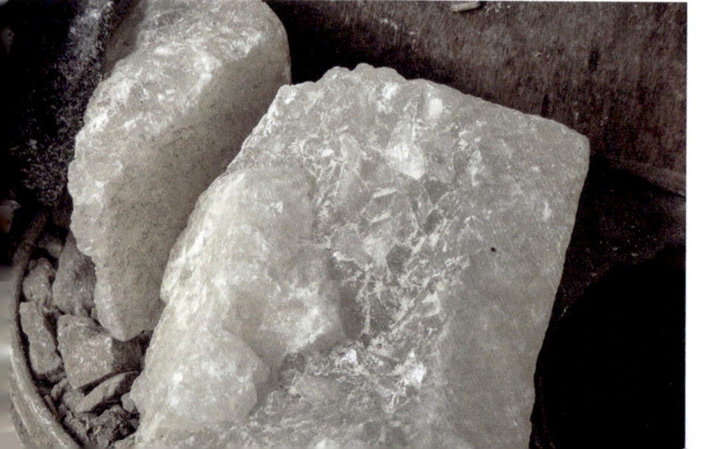

Eisensulfat

Als Nachbeize, also für das Nachbehandeln oder auch Nuancieren der Farben wichtig ist das Eisensulfat ($FeSO_4$). Es ist ein Eisensalz der Schwefelsäure. Das Aussehen erinnert, wenn es luftdicht und trocken gelagert wird, an olivgrüne Kristalle, sonst oxidieren die Kristalle und werden braun. Sie können sie dann zwar noch verwenden, aber eine exakte Dosierung ist nicht mehr möglich. Mit Eisensulfat verändern Sie den Farbton einer bereits gefärbten Wolle, so entsteht zum Beispiel aus dem Gelb der Reseda ein schönes Olivgrün oder graue Töne aus einer mit Katechu braun gefärbten Wolle. Auch in diesem Fall haben wir lange experimentiert und sind zu dem Ergebnis gekommen, dass 3 Prozent auf die zu färbende Wolle ausreichend für sichtbare Veränderungen sind, nicht wie des Öfteren beschrieben 10 Prozent. Mit einer so hohen Dosis schädigen Sie Ihre Wolle sogar dauerhaft.

Pottasche

Als letzte Zutat benötigen wir Pottasche, chemische Bezeichnung Kaliumkarbonat, die Formel K_2CO_3. Pottasche wird viel in der Lebensmittelindustrie eingesetzt, so verlässt kein Lebkuchen die Bäckerei ohne Pottasche. In der Färberei verwenden wir die Pottasche, um einen basischen pH-Wert zu erreichen. Dies ist wichtig bei der Arbeit mit Reseda. In einer durch Pottasche erzeugten basischen Nachbeize verwandelt sich die Wolle aus dem Kessel in ein herrliches dunkles Goldgelb. Die praktische Anwendung von Pottasche und Eisensulfat wird im nächsten Kapitel beschrieben.

Diese vier Stoffe reichen aus, um in allen möglichen Variationen kombiniert mit den fünf Farbstoffen eine riesige und harmonische Farbpalette zu färben. Weniger ist oftmals mehr.

TEMPERATUR UND ZEIT

Es gibt einen deutlichen Zusammenhang beim Beizen und Färben zwischen der Temperatur und der Zeit. In einem kalten Farbbad bewegen sich die Moleküle sehr langsam, sie brauchen viel Zeit, um auf die Faser zu gelangen. Mit zunehmender Temperatur wird die Bewegung immer schneller, kurz vor dem Siedepunkt zum Beispiel rasen die Moleküle wie wild durch den Kessel. Es gibt eine Faustregel in der Chemie, die besagt: Steigt die Temperatur um zehn Grad Celsius, dann beschleunigt sich die Schnelligkeit der Moleküle um mindestens den Faktor Zwei. Dies zu wissen ist wichtig, damit Ihnen die Färberei gelingt. Dazu aber später mehr, jetzt nutzen wir diesen Umstand erst einmal für das Beizen.

DER BEIZPROZESS

In einem alten Färbebuch aus dem 17. Jahrhundert ist der Spruch zu lesen: »Gut gebeizt ist halb gefärbt.« Dem kann ich nur zustimmen, eine sorgfältige Beize ist die Basis für schöne und haltbare Farben.

In vielen Färbebüchern werden unterschiedliche Beizprozesse vorgestellt, unter anderem die sogenannte Direktbeize, auch Einbadfärbung genannt. Die Wolle wird nicht in einem separaten Arbeitsgang vorgebeizt. Das klingt nach Arbeitserleichterung, was es aber letztendlich nicht ist.
Ich kann davor nur warnen. Dabei geschieht Folgendes: Die Alaunmoleküle verbinden sich im Farbbad mit dem Farbstoff, ohne dass sie sich zuerst an die Wolle haften. Die gesättigten Moleküle schwimmen im Farbsud umher, ab und zu bleibt eines an der Wolle hängen, aber nicht dauerhaft und schon gar nicht lichtecht. Ihr Farbbad ist nach einer Stunde noch dunkel voller gesättigter Moleküle, die sich nicht mit der Wolle verbunden haben. Der meiste ausgekochte Farbstoff bleibt im Kessel und lässt sich nur noch entsorgen. Verwenden Sie deshalb keine Direktbeize, nur eine gut durchgeführte Vorbeize bringt dauerhafte Farben.

Muss die Wolle nun vor dem Beizen angefeuchtet werden, oder kann sie auch in trockenem Zustand in die Kessel eingelassen werden? Im Prinzip geht beides, aber nur entweder oder. Feuchte Fasern nehmen die Beize schneller auf als trockene. Ist das Färbegut nicht gut durchfeuchtet, führt dies zu einer ungleichmäßigen Aufnahme der Beize, das Resultat wird wiederum eine ungleichmäßige Farbe sein. Dieser Punkt gilt genauso beim Färben. Bei trockener Wolle dauert es etwas länger, bis sie sich vollkommen mit der Beize oder dem Farbstoff gesättigt hat. Deshalb ist es empfehlenswert,

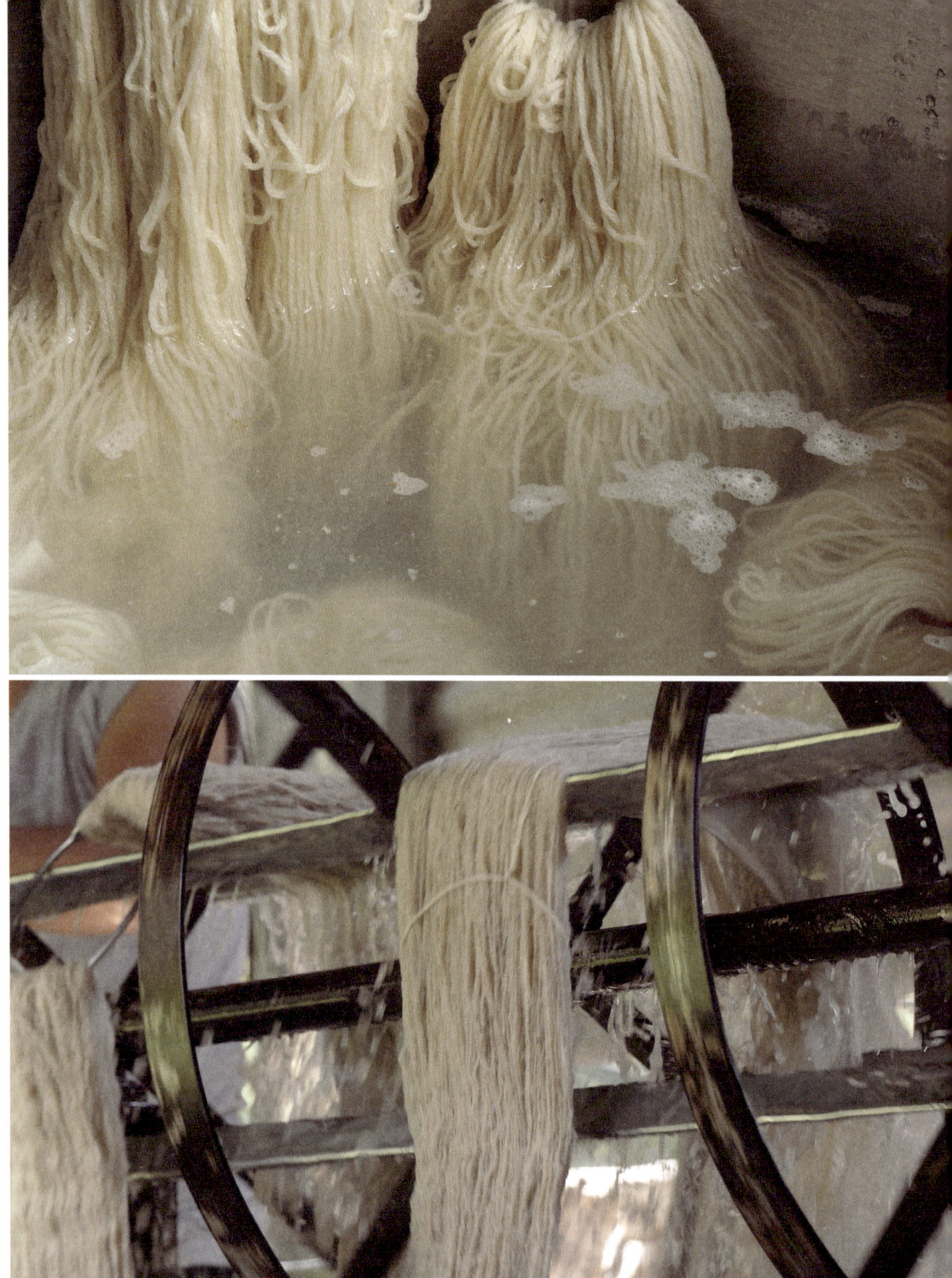

die Wolle immer im feuchten Zustand zu verarbeiten.

Nehmen wir an, Sie möchten 1 Kilogramm Wolle färben, dann benötigen Sie zunächst zum Beizen mindestens 30 Liter Wasser. Mehr schadet nicht, muss aber nicht sein. In einem Edelstahlkessel wird die Hälfte des benötigten Wassers, also 15 Liter, auf 60 bis 70 Grad erwärmt. Das Beizmittel wird abgewogen, in den Kessel gegeben und gut umgerührt, bis sich alles aufgelöst hat. Nun füllen Sie mit kaltem Wasser (die restlichen 15 Liter) auf, die Temperatur sollte dann bei ca. 40 bis 50 Grad liegen. Die Wolle wird jetzt in die Flüssigkeit eingelassen. Wichtig für eine gleichmäßige Aufnahme der Beize ist es, die ersten 10 bis 15 Minuten die Wolle gut zu bewegen (nicht rühren, sanft bewegen!). Die Temperatur muss nicht mehr erhöht werden, die Wolle bleibt einfach im Beizbad über Nacht liegen. Wie bereits beim Zusammenhang zwischen Zeit und Temperatur gelernt, verrichtet sich die Arbeit von allein. Sie können die Wolle auch mehrere Tage im Beizbad belassen, es schadet nicht.

Wolle ist nicht gleich Wolle: Es gibt sie als Flockenwolle – also gewaschen, aber nicht gekämmt –, als Vlies oder Kammzug kardiert oder als versponnenes Strickgarn. Flockenwolle können Sie beim Beizen und Färben einfach lose in den Kessel geben. Bereits kardierte Wolle zu färben, ist in kleinem Umfang vorsichtig möglich, aber letztendlich nicht zu empfehlen. Strickwolle sollte nicht Strang für Strang eingelassen werden, sonst haben Sie am Ende ein ziemliches Wirrwarr. Eine einfache Methode, dies zu umgehen, ist, maximal fünf Stränge mit einer dicken Polyesterschnur lose zusammenzubinden. An dieser Schnur wird die Wolle in den Kessel gelassen; sie gut zu bewegen, ist so auch kein Problem.

Vor dem Färbevorgang müssen Sie die Wolle spülen, dabei werden überschüssige und ungebundene Alaunmoleküle ausgewaschen. Auch dieser Vorgang ist sehr wichtig, sonst geschieht im Farbbad das Gleiche wie bei der nicht empfohlenen Direktbeize. Freier Alaun würde sich mit dem Farbstoff verbinden und nicht dauerhaft mit der Faser. Sollten Sie die Wolle nicht sofort färben, ist ein gutes Auswaschen notwendig. Ansonsten kann es sein, dass der Alaun beim Trocknen kristallisiert. Dieser Effekt kann die Farben negativ beeinflussen. Und beachten Sie bitte auch: Ein Beizbad wird immer nur einmal verwendet.

Der Beizprozess in Kürze:
Wolle abwiegen
Benötigte Prozentzahl an Beize abwiegen
Die Hälfte des benötigten Wassers auf 60 bis 70 Grad erhitzen
Beize in den Kessel geben und rühren, bis sich alles aufgelöst hat
Mit dem Rest kalten Wassers auffüllen
Wolle bei ca. 40 bis 50 Grad einlassen, die ersten 10 Minuten gut bewegen
Über Nacht im Kessel ziehen lassen
Wolle entnehmen und gut ausspülen
Sofort weiter färben oder trocknen

Oben: Die Strickwolle schwimmt im Beizbad
Unten: Die Strickwolle wird mit der Haspel im Beizbad bewegt

Die Wolle und das Färben

DER FÄRBEVORGANG

Anders als bei der Beize gibt es nicht nur einen für alle Farbstoffe anwendbaren Färbevorgang. Bei näherer Betrachtung ist dies auch logisch. Ein Wurzelstück ist beispielsweise viel härter als eine Blüte oder getrocknete Reseda. Um den Farbstoff effektiv zu extrahieren, ist ein längeres Einweichen notwendig sowie eine längere Kochzeit. Jeder in diesem Buch vorgestellte Farbstoff muss für ein gutes Ergebnis anders behandelt werden. Deshalb finden Sie die genauen Rezepte erst in dem jeweils dazugehörigen Kapitel. Es gibt aber doch ein paar Dinge, die Sie grundsätzlich beachten sollten.

Wie koche ich eine Pflanze oder Wurzel aus? Wenn Sie die Färbepflanzen lose im Kessel auskochen, müssen Sie den Sud umständlich abseihen, bis das Farbbad klar und frei von Pflanzenresten ist. Das können Sie sich sparen, wenn Sie die benötigten Pflanzen einfach in einen Farbsack geben. In ihm können Sie die Farbstoffe einweichen und auskochen. Nach der erforderlichen Zeit entfernen Sie den kompletten Farbsack aus dem Kessel, und schon ist das Farbbad bereit für die Wolle.

Verwenden Sie für die Farbsäcke aber keine Baumwoll- oder Leinenstoffe. Das Gewebe wird von Mal zu Mal dichter und lässt irgendwann keinen Farbstoff mehr durch. Ist das Gewebe zu grob, schwimmen noch Pflanzenteile in ihrem Kessel. Auch die oft zitierten Feinstrumpfhosen sind gänzlich ungeeignet, verwenden Sie diese besser, wofür sie hergestellt wurden. Besorgen Sie sich einen nicht zu dicht gewebten Polyesterstoff, am besten in Weiß. Daraus fertigen Sie mehrere Säcke in unterschiedlichen Größen, so haben Sie einen Vorrat. Denn wenn Sie das Gewebe nicht verletzen, halten die Säcke jahrelang. Eine weitere Möglichkeit sind die für die Waschmaschine üblichen Wäschenetze, aber achten Sie auf die Dichte.

Die Färbepflanzen werden in den Sack gefüllt und abgebunden. Lassen Sie den getrockneten Blättern oder Wurzeln viel Platz, vor allem den Krappwurzeln, denn diese quellen enorm auf.

Wenn Sie das Farbbad vorbereiten, sollten Sie das sogenannte Flottenverhältnis immer einhalten. Es besagt, wie viele Liter Wasser mindestens für einen Färbevorgang notwendig sind. Für 1 Kilogramm Wolle benötigen Sie im Normalfall mindestens 30 Liter Wasser, die Wolle sollte locker im Färbekessel umherschwimmen können. So ist es zum Beispiel möglich, in einem Kessel mit 100 Liter Fassungsvermögen 3 Kilogramm Wolle auf einmal zu färben. Wenn Sie jedoch ein voluminöses Strickgarn färben, das viel Oberfläche hat, ist es besser, das Flottenverhältnis anzupassen, also weniger Wolle in mehr Wasser zu färben.

Zum Auskochen einer Färbepflanze erwärmen Sie nicht die gesamte Wassermenge, nehmen Sie etwas weniger als die Hälfte der im Flottenverhältnis angegebenen Menge. Nach dem Auskochen wird der Kessel mit kaltem Wasser bis zur gewünschten

Links oben: Färbepflanzen beim Einweichen
Rechts oben: Farbsack mit Färbepflanzen beim Auskochen
Unten: Gebeizte Wolle kommt in das fertige Farbbad

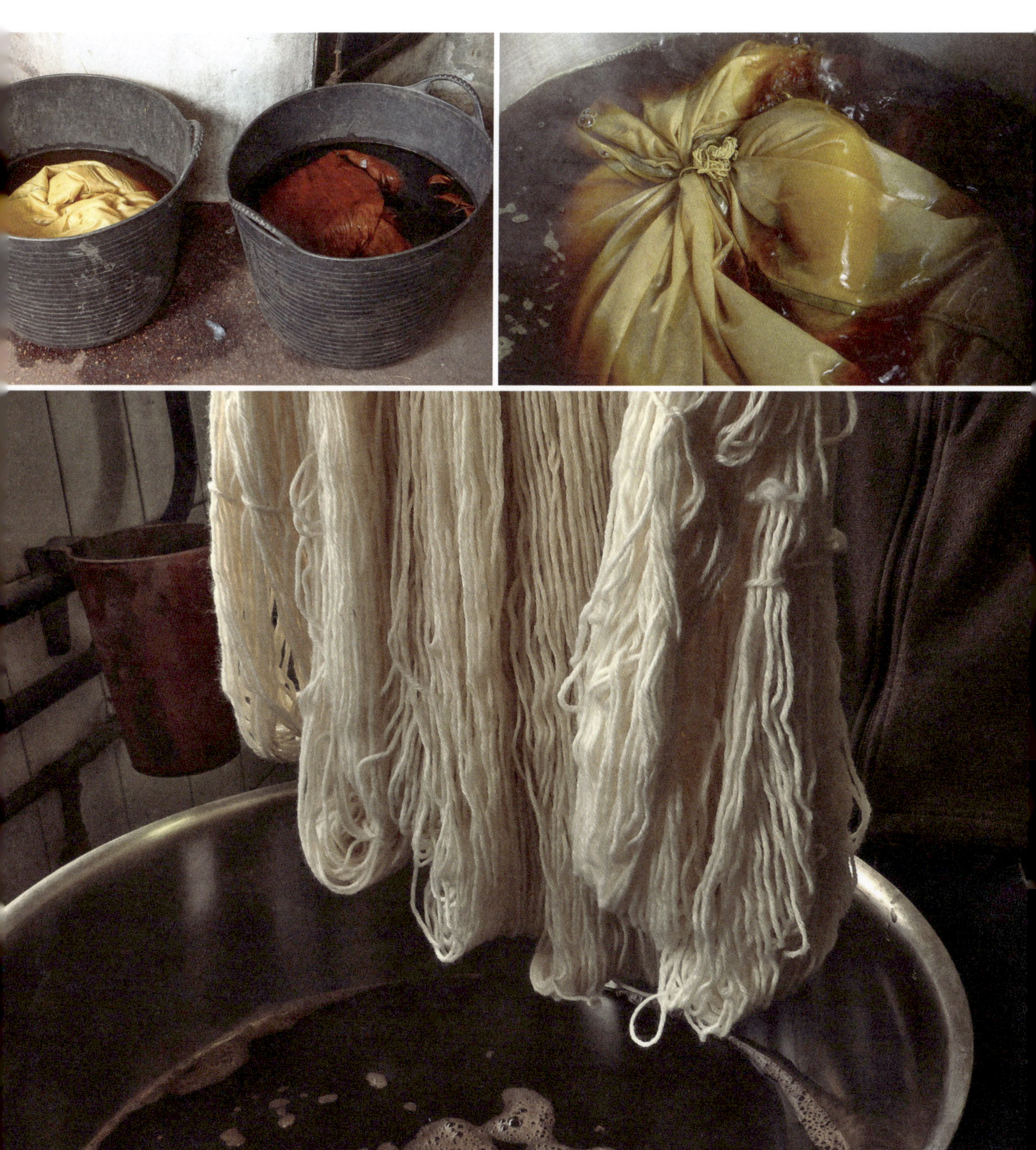

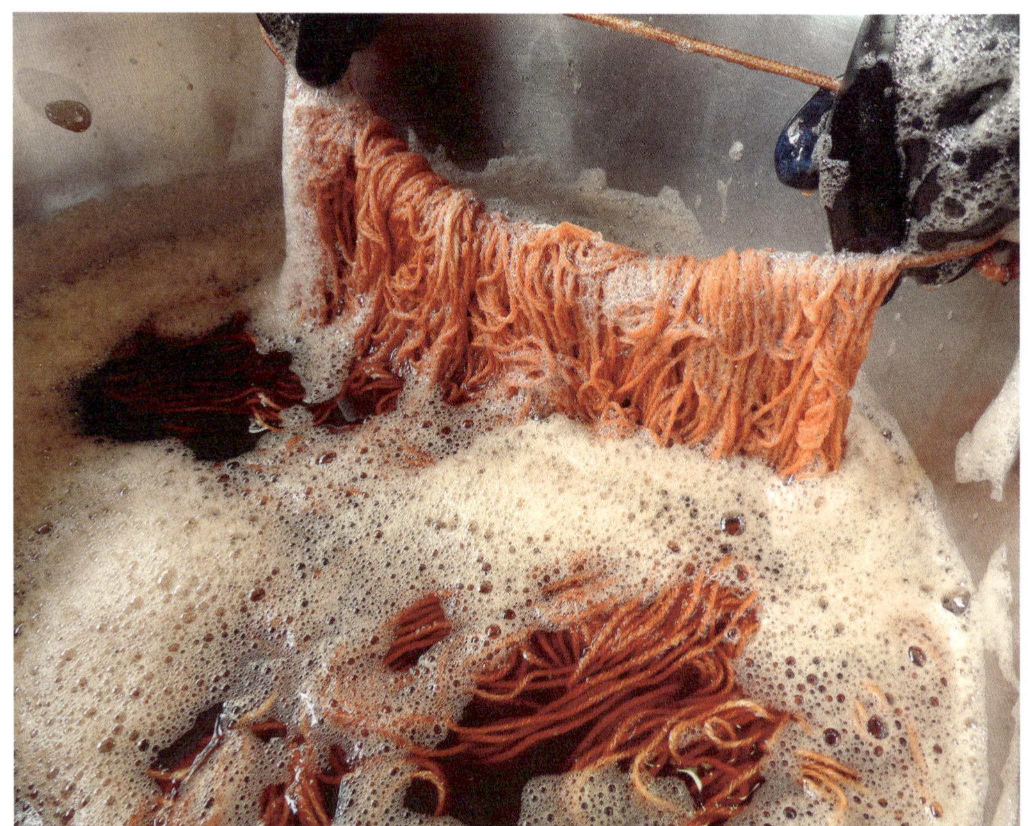

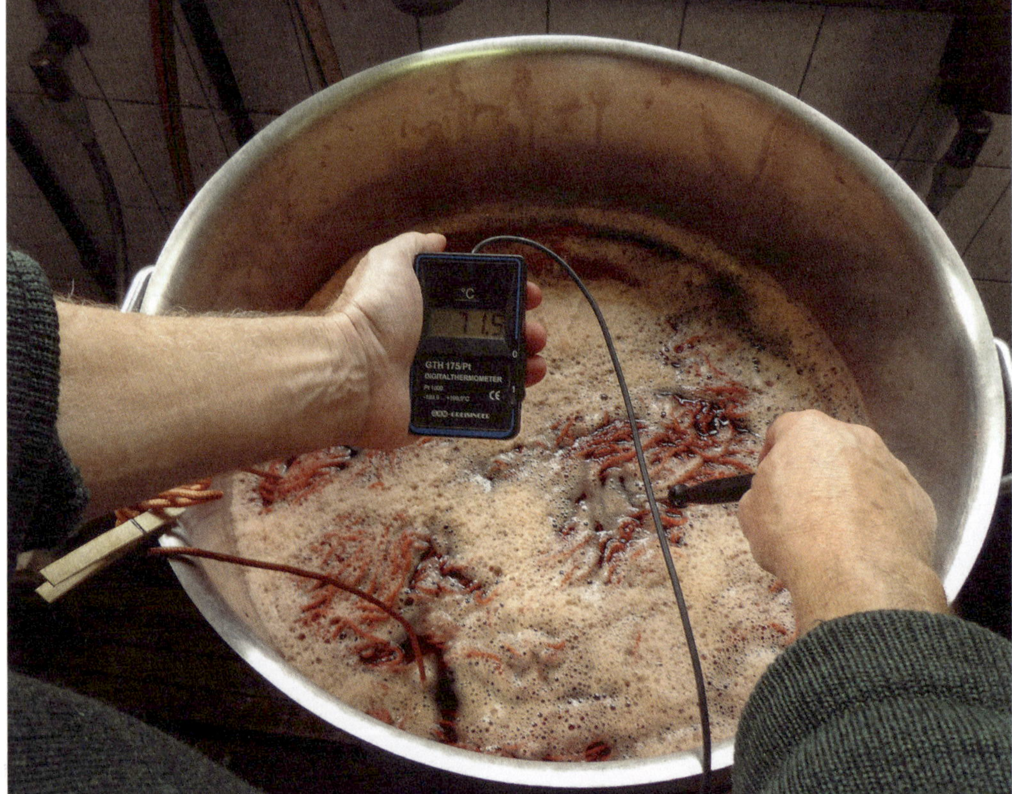

Oben: Die Wolle wird am Anfang im Farbbad gut bewegt
Unten: Die Temperatur wird gemessen

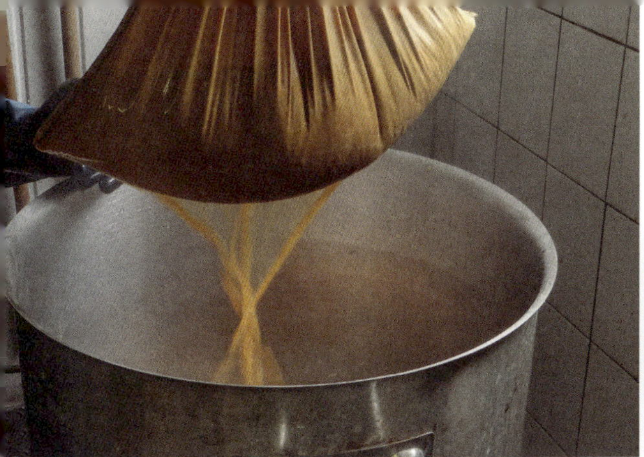

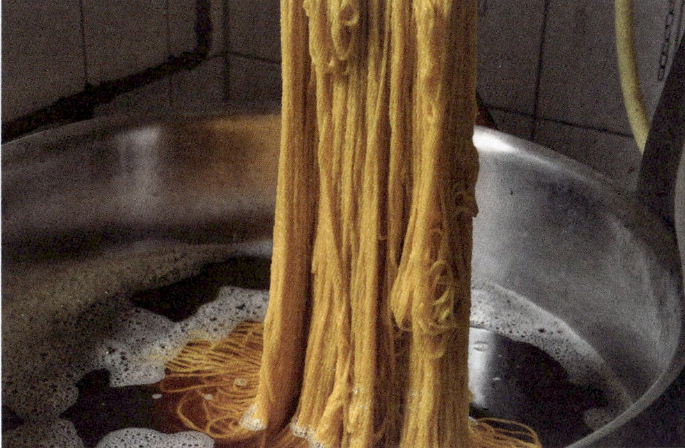

Menge aufgefüllt. Dies hat einen entscheidenden Vorteil. Sie müssen nicht lange warten, bis das Farbbad abgekühlt ist, sondern können gleich mit dem Färben beginnen. Die ausgekochten Pflanzen entsorgen Sie am besten auf einem Kompost.

Der nächste Schritt ist bei allen Färbungen gleich. Die Temperatur des zum Färben fertigen Bades sollte 40 bis 50 Grad betragen, bei dieser Temperatur können Sie die Wolle ins Farbbad einlassen, ohne dass die Wolle gleich zu verfilzen beginnt. Überhaupt dürfen Sie Wolle keinen großen Temperaturschwankungen aussetzen, die Wolle reagiert je nach Beschaffenheit mit einem sofort einsetzenden Filzprozess. Bei vielen Färbungen wird nach dem Einlassen die Temperatur erhöht, dann muss auf jeden Fall der Gitterrost am Kesselboden liegen. Wir benützen ihn einfach immer, dann kann man ihn nicht vergessen.

Wenn das Bad die angegebene Temperatur erreicht hat, bleibt die Wolle mindestens eine Stunde im Farbbad. Aus ökonomischer und ökologischer Sicht schalten wir nach Erreichen der gewünschten Temperatur immer die Energiezufuhr ab. Die Wolle bleibt dann noch die vorgeschriebene Zeit im Farbbad, das langsam abkühlt. Wenn Sie nicht in einem sehr kleinen Topf färben, ist nach einer Stunde noch genügend Wärme für die gewünschte Farbe vorhanden. Auch wird der Farbton dadurch nicht beeinflusst.

Wichtig ist, dass die angegebene Temperatur einmal erreicht wird. Dieser Vorgang gilt für alle Rezepte, wir verfahren hier immer nach dem gleichen Prinzip. Wenn wir in den Rezepten angeben, die Temperatur soll zum Beispiel auf 70 Grad erhöht werden, dann eine Stunde ziehen lassen, bedeutet dies immer das gleiche Prozedere wie gerade beschrieben. Viel mehr Gemeinsamkeiten bei der Behandlung der Färbedrogen gibt es jedoch nicht. Je nach ihrer Art ist ein vollkommen anderer Vorgang für ein optimales Ergebnis notwendig. Das muss Sie nicht beunruhigen, der Färbeprozess wird für jede Pflanze später genauestens beschrieben.

Nach dem Färben wird die überschüssige Farbe aus der gut ausgekühlten Wolle gespült, der letzte Spülgang erfolgt mit einem biologischen und pH-neutralen Wollwaschmittel. Nun muss die gespülte Wolle im Schatten langsam trocknen, dann können Sie sich an dem Färbeergebnis erfreuen.

Das waren die allgemeinen Grundregeln für eine gelungene Färbung. Nun betrachten wir die immer wieder erwähnten unterschiedlichen Färbevorgänge.

Links: Nach dem Auskochen wird der Farbsack entfernt und ausgedrückt
Rechts: Die fertig gefärbte Wolle wird entnommen

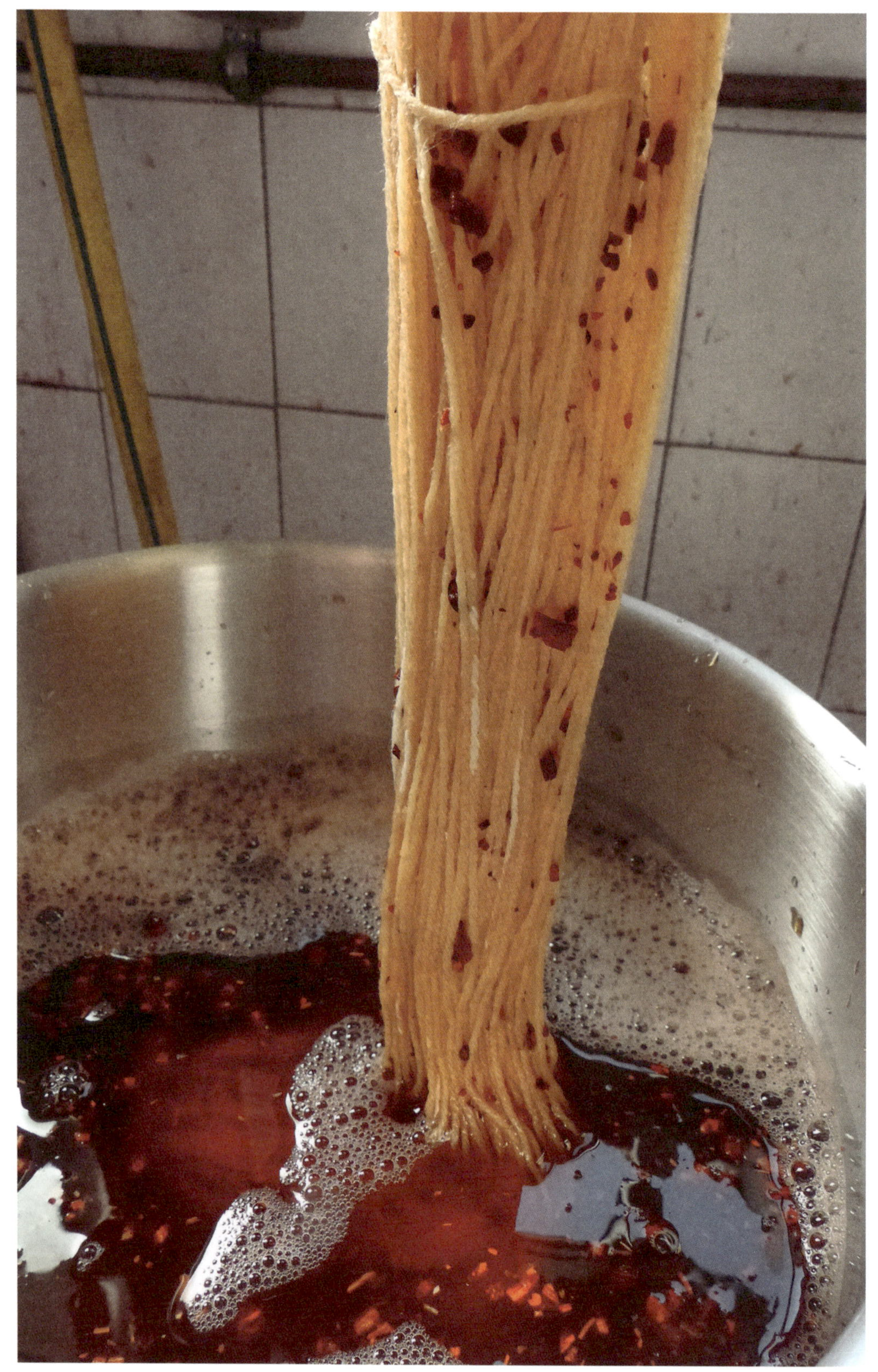

Kontaktfärbung
mit Krappwurzel
im Kessel

MIT KONTAKT ODER KONTAKTLOS

Die Kontaktfärberei steht in krassem Gegensatz zu der von uns bevorzugten Färberei. Bei unserer Arbeit überall auf der Welt waren wir jedoch immer wieder mit dieser Färbung konfrontiert. Der Name der Färbung ist Programm, die Pflanzen oder Wurzeln werden ohne Farbsack zusammen mit der Wolle in einem Kessel ausgekocht. Durch den direkten Kontakt der Wolle mit den Pflanzen im Farbbad wird die Farbe zwar etwas kräftiger, aber das Entfernen der Pflanzenreste aus der Wolle ist je nach Qualität nach dem Färben sehr aufwendig. Mit unversponnener Wolle ist es unmöglich, die Pflanzenreste können Sie nie wieder vollständig entfernen. Je nach Beschaffenheit einer Strickwolle bedarf es großer Mühe, alle Rückstände herauszupulen. Mit Ausschütteln allein ist es nicht getan. Auch wenn der Farbton bei der Kontaktfärbung etwas dunkler wird, war dies ökonomisch betrachtet für uns nie eine Option. Wir haben für das Kapitel über den Krapp ein Rezept mit einer Kontaktfärbung durchgeführt. Anhand der Farbmuster können Sie selbst beurteilen, welcher Färbung Sie den Vorzug geben.

Aber auch hier gibt es Ausnahmen. Eine davon ist die Färbung mit frischen grünen Walnussschalen. Mit ihnen ist eine Kontaktfärbung sinnvoll und im Farbton wesentlich ergiebiger. Dies betrifft aber wirklich nur die frisch geernteten Walnussschalen. Auch für Teppichwolle kann diese Färbung eine Option darstellen. Denn nach dem Färben muss die Strangwolle auf Knäuel gewickelt werden, bei diesem Vorgang werden automatisch die meisten Pflanzenreste entfernt.

DIE EINBADFÄRBUNG

Bei der Einbadfärbung wird die Beize nach dem Auskochen zusammen mit der Wolle ins Farbbad eingelassen. Unter der Überschrift »Der Beizprozess« haben wir die sogenannte Direktbeize bereits behandelt. Beide Begriffe stehen für den gleichen Prozess. Für ein gutes Färbeergebnis sollten Sie, wie gesagt, darauf verzichten.

DIE STUFENFÄRBUNG

Bei einer Stufenfärbung geht man davon aus, dass durch einen mehrfach wiederholten Färbevorgang die schlechte Lichtechtheit einer Färbepflanze verbessert wird. Wir haben dazu viele Versuche unternommen. Die Farbtiefe wurde wirklich kräftiger, aber die Lichtechtheit beeinflusste es nicht. Zudem ist der ökonomische Aufwand (längere Zeiten und mehr Energie) nicht gerechtfertigt. Diese Färbung können Sie also auch getrost beiseiteschieben. Es gibt nur einen Weg zu einer schönen und haltbaren Farbe, und das ist die Vorbeize.

DIE FEINEN NUANCEN MIT POTTASCHE

Nicht jeder der in den Pflanzen enthaltenen Farbstoffe liebt ein saures oder neutrales Milieu, mancher fühlt sich in einer leicht basischen Umgebung wesentlich wohler. Das gilt zum Beispiel für die Reseda; der darin enthaltene Farbstoff Luteolin entfaltet seine ganze Leuchtkraft erst in einem leicht basischen Färbebad. Um diese Farbkraft zu erlangen, ist eine Behandlung mit Pottasche nötig. Dabei verändern Sie durch die Zugabe von Pottasche den pH-Wert. In der Praxis gibt es dafür zwei Vorgehensweisen.

Für den Fall, dass Sie im Kessel keine weitere Färbung mehr durchführen wollen, entnehmen Sie die Wolle dem Farbbad. Dann fügen Sie eine kleine Prise Pottasche bei und rühren gut um. Jetzt kommt das Lackmuspapier zum Einsatz: Messen Sie den pH-Wert. Ist er noch nicht bei 8 bis 9, geben Sie mehr zu, bis der pH-Wert richtig eingestellt ist. Dann lassen Sie die Wolle wieder in das Farbbad, gut bewegen ist auch hierbei außerordentlich wichtig. Die Veränderung ist nicht nur sichtbar, auch im Geruch erkennen Sie das nun basische Farbbad. Die Temperatur spielt nur insofern eine Rolle, als dass bei mehr Hitze dieser Prozess schneller abläuft. Bei unserem Beispiel der Reseda sehen Sie sofort eine Farbveränderung in ein Goldgelb, wunderbar für dunkelgrüne Überfärbungen. In diesem leicht basischen Farbbad lassen Sie nun die Wolle nochmals eine Stunde schwimmen, aber bitte immer leicht bewegen.

Wenn Sie in Ihrem Kessel noch einen Nachzug färben möchten, entnehmen Sie die Wolle und bereiten das Nuancieren in einem sogenannten Abklingbecken vor. Je nach Menge der Wolle wird ein Bottich mit 40 Grad warmen Wasser gefüllt, der pH-Wert mit Pottasche wie beschrieben eingestellt und dann die Wolle eingelassen. Gut bewegen ist auch hierbei sehr wichtig. Jetzt belassen Sie die Wolle für eine Stunde in diesem Bottich. Den pH-Wert sollten Sie nach der Hälfte der Zeit nochmals kontrollieren. Stimmt er nicht mehr, müssen Sie ihn noch einmal vorsichtig einstellen.

Grundsätzlich ist der Prozess des pH-Wert-Einstellens von essenzieller Bedeutung für eine gelungene Nuancierung. Es gibt jedoch keine genauen Anleitungen, wie viele Gramm pro Liter zugegeben werden müssen. Das können auch wir nicht bieten, deshalb ist es außerordentlich wichtig, dabei langsam vorzugehen. Beginnen Sie mit wenig Pottasche, wobei Sie immer wieder testen und den pH-Wert messen. Nur so nähern Sie sich einer gelungenen Farbe. Sie werden im Laufe ihrer Färbeerfahrung ein Gefühl dafür entwickeln, mit welcher Menge Sie anfangen und auch, wie viel Sie letztendlich wirklich benötigen. Aber achten Sie darauf, dass der pH-Wert niemals über 9 steigt, denn sonst ist das Farbbad zu basisch und die Farbe ist buchstäblich im Eimer.

Viel Bewegung ist beim Nuancieren notwendig, denn die Farbstoff-Ionen sind bequem und faul. Sie nehmen den kürzesten Weg und docken an, wo sie können. Deshalb immer wieder gut bewegen, nur so gelingt schöne gleichmäßige Färbung.

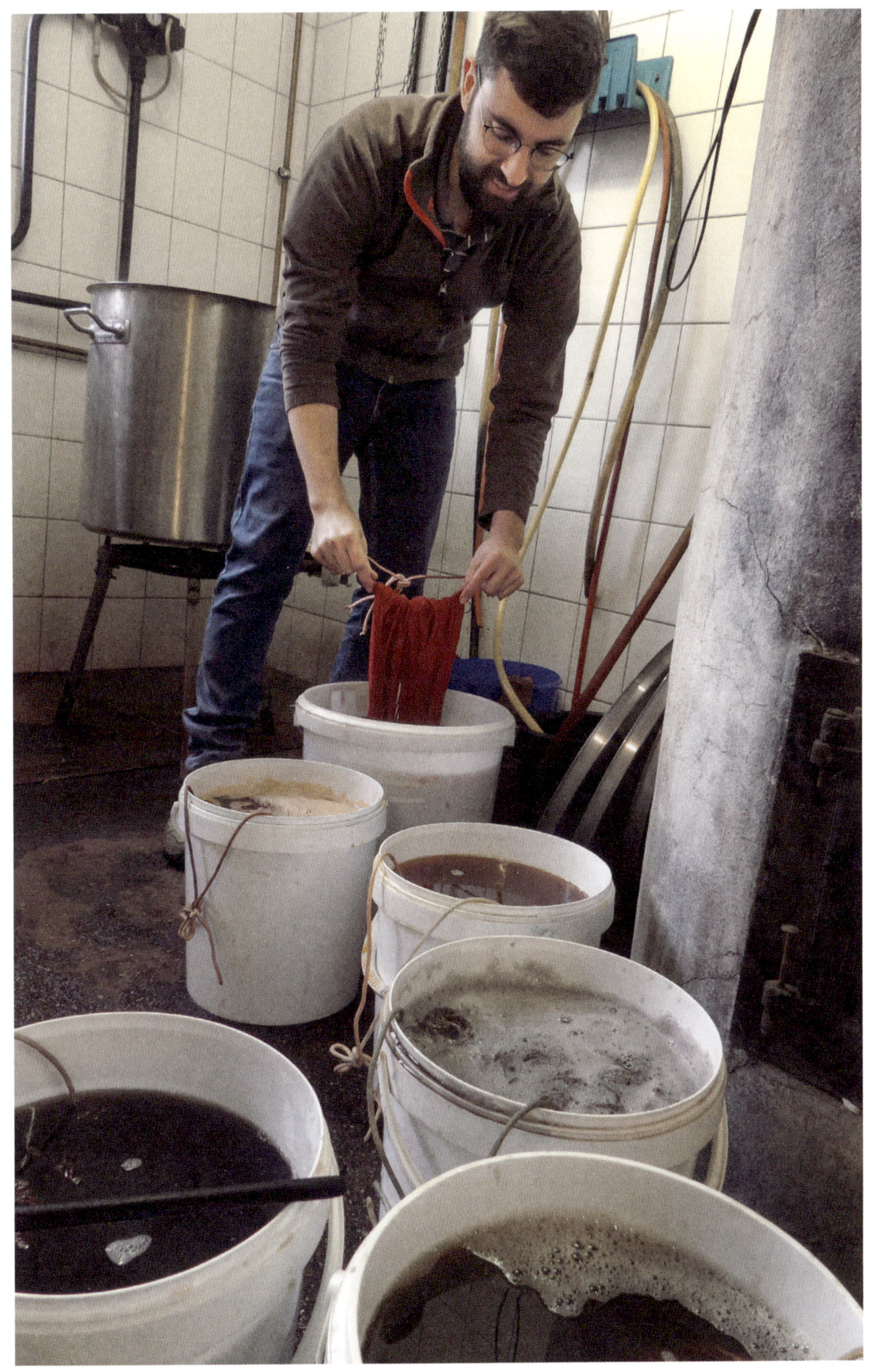

Martin nuanciert die Wolle mit Pottasche und Eisen

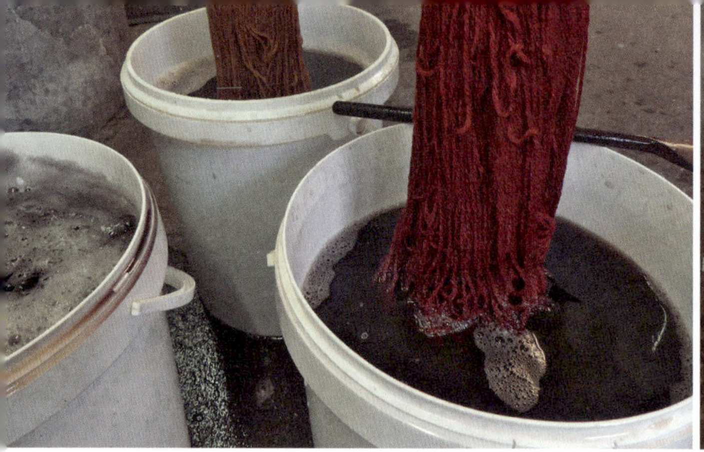
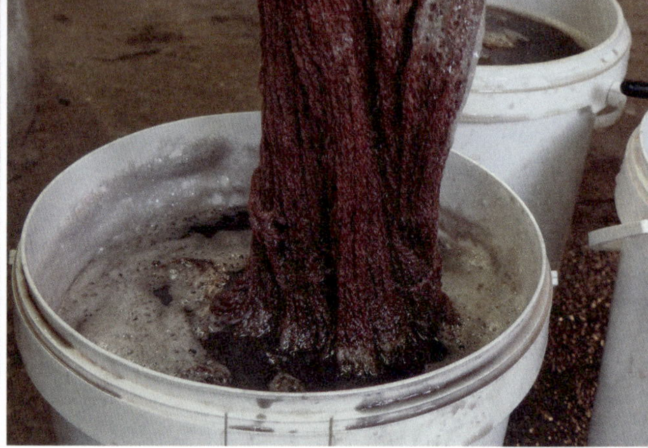

Links: Mit Krapp grundierte Wolle im Eisenbad
Rechts: Mit Katechu gefärbte Wolle im Eisenbad

DAS ABDUNKELN MIT EISENSULFAT

Bei der Nuancierung mit Pottasche wird ein vorhandener Farbton vertieft, im Gegensatz dazu entsteht beim Behandeln mit Eisensulfat ein neuer Farbton. Aus einem Gelb wird ein Olivgrün, ein mit Katechu gefärbtes Braun verändert sich in ein warmes Grau, ein mit Koschenille gefärbtes Rot verwandelt sich in ein Violett. Um dies zu erreichen, benötigen Sie 3 Prozent des Gewichtes der zu färbenden Wolle an Eisensulfat. Wir erinnern noch einmal: Zuviel Eisensulfat macht die Wolle brüchig und rau im Griff, auch die Farbveränderung steht in keinem Verhältnis zu dem Aufwand beim Ausspülen.

Prinzipiell ist der Vorgang der gleiche wie bei der Nuancierung mit Pottasche. Das Eisensulfat wird in einem Messbecher mit warmem Wasser gut aufgelöst, dann dem Färbekessel oder einem separaten Bottich zugegeben. Sehr gut umrühren, dann die Wolle wieder einlassen, wie immer gut bewegen und eine Stunde ziehen lassen. Bei den Farbstoffen, die viele Gerbstoffe enthalten (z. B. Walnuss, Katechu, Galläpfel und Granatapfelschalen) ist es ratsam, die Nachbehandlung mit Eisensulfat in einem separaten Topf durchzuführen und nicht im Farbbad. Die Gerbstoffe reagieren mit Eisen heftig und das Farbbad verändert sich in eine dunkle Brühe. Dadurch wird das Auswaschen viel aufwendiger und der Wasserverbrauch steigt. Das können Sie in einem separaten Bad umgehen. Bei den Flavonoidfarbstoffen (z. B. Reseda, Färberkamille) sind beide Verfahren möglich.

Danach muss die mit Eisensulfat behandelte Wolle gut ausgespült werden, beim letzten Spülgang verwenden Sie wieder ein wenig pH-neutrales Wollwaschmittel.

DOKUMENTATION

Noch einen wichtigen Punkt, der für alle Färbungen gilt, möchte ich Ihnen ans Herz legen: die Dokumentation. Auch wenn Sie nicht gerne alles, was Sie tun, mitschreiben, in diesem Fall lohnt es sich sicher. Neben den genauen Angaben zu Wolle, Färbemittel, Beize usw. ist es wichtig, auch den Ablauf des Färbevorgangs mit allen Zeiten und Temperaturen genau festzuhalten. Nur so kann es Ihnen gelingen, eine Farbe ein zweites Mal zu färben. In unserer Färberei sind alle Farbmuster mit einem Code versehen, das dazugehörige Rezept ist in einem Ordner wie auch im Computer abgelegt.

Wenn Sie Ihr Färbeergebnis mit einer Vorlage oder einer Probe einer früheren Färbung abgleichen wollen oder eine genaue Vorstellung haben, wie eine Farbe aussehen soll, müssen Sie unbedingt berücksichtigen, dass die Farbtiefe auf nasser Wolle wesentlich dunkler erscheint als im getrockneten Zustand. Ansonsten kann es Ihnen passieren, dass Sie Ihre Wolle nach dem Trocknen nicht wiedererkennen. In jeder Färberei, die ich auf der ganzen Welt besucht habe, hängen je nach Größe der Anlage alle paar Meter Handtrockenapparate. Bei den ersten Besuchen war mir nicht klar, warum. Irgendwann habe ich begriffen, dass nasse Farbproben unter dem Luftstrom getrocknet werden, bevor sie mit der Vorlage verglichen werden.

Das waren die wichtigsten Grundlagen für eine erfolgreiche Färbearbeit, die genauen Rezepturen für die Färbedrogen werden in den folgenden Kapiteln beschrieben. Aber es ist nicht so schwer wie es scheint, ein Färbeprozess folgt immer einer gewissen Logik. Wenn Sie dies verinnerlicht haben, werden auch Sie schnell Freude am Färben haben. Ein guter Färber weiß über die Zusammenhänge und den Ablauf in seinen Färbekesseln genau Bescheid: Was geschieht bei welcher Temperatur? Ist der pH-Wert richtig eingestellt? Dieses Wissen ist letztendlich der Schlüssel für eine gelungene Färbung.

Als Nächstes begeben wir uns auf die Reise nach La Palma und lernen die Reseda und ihre hervorragenden Farbeigenschaften kennen.

Der Färbevorgang in Kürze

Wolle, wenn angegeben, vor dem Färben beizen
Danach die Wolle gut auswaschen
Farbbad nach Rezept vorbereiten
Wolle bei ca. 40 bis 50 Grad ins Farbbad einlassen
Am Anfang sehr gut bewegen
Je nach Rezept Temperatur erhöhen
Je nach Rezept eine Stunde oder über Nacht ziehen lassen
Weiterbehandeln oder gut auswaschen

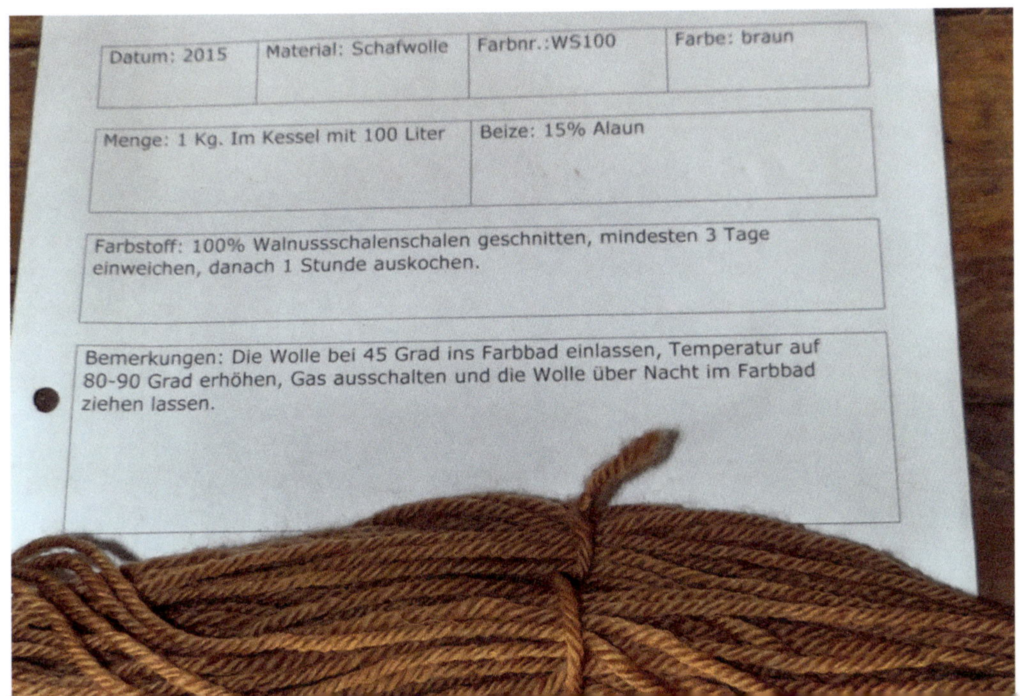

Datum: 2015	Material: Schafwolle	Farbnr.:WS100	Farbe: braun
Menge: 1 Kg. Im Kessel mit 100 Liter	Beize: 15% Alaun		
Farbstoff: 100% Walnussschalenschalen geschnitten, mindesten 3 Tage einweichen, danach 1 Stunde auskochen.			
Bemerkungen: Die Wolle bei 45 Grad ins Farbbad einlassen, Temperatur auf 80-90 Grad erhöhen, Gas ausschalten und die Wolle über Nacht im Farbbad ziehen lassen.			

Die äußerst wichtige Rezeptvorlage

La Palma und die Reseda

EINE INSEL MIT ZWEI BERGEN

Jim Knopf und Lukas, den Lokomotivführer, werden Sie auf La Palma nicht antreffen, dafür fehlt eine elementare Voraussetzung: Es gibt keine Eisenbahn auf der Insel. Aber die Berge sind vorhanden und auch der Leuchtturm. Dieser schickt sein Leuchtfeuer im Süden aus einer trockenen, von Lavagestein geprägten Landschaft auf den Atlantik hinaus. Von der Küste bis zur Mitte der Insel zieht sich die langgestreckte Vulkankette der Cumbre Vieja himmelwärts. Es wird grüner, Kiefernwälder saugen das Wasser aus den oft niedrig hängenden Passatwolken.

Die Cumbre Vieja trennt vor allem meteorologisch den Osten und den Westen der Insel. Während Sie im Osten beim Wandern öfter von einem heftigen Regenschauer nasse Füße bekommen können, hält sich der Niederschlag im Westen zurück. Einmal den Tunnel der Cumbre durchquert, erwartet Sie im Aridanetal eine völlig andere Landschaft: Kakteen und Palmen säumen die Straßen, nicht mehr die großen Kastanienbäume.

Dann gibt es noch den Norden, steil abfallend vom 2426 Meter hohen Berg Roque de los Muchachos bis an die Küste. Unzählige sogenannte *barrancos* zerschneiden die Berge und formen eine unglaubliche Schluchtenwildnis. Dank der vielen Niederschläge im Winter gedeihen üppige Lorbeerwälder: Der Nordwesten war auch deshalb früher die Kornkammer La Palmas. Es ist eine fantastische und mystische Landschaft. Genau hier schlägt das Herz eines jeden Färbers höher. Den Jahreszeiten folgend, erblühen immer im Sommer ganze Felder in einem zart leuchtenden Gelb mit Färberwau, lat. *Reseda luteola*, mal weithin sichtbar auf einem Bergrücken, oft aber auch versteckt in den von Hecken gesäumten Feldern. Er wächst immer wild, denn kein Palmero hat Interesse an einem Anbau. Wozu auch. Reseda taugt nicht als Ziegenfutter, es ist keine Tee- oder Heilpflanze. Die Reseda wird als Unkraut angesehen, und kein Bauer hat sie je geerntet. Und das Wissen über die Bedeutung dieser alten Färbepflanze ist längst in Vergessenheit geraten.

Obwohl es auf La Palma eine lange Tradition der Färberei gibt, ist das Wissen über die Färberei mit Pflanzen hier nicht mehr vorhanden. Nur eine alte Dame konnte sich noch an das Gelb aus der Reseda erinnern. Außerdem hatten die spanischen Eroberer einst Opuntien auf der Insel angesiedelt, die großen Feigenkakteen, die überall die trockenen Gebiete besiedeln. Sie

Der wilde Norden in La Palma

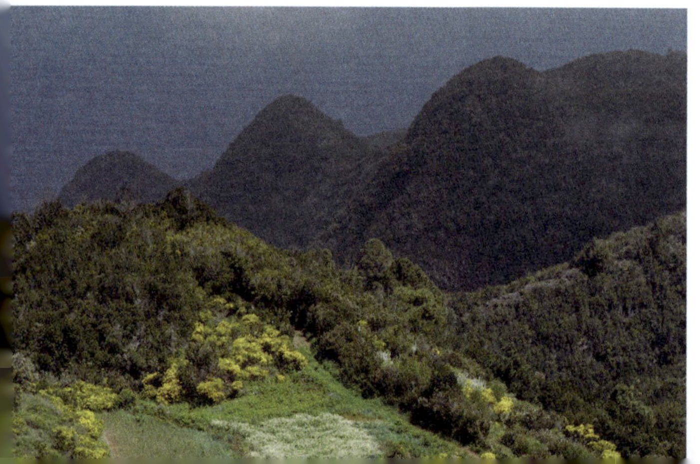

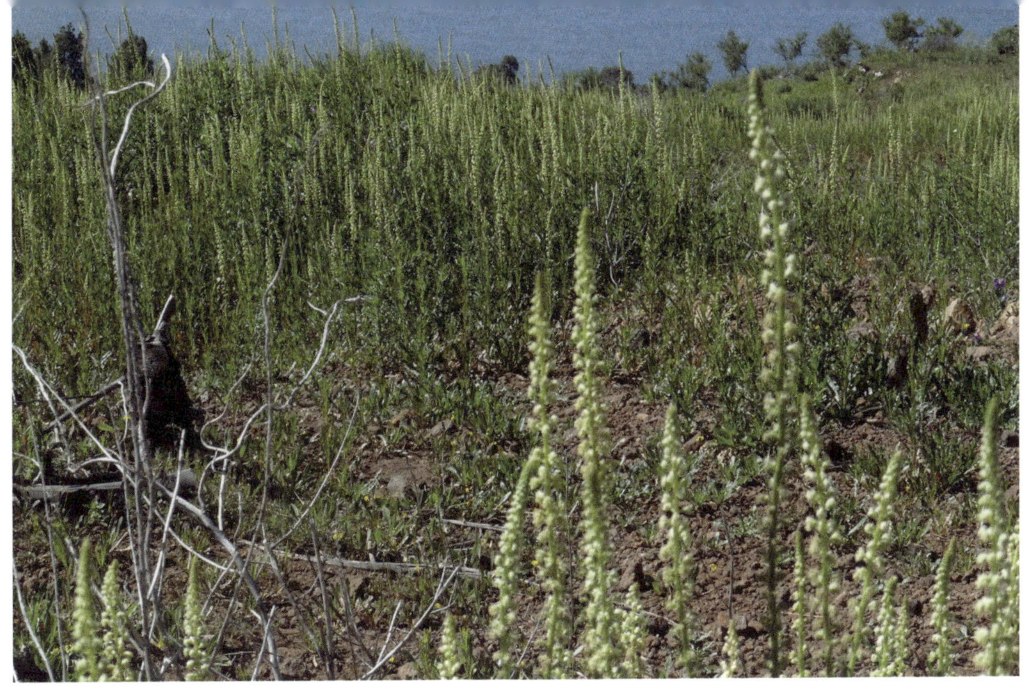

Ein berauschendes Feld voll mit Reseda

dienten als Wirt für die begehrte Koschenillelaus. Auch Seidenraupen wurden gezüchtet und mit den Blättern des Maulbeerbaumes gespeist. So wurden früher hochwertige Seidenstoffe auf La Palma produziert und mit Pflanzen und Koschenille eingefärbt. La Palma war eine Färberinsel. Und wir träumten davon, hier wieder eine Pflanzenfärberei einzurichten, hier zu leben und zu arbeiten.

RESEDA UND HIGADO

Vermutlich werden Sie sich fragen: Was ist Higado? Nein, es ist keine weitere Färbepflanze. Higado heißt Leber, und es gibt einen wunderbar schmeckenden Tapa: *hígado en mojo rojo*, Leber in einer köstlichen roten Soße. Der Zusammenhang wird sich bald aufklären, denn die Färbepflanze und der Gaumenschmaus sind in unserer Geschichte eng miteinander verbunden.

Es ist August, im Norden blühen die ersten gelbleuchtenden Resedafelder. Vorfreude und eine erwartungsvolle Unruhe stellen sich bei uns ein, die Erntezeit beginnt. Der Pickup ist gerüstet, die notwendigen Utensilien sind gepackt. Am frühen Morgen fahren wir los durch die zerklüfteten Schluchten in den Norden. Bereits einen Tag zuvor waren wir dort unterwegs, auf der Suche nach erntereifen Feldern. Chrisse steht für eine bessere Orientierung hinten auf der Ladefläche, während der Pickup sich seinen Weg durch die immer schmaler werdenden Pisten sucht. Mehr und mehr Felder erscheinen zwischen den grünen Hecken, manche völlig unzugänglich, andere wiederum sind noch nicht reif.

Es ist sehr wichtig, den richtigen Erntezeitpunkt abzupassen, sonst wird das Gelb nicht schön. Ernten wir zu früh, bekommen wir nur ein helles Gelb. Ist die Pflanze aber schon zu weit getrocknet, geht viel Farbstoff verloren. Nur wenn die Samenkapseln mindestens in der unteren Hälfte vollständig reif sind und die Pflanze von unten zu vertrocknen beginnt, kann die Ernte beginnen.

Wir haben ein erntereifes Feld entdeckt, die Arbeit beginnt. Für Chrisse, Tochter eines schwäbischen Hasenbauern

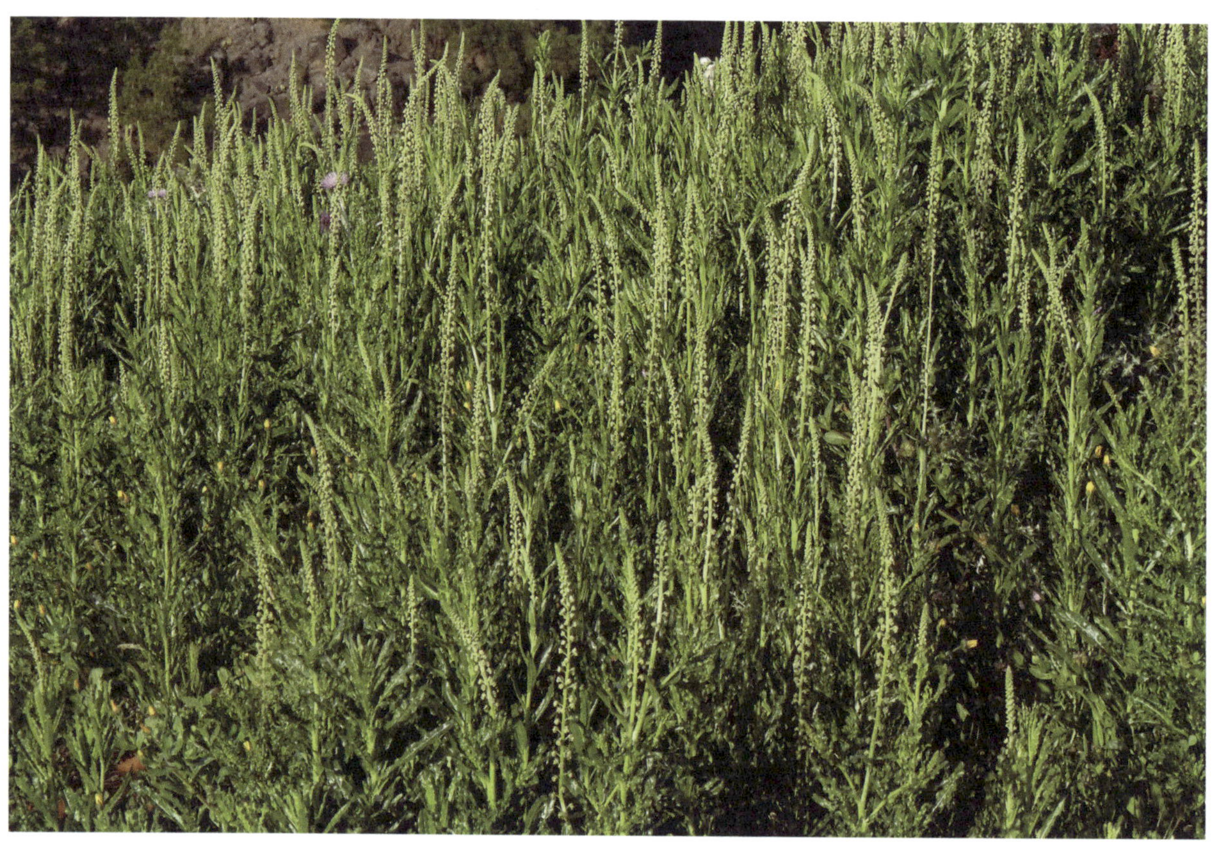

Noch ein Feld, aber noch nicht erntereif

mit Weinbergen, ist die Arbeit mit der Rebschere kein Problem. Zum Färben wird nur die Pflanze gebraucht, keine Wurzeln, deshalb wird Pflanze für Pflanze kurz über dem Boden abgeschnitten. Alles landet auf einem großen Haufen, der dann zu einer gerade noch tragbaren Garbe geschnürt wird. Diese Arbeit geht so Stunde um Stunde weiter, bis die Ladefläche des Pickups keine weiteren Garben aufnehmen kann. Jetzt lassen wir es gut sein für heute. Es ist eine schweißtreibende Arbeit, da wir nur an trockenen, warmen Tagen ernten. Die Reseda ist dann nicht mehr feucht vom Morgentau. Trotz der körperlichen Anstrengung macht es uns viel Spaß. Der Blick schweift auch während der Arbeit immer wieder ab, hoch in die Berge oder nach unten zum blauschimmernden Atlantik. Dieser Kontrast begleitet die Arbeit wie die Ruhe und das allgegenwärtige Vogelgezwitscher, und natürlich die freudige Erwartung, dass wir aus dieser frisch geernteten Pflanze ein herrliches Gelb auf Seide oder Wolle zaubern werden. Reseda im Norden La Palmas zu ernten, ist wahrlich Balsam für die Seele.

Mit einem vollbeladenen Pickup treten wir die Rückfahrt an, wieder über die engen und holprigen Pisten hoch zur Inselstraße. Erst jetzt wird uns bewusst, dass wir die ganze Zeit nichts gegessen hatten und wir alle richtig Hunger haben. Wir suchen die nächste kleine Bar im Norden auf. Unsere Arbeitskluft ist vom Schweiß durchtränkt, überall kleben die trockenen kleinen Resedasamen auf der Haut. Aber das ist kein Problem für die Palmeros, sie wundern sich vielmehr über unsere Ladung: Das frisst doch keine Ziege! Statt eine Speisekarte zu bestellen, lassen wir uns zeigen, welche

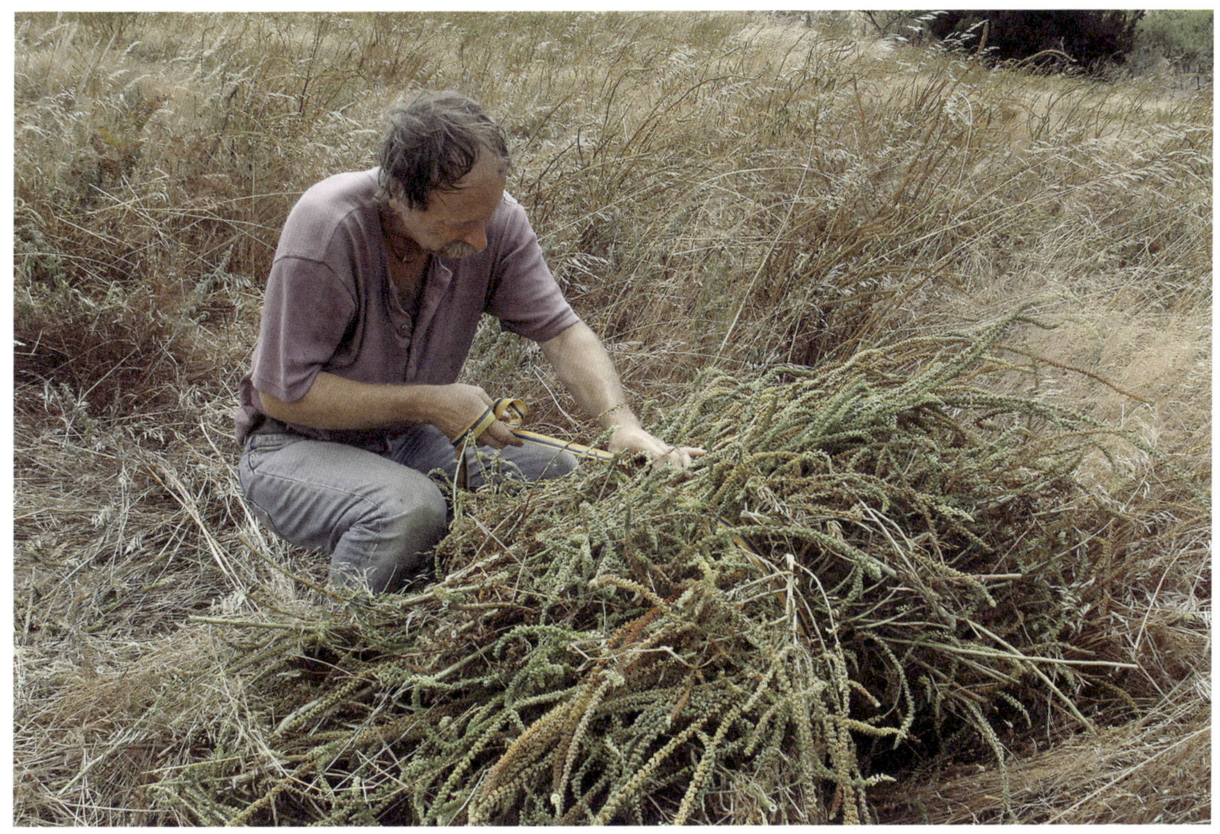

Eine Garbe mit geschnittener Reseda

Tapas heute in den Töpfen schmoren. Wir entscheiden uns für die Higado. Nun sitzen wir vor der Bar, den gleichen fantastischen Ausblick wie bei der Arbeit genießend. Die Leber mit der roten Mojo schmeckt einfach unbeschreiblich. Es ist ein weiterer Höhepunkt des Tages, man könnte es auch als palmerisches Erntedankfest bezeichnen.

Noch ist der Tag nicht zu Ende. Zuhause auf der Finca wird abgeladen und der Trockenplatz vorbereitet. Pflanze für Pflanze verschwindet im großen Häcksler, der die Reseda in kleine Stücke zerschnitten wieder auswirft. Alles wird gleichmäßig ausgebreitet, die warme Luft und die Sonne verrichten jetzt die weitere Arbeit. Nach zwei Tagen und wiederholtem Wenden ist alles getrocknet. Unser Lager füllt sich nun mit Säcken, die bis obenhin voll sind mit Resedaschnipseln, bereit zum Färben.

DIE FÄRBEREI IN PUNTAGORDA

»Jedem Anfang wohnt ein Zauber inne« – diesen Spruch von Hermann Hesse haben wir verinnerlicht. Etwas Neues zu wagen, ist immer Herausforderung und Abenteuer zugleich. Auf einer traditionsreichen Färberinsel wie La Palma eine neue Werkstatt für ein altes Handwerk einzurichten, war genau das. Aus einer alten Bauruine entstand eine kleine, aber zweckmäßig eingerichtete Färberei. Das kanarische, von einer großen Palme beschattete Wohnhaus verwandelte sich im Lauf der Jahre in eine viel beachtete Finca.

Im Inneren der Färberei bildeten drei große Edelstahlkessel mit je 100 Liter Fassungsvermögen das Herzstück der Werkstatt. Sie wurden mit Gas beheizt, unterstützt von Kollektoren auf dem Dach. La Palma

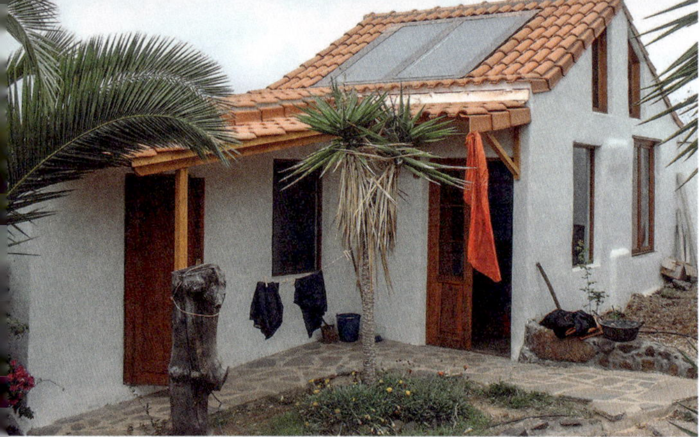

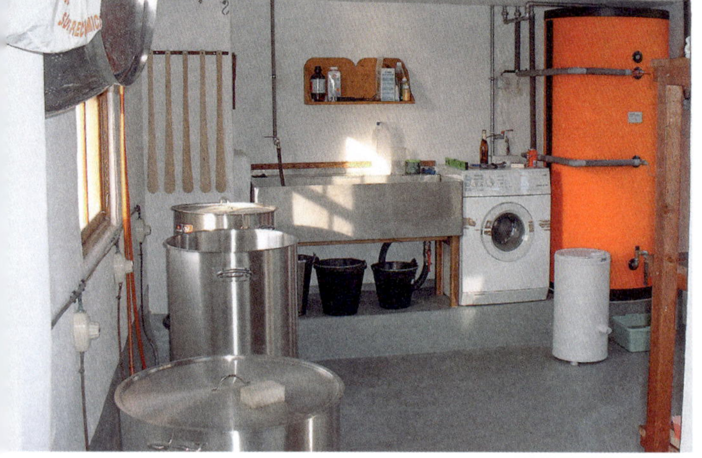

Oben: Die kleine, aber feine Färberei in Puntagorda
Unten: Die kleine Färberei von innen
Rechts: Ein Farbenrausch auf Seide im Laden auf La Palma

ist eine Sonneninsel, deshalb verkürzte die Solaranlage nicht nur die Arbeitszeit, auch der ökologische Effekt war enorm. Der Gasverbrauch blieb niedrig.

Eine große Edelstahlwanne war unverzichtbar, erleichtert dies doch die manchmal anstrengende Arbeit des Ausspülens der Seide oder Wolle nach dem Färben. Das Färbegut muss öfter geschleudert werden, deshalb waren gute Schleudern notwendig. Und selbstverständlich hatte auch eine Waschmaschine ihren Platz in der Färberei. Zum Trocknen waren Leinen unter dem Vordach gespannt. Es gibt auf La Palma ein Wetterphänomen: die Calima, ein heißer Wüstenwind. Die Temperaturen klettern dann gerne für ein paar Tage auf vierzig Grad, ideal um Seidentücher zu trocknen. Bis die letzten Tücher auf der Leine hingen, waren die ersten bereits wieder trocken.

Auf La Palma brauchten wir uns über die Wasserqualität keine Gedanken zu machen, es erledigte sich von allein. Aus unserer Leitung floss nur klares Bergwasser. Im Winter regnen die dunklen Passatwolken an den grünen Hängen ab, der Berg sammelt das kostbare Wasser in seinem Inneren. Tiefe und lange, mühsam vor vielen Jahrzehnten von Hand getriebene Stollen durchziehen den Berg. Kanäle, die in den steilen Hängen wie fehl am Platz erscheinen, transportieren das Wasser zu großen Becken. Von dort läuft das Wasser, manchmal in über Hunderte Meter langen Leitungen, bis zu seinem Bestimmungsort, in diesem Fall unsere Finca. Die Qualität war ideal, um die traumhaften Rottöne mit der einheimischen Koschenille zu färben. Das galt aber auch für die anderen Farbstoffe: keine Probleme mit dem Wasser.

Wir hatten zu diesem Zeitpunkt keine weltweit liefernde Firma mehr, mussten nicht mehr täglich zehn Stunden in der Färberei verbringen. Also hatten wir Zeit für neue Projekte, was eine wunderbare Erfahrung war, die wir auch voller Elan ausnutzten. Neue Rezepturen wurden getestet, wieder verworfen oder abgeändert. Mit Muster- und Vergleichsfärbungen erzielten wir völlig neue Erkenntnisse in der Färberei. Intensive Versuchsreihen mit verschiedenen Farbstoffen führten nach langer und oft auch mühevoller Arbeit zu herrlichen Ergebnissen. Die Strickwolle in verschiedenen Farbabstufungen ergab beim Verstricken einen an Harmonie kaum zu übertreffenden Farbverlauf. Auf Seidenschals entwickelten wir – eine von uns entwickelte Neuheit – Farbverläufe, denn einfarbige waren uns zu langweilig, und die Arbeit beim Färben war keine neue Herausforderung. Die Seidenstoffe in verschiedenen Qualitäten verarbeitete Chrisse dann in ihrer Nähe-

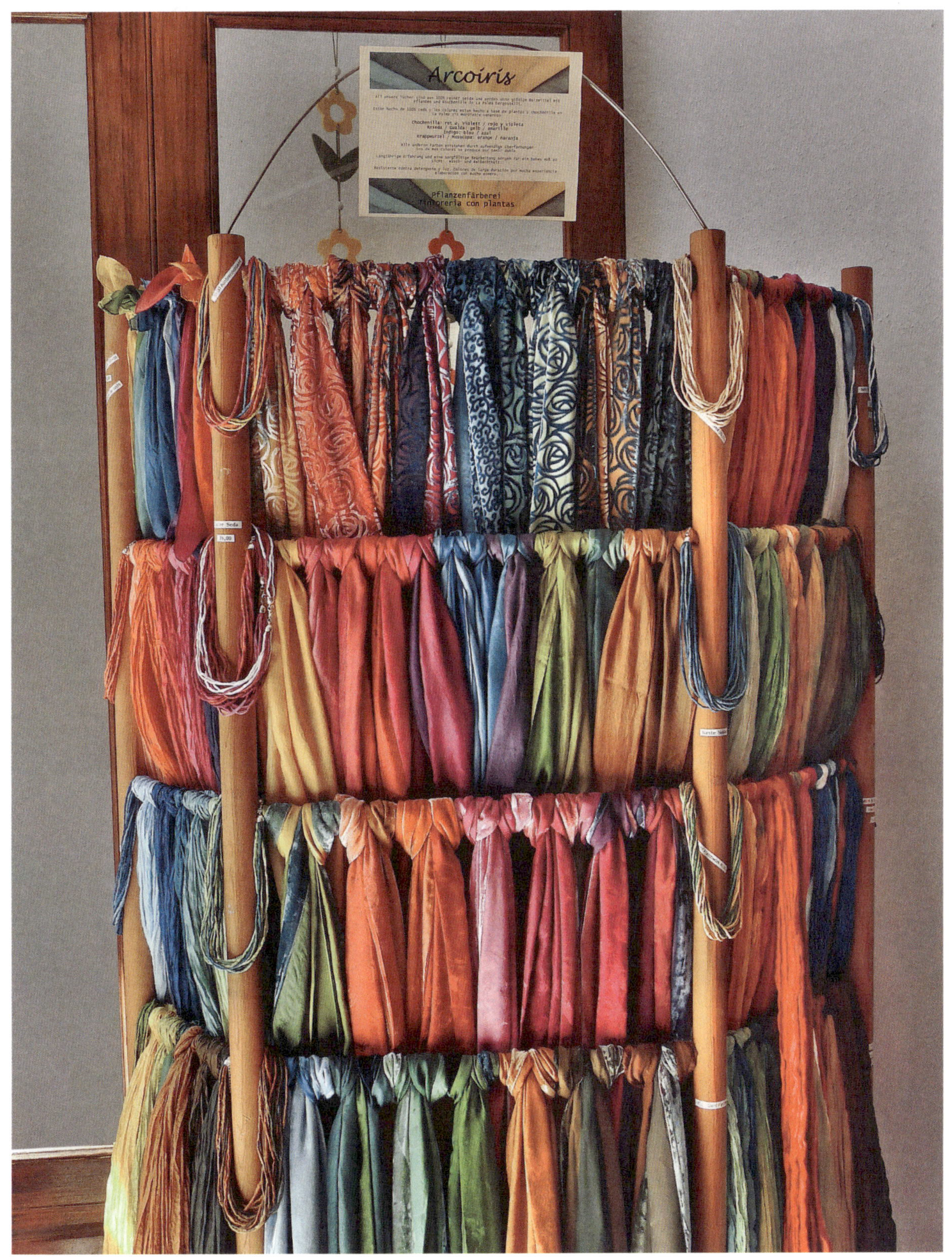
Arcoíris
Chochenilla: rot u. violett / rojo y violeta
Reseda / Gualda: gelb / amarillo
Indigo: blau / azul
Pflanzenfärberei
con plantas

rei zu fantastisch schönen Seidenschals. Aus verschiedenfarbigen Wollstoffen fertigte sie Wolldecken, die anstelle eines Kunstwerks von Mark Rothko auch eine Wand hätten schmücken können.

All unsere hübschen Produkte fanden sich bald in etlichen Läden auf der von vielen Touristen besuchten Insel. Seidenschals, mit einheimischer Reseda und Koschenille gefärbt, erfreuten sich großer Beliebtheit. Unsere Existenz auf La Palma war gesichert, wieder hatten wir bewiesen, dass dies durch eine ökologisch arbeitende Pflanzenfärberei möglich ist. Dieser Punkt ist uns sehr wichtig, unterstreicht er doch aufs Neue, dass eine Pflanzenfärberei auch in der heute von Chemiefarben dominierten Welt noch immer wirtschaftlich und erfolgreich arbeiten kann.

DIE RESEDA ODER AUCH FÄRBERWAU GENANNT

Reseda, lat. *Reseda luteola*, und Färberwau sind, wie Sie sicher bereits bemerkt haben, zwei unterschiedliche Bezeichnungen für dieselbe Pflanze. Es gibt auch noch den Färberwaid (lat. *Isatis tinctoria*), der auch kräftig gelb blüht, er ist aber eine Pflanze für blaue Färbung, ähnlich dem Indigo. Zunächst ein paar Worte zur Botanik. Die Reseda gehört zur Familie der Resedengewächse (*Resedaceae*). Vielleicht kennen Sie aus dieser Familie die Duftresede (lat. *Reseda odorata*). Sie ist aber eine reine Gartenpflanze und kommt bei uns in der Natur nicht vor. Sie ist im Unterschied zu ihrer Schwester zum Färben nicht geeignet.

Der Färberwau ist eine ein- bis zweijährige, krautige Pflanze. Bevorzugt gedeiht er auf mageren Kies- und Sandböden, deshalb können Sie die Pflanze auch oft an Wegrändern und Schuttplätzen finden. Einzelne Resedapflanzen erreichen gerne einmal die Höhe von 150 Zentimetern und mehr. Die Blütezeit ist von Juni bis September. Die aufrechtstehenden Blütenstände kommen in einem blassen Gelb daher.
Die gelbe Farbe verdankt die Reseda dem Farbstoff Luteolin, der in der ganzen Pflanze enthalten ist, vor allem aber in den Samen. Deshalb achten Sie beim Ernten darauf, dass nicht zu viele Samen verlorengehen. Wie wir selbst auch, liebt die Reseda die Sonne. Je mehr sie davon bekommt, desto höher ist der Farbstoffgehalt. Dies erklärt deren ausgezeichnete Qualität auf La Palma; nicht nur zu unserer Freude gibt es dort Sonne satt. Die Reseda ist eine Pionierpflanze: Wenn ein Feld umgegraben wird und dann brach liegt, erobert die Reseda den Acker. Dies ist natürlich nicht immer der Fall, aber auf La Palma haben wir

diesen Umstand oft mit Freude wahrgenommen. Wieder ein Feld zum Abernten.

Unzählige Pflanzen enthalten einen Farbstoff für ein Gelb, die Brennnessel zum Beispiel oder die Färberkamille, wie schon der Name deutlich signalisiert. Die meisten haben eine Gemeinsamkeit. Der in den Pflanzen enthaltene gelbe Farbstoff ist nicht sehr lichtecht. Hinzu kommt der Umstand, dass der gelbe Farbton oft stumpf und matt in Erscheinung tritt. Wenn man sich nun der doch zeitaufwendigen Arbeit des Färbens widmet, sollte das Ergebnis den Ansprüchen entsprechen. Hier tritt die Reseda auf die Bühne. Keine Pflanze liefert ein so leuchtend und klares Gelb; der Farbton ist gut gefärbt einfach überwältigend. Dazu gesellt sich noch eine Lichtechtheit, die für Gelb von keiner anderen Pflanze erreicht wird.

Deshalb ist die Reseda auch die klassische gelbfärbende Pflanze; das wussten schon die alten Färbemeister. Bereits in der Antike wurde die Färbepflanze verwendet. Im Mittelalter färbten die Schönfärber die besten und haltbarsten Grüntöne immer auf der Grundlage von einem Gelb aus Reseda. Der Anbau war bis ins späte 18. Jahrhundert ein wichtiger Einkommenszweig für Bauern. Diese Tatsache zeigt auch, dass der Anbau von Färbepflanzen jahrtausendelang weit verbreitet war. Erst die Entdeckung der Teerfarben um 1830 beendete langsam, aber sicher die uralte Tradition der Pflanzenfärberei.

Nun ist es so, dass gelbe Textilien eher selten verkauft werden. Mag sein, in manchen Jahren wird Gelb zur Modefarbe erkoren. Aber ganz ehrlich: Wie oft sehen Sie jemanden gelb gekleidet? Und dennoch: ein klares und haltbares Gelb ist in der Färberei unverzichtbar. Das liegt daran, dass die Natur keinen Farbstoff für Grün bereithält, obwohl doch in der Natur Grün die absolut vorherrschende Farbe ist. Dieser Umstand hat wiederum zur Folge, dass seit Jahrhunderten die Färber ein schönes Grün nur mit aufwendigen Überfärbungen erzielen konnten. Jetzt kommen wir zur Farbenlehre: Um Grün subtraktiv herzustellen, braucht es die Farben Gelb und Blau. Deshalb ist die Reseda so wichtig und oft im Einsatz. Ein klares und leuchtendes Gelb ist die beste Grundlage für ein schimmerndes Grün. Verschiedene, mit Reseda gefärbte Gelbtöne, mal hell oder blass, mal kräftig oder dunkel, werden mit Indigo überfärbt. Wir wollen jetzt aber nicht vorgreifen, mehr dazu erfahren Sie im Kapitel »Überfärbungen mit Indigo«.

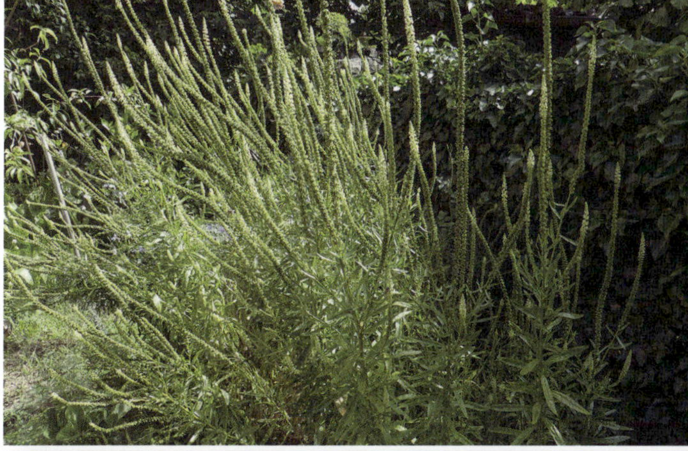

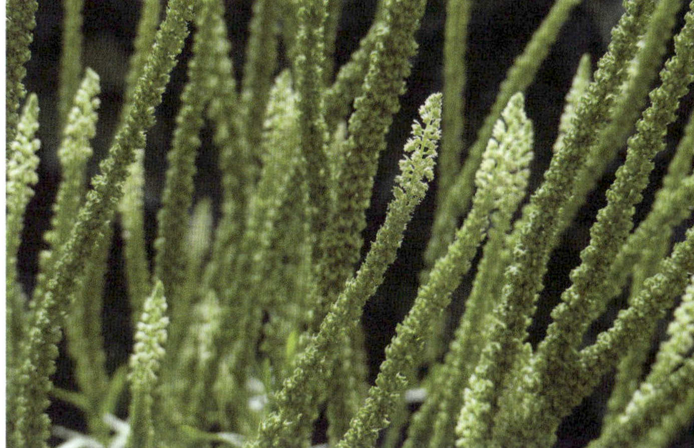

Oben: Eine schön groß gewachsene Reseda im Garten
Unten: Noch zaghaft blühende Reseda

DIE RESEDA IM GARTEN

Falls Sie glücklicher Besitzer eines Gartens sind, sollten Sie Reseda selbst anbauen. Ob Sie diese dann zum Färben verwenden oder nicht, spielt keine Rolle. Die Bienen werden es Ihnen danken. Reseda wird gerne als »Bienenfreund« bezeichnet und das zu Recht! Wenn sie im Sommer in voller Blüte steht, kommen die Bienen. Es ist unglaublich, wie viele Bienen sich auf den Nektar stürzen. Von den frühen Morgenstunden bis zum Einbruch der Dämmerung ist unser Garten erfüllt vom ständigen Summen der Bienen.

Der Anbau ist denkbar einfach. Reseda ist glücklicherweise sehr anspruchslos und unkompliziert. Besorgen Sie sich in einer Gärtnerei Samen von Reseda Luteola (wichtig: nicht verwechseln!). Bringen Sie die Samen im Frühsommer in den Boden, damit sich bis zum ersten Frost schon eine schöne Rosette am Boden gebildet hat. Diese übersteht dann ohne Probleme den Winter. Aus dieser Rosette sprießt im zeitigen Frühjahr der verzweigte Stängel mit seinen wechselständig angeordneten Laubblättern. Sie können die Pflänzlein auch vorziehen: dazu einfach einen Samen in ein Anzuchttopf geben und immer leicht feucht halten. Hat sich eine kleine Rosette gebildet, pflanzen Sie sie in den Garten. Frisch ausgepflanzt, müssen Sie anfangs das Beet unkrautfrei halten, das ist wichtig, sonst sehen Sie Ihre Pflänzchen nicht mehr. Haben diese aber eine Höhe von 10 bis 15 Zentimetern erreicht, können Sie sich zurücklehnen und bis zur Blütezeit zuschauen. Jetzt besteht keine Gefahr mehr durch andere Kräuter, die Reseda wächst zu der ihr bestimmten Höhe. Lediglich der gefräßige Erdfloh kann in trockenen Zeiten seine Spuren in Form von Löchern in den Blättern hinterlassen. Dies ist aber zu vernachlässigen. Genauso wie trockenes Wetter, Sie brauchen nicht mit der Gießkanne eingreifen. Die Reseda wächst ohne Düngung oder Spritzmittel.

Erntezeit ist wie vorher beschrieben, aber lassen Sie immer ein paar Pflanzen stehen. Diese säen sich selbst wieder aus. Falls es der Reseda bei Ihnen gefällt, wird sie bleiben, jedes Jahr mal hier oder dort erscheinen.

Reseda-Pflänzchen im Anzuchttopf

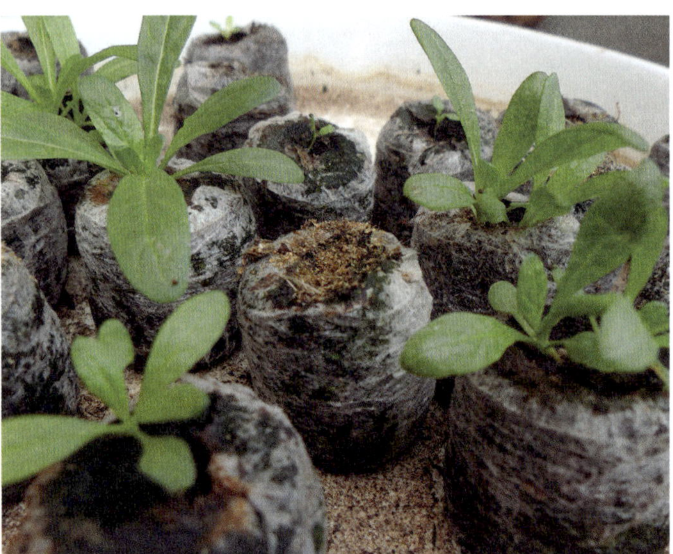

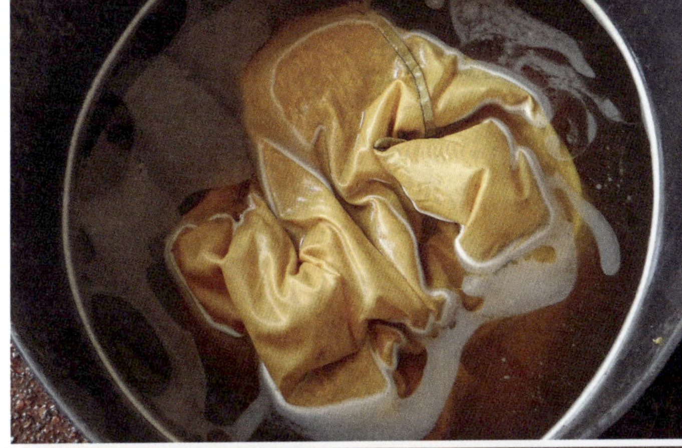

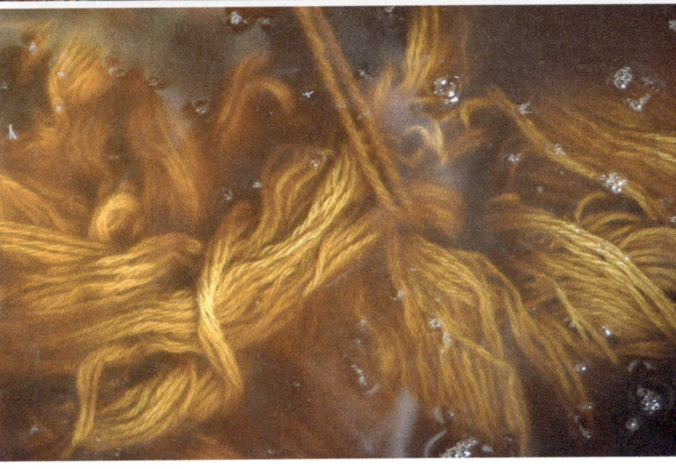

Oben: Getrocknete Reseda kurz vor dem Kochen im Färbekessel
Unten: Die Strickwolle schwimmt im ausgekochten Farbsud

GRUNDSÄTZLICHES ZUM FÄRBEN MIT RESEDA

Beginnen wir mit der Wasserqualität. Unsere Probefärbungen haben ergeben, dass es der Reseda ziemlich egal ist, in welchem Wasser sie schwimmt. Insofern können Sie mit Regenwasser oder Wasser aus der Leitung färben. Aber grundsätzlich ist Regenwasser schon aus ökologischer Sicht die bessere Wahl.

Das geschnittene Kraut sollten Sie einen Tag vorher einweichen, dieses Wasser nehmen Sie dann auch zum Auskochen. Jetzt folgt ein weiterer wichtiger Punkt. In fast allen Färbebüchern wird die Auskochzeit mit mindestens einer bis zu zwei Stunden angegeben. Wir haben jedoch anhand von weiteren Probefärbungen festgestellt, dass eine halbe Stunde Auskochen vollauf genügt. Es war im Farbton kein Unterschied zum längeren Auskochen zu sehen. Und da Sie vermutlich auch ökonomisch und ökologisch vorteilhaft arbeiten möchten, beschränken Sie das Auskochen auf 30 Minuten.

Den Zusammenhang zwischen Temperatur und Zeit haben Sie schon im Kapitel über das Beizen gelernt. Das bedeutet in diesem Fall: Wir erhöhen nicht die Temperatur nach dem Einlassen der Wolle, sondern lassen dem Farbstoff mehr Zeit zum Einwirken. Dabei erhöht sich die Tiefe des gelben Farbtons.

Nach einem ersten Zug im Farbbad ist immer noch genügend Farbstoff für eine weitere Färbung vorhanden. Damit erzielen Sie ein helles Gelb, die Grundlage für herrliche Türkistöne in allen möglichen Abstufungen. Für eine gleichmäßige Färbung ist es sehr wichtig, dass Sie am Anfang die Wolle gut bewegen. Die Temperatur müssen Sie auch beim Nachzug nicht erhöhen, lassen Sie die Wolle einfach länger im Farbbad ziehen.

Für ein kräftiges Goldgelb benötigen Sie zusätzlich getrocknete und geschnittene Krappwurzel. Geben Sie zehn Prozent Krappwurzel zur Reseda und färben Sie wie gehabt. Aber bitte aufpassen: Die zehn Prozent Krappwurzel beziehen sich auf das Gewicht der Reseda und nicht der Wolle. Wenn Sie zum Beispiel 750 Gramm Reseda für die Färbung benötigen, fügen Sie 75 Gramm Krappwurzel hinzu.

Die Reseda und ihr Farbstoff Luteolin vertragen auch ein leicht basisches Milieu, ein Farbbad mit pH-Wert 8 bis 9 verstärkt den Gelbton erheblich. Um dies zu erreichen, setzen Sie dem Farbbad vorsichtig Pottasche zu, bis Sie besagten pH-Wert erreichen, und färben weiter. Sie werden erstaunt sein über die Veränderung. Sie können aber auch die Wolle nach der Färbung in einem separaten Pottaschebad nachbehandeln.

Rechts: Farbmuster mit Reseda

Es ist genau der gleiche Effekt wie im Färbekessel.

Ein wunderschönes Olivgrün ohne Indigo erreichen Sie durch die Nachbehandlung der fertig gefärbten Wolle mit Eisensulfat. Für diese Färbung behandeln Sie die Wolle in einem Eisenbad (siehe Seite 58).

Kommen wir noch auf die Menge an Färbemittel zu sprechen. Damit Sie mit Ihrer ersten Färbung wirklich glücklich sind, beginnen wir mit 100 Prozent Reseda, bezogen auf das Wollgewicht. Je nach Qualität der Reseda, und auch der gewünschten Farbe, können Sie gerne auch weniger verwenden. Auch mit 50 Prozent oder noch weniger erzielen Sie wunderschöne Gelbtöne. Hier dürfen Sie frei experimentieren und erhalten sicher viele schöne Ergebnisse, wenn Sie sich an die wichtigen Grundlagen des Färbeprozesses halten.

REZEPTE

Zur Erinnerung: Die Prozentangaben beziehen sich immer auf das Gewicht des Färbegutes.

1. Leuchtendes Zitronengelb
Vorbeize mit 15 % Alaun
Farbstoff 100 % Reseda

2. Helles Zitronengelb
Nachzug von Farbbad 1

3. Kräftigeres Zitronengelb
Vorbeize mit 15 % Alaun
Farbstoff 100 % Reseda
pH-Wert mit Pottasche auf 8 bis 9 verändert

4. Olivgrün
Vorbeize mit 15 % Alaun
Farbstoff 100 % Reseda
nach dem Färben mit Eisensulfat nachbehandeln

5. Goldgelb
Vorbeize mit 15 % Alaun
Farbstoff 100 % Reseda und 10 % getrocknete Krappwurzel

6. Helles Goldgelb
Vorbeize mit 15 % Alaun
Nachzug von Farbbad 5

7. Kräftiges Goldgelb
Vorbeize mit 15 % Alaun
Farbstoff 100 % Reseda und 10 % getrocknete Krappwurzel
pH-Wert mit Pottasche auf 8 bis 9 verändert

8. Olivgrün
Vorbeize mit 15 % Alaun
Farbstoff 100 % Reseda und 10 % getrocknete Krappwurzel
nach dem Färben mit Eisensulfat nachbehandeln

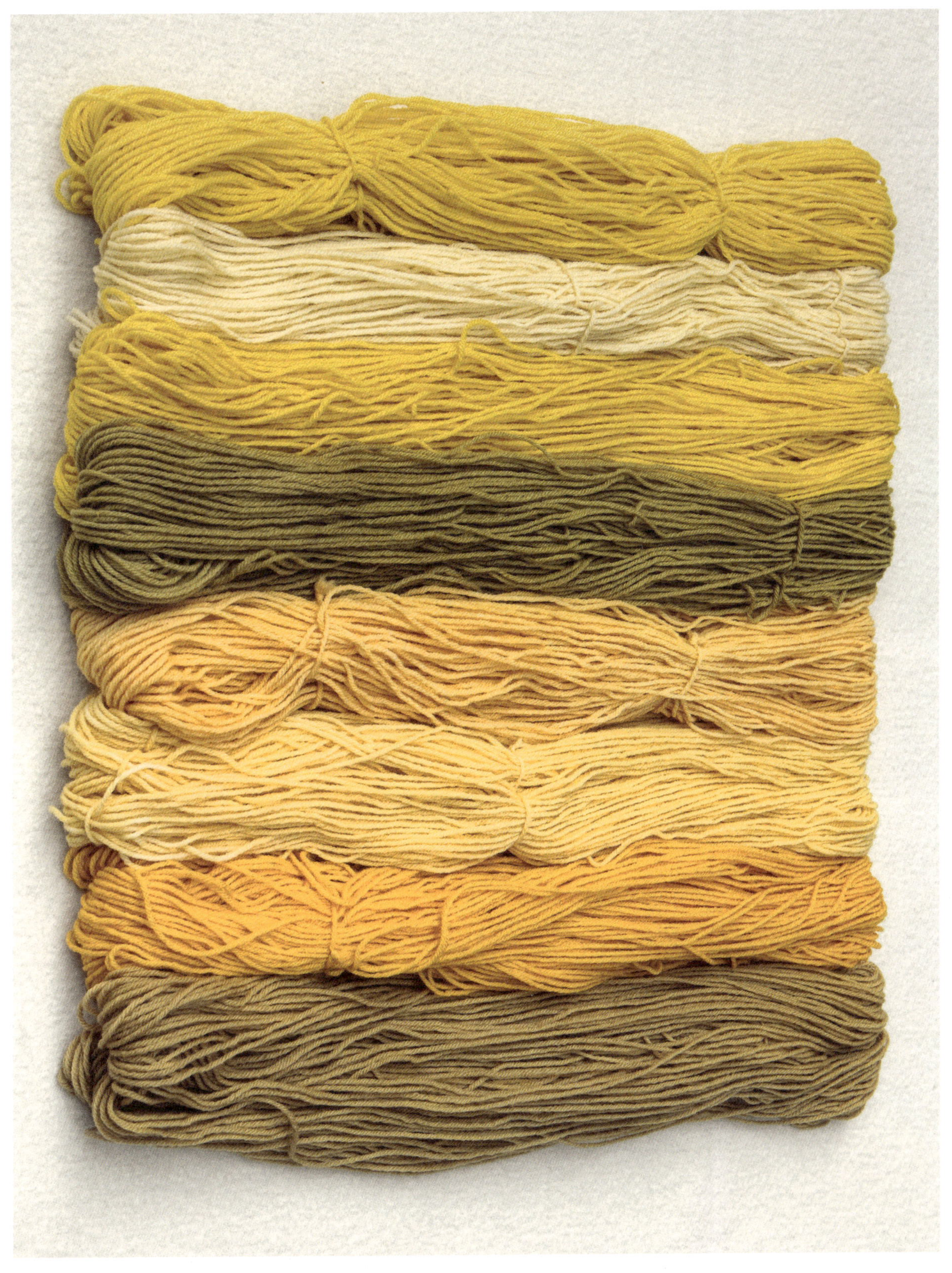

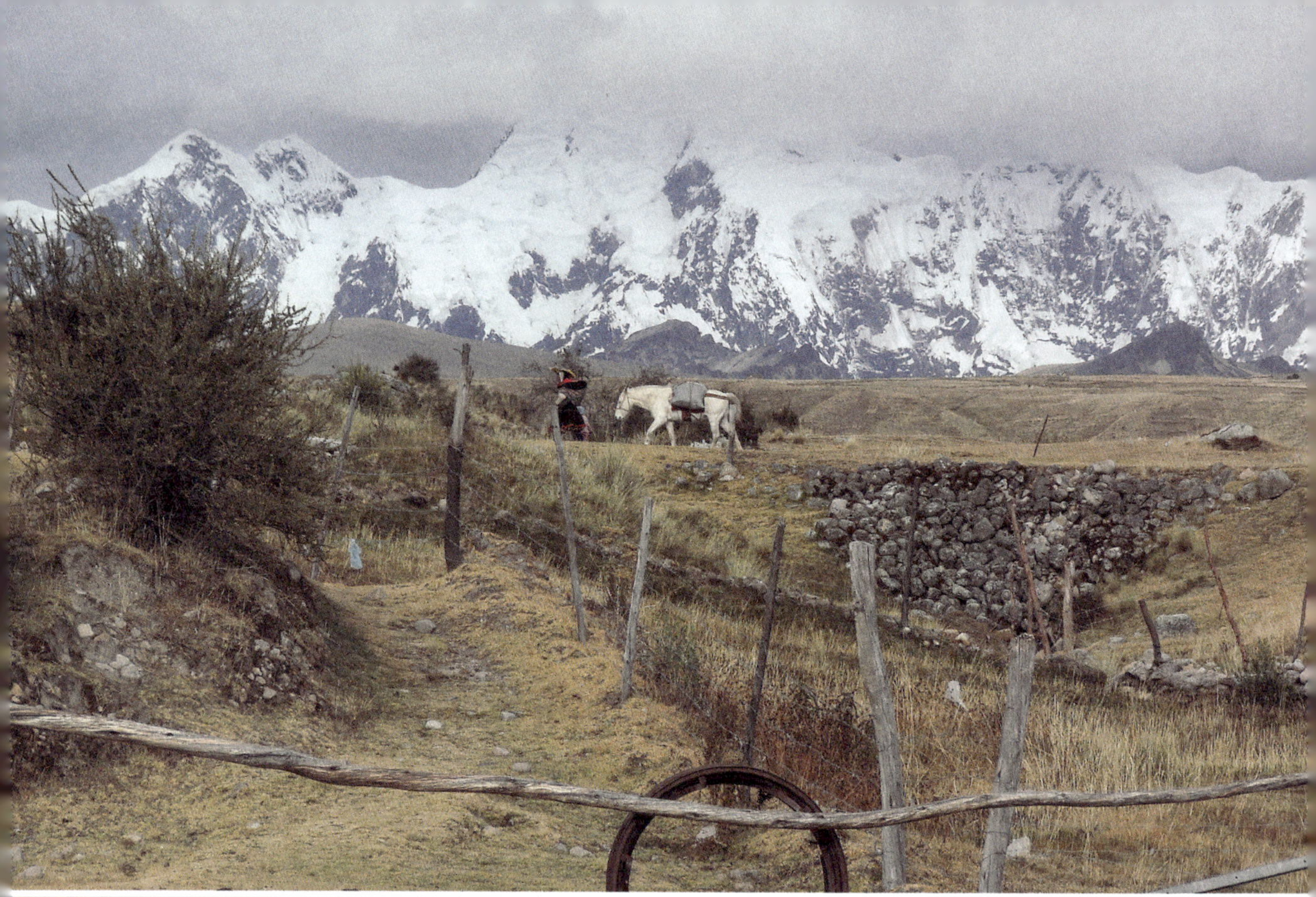

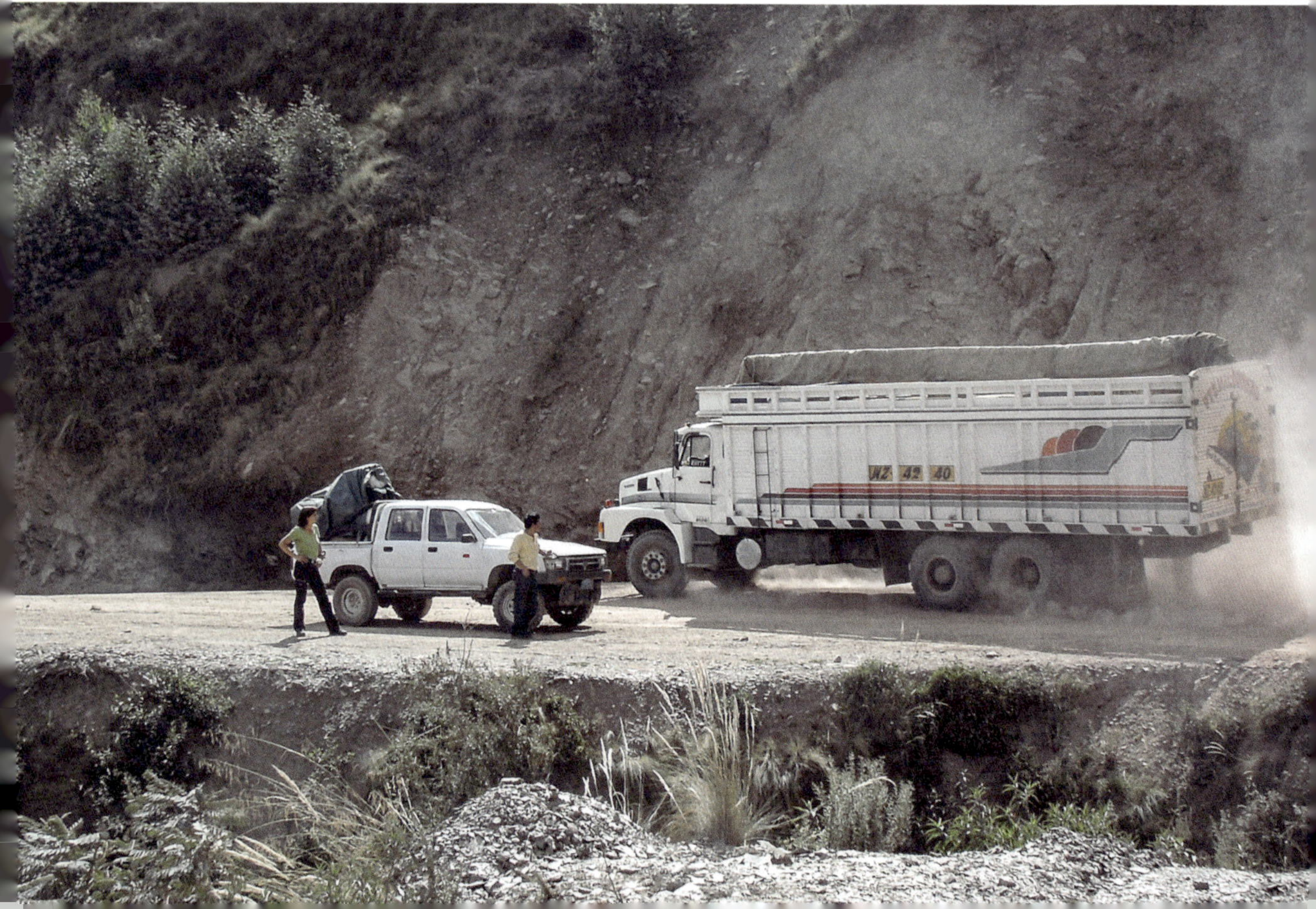

Peru und die Koschenille

DIE MAGIE DER ANDEN

Es gibt sie wirklich, die oft zitierte Magie der Berge in den Anden. Bei einem Flug über die Bergwelt von Lima nach Cusco kann man sie erahnen, nicht aber durchleben. Anders bei einer Reise mit dem Auto, wenn man die gleiche Strecke in drei Tagen zurücklegt, offenbart sich die von Geistern belebte Bergwelt mit seinen Bewohnern in einer unheimlichen Intensität.

Die Fahrt begann in Lima, es folgten hunderte Kilometer auf der Panamericana entlang der pazifischen Küste. Manchmal verlief die Straße wie auf einem Reißbrett gezogen schnurgeradeaus, durch die Wüste, vorbei an in die Sanddünen aus Karton und Blech gebauten Behausungen für die hier gestrandeten Menschen. Wo der Fels an der Küste im Weg stand, wanden sich immer wieder kurvenreiche und mitunter auch Angst einflößende Straßen mit ständigem Blick auf die darunter auflaufenden Wellen des Pazifiks. Der nächste Halt war in Nasca, das war ein Muss. Die Dimensionen der bis heute ungeklärten Nasca-Linien – waren es Außerirdische? Oder sind sie doch von Menschenhand erschaffen? – lassen sich von einer hohen Plattform am Straßenrand erahnen, die wahren Ausmaße sind nur bei einem Flug mit einem Kleinflugzeug zu sehen. Chrisse und unser Freund und Fahrer Wilmer haben es gemacht. Chrisse war begeistert, Wilmer auch, aber erst nach mehreren Stunden, nachdem er sich von den negativen Auswirkungen des Fluges erholt hatte.

Dann verließen wir die Küste, es ging hoch in die Anden. Vorbei an der höchsten Sanddüne der Welt schraubte sich die Straße in unendlichen Kurven nach oben. Stein und trockene Wüste bestimmten noch das Landschaftsbild. Auf fast 4000 Meter Höhe angekommen, änderten sich die Farben, es wurde grüner, die Luft dünner. Wir durchquerten die Pampas Galeras, eine mit spärlichem Gras bewachsene Hochebene. Es ist die Heimat der Vikunjas, einer den Alpakas verwandten Tierart. Ihre Wolle ist so fein, dass der Preis für ein Kilo Rohwolle bei mehr als 500 Dollar liegt. Die Tiere kreuzen ständig die Straße, höchste Vorsicht ist geboten, denn ein Vikunja zu überfahren, wäre fatal.

Man kann die Anden nicht in einem Rutsch überqueren. Tiefe Taleinschnitte wechseln mit Pässen von bis zu mehr als 4000 Metern Höhe. Die Fahrt gleicht einer langsamen Achterbahn. Von der Hochebene der Pampas Galeras ging es erst einmal wieder bergab, Kopf und Körper waren gefordert. Auch das Mikroklima änderte sich ständig. Eben noch in der kalten und dünnen Luft nach Sauerstoff geschnappt, erschlug uns nach der ersten Abfahrt plötzlich das heiße Klima. Wir fuhren durch ein Tal, die Straße nahm den gleichen Lauf wie der daneben liegende breite Fluss. Es war trocken und heiß, 30 Grad und mehr, die Vegetation bestätigte dies. Es wuchsen Bananen, Avocados und alle möglichen tropischen Früchte. Es war unglaublich, waren wir wirklich in den Anden?

Links oben: Der heilige Berg Ausangate versteckt seinen Gipfel in den Wolken
Links unten: Mit Wilmer und Chrisse auf der Fahrt über die Anden

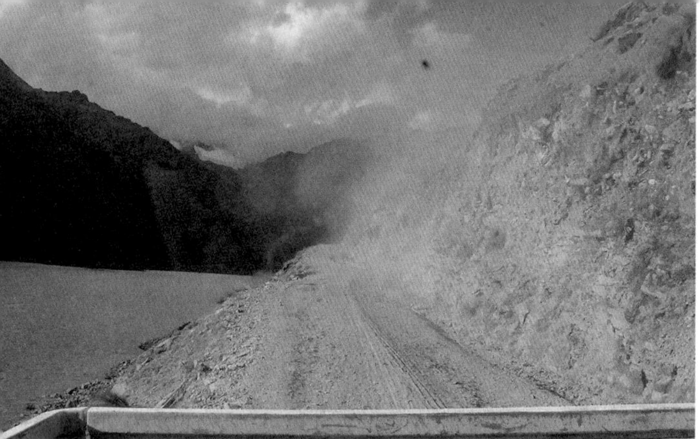

Die letzte gefährliche Etappe

Viele Stunden ging die Fahrt durch dieses Tal, immer begleitet von dem breiten Fluss. Dann nahmen wir eine Abzweigung nach rechts. Wir verließen das tropische Klima, und erneut erklommen wir in unendlichen Serpentinen den nächsten Berg. Langsam stellte sich wieder ein anderes Landschaftsbild ein, auf der Fahrt nach oben war die Straße von gelb blühenden Ginsterbüschen gesäumt, Eukalyptusbäume waren jetzt unsere ständigen Begleiter. Mais und Getreidefelder waren weithin sichtbar. Kleine Dörfer, bevölkert mit bunt gekleideten Menschen in immer wieder wechselnden Farben und Trachten, standen in Kontrast zu der Landschaft. Es war Erntezeit, die Bauern hatten ihr Getreide geschnitten, es fehlte noch das Dreschen, das Ausbrechen des Korns. Wir halfen ihnen dabei, ohne es zunächst zu bemerken. Auf der Straße im Dorf war kein Asphalt mehr zu sehen, ausgelegtes Getreide wohin man schaute. Kinder und Erwachsene standen am Straßenrand und begrüßten jedes Fahrzeug mit lautem Klatschen und Gesten. Sie machten uns unsere Aufgabe klar: Indem wir über das Getreide fuhren, droschen wir es mit dem Auto. Dieses Ritual wiederholte sich in jedem Dorf. Wir waren andinische Erntehelfer.

Die nächste Hochebene. Pampagras in seiner büschelartigen Form war der einzige nennenswerte Bewuchs, das Futter der Alpakas. Jetzt waren auch diese überall zu sehen. Rechts und links der Straße grasten die Tiere. Tagsüber haben sie freien Auslauf, bei zunehmender Dämmerung holt sie der Hirte (meistens Mädchen) in die aus Steinen aufgehäufte Umfriedung. Azurblaue Seen säumten plötzlich die Straße, Flamingos ließen sich durch uns nicht aus der Ruhe bringen. Am Horizont dahinter sahen wir ihn nun das erste Mal. Der 6384 Meter hohe heilige Berg Ausangate streckte seine Gipfel in die über ihm liegenden Wolken. Wir erahnten das Ziel unserer Reise: die Wollwaschanlage in dem Dorf Tinki am Fuße des Ausangate.

Weitere Täler und Berge, dann erreichten wir Cusco, die einstige Hauptstadt des Inkareichs. Im 16. Jahrhundert wurden sie von den spanischen Konquistadoren erobert. Bei einer Belagerung wurde die alte Inkastadt weitgehend zerstört und danach von den Spaniern auf den übrig gebliebenen alten Ruinen in ihrem Stil wieder aufgebaut. Heute ist die Stadt mit ihrem Kolonialstil eine Attraktion für jährlich Millionen Menschen.

Die letzte Etappe. Von Cusco ging es wieder hoch hinauf in die Berge, jetzt ständig begleitet vom Anblick des Ausangate. Es gab nur einen kleinen Unterschied zu der bisherigen Fahrt: Es war nun keine Asphaltstraße mehr, nur noch staubige Piste – oder bei Regen ein schlammiges Etwas, das keiner Straße mehr glich. Sie führte durch enge Schluchten, an tiefen Abgründen vorbei, unten der tobende Fluss. Viele Menschen haben an diesem gefährlichen Abschnitt schon ihr Leben verloren. Mitten in der Nacht erreichten wir unser Ziel, das Dorf Tinki. Keine Ahnung wie es um uns herum aussah, es war stockdunkel. Erst am nächsten Morgen offenbarte sich uns die unglaubliche Schönheit der Landschaft in der aufgehenden Sonne. Andinos in ihren bunten Trachten waren überall zu sehen auf ihrem Weg zum Markt. Der Ausangate mit seinem heiligen Gesicht war noch nicht wieder in den Wolken verschwunden, Alpakas standen auf der Wiese vor der Werkstatt. Hier sollten wir die nächsten Jahre immer wieder viel Zeit verbringen und mit den Menschen arbeiten. Nur das wussten wir zu diesem Zeitpunkt noch nicht.

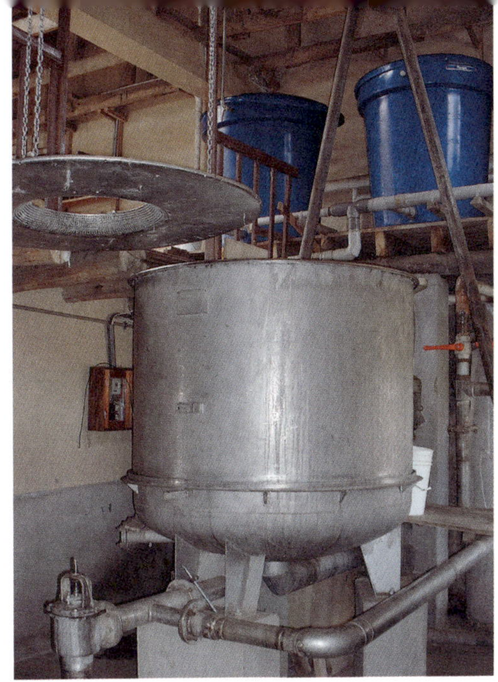

DIE SOLARWÄSCHEREI IN TINKI

Berauscht von der einzigartigen Landschaft und noch ziemlich atemlos von der Höhe (fast 4000 Meter) begannen wir im Jahr 2004 mit einer ersten Besichtigung des ambitionierten Projekts. 52 Quadratmeter Solarfläche auf dem Werkstattdach erhitzen Wasser auf 60 Grad, immer genug für einen täglichen Waschgang. Die geschorene Alpakawolle wird in einen großen Edelstahltank gefüllt, das warme Wasser läuft dazu, dann startet die Wäsche. Alpakawolle ist nicht so fettig wie Schafwolle, das macht das Reinigen leichter. Grober Schmutz wird ausgewaschen, aber da es keine professionelle Anlage ist, bleiben feine Schmutzpartikel am Ende in der Wolle. Diese werden beim Kardieren entfernt, hoffentlich.

Nach dem Waschen wird die Wolle in einem großen Raum getrocknet. Eine alte, aus Deutschland gelieferte Kardiermaschine steht im nächsten Raum. Die Wolle wird auf dieser Maschine gekämmt, die Fasern alle in eine Richtung gelegt, entweder auf ein breites Vlies oder auf ein langes Band. Jetzt ist die Wolle fertig für eine Weiterverarbeitung.

Soweit funktionierte alles mehr oder weniger. Die Wolle ist gewaschen, getrocknet und in Säcke abgepackt. Aber was passierte nun mit der Wolle? Hunderte Kilogramm fertiger Wolle lagerten in Säcken in einem großen Lager, es roch schon leicht modrig, die Wolle vergammelte in der immer wieder feuchten Luft. Wir waren entsetzt: Ein gut gemeintes und mit viel Herzblut durchgeführtes Projekt liegt hier am Boden. Ein Umstand, der auch damit zusammenhängt, dass der für die Arbeit in Tinki zuständige Mensch leider bei einem tragischen Unfall sein Leben verloren hat. Er hatte das Projekt

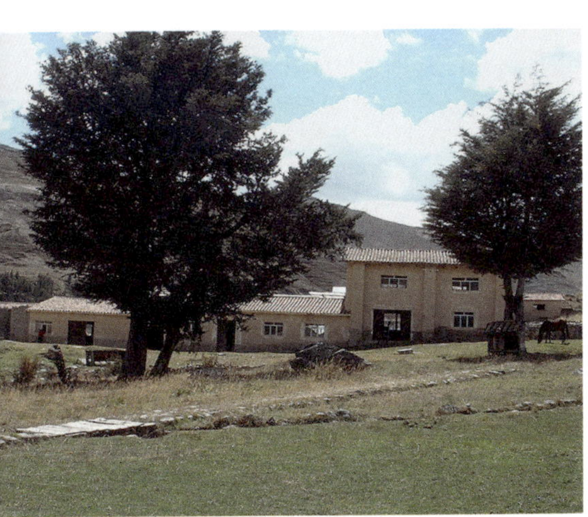

Links: Die Wollanlage in Tinki
Rechts: Der mit Solar beheizte Waschkessel für die Wolle

aus tiefer Überzeugung vorangetrieben, sein Tod hinterließ eine nur schwer zu füllende Lücke, auch wegen der mangelnden Unterstützung der in Peru zuständigen Organisation. Sie hatte mit viel Enthusiasmus begonnen, aber eine nur kurzfristige Begeisterung für ein Projekt langt nicht für nachhaltige Hilfe.

Ziemlich desillusioniert und auf dem Boden der Realität angekommen, verbrachten wir die nächsten Tage mit vielen Überlegungen. Was können wir tun, um diesen Zustand zu ändern? Wie kann das Projekt gerettet werden? Die »Erleuchtung« kam bei einem jeden Abend stattfindenden Ritual. Warm eingepackt, trotzten wir der abendlichen Kälte, standen vor der Hütte. Ein von jeglicher Lichtverschmutzung freier Himmel gab einen Ausblick auf die Sterne frei, noch nie haben wir die Milchstraße in solch einem tausendfachen Glitzern gesehen. Dazu ein Gläschen peruanischen Pisco. »Wollverarbeitung« hieß das Zauberwort: Die Frauen spinnen ihre Wolle mit der Handspindel, ständig sah man sie auf den vielen Wegen und Pfaden. Eine Kardiermaschine ist vorhanden, aus den Vliesen kann wunderbarer Filz gefertigt werden. Peru ist das Land der Koschenille, der Laus für ein wunderschönes Rot, also könnte man die Wolle mit Naturfarben einfärben. Aus der ersten Idee wurde ein Konzept, wir entwickelten einen Plan für die Weiterverarbeitung der gewaschenen Wolle bis zu fertigen Produkten. Die Geburtsstunde einer kleinhandwerklichen Wollverarbeitung mit dem Ziel, Arbeitsplätze für viele Menschen zu schaffen, Einkommen und Lebensqualität zu verbessern.

Der Chef der Organisation war sofort begeistert, selbstverständlich, schließlich konnten wir so das zum Scheitern verurteilte Projekt vielleicht retten. Es fehlte noch die Umsetzung des Plans, aber wir waren schon immer selbstständiges Denken und schnelles Handeln gewohnt. Ein weiterer wichtiger Faktor war, dass unsere Zeit hier oben begrenzt war, der Rückflug gebucht. Also war schnelles Handeln notwendig.

AYACUCHO

Vor der sagenhaften Fahrt mit dem Auto nach Tinki hatten wir einen mehrtägigen Ausflug zusammen mit Walter, der rechten Hand des Chefs, nach Ayacucho unternommen. Ein erstes Zusammentreffen mit peruanischen Färbern stand bevor, ich war sehr gespannt auf den ersten Färbekurs in Peru.

Wir sind in Ayacucho, der Stadt, die unter dem bewaffneten Konflikt mit der maoistischen Guerillagruppe »Leuchtender Pfad« sehr gelitten hat. Jahrelang wurde die Bevölkerung tyrannisiert, aufgerieben zwischen den Fronten. Die Regierungstruppen beschuldigten die Menschen der Kollaboration mit den Aufständischen, die Folge waren Ermordungen und Verhaftungen. Waren sie fort, trat der »Leuchtende Pfad« auf die Bühne, die gleichen Anschuldigungen mit den gleichen Folgen. Ein friedliches Leben, das alle so sehr ersehnten, war in weiter Ferne. Flucht war oftmals die einzige Chance zum Überleben. Auch Carlos und seine Familie ereilte dieses Schicksal. Carlos flüchtete und strandete bei der Organisation in Lima. Er ist ein ausgezeichneter Weber, hat ein feines Gespür für Design und die notwendige Umsetzung. Und er kann färben. Seine Kenntnisse der Pflanzenfarben sind eher rudimentär, aber er ist gewillt, dies alles zu erlernen. Mit ihm und weiteren jungen Peruanern führen wir in Ayacucho den ersten Kurs in der Naturfärberei durch. Wir beginnen mit der einheimischen

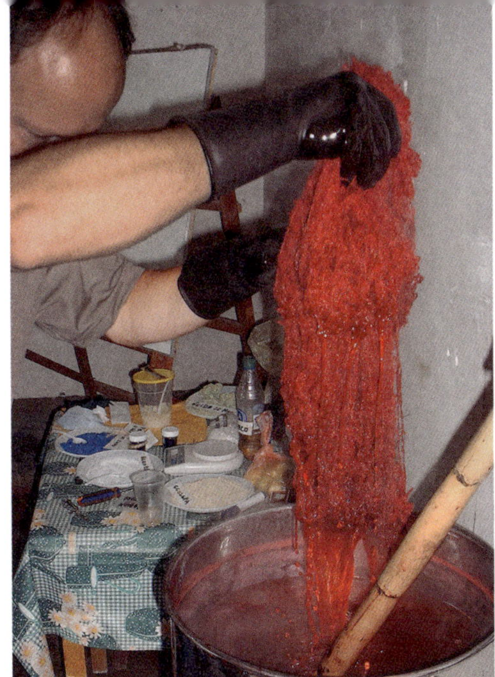

Ein traumhaftes Rot beim ersten Färbekurs in Ayacucho

Koschenillelaus, ist dies doch der wichtigste Farbstoff Perus.

Meine eigentliche Hoffnung, in dem Land mit einer solch langen Tradition der Färberei viel zu lernen, verflog sehr schnell. Ein dunkles Rosa, kein schönes Rot waren die Ergebnisse der einheimischen Rezepte. Aus Kostengründen und mangelndem Wissen wurde frische Koschenille verwendet, was aber für eine schöne Farbe vollkommen ungeeignet ist. Als wir unsere Rezepte anwandten, waren die Peruaner erstaunt und freuten sich über das herrlich leuchtende Rot. Hier begann die Zusammenarbeit mit Carlos, wie die Frauen beim Filzen, so wollte auch er unbedingt mehr lernen. Er wurde bei all unseren Aufenthalten unser ständiger Begleiter, eine tiefe Freundschaft entwickelte sich.

ANNÄHERUNG

Zurück in Tinki. In der Mitte des Werkstattgeländes befindet sich ein großer flacher Stein, einem Tisch ähnlich. Die notwendigen Utensilien für einen Filzprozess stehen bereit, gewaschene Alpakawolle, Seife, warmes Wasser und eine Unterlage. Chrisse sitzt vor dem Stein und legt eine Schicht Wolle auf die Unterlage, dann folgt die nächste. Die ersten Frauen treffen ein, man hat ihnen mitgeteilt, dass sie hier eine neue Technik sehen können für warme Schuhe oder Decken für ihre Kinder. Eine ausführliche Unterhaltung mit ihnen ist nicht möglich, sie sprechen nur die alte Inkasprache Quechua. Deshalb muss sie die Arbeit überzeugen und das fertige Produkt. Das Filzen geht voran; zu diesem Zeitpunkt ist aber für einen Neuling noch nicht abzusehen, was hier am Ende entsteht. Die Neugier ist groß bei den Frauen, immer wieder wird getuschelt und auf die Arbeit gezeigt. Eine leichte Spannung ist spürbar, eine Erwartung. Chrisse filzt, redet ein wenig, versucht mit Gesten die Arbeit zu beschreiben. Langsam wird aus der Filzplatte eine Form sichtbar, das Getuschel der Frauen ändert sich, die Stimmen werden lauter, ein großes Erstaunen ist wahrzunehmen. Sie haben es durchschaut, die gewaschene Wolle verwandelt sich durch den Filzprozess in einen stabilen Kinderschuh, für warme kleine Füße in dieser kalten Gegend. Carlos muss kommen und übersetzen, der Färber spricht Quechua. Die Frauen sind tief beeindruckt von Chrisses Vorführung, sie möchten dies unbedingt lernen, sie möchten wissen, ob Chrisse ihnen das Filzen beibringt.

Der erste Schritt für die Umsetzung unseres Plans ist vollbracht, Chrisse hat nichts gefordert, es war lediglich eine Demonstration des Machbaren, die auf frucht-

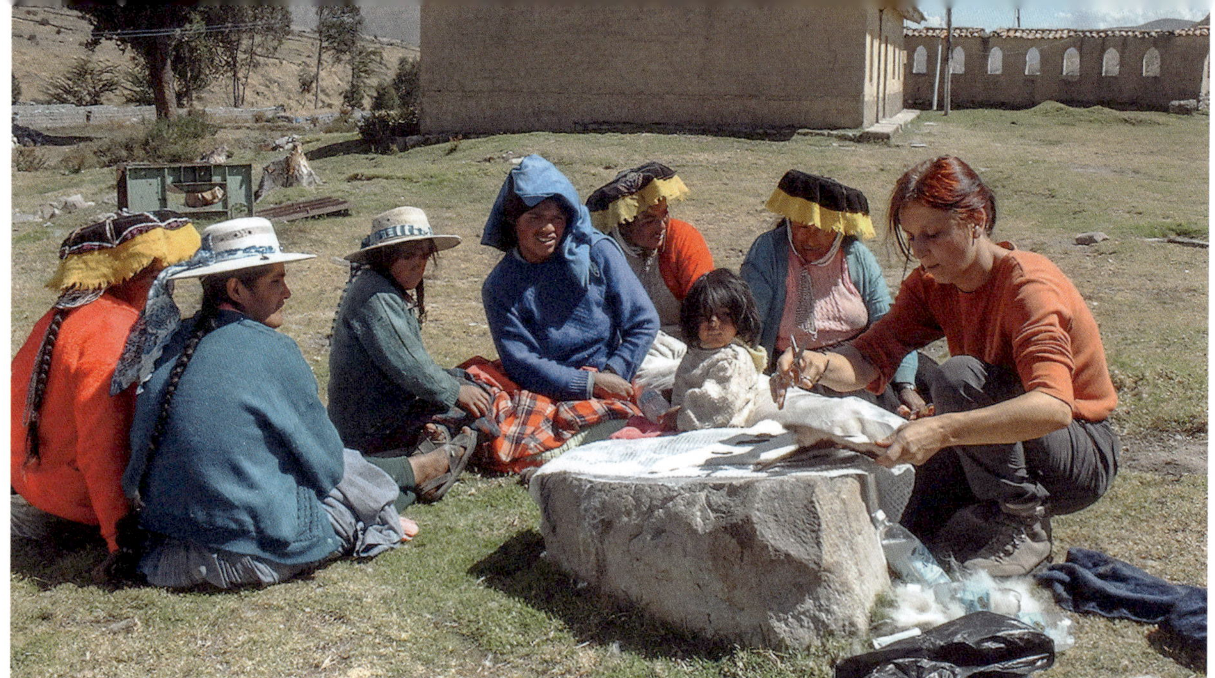

Oben: Chrisse demonstriert das Filzen von Alpakawolle **Rechts:** Keine Kinderarbeit, Inoy hilft ihrer Mutter nach der Schule

barem Boden gelandet ist. Kein Druck oder Zwang, die Frauen haben begriffen, dass dies eine Chance für eine positive Veränderung sein kann, deshalb ist es ihr ausdrücklicher Wunsch, das Filzen zu erlernen.

Der nächste Tag. Improvisation ist die Kunst, mit einfachen Mitteln das bestmögliche Ergebnis zu erzielen. Eine Filzwerkstatt gibt es noch nicht, deshalb findet der erste Unterricht im Freien unter dem blauen Himmel der Anden statt. Mithilfe von Carlos; er übersetzt die Arbeitsschritte in die alte Inkasprache Quechua, ruhig und mit viel Geduld. Mehrere Tage vergehen so, immer mehr Filzstücke entstehen, Schuhe, Platten und Mützen. Alles noch in naturweiß, ungefärbt. Die Farbe fehlt noch, es wird Zeit, sich der Pflanzenfärberei zu widmen.

DIE ERSTE FILZ- UND FÄRBEWERKSTATT

Langsam, aber stetig wird uns bewusst, die als Abenteuer und aus Neugierde geplante Reise nach Peru nimmt einen anderen, nicht vorhergesehenen Verlauf. Natürlich könnten wir jetzt nach Hause fliegen, alles Weitere dem Zufall überlassen. Aber nach dem Entwurf eines neuen Projekts und nach der Durchführung der ersten Kurse werden wir das Gefühl nicht los, in einer Verantwortung zu stehen. Schon oft sind die Peruaner enttäuscht worden; kurze Besuche mit schönen Worten haben bei ihnen nie zu einer Veränderung geführt. Es gab schon genug Lippenbekenntnisse, die zu Hause in Europa mit schönen Bildern und Worten als Hilfe präsentiert wurden. Das ist und war nie unser Ansatz. Wir nahmen die Verantwortung an und würden im nächsten Jahr wieder vor ihnen stehen. Deshalb konkretisierten wir den Plan. Bis zum nächsten Jahr wurden Tische für das Filzen benötigt, inklusive aller notwendigen Utensilien. Für die Färberei mussten Gasbrenner und Edelstahltöpfe besorgt werden,

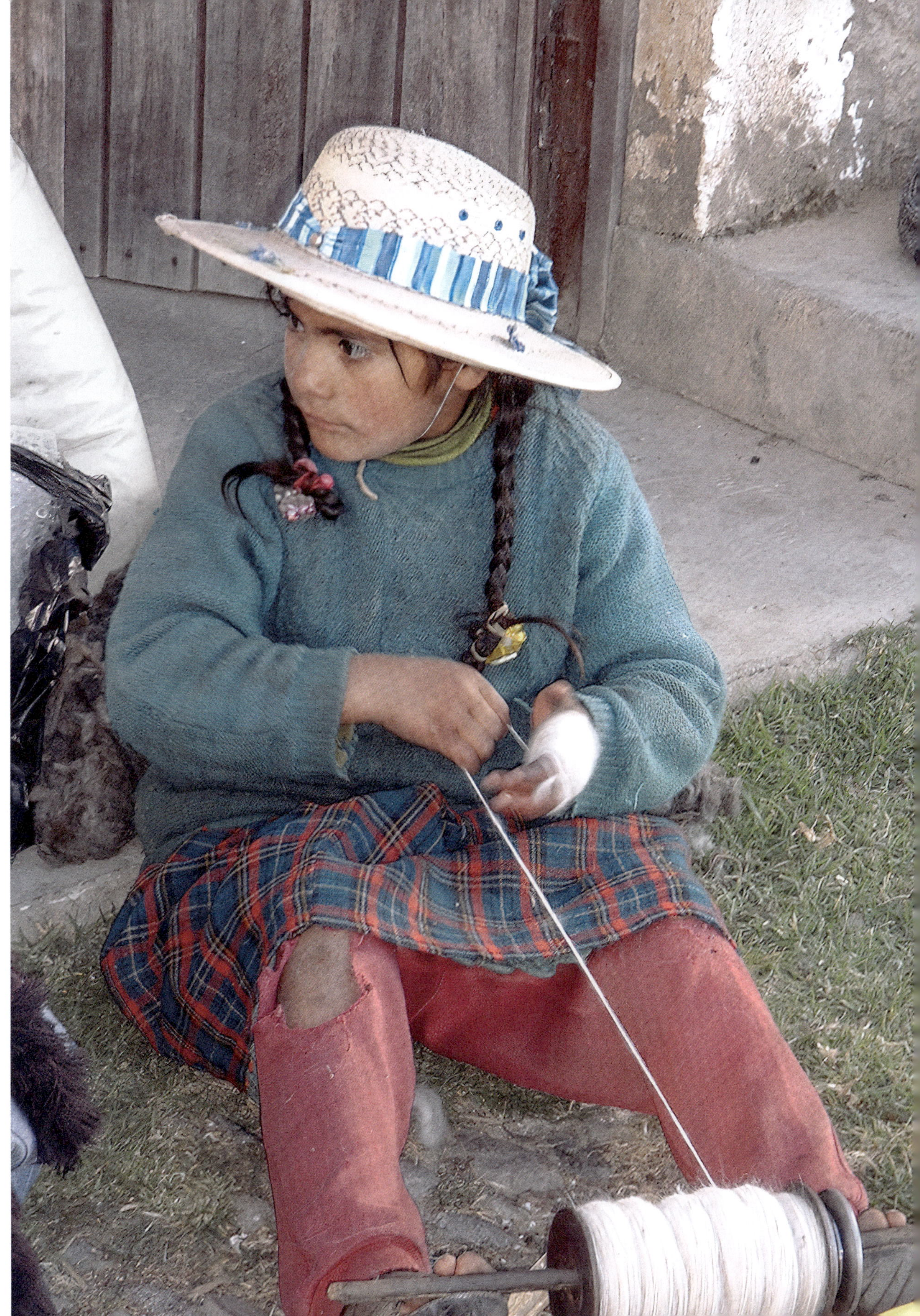

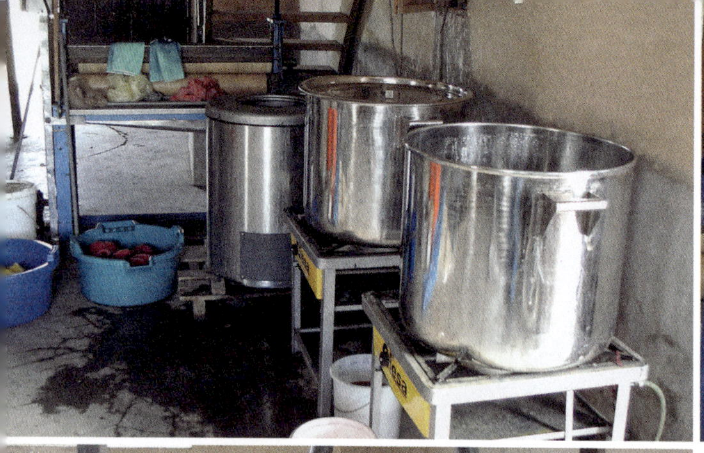

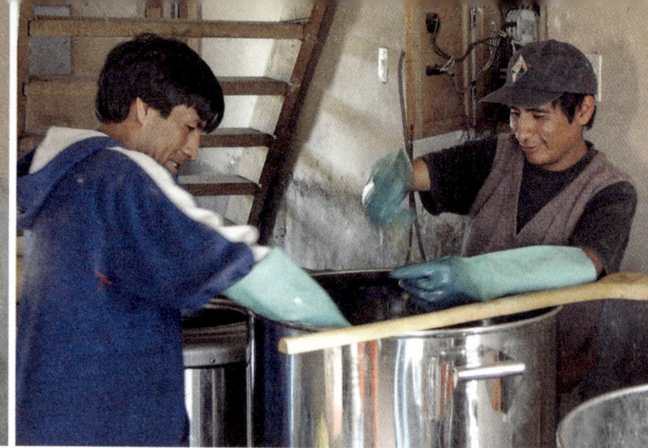

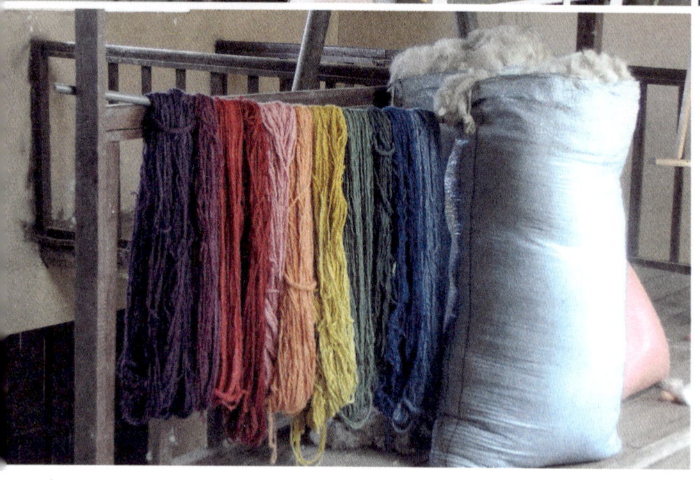

Links oben: Einrichtung der Pflanzenfärberei in Tinki
Links unten: Die erste pflanzengefärbte Wolle aus der neuen Färberei
Rechts oben: Carlos und Santos bei den ersten Färbeversuchen

ebenso mit allem notwendigen Kleinkram. Unterstützung bekamen wir in Deutschland von der Zukunftsstiftung Entwicklung; im jährlich erscheinenden Entwicklungshilfe-Brief wurde unsere Arbeit vorgestellt und um Spenden geworben.

Die nächste Reise nach Tinki fand ein Jahr später statt. Aber es war nichts vor Ort, die zuständige Organisation hatte nicht geliefert. Also mussten wir improvisieren und die wichtigsten Dinge einkaufen. Dann begann der erste Filzkurs für die Frauen. Der Zulauf war groß, leider konnten nicht alle Frauen berücksichtigt werden, Chrisse begann ihren Unterricht mit acht Frauen. Während sie die ersten Schritte des Filzens unterrichtete, fingen Carlos und ich mit der Einrichtung der Färberei an. Hockerkocher wurden installiert, die passenden Töpfe waren bereits vorhanden, und eine elektrische große Schleuder wurde in Betrieb genommen. Nun starteten die ersten Versuche in der Pflanzenfärberei. Carlos schnitt das am Fluss wachsende Chilca für ein schönes Gelb, getrocknete Koschenille wurde für ein schönes Rot verwendet, und der Indigo aus El Salvador war für das tiefe Blau zuständig. Die Wolle wurde in der Solaranlage gewaschen, dann gefärbt mit Pflanzen und gekämmt, und danach verfilzt im Kurs von Chrisse. So entstanden die ersten bunten Filzstücke in den Anden.

Das Verspinnen von Wolle mit der Handspindel beherrschten die Frauen perfekt, selbst während sie laufen, bewegen sie die Spindel und spinnen Garn. Die Kapazität bei dieser Handarbeit war natürlich begrenzt, hundert Gramm fertiges Garn an einem Tag war schon ein gutes Ergebnis. Wenn die Frauen nun im Auftrag die gewaschene Alpakawolle verspännen und sich der Lohn nach der Ausbeute richtete, wäre dieser viel zu niedrig. Damit ließe sich der Lebensunterhalt nicht verbessern. Die Lösung für dieses Problem war ein elektrisch betriebenes Spinnrad, damit konnte die Leistung auf gut ein Kilogramm gesponnenes Garn an einem Tag erhöht werden. Sofort sah das mit dem Lohn ganz anders aus. Mehrere Modelle wurden aus dem Ausland angeschafft; nach den ersten erfolgreichen Versuchen war der Wunsch nach noch mehr solchen Spinnrädern groß.

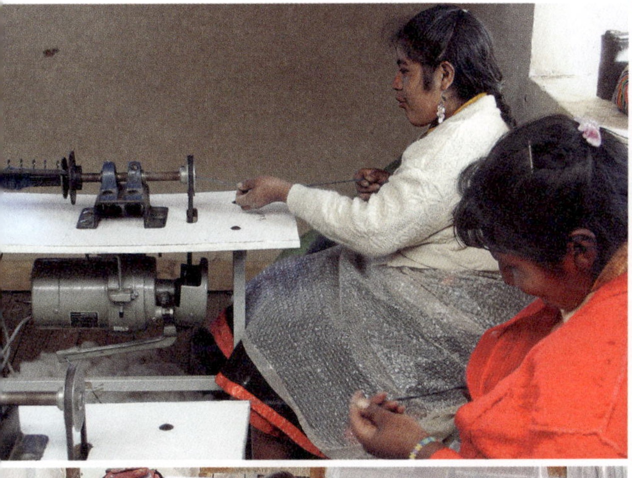

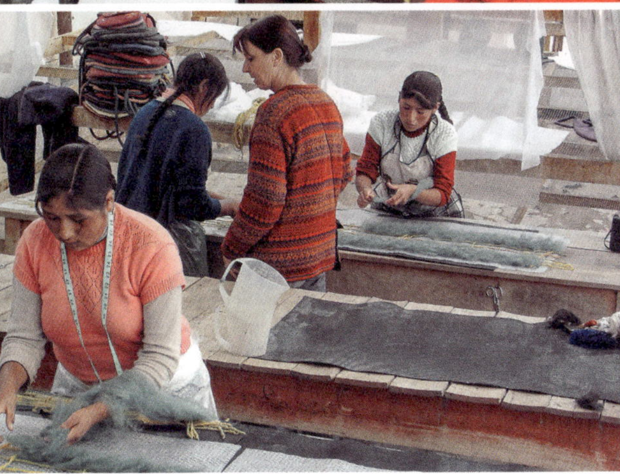

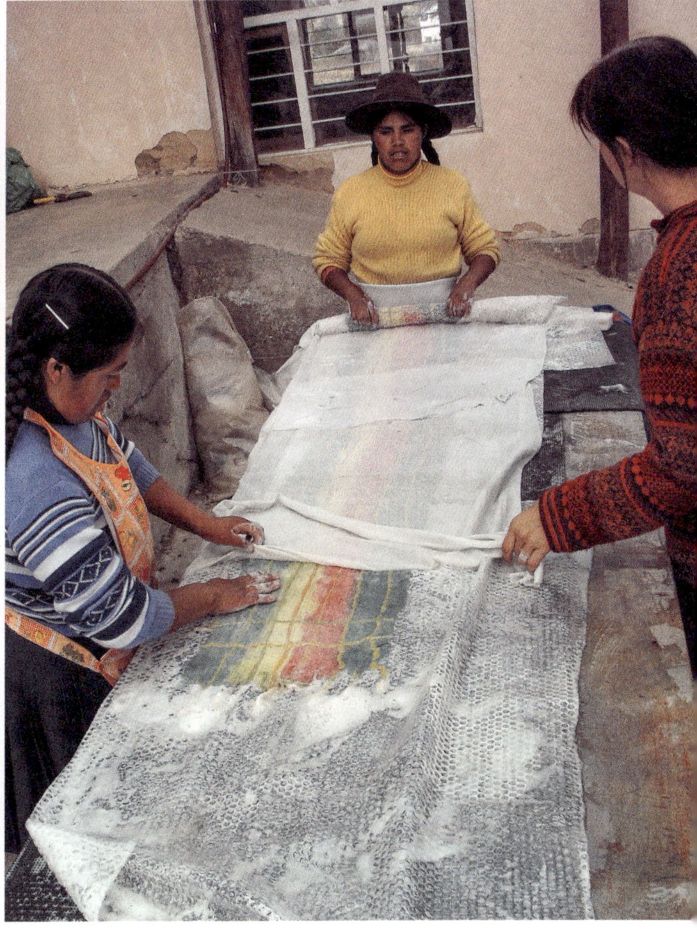

Links oben: Das elektrische Spinnrad
Links unten: Die Filzwerkstatt in Tinki
Rechts: Chrisse zeigt das Filzen von Alpakaschals

UND NOCH MEHR FRAUEN

Wieder sind wir in Tinki, ein weiteres Mal stehen uns arbeitsreiche Wochen mit Filzen und Färben bevor. Die Probleme mit der Organisation hatten sich leider nicht gelöst, immer mehr teils heftig geführte Diskussionen über den weiteren Verlauf des Projektes raubten uns in der eh schon dünnen Luft den notwendigen Atem. Aber der Zulauf zu den Filzkursen war ungebrochen, was uns beide sehr freute. Frustration und Glücksgefühle wechseln sich bei unserer Arbeit ständig ab.

Es gibt hier oben in den Anden keine Tageszeitung mit Nachrichten aus der Welt oder auch nur lokalen Mitteilungen. Aber jedes Dorf, jede Kommune betreibt auf irgendeine Weise ihren eigenen lokalen Radiosender. So wie bei uns – vor der Smartphone-Ära – die Menschen mit ihrer Zeitung unter dem Arm herumliefen, so laufen die Menschen in den Anden mit ihrem kleinen Transistorradio durch die Landschaft. Dies war der Kommunikationsweg hier oben, eine wichtige Nachricht fand ihren Weg über den lokalen Radiosender. Und wenn die »Signora Professora« (in dem

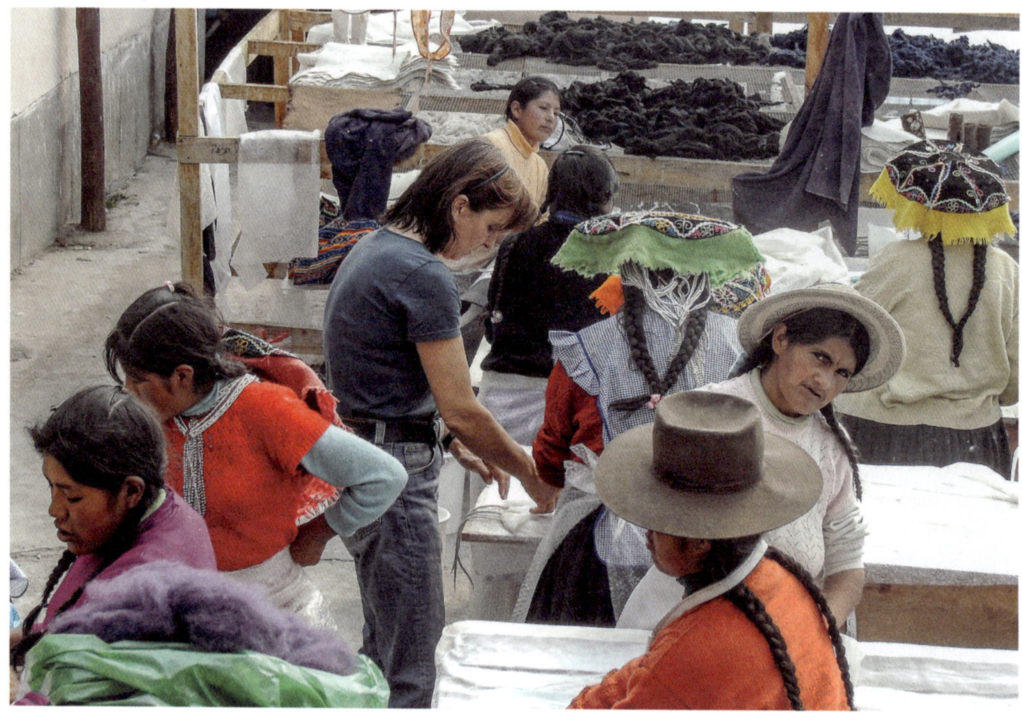

Chrisse und ihre Schülerinnen

Fall Chrisse) in Tinki wieder unterrichtete, ging das einem Lauffeuer gleich durch den Äther. Also kein Wunder, dass immer mehr Frauen zu den Kursen erschienen.

Zwei Stunden Fußmarsch waren keine Seltenheit, den die Frauen auf sich nahmen, um das Filzen zu erlernen. Oder sie interessierte die Arbeit mit dem elektrischen Spinnrad. Es war die Hoffnung auf ein klein wenig Verbesserung in ihrem Leben. Es war auch ein Vertrauen in uns vorhanden, schließlich waren wir wiedergekommen.

Die Filzwerkstatt ist voller Menschen. Viele Frauen, die konzentriert ihre Arbeit verrichten, dazwischen wuselt Chrisse von Tisch zu Tisch, korrigiert und erklärt die Arbeitsschritte. Carlos und andere Färber schauen vorbei, begutachten staunend die aus ihrer gefärbten Wolle entstandenen Produkte. Ständig stecken fremde Menschen ihre Köpfe in die Werkstatt, alle möchten sehen, was hier geschieht. Es wird viel geredet und gelacht, eine Aufbruchstimmung ist deutlich wahrnehmbar.

Für Chrisse ist es eine sehr schwierige und körperlich anstrengende Arbeit. In dieser Höhe und bei den klimatischen Bedingungen mit voller Konzentration die Frauen zu unterrichten, dient nicht der romantisch verklärten Vorstellung der eigenen Selbstbestätigung. Dazu noch befindet sich die neue Filzwerkstatt jetzt mit in dem Trockenraum für die gewaschene Wolle. So schnell, wie die auf das Dach scheinende Sonne die Wolle trocknet, genau so schnell sorgt sie für eine heiße und trockene Luft in der Werkstatt, was das Filzen noch schwieriger gestaltet. Kein Lufthauch sorgt für Abkühlung. Und die immer wieder angeforderten Matten für eine Beschattung sind nicht in Sicht. Trotzdem wird jeden Tag acht Stunden gearbeitet. Es ist unser erklärtes Ziel, in den vier Wochen, die wir hier verbringen, so viel wie möglich an Wissen zu vermitteln. Das ist auch nicht das Problem, die Bereitschaft und der Willen der Frauen, alles mitzunehmen, ist unglaublich.

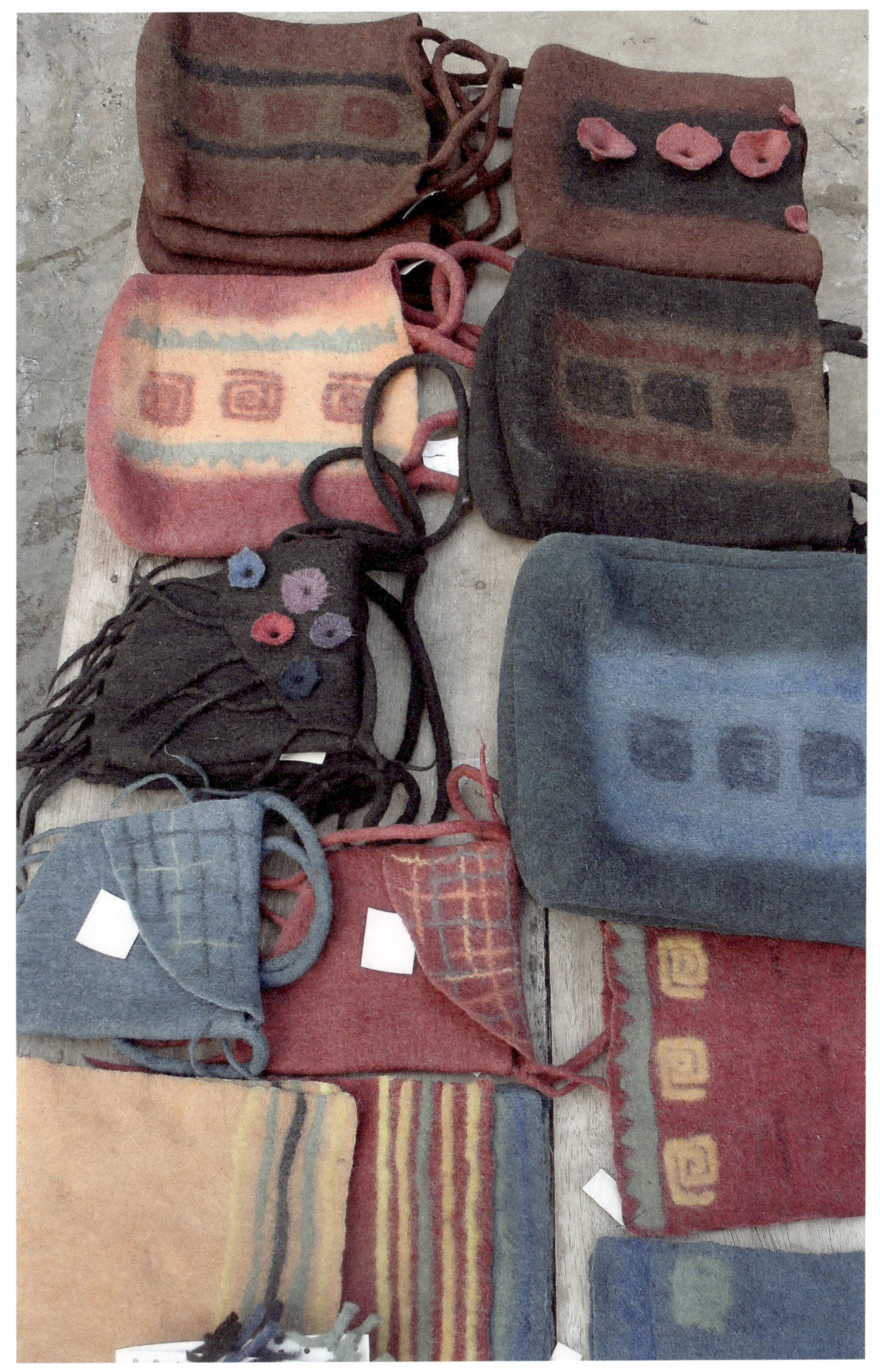

Fertige gefilzte Taschen aus der Filzwerkstatt

WILMER UND DER SCHNEEBALL

Die erste Fahrt nach Tinki führten wir mit Wilmer durch, er ist nach wie vor unser Begleiter und Fahrer. Wilmer ist ein äußerst besonnener Mensch, bedächtig und ruhig in seinem Wesen. Augenscheinlich kann ihn nichts aus der Ruhe bringen, genauso verhält es sich mit seinem Fahrstil. Tausende von Kilometern haben wir gemeinsam mit ihm in Peru zurückgelegt, immer sind wir heil und gesund am Ziel angekommen. Dies war zweifelsfrei sein Verdienst. Gefährliche Situationen gab es zur Genüge, er meisterte mit seiner Ruhe alle gefahrvollen Situationen.

Bei unserem dritten Aufenthalt in Tinki merkte er deutlich, dass wir unzufrieden waren. Zu wenig ging voran, auch wegen der mangelnden Unterstützung der Organisation. Das ganze Projekt müsste unserer Meinung nach schon viel weiter vorangeschritten sein, viel mehr Menschen sollten hier oben regelmäßige und bezahlte Arbeit haben. Die von uns entworfenen Produkte fertigen die Frauen inzwischen in einer sehr guten Qualität, aber nur ab und zu gibt es einen Auftrag für die Frauen. Dazwischen nichts. Keine Aufträge, keine Arbeit und damit auch kein Lohn. Für uns ist dieser Umstand mehr als unbefriedigend.

Wilmer spürt unser Unbehagen, unsere Ungeduld. Er nimmt uns zur Seite und erklärt in einfachen Worten die Umstände, die wir nicht wahrgenommen haben. Ob wir nicht sehen, wie viele Menschen täglich nach Tinki kommen. Und alle wollen sie mehr über das Projekt wissen, wie das funktioniert mit der Wollverarbeitung. Denn Alpakawolle haben sie fast alle, die zum Dumpingpreis an die großen Konzerne verkauft wird. Aber wie erreicht man einen Mehrwert seiner Wolle und wie entstehen neue Arbeitsplätze für viele Frauen? Mit klaren und einfachen Worten, die wir anfangs nicht ganz glauben wollen, bescherte er uns eine andere Sicht auf die bisherige Arbeit. Wir dachten zu klein, viel zu sehr fixiert auf die Probleme hier in Tinki. Die

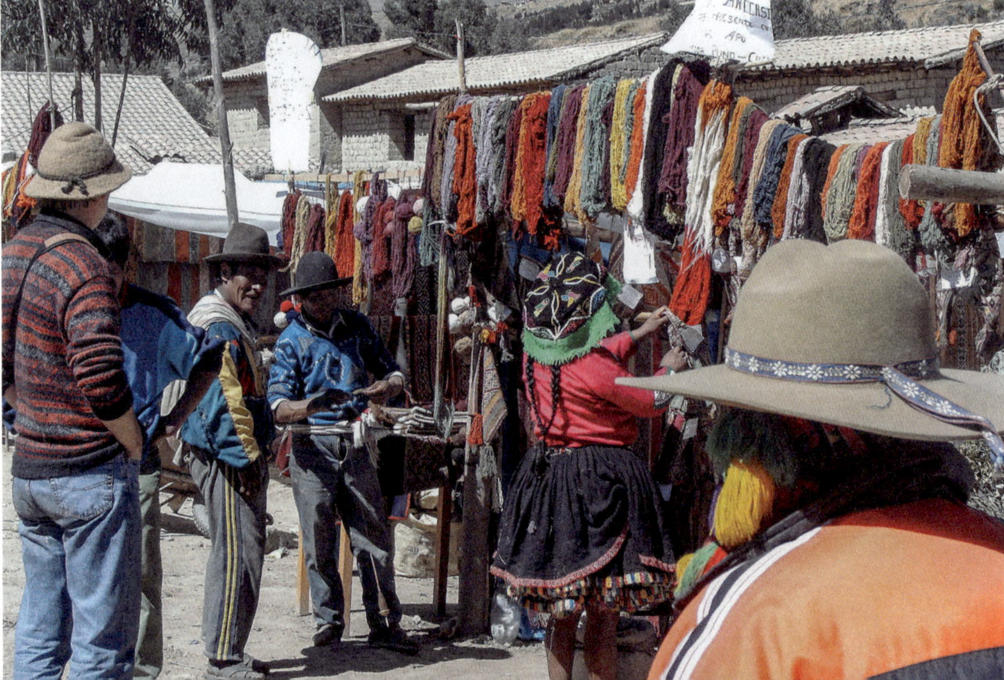

Markt in Tinki mit unglaublich vielen pflanzengefärbten Produkten

Betriebsblindheit holte uns wieder mal ein. Der Blick für das Ganze war abhandengekommen. Wilmer öffnete uns die Augen, in seiner ungetrübten Sachlichkeit beschrieb er uns die Situation vor Ort. Tatsächlich kamen täglich mehr Menschen, die das Projekt besuchten. Manche auf der Suche nach Arbeit oder einfach, weil sie wissen wollten, wie das Projekt hier funktioniert. Die Hoffnung, ihre Situation zu verbessern, ließ die Menschen eine lange und beschwerliche Reise auf sich nehmen.

Und dann gab es noch ein weiteres Erlebnis. Jedes Jahr feiern die Einwohner Tinkis ein Volksfest, eine Woche lang, so wie die Münchner ihr Oktoberfest oder die Stuttgarter ihren Wasen. Dazu gehört ein kleiner Markt. In unserem ersten Jahr bestand er lediglich aus zwei Ständen. Zwei Jahre später platzte der Markt aus allen Nähten, ich weiß nicht, wie viele Stände sich eingefunden haben. Alle zeigten ihre Wolle und die daraus entstandenen Produkte. Handgewebte Schals und Strickwolle, vieles natürlich pflanzengefärbt. Chrisse und ich spazierten durch den Markt, erstaunt und sprachlos. Am Abend saßen wir dann zusammen mit Wilmer in unserer bescheidenen Behausung am Kamin und wärmten uns ein wenig auf. Er versuchte uns zu erklären, was in der letzten Zeit geschehen ist. Die Arbeit hier vor Ort in Tinki war natürlich wichtig, aber was wir nicht gesehen hatten, war, dass die Kommunikation in den Anden hervorragend funktionierte. Die Neugier auf das, was in Tinki passierte, war gigantisch. Wilmer meinte, wir hätten einen Schneeball geworfen, jetzt sei daraus eine Lawine geworden, die nicht mehr aufzuhalten sei. Sie rollt und wird größer werden. Er hatte so Recht, nur unsere Skepsis hallte noch nach.

Aus dem Ausland reisten Vertreter von Organisationen der Entwicklungshilfe an, auch sie wollten gerne wissen, was hier vor sich ging. Sie kopierten unser Projekt der kleinhandwerklichen Wollverarbeitung und übertrugen es in andere Länder. Für uns war das kein Problem, aber der Chef der Firma sah das nicht so gerne. War dies alles doch sein Werk, damit auch sein Ruhm. Er wollte die Menschen lieber fernhalten und alles Erreichte an seine Brust heften. Wenn wir aber oben bei der Arbeit sind, lassen wir alle interessierten Menschen freizügig auf das Gelände. Wir erklären ausführlich unsere Arbeit, es ist eine Aufforderung zur Nachahmung. Denn inzwischen haben auch wir die Tragweite des Ganzen begriffen – dank Wilmer! Und dies veränderte in den letzten Jahren unsere Sichtweise und die damit zusammenhängende Arbeit. Wir setzen neue Schwerpunkte, unser Augenmerk richten wir nicht mehr nur auf Tinki.

CARLOS UND FRANCISCO

Bei unserem ersten Aufenthalt im Jahr 2003 lernten wir in Peru zwei Männer kennen. Carlos trafen wir zum ersten Mal in Lurin, einer Vorstadt von Lima. Dort ist die Organisation ansässig, die das Projekt Solarwäscherei in Tinki betreut. Seine Aufgabe innerhalb dieser Firma war die Leitung der Weberei. Carlos ist ein exzellenter Weber, versteht sich auf die Umsetzung von schwierigen Designs. Auch das Färben gehörte zu seinen Aufgaben. Bei unserer ersten Begegnung saß er vor einem offenen Feuer, darüber baumelte ein Metallkessel, in dem er mit chemischen Farbstoffen die Wolle für seine Webarbeiten einfärbte. Er wirkte verschüchtert, sehr zurückhaltend uns

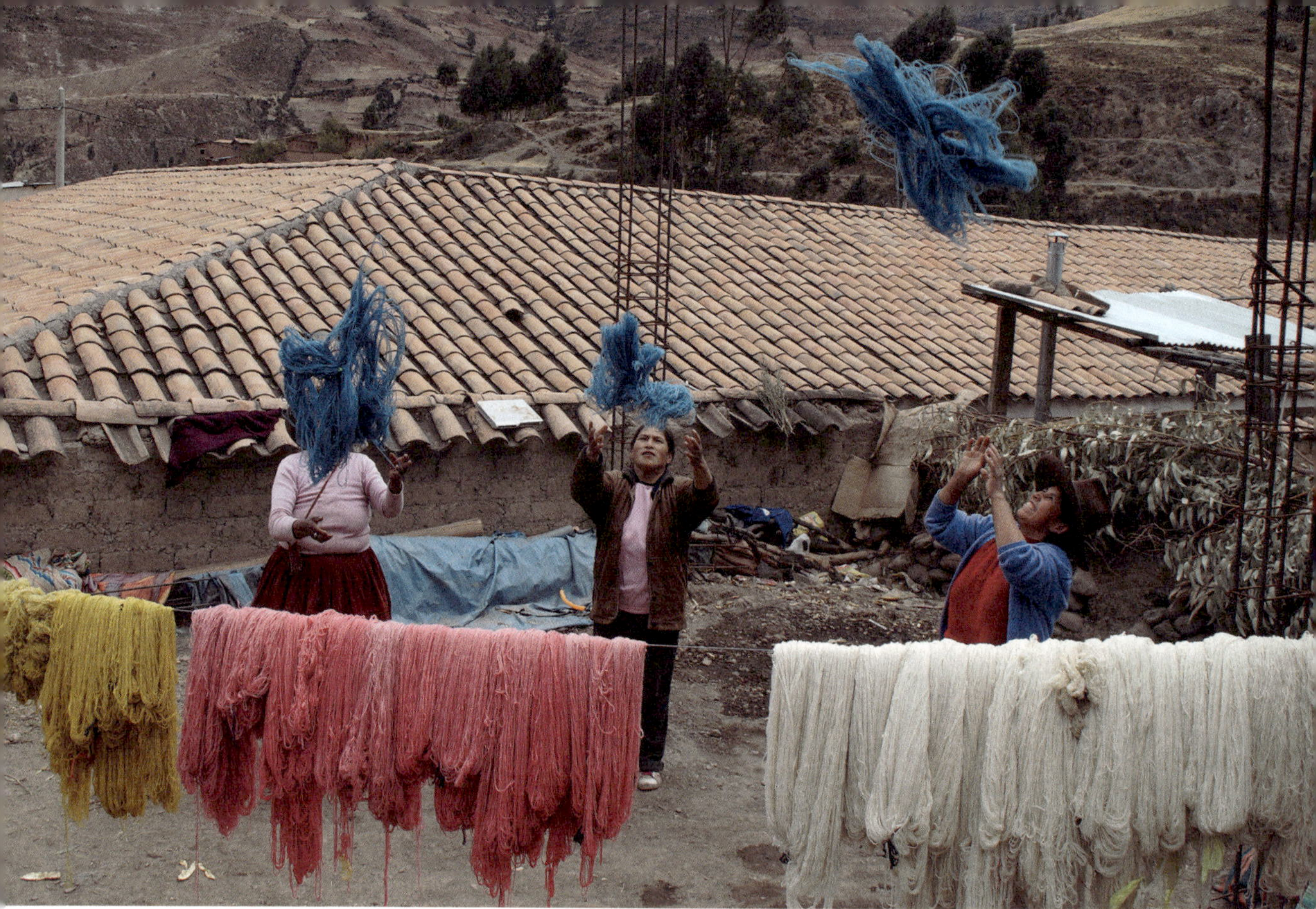

Hoch die Wolle – Blau färben à la Carlos

gegenüber. Das können wir im Nachhinein auch verstehen, warum sollte er sich mit Touristen näher auseinandersetzen; sie kommen und gehen. Er hatte zu dieser Zeit ja noch keine Ahnung, wie sehr sich sein Leben durch unser Zusammentreffen verändern würde. Der erste fruchtbare Samen fiel in Ayacucho. Bei unserem Färbekurs war er mit großer Wissbegier dabei. Danach ging unsere Zusammenarbeit in Tinki weiter. Dort half er bei der Einrichtung der Pflanzenfärberei. Sein Wissen auf diesem Gebiet erweiterte sich immer mehr, er war aufnahmefähig, und sein anfänglich zurückhaltendes Wesen wich mehr und mehr einer großen Neugier und Begeisterung. Jahr für Jahr lernten wir uns besser kennen, begegneten uns immer freundschaftlicher. Das gemeinsame Arbeiten und Leben während unserer Zeit in Tinki veränderte die Beziehung. Wir waren für ihn keine vorbeiziehenden Touristen mehr, aber auch nicht die über allem stehenden besserwissenden Experten. Immer mehr kristallisierte sich die bis heute bestehende tiefe Freundschaft heraus. Auch über die Unzufriedenheit mit der Firma tauschten wir uns ständig aus, durch unsere Hartnäckigkeit wurden die Arbeiter endlich fest angestellt. Ein wenig Verbesserung in ihrem ansonsten nicht abgesicherten Leben. Jahr für Jahr vertiefte Carlos sein Wissen über die Pflanzenfärberei, ebenso über die dazugehörige Wollverarbeitung. Irgendwann hatte er von den schlechten Zuständen in der Firma genug. Sein inzwischen erlerntes Wissen war so groß, dass er sich ohne Probleme auf diesem Gebiet neuen und vor allen Dingen vielversprechenderen Aufgaben widmen konnte. Eine davon bestand darin, sein Wis-

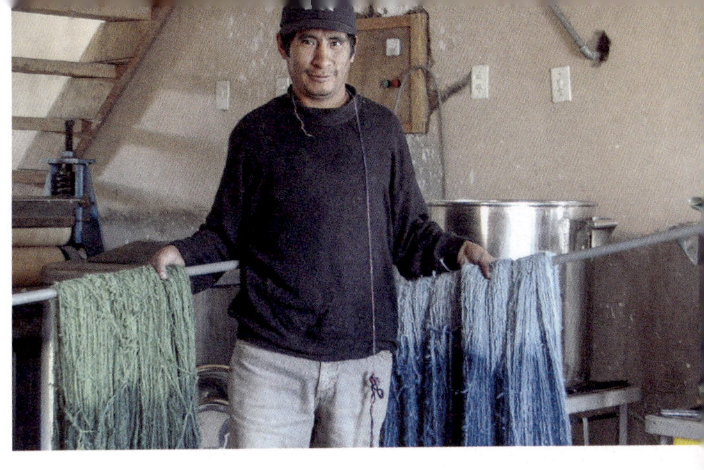

Carlos präsentiert stolz seine erste mehrfarbige Alpakawolle

sen weiterzugeben, er wollte es nicht für sich behalten. Er hatte erkannt, welche ungeahnten Möglichkeiten sich daraus ergäben, wie er dadurch das Leben vieler anderer Menschen verbessern helfen könnte. Getreu diesem Motto arbeitet er nun in verschiedenen Organisationen und Firmen, reist durch Peru und andere Länder, unterrichtet das Färben mit Pflanzen und begeistert die Menschen für eine die übliche Abhängigkeit durchbrechende kleinhandwerkliche Wollverarbeitung – das alles aus tiefer Überzeugung. Er hat sich zu einem der besten Pflanzenfärber Südamerikas entwickelt und an einem Färbebuch mitgearbeitet. Zudem steht er mit seinem Wissen auch einer großen Universität zur Verfügung.

Carlos ist ein Schelm, diese Tugend spielt er auch bei seinen vielen Färbekursen in den Anden aus. Seine Idee für die Blaufärberei ist mittlerweile legendär. Weil beim Färben mit Indigo Sauerstoff benötigt wird und die Luft auf 4000 Meter dünn ist – für ein Blau ist der Sauerstoffgehalt aber selbstverständlich noch immer ausreichend –, wirft er die Wollstränge hoch in die dünne Andenluft und lässt so ein vermeintlich noch schöneres Blau erscheinen. Und so werfen seine Kursteilnehmerinnen und -teilnehmer die Wolle mit Begeisterung in den blauen Himmel und strahlen um die Wette für ein traumhaftes Blau, das sie dann wieder auffangen. Falls Sie einmal durch die Anden reisen und sehen am Horizont blaue Strickwolle fliegen: keine Sorge, es ist ein Färbekurs von Carlito. Entwirren möchte ich diese Wollstränge übrigens nicht.

Francisco begegneten wir zum ersten Mal in Tinki, dort war er der Verwalter des Projekts. Diese augenscheinlich wichtige und verantwortungsvolle Aufgabe erledigte er mit einer gewissen Untertänigkeit, es wurde uns auch schnell klar, warum. Er war in den herrschenden hierarchischen Strukturen das letzte Glied in der Kette, minderwertig erscheinende, aber doch wichtige Aufgaben wurden von Mann zu Mann nach unten delegiert, letztendlich landeten sie bei ihm. Auch er hatte hier oben in Tinki schon etliche Menschen aus Deutschland begrüßen dürfen, bei Vorführungen des Projekts, um Spenden zu sammeln. Sie alle kamen und gingen, und er sah sie nie wieder.

Umso größer war sein Erstaunen, als wir nach dem ersten Besuch und der Initialisierung der neuen Arbeit wieder vor ihm standen. Unsere vielen Aufenthalte in Tinki vertieften die Freundschaft, sodass wir schließlich sogar mit Brief und Siegel Pate seines Sohnes Fernando wurden – in einer in dieser Höhe wirklich kräfte- und nervenzehrenden Prozedur in der eiskalten katholischen Kapelle des Ortes. Zusammen mit Francisco erarbeiteten wir an der Kardiermaschine neue Farbmischungen, und unterrichteten die Frauen in der Arbeit an den elektrischen Spinnrädern. Francisco warf seine anfängliche Unsicherheit mehr und mehr über Bord. Wissen ist nicht nur Macht, behutsam angewandt, trägt es zu einer positiven Veränderung bei; auch bei ihm stärkte es das Selbstbewusstsein. Mit all seinem Know-how über die Wollverarbeitung und die Pflanzenfärberei verließ

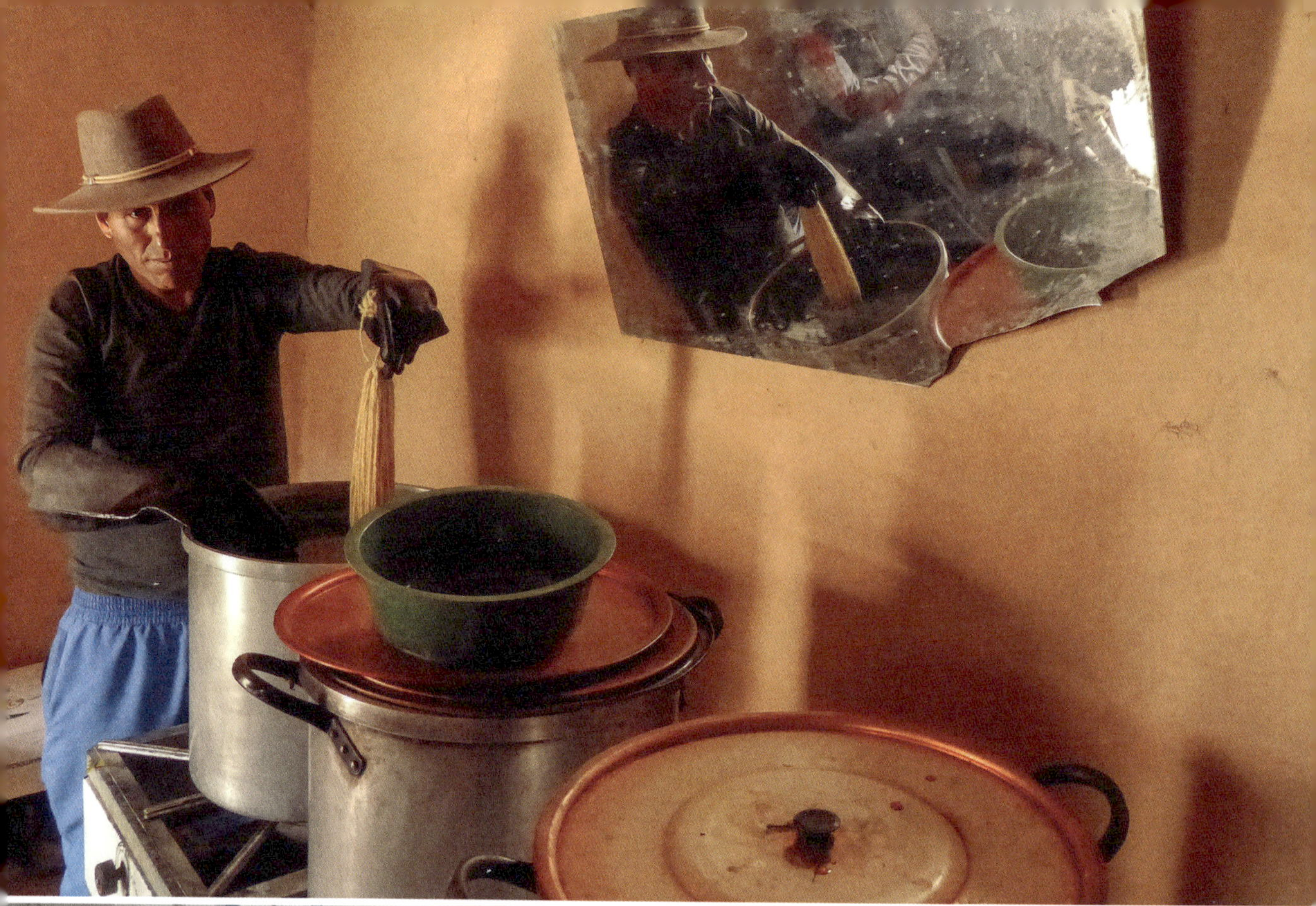

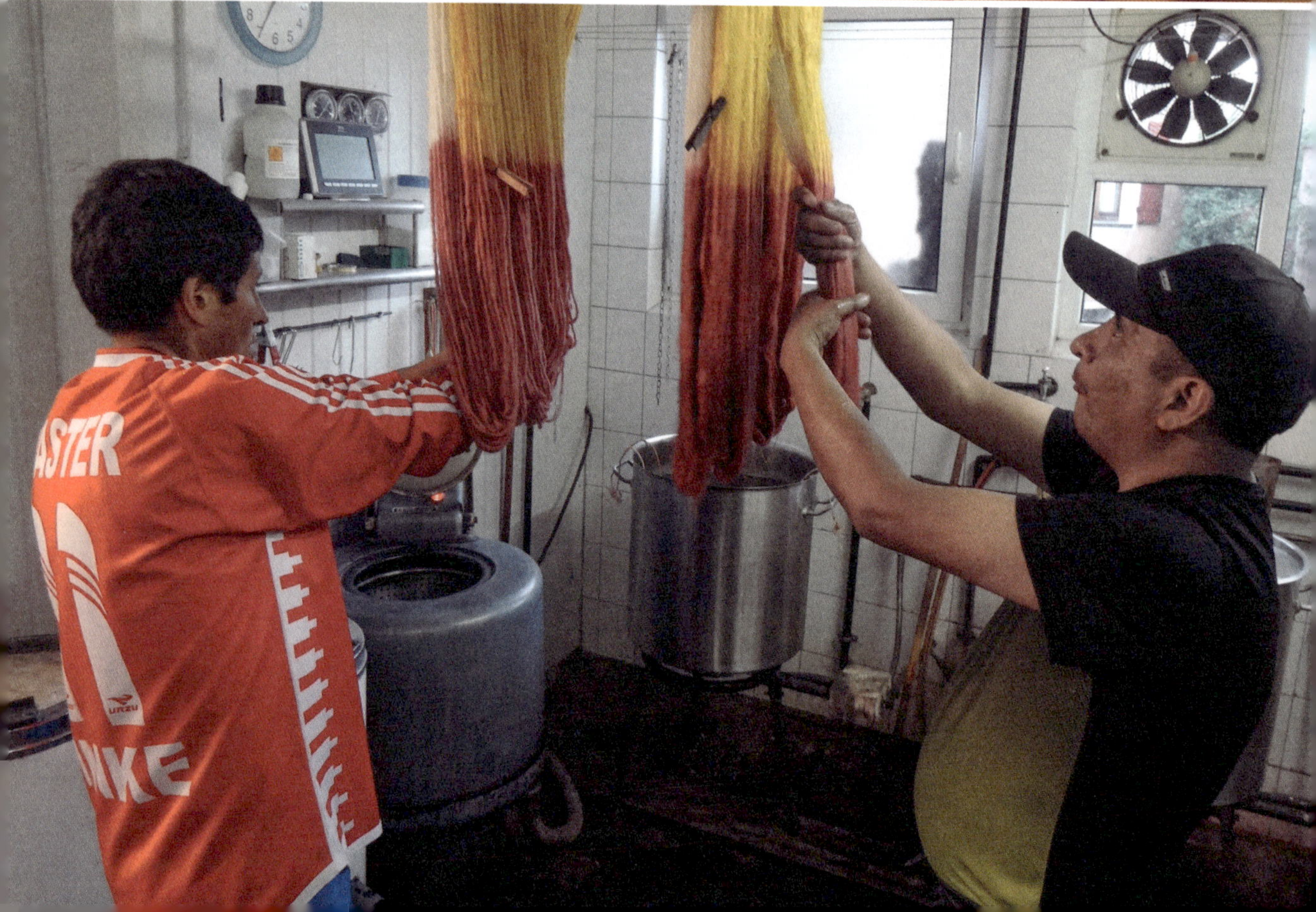

auch er die immer unzuverlässiger agierende Firma. Damit war das Projekt der Solarwaschanlage in Tinki endgültig gescheitert, aber durch den einsetzenden Schneeballeffekt bereitete uns dieses Ende keine großen Bauchschmerzen. Ganz im Gegenteil, Francisco führt ebenfalls Kurse durch, gibt sein Wissen weiter. Inzwischen ist er stolzer Besitzer einer kleinen Wollmanufaktur mit Kardiermaschine und elektrischen Spinnrädern, ganz nach dem Vorbild unseres Projekts.

Besser hätte es nicht laufen können. Beide, Carlos und Francisco haben wesentlich dazu beigetragen, dass der von uns gelegte Samen sich im ganzen Land weiterverbreitete. Eine so gravierende Veränderung der Lebensumstände ist nicht ohne sanfte Radikalität umzusetzen. Es reicht nicht, nur die Verarbeitung der Wolle, die Kunst der Pflanzenfärberei und des Filzens für in Übersee gehandelte Lifestyleprodukte den Menschen beizubringen. Das greift zu kurz. Zu einer wirklich nachhaltigen Verbesserung gehört auch Aufklärung auf vielen Ebenen. Es beginnt bei ganz einfachen Dingen, wie zum Beispiel das Recht auf ärztliche Grundversorgung. Dies wussten die Andinos nicht. Oder: Was tun, wenn der Chef keinen Lohn zahlt – hier hilft ein Streik. Auch einfach die Erkenntnis, dass gemeinschaftliches und solidarisches Handeln für eine bessere Zukunft die beste Option ist, ist ja nicht selbstverständlich.

Etliche Delegationen aus dem Ausland hatten bereits unsere Färberei in Ingersheim besucht, kleine Manufakturen für Teppiche sowie die Besitzer von großen Fabriken mit Hunderten von Angestellten. Irgendwann stellten wir uns die Frage, ob nicht auch die Arbeiter zu uns kommen könnten. Nach vielen Diskussionen wagten wir den Versuch eines interkulturellen Austauschs. Gemeinsam mit unserem Freund Martin Drukenmüller, der ein ganzes Jahr in Tinki gearbeitet hat und seitdem beste Beziehungen auch zu Carlos und Francisco unterhält, planten wir einen Besuch der beiden in Deutschland. Nach vielen Vorbereitungen und der Unterstützung von etlichen Organisationen sowie privater Hilfe landeten beide 2018 in Frankfurt. Eine unglaubliche Zeit, die sie wohl nie vergessen werden, nahm ihren Lauf. Drei Wochen unterrichteten wir sie in der Färberei, wir besuchten gemeinsam in der Wollbranche arbeitende Firmen. Sie lernten unser europäisches Denken ein wenig kennen, was für ein besseres Verständnis für den internationalen Markt wichtig ist.

Ein Jahr später flogen wir wieder nach Lima. Zusammen mit Martin und unserem Freund Rainer starteten wir eine große Tour durch die Anden. Mit dabei waren natürlich Carlos und Francisco. Sie organisierten Färbekurse in den abgelegensten Orten wie Pacha. In 4500 Meter Höhe, und für uns gefühlt das Ende der Welt, trafen wir auf eine funktionierende kleine Wollverarbeitung, wo wir dann Färbe- und Filzkurse durchführten. Wir besuchten viele kleine und große Projekte, die alle nach dem von uns etablierten Vorbild arbeiteten. Manche verkauften nur lokal, andere wiederum waren bereits international erfolgreich. Es war eine unglaubliche und magische Reise. Zusammen mit Carlos und Francisco konnten wir sehen, was sich alles verändert hat. Und ein Ende ist nicht abzusehen. Ganz im Gegenteil, auch für die peruanische Regierung sollten wir nun in etlichen Kunsthandwerkerschulen unterrichten. Dann kam Corona und ließ alle Pläne erst einmal zerplatzen.

Oben: Francisco beim Färbekurs in Tinki
Unten: Francisco und Carlos in unserer Werkstatt in Ingersheim

DIE KOSCHENILLE

Dactylopius coccus lautet der lateinische Name der Koschenille. Es handelt sich dabei nicht um eine Pflanze, das wissen Sie bereits. Es ist ein tierischer Farbstoff, der aus der Nopal-Schildlaus gewonnen wird. Die Schildlaus ist sehr eigen, sie fühlt sich nur auf Kakteen wohl, selbst da bevorzugt sie nur bestimmte Arten. Am liebsten lebt die Laus auf Feigenkakteen, den Opuntien. Falls Sie schon einmal vor dem kalten Winter auf die Kanaren entflohen sind, sollten Ihnen die großen stacheligen Kakteen aufgefallen sein. Oft sind sie mit einem leichten weißen Flaum überzogen. Das sind die Körper der weiblichen Nopal-Schildläuse. Sie haben keine lange Lebenszeit, lediglich zwei bis drei Monate. Bevor die Läuse sterben, werden sie von den Kakteen abgebürstet, eingesammelt und getrocknet. Diese getrocknete Laus liefert den schon seit Jahrhunderten begehrten Farbstoff Karmin.

Bereits in der 2000 Jahre alten Paracas-Kultur in Peru wurden Textilien mit Koschenille gefärbt. Bei der Eroberung von Südamerika und Mexiko entdeckten die Spanier dann diesen herrlich rot färbenden Farbstoff. Da die Qualität um ein Vielfaches besser war als die damals in Europa verwendete Kermeslaus, war es naheliegend, die getrocknete Laus mit in die Heimat zu bringen. Zu Beginn des 15. Jahrhunderts hatten die Spanier begonnen, sich für die sagenumwobenen Inseln vor der afrikanischen Küste, über die schon in antiken Schriften berichtet wurde, zu interessieren. Die kastilischen Könige schickten Seefahrer dorthin, die Inseln in Besitz zu nehmen, was ab 1402 geschah. Das milde Klima und die fruchtbaren Böden der Inseln ließen eine landwirtschaftliche Nutzung erwarten.

Das bewog die Spanier zu einem raffinierten Schachzug. Die Koschenillelaus sollte auf den Inseln angesiedelt werden, aber leider waren keine Kakteen vorhanden. Kurzerhand wurden Opuntien übers Meer gebracht und großflächig als Wirtspflanze für die Laus angebaut. Somit wurden die Inseln zu einem Produktionsort für den immer begehrteren Farbstoff. Aber nichts ist von Dauer, es gibt im Leben immer Gewinner und Verlierer. Wie die Koschenillelaus den Spaniern viel Reichtum beschert

Links: Die Koschenillelaus auf dem Kaktus
Rechts: Getrocknete Läuse

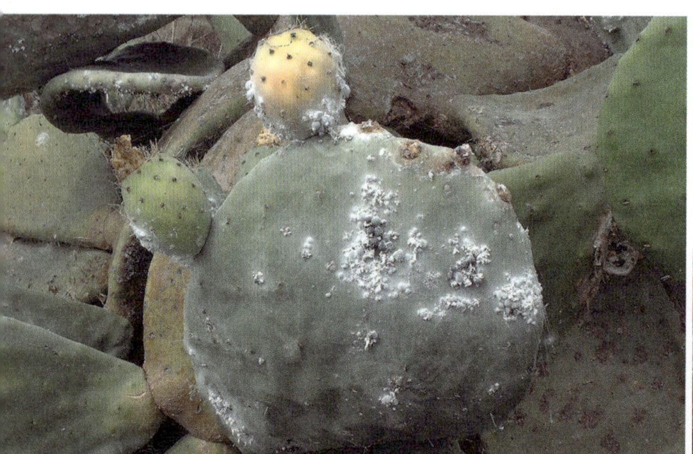

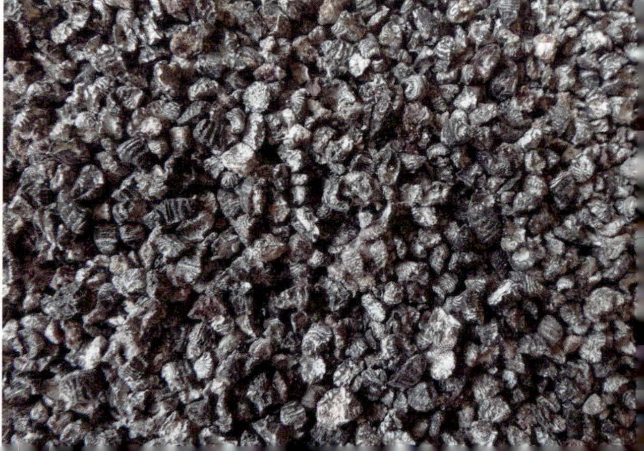

und den Untergang der Kultivierung der europäischen Kermeslaus besiegelt hat, so beendete die Entdeckung des synthetischen Farbstoffes Fuchsin 1856 auch diese Ära. Wenn Sie auf einer Wanderung auf einer der Kanarischen Inseln die Kakteen sehen, die das Bild der trockenen Gegenden so prägen, denken Sie daran, dass sie keine einheimischen Pflanzen sind. Sie wurden von den spanischen Eroberern hier eingeführt.

Aber der Farbstoff der Koschenilleläuse ist nicht ganz vom Markt verschwunden. Stellen Sie sich vor, Sie sitzen auf der Terrasse eines Ferienhauses auf La Palma, genießen den allabendlichen Sonnenuntergang. Vor Ihnen steht eine Flasche Vino Tinto, im roten Wein in Ihrem Glas bricht sich das Sonnenlicht. Auf einem Teller liegen frisches Brot und eine kräftige Salami. Vermutlich haben Sie, verzückt von der Idylle, nicht auf die Zutatenliste der Salami geschaut. Ich helfe Ihnen. Wenn die Wurst in einem schönen Rot schimmert, befindet sich auf der Liste mit Sicherheit der Zusatz E120, mit dem der Farbstoff der Laus ausgewiesen wird. Der Farbstoff E120 ist eine in der EU zugelassene Substanz, die Lebensmitteln und Kosmetika eine schöne rote Farbe verleiht. Vor einigen Jahren war Koschenille noch in vielen Nahrungsmitteln zu finden, heute wird es aber wegen der zahlreicher werdenden Vegetarierinnen und Veganer durch andere Stoffe ersetzt, zum Beispiel Rote Bete, meist aber durch E124, synthetisches Karmesin.

GRUNDSÄTZLICHES ZUM FÄRBEN MIT KOSCHENILLE

Leider muss ich auch hier wieder von der immensen Vielfalt an gänzlich unterschiedlichen Rezepten berichten, die ich in den vielen verschiedenen Färbebüchern gefunden und ausprobiert habe, leider auch von oft unbrauchbaren Ergebnissen. Eine Farbe zeigte sich zwar immer, aber es gab so viele Nachteile, dass ich nie zufrieden war. Einmal war es der Aufwand beim Ausspülen, das unendlich dauerte. Ein andermal die Kosten: 25 Prozent des Färbegutes an Koschenille geht richtig ins Geld. Es blieb mir nichts anderes übrig, als selbst auszuprobieren, immer wieder zu testen, Rückschläge wegzustecken auf der Suche nach dem für mich optimalen Rezept. Aber der Aufwand hat sich gelohnt, und ich habe es schließlich gefunden. Mit diesem einen Grundrezept bringen wir in unserer Färberei seitdem ein traumhaftes Rot auf Wolle. Ausspülen ist kaum mehr notwendig, richtig gefärbt ist das Farbbad am Ende fast klar, der Farbstoff sitzt auf der Faser. Ich kann Ihnen nur empfehlen, unser Rezept auszuprobieren, bevor Sie sich anderen zuwenden.

Ein erster wichtiger Punkt für ein gelungenes Rot mit Koschenille ist die Wasserqualität. Lange Zeit haben wir in unserer Färberei Koschenille mit Leitungswasser gefärbt, es hat auch immer funktioniert. Doch eines Morgens passierte es, dass sich beim Auskochen eine schmierige dunkellila Brühe im Kessel bildete. Eine nervenaufreibende Suche nach der Ursache begann; unsere Aufträge konnten wir erst einmal nicht mehr erledigen. Nach etlichen schlaflosen Nächten voller Überlegungen und Recherchen stellte sich heraus, dass die Stadtwerke die Zusammensetzung des Trinkwassers verändert hatten. Mehr eigenes Quellwasser aus dem Dorf wurde dem Bodenseewasser zugesetzt. Das Ergebnis war ein höherer Nitratgehalt, noch unterhalb der zulässigen Grenzwerte, aber genug, um mit dem Chitinpanzer der Koschenille zu reagieren. Mit diesem Phänomen waren wir in vielen Ländern konfrontiert. Die erste Voraussetzung für eine gelungene Koschenillefärbung ist deshalb Regenwasser. Falls Sie nicht selbst Regenwasser sammeln können, geht auch destilliertes Wasser.

Die zweite Voraussetzung für ein schönes Ergebnis mit Koschenille ist die richtige Beize. Wir beizen die Wolle mit 15 Prozent Alaun und 5 Prozent Weinsteinrahm, gemäß der Beschreibung im Kapitel über das Beizen. Diese Mengen verwenden wir immer gleich, keine Experimente mehr für Koschenille. Wichtig dabei ist der Weinsteinrahm, er ist der Garant für ein wunderschönes Rot, das nur ganz leicht ins Violett kippt.

Nun fehlt noch die Menge an Koschenille, die es für das Farbbad braucht. Dies hängt wie bei den Pflanzen sehr von der Qualität ab. Konnten Sie eine gute Qualität bekommen, sind 10 Prozent Koschenille ausreichend für ein schönes dunkles Rot. Weniger dunkle Töne erzielen Sie entweder im Nachzug oder mit einer geringeren prozentualen Menge. Bevor Sie sich aber einen Vorrat an Koschenille zulegen, ein kleiner Tipp: Bestellen Sie zuerst eine kleine Menge, und führen Sie eine Probefärbung durch, am besten mit 10 Prozent Koschenille nach unserem Rezept. Ist das Ergebnis am Ende ein leuchtendes Rot, dann ist die Qualität

Ein herrliches Rot beim Färbekurs von Francisco

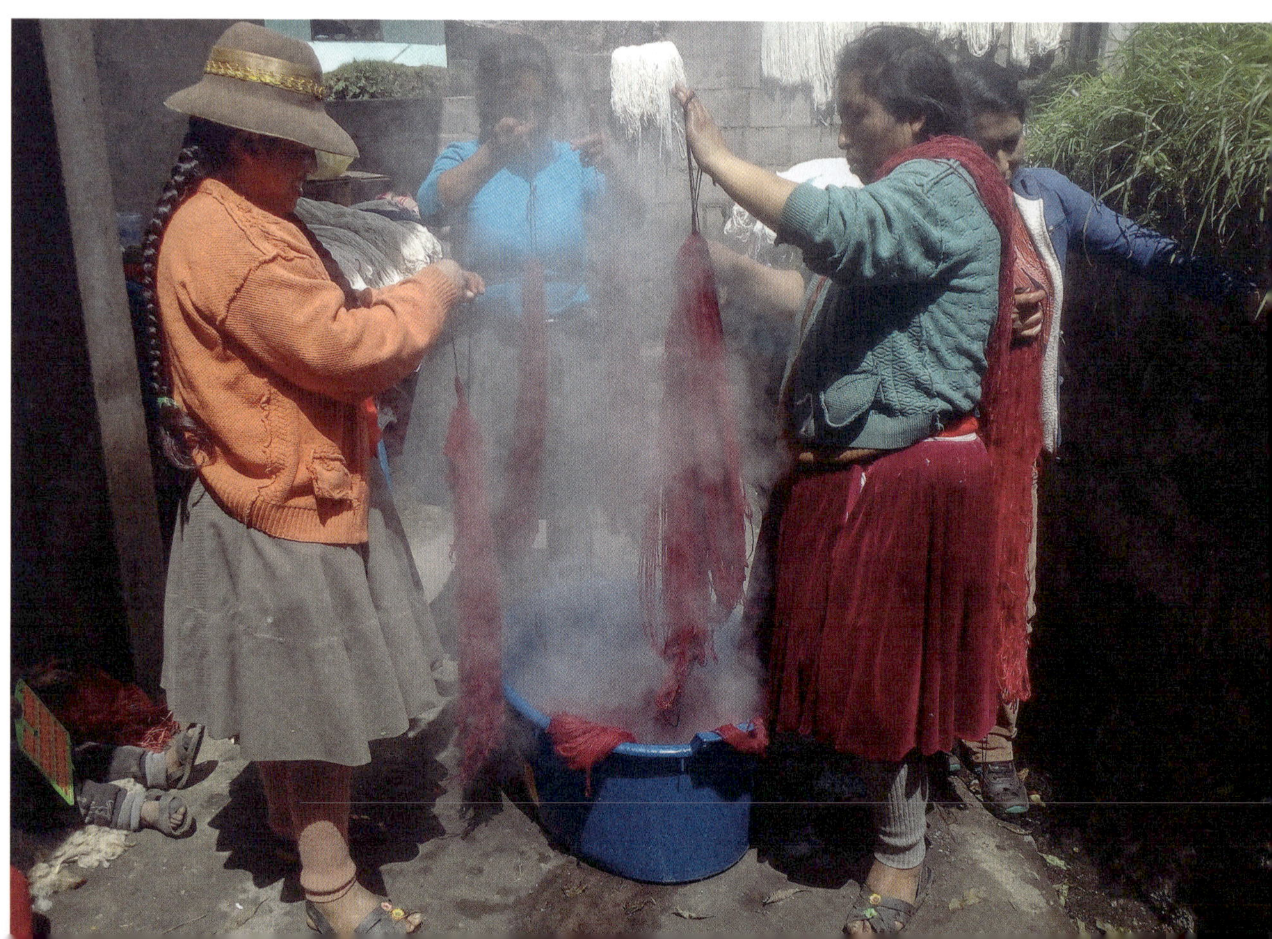

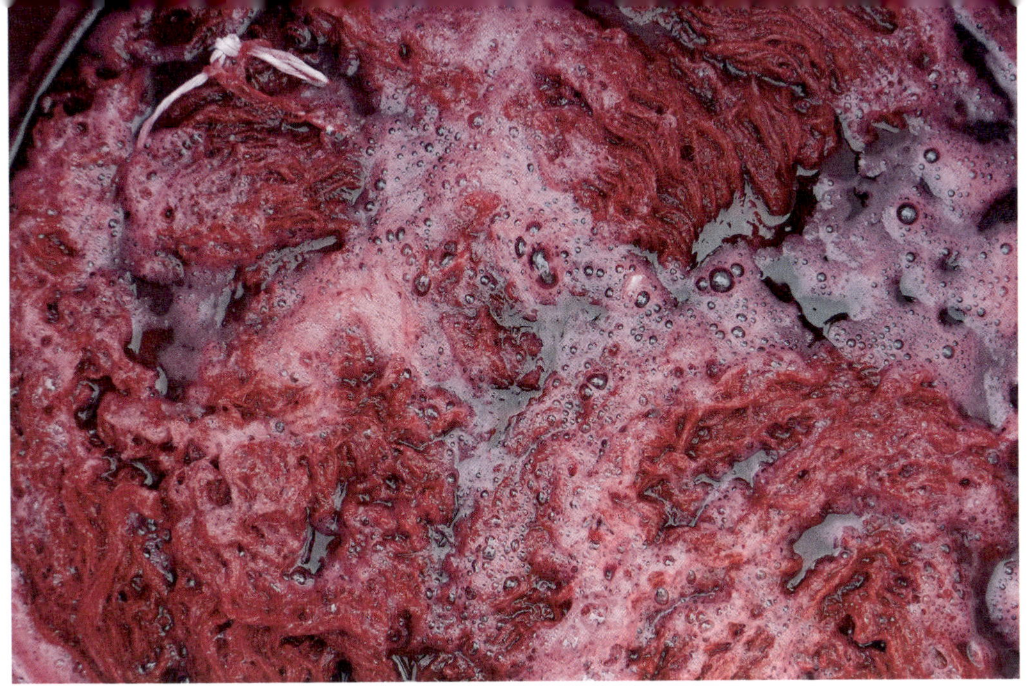

Die Strickwolle im roten Farbbad

sehr gut und Sie können eine größere Bestellung tätigen.

Nun kommen wir zur Vorbereitung der Koschenille. Kurz gesagt, braucht sie gar keine besondere Vorbereitung. Geben Sie einfach die für die Färbung erforderliche Menge an getrockneter Koschenille lose in einen Farbsack, und kochen Sie alles in Regenwasser aus. In vielen Rezepten ist zwar die Rede von »mahlen Sie die Koschenille in einer Mühle« und »weichen Sie die Koschenille lange genug ein«. Unsere Erfahrung ist: Es ist nicht notwendig. Im Gegenteil, der dann entstehende schwarze Schaum im Kessel und am Kesselrand ist nur mit viel Mühe zu entfernen, ein unnötiger Arbeitsgang. Und wenn Sie den Schaum nicht vollständig aus dem Kessel abgeschöpft haben, verursachen die Reste Flecken auf Woll- oder Seidenstoff. Wir verzichten seit gut zwanzig Jahren auf das Mahlen und Einweichen der Koschenille. Unsere Erfahrungen damit waren und sind durchweg positiv.

Die Auskochzeit setzen wir mit 30 Minuten an. Währenddessen wird der Farbsack immer wieder mit einem Holzstab auf den Kesselboden gedrückt und kurz dort gehalten. Dies gewährleistet eine höhere Ergiebigkeit, und der Farbstoff wird gleichmäßig ausgekocht. Nach Beendigung des Auskochens entnehmen Sie mit dicken Handschuhen den heißen Farbsack, drücken ihn vorsichtig aus und legen ihn in einen Eimer. Das Farbbad nun mit Regenwasser auffüllen und wie gewohnt die Wolle bei ca. 40 Grad in den Kessel einlassen. Wie üblich, am Anfang das Färbegut vorsichtig im Kessel bewegen.

Bei Reseda haben wir gelernt, dass die Farbe im Kessel aufziehen kann, ohne die Temperatur zu erhöhen. Das funktioniert bei Koschenille nicht. Wenn die Wolle im Farbbad untergetaucht ist, erhöhen Sie die Temperatur auf 80 bis 90 Grad. Zu Beginn dieses Färbevorgangs erscheint die Wolle selbst bei einer Färbung mit 10 Prozent Koschenille erst in einem zarten Rosa, auch das Farbbad lässt noch kein dunkles Rot erahnen. Aber haben Sie Geduld. Nähert sich die Temperatur 90 Grad, wird der Farbton tiefer. Ist die erforderliche Temperatur erreicht, erscheint ein wunderschönes kräftiges Rot im Kessel. Schalten Sie nun die Wärmequelle ab und lassen Sie die Wolle noch mindestens eine Stunde im Kessel

Farbmuster mit Koschenille

ziehen, Sie können die Wolle aber auch im Farbbad, über Nacht auskühlen lassen. Der Ton wird dann noch ein wenig kräftiger. Am Ende muss das Farbbad fast klar sein – keine dunkle Brühe, die nur mit viel Mühe auszuspülen ist. Ein Nachzug für ein zartes Rosa ist meist dennoch möglich.

Weitere Nachzüge, also Färbungen im gleichen Farbbad, sind problemlos möglich. Im Farbsud der ersten Auskochung wird der bereits einmal verwendete Farbsack noch einmal 30 Minuten ausgekocht, dann verfahren Sie wie oben beschrieben. Das Farbbad enthält wieder genügend Farbstoff für ein kräftiges Rosa bis Mittelrot. Dazu wird die gebeizte Wolle eingelassen, die Temperatur wieder erhöht, dann ziehen lassen.

Mit dieser im Grunde sehr einfachen Rezeptur gewinnen Sie Rottöne, die – wie ein schönes Gelb für Grün – wichtig sind für Überfärbungen mit Indigo zu herrlich leuchtenden Lilatönen. Ein schönes Rotviolett erreichen Sie aber auch ohne Indigo. Dazu behandeln Sie die gefärbte Wolle in einem Bad mit Eisensulfat. Auch die Behandlung mit Pottasche verändert die Farbe, sie ist nicht so gravierend wie bei anderen Färbungen. Einen Versuch ist es aber wert.

REZEPTE

Zur Erinnerung: Die Prozentangaben beziehen sich immer auf das Gewicht des Färbegutes.

1. Dunkles Rot
Vorbeize mit 15 % Alaun und
5 % Weinsteinrahm
10 % Koschenille
Temperatur erhöhen auf 90 Grad,
eine Stunde ziehen lassen

2. Rosa
Nachzug von Farbbad 1

3. Mittleres Rot
Vorbeize mit 15 % Alaun und
5 % Weinsteinrahm
6 % Koschenille
Temperatur erhöhen auf 90 Grad,
1 Stunde ziehen lassen

4. Rotviolett
Vorbeize mit 15 % Alaun und
5 % Weinsteinrahm
10 % Koschenille
Temperatur erhöhen auf 90 Grad,
1 Stunde ziehen lassen
Nachbehandlung mit 3 % Eisensulfat

5. Rosa
Vorbeize mit 15 % Alaun und
5 % Weinsteinrahm
2 % Koschenille
Temperatur erhöhen auf 90 Grad,
1 Stunde ziehen lassen

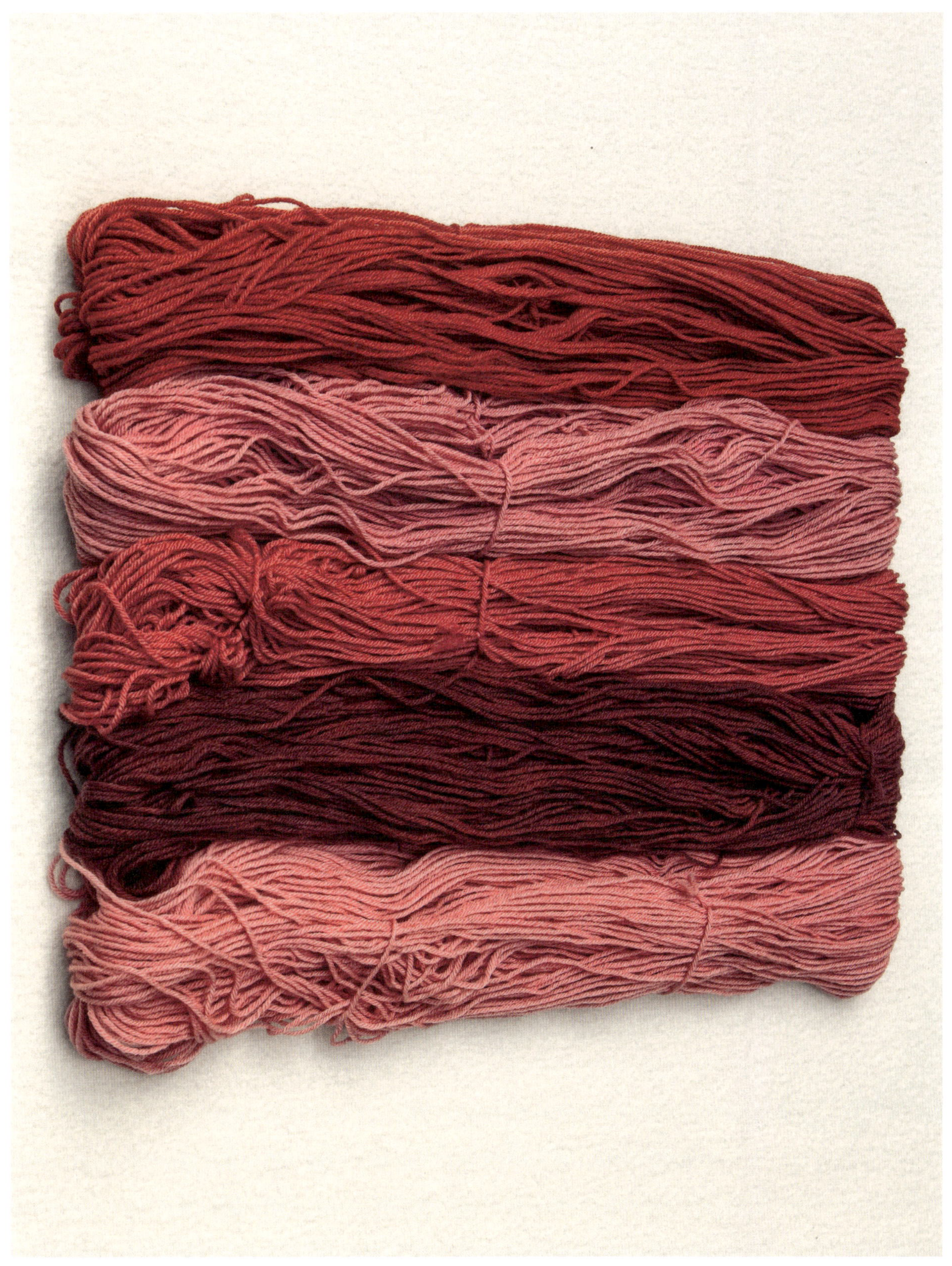

Usbekistan und die Krappwurzel

WO ZUM TEUFEL LIEGT USBEKISTAN?

Wir sitzen in unserem Büro am Schreibtisch, vor uns liegt eine neue Anfrage des SES in Bonn für die Unterstützung in der Pflanzenfärberei, dieses Mal aus Usbekistan. Trotz unserer Allgemeinbildung stellen wir beide uns die Frage: Wo zum Teufel liegt Usbekistan? Nicht umsonst hängt bei uns eine große Weltkarte an der Wand, sie hilft uns weiter: ehemalige sowjetische Teilrepublik in Zentralasien, ein Nachbarland ist Afghanistan. Uns wird etwas mulmig. Wie sicher ist der Einsatz in einer Region mit solch einer Nachbarschaft?

Jetzt beginnt der immer gleiche Prozess nach einer Anfrage aus einem uns noch unbekannten Land. Informationen aus dem Internet werden eingeholt, Reisebücher gelesen, die politische Lage sondiert. Wieder entstehen Bedenken. Auf dem weltweiten Diktatorenranking befindet sich Usbekistan unter den Top 5, gleich hinter Nordkorea. Und in solch einem Land sollen wir arbeiten? Aber nach etlichen Rückfragen bei verschiedenen dort tätigen Organisationen über die Bedingungen im Land sind wir uns einig, wir nehmen den Auftrag an. Ein Ziel der Arbeit ist es, den Menschen ihr vergessenes Wissen wieder zu vermitteln. Nicht alle Einwohner in einem autoritären Staat sind per se glühende Anhänger der vorherrschenden Staatsform. Deshalb ist es auf jeden Fall einen Versuch wert, sich vor Ort zu begeben, die Lage zu sondieren, die Bevölkerung kennenzulernen. Denn letztendlich unterrichten wir Menschen, die an unserem Wissen interessiert sind, und nicht ein politisches System oder eine zweifelhafte Organisation. Die Arbeiter werden von unserer Anwesenheit profitieren.

Uns lockt aber auch der Mythos der legendären Seidenstraße, die sich durch Usbekistan zieht wie ein magisches Band. Die über 2000 Jahre alten Städte wie Samarkand oder Buchara vermitteln dem Besucher einen Hauch von Tausendundeiner Nacht. Handgewebte Woll- und Seidenteppiche, über Tausende von Jahren nach überlieferten Rezepten mit Pflanzen eingefärbt, wurden über die Seidenstraße in die Welt verschickt. Das heutige Usbekistan war früher ein Mekka für die Herstellung von erlesenen Teppichen. Heute befinden sich antike und wertvolle Stücke aus der vergangenen Zeit in berühmten Museen.

In Usbekistan ereilte die Färberei das gleiche Schicksal wie in allen Ländern dieser Welt. Die Entdeckung der Anilinfarben beendete eine jahrtausendealte Tradition. Das Wissen um die Naturfarben geriet mehr und mehr in Vergessenheit. Die neuen chemischen Farbstoffe erleichterten die Arbeit des Färbens ungemein, man gab nur noch Pulver in den Kessel und konnte färben. Es ist verständlich, dass Menschen nach Arbeitserleichterung streben und sich nicht gegen neue Erfindungen stellen, vor allem, wenn sie den Profit erhöhen. Aber wie wir heute wissen, hat der Fortschritt seinen Preis. Die chemischen Farbstoffe

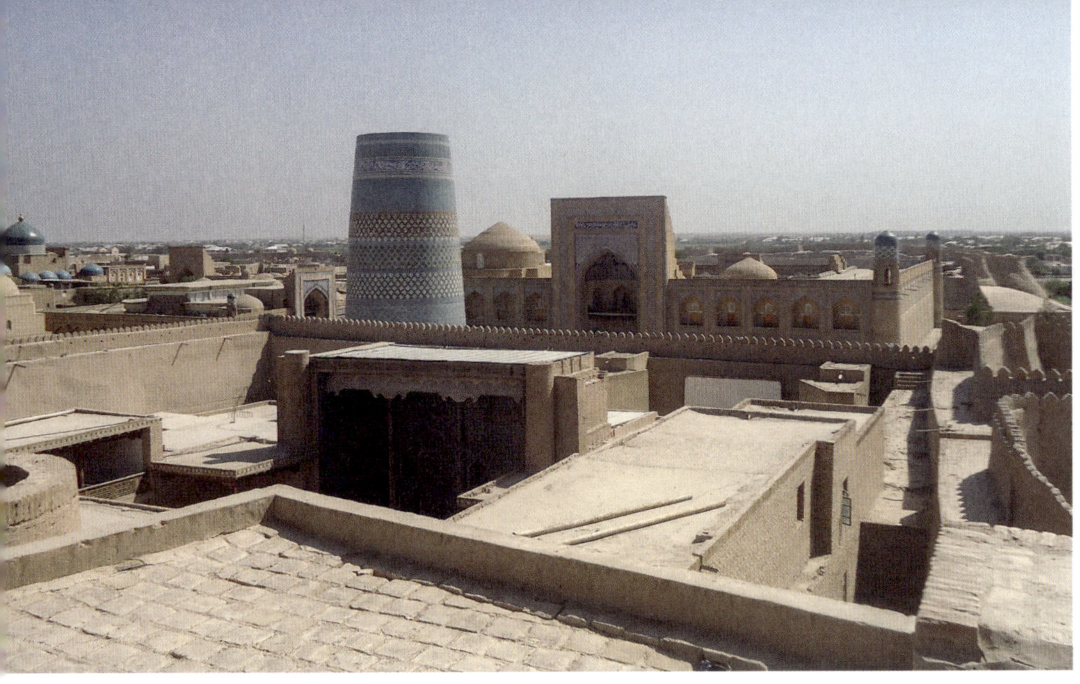

Blick über die Altstadt von Chiwa, UNESCO-Weltkulturerbe

stellen ein schwere Umweltbelastung dar, zumal es in vielen Teilen der Welt keine Kläranlagen gibt, oft ist nicht einmal das Wort bekannt. Es ist gut, wenn sich dann jemand an die alten Handwerke erinnert und diese wiederbeleben möchte. Für uns ist klar: Wir werden die Menschen in dieser Arbeit unterstützen, auch in Usbekistan. Die Reise beginnt.

DIE FÄRBEREI VON XALIM

Von der Hauptstadt Taschkent aus starten wir zu einer sieben Stunden dauernden Fahrt in das Fergana-Tal. Das Ziel ist die Seiden- und Teppichmanufaktur Yodgorlik in Margilan. Die Stadt mit ihren 130 000 Einwohnern hat keine so berühmten Sehenswürdigkeiten wie Samarkand oder Buchara, demzufolge liegt sie abseits der bevorzugten Touristenrouten durch Usbekistan. Und trotzdem finden erstaunlich viele Touristen den Weg hierher, denn ein Highlight gibt es hier doch. In Margilan, auch bekannt als die Stadt der Seide, befindet sich die Seidenmanufaktur von Yodgorlik. Auf einer Führung durch die Fabrik kann der Besucher den gesamten Prozess der Seidenherstellung kennenlernen. Hier beherrschen die Färber auch noch die aufwendige Herstellung der bunten Atlasseide in Ikat-Technik. Und genau hier beginnt auch unsere Arbeit: in der Färberei von Färbermeister Xalim.

Das Internet schrumpft die Welt auf die Größe eines Bildschirms. Durch die große Internetpräsenz von Yodgorlik hatte ich mir im Vorfeld ein ungefähres Bild der Färberei gemacht. Doch die Fotos ersetzen nicht einen realen Rundgang durch die Werkstatt. Ich fand vor Ort keine blanken Edelstahlkessel für den Färbeprozess vor, sondern Wannen aus Aluminium, die in ein erhöhtes Podest eingelassen waren. Darunter befanden sich die notwendigen Feuerstellen zum Erhitzen der Farbbäder, beheizt mit Gas. Dies ist nicht verwunderlich, ist doch Usbekistan reich an Erdgas. Auch die Ausspülwannen waren tief im Boden versenkt, den Rücken bei der Arbeit zu schonen, war hier nicht möglich. Die gesamte Arbeit des Färbens musste immer in tief gebückter Haltung erfolgen. Überhaupt war der erste Rundgang in dieser archaisch

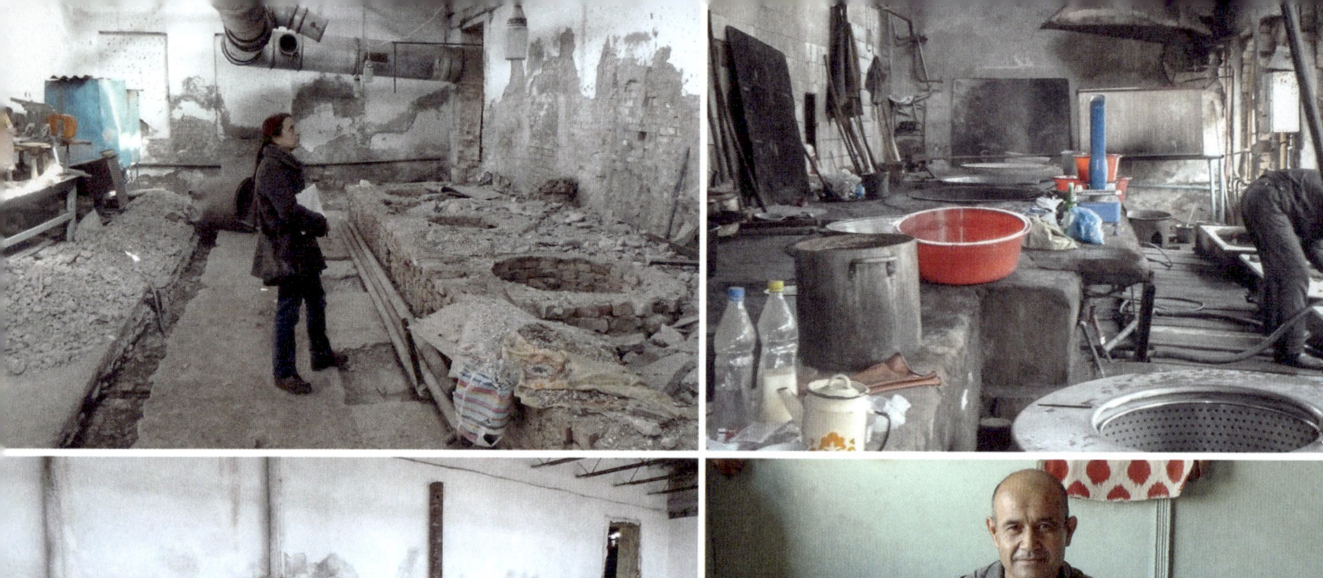
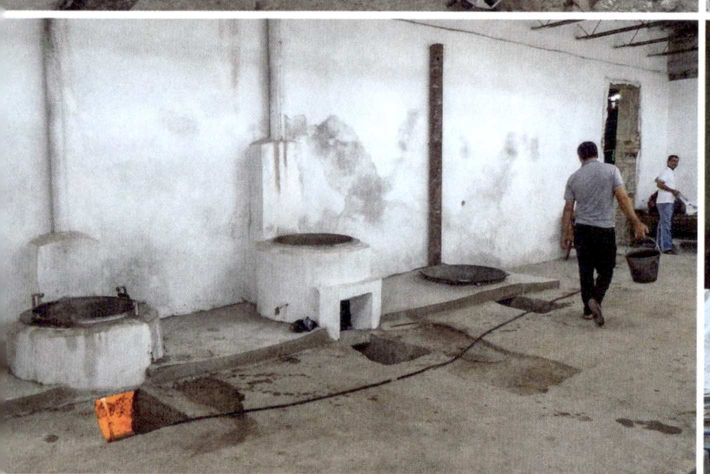
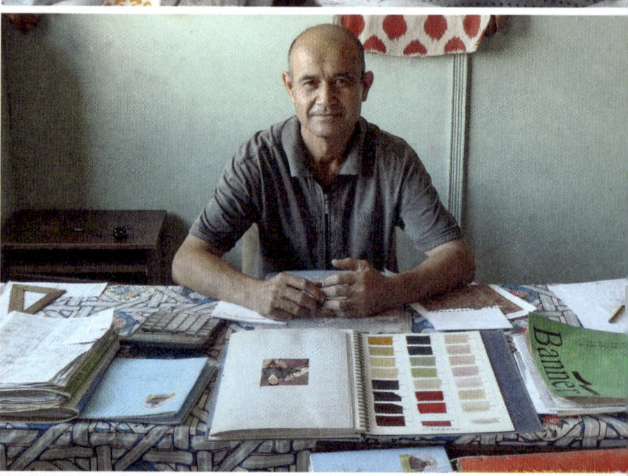

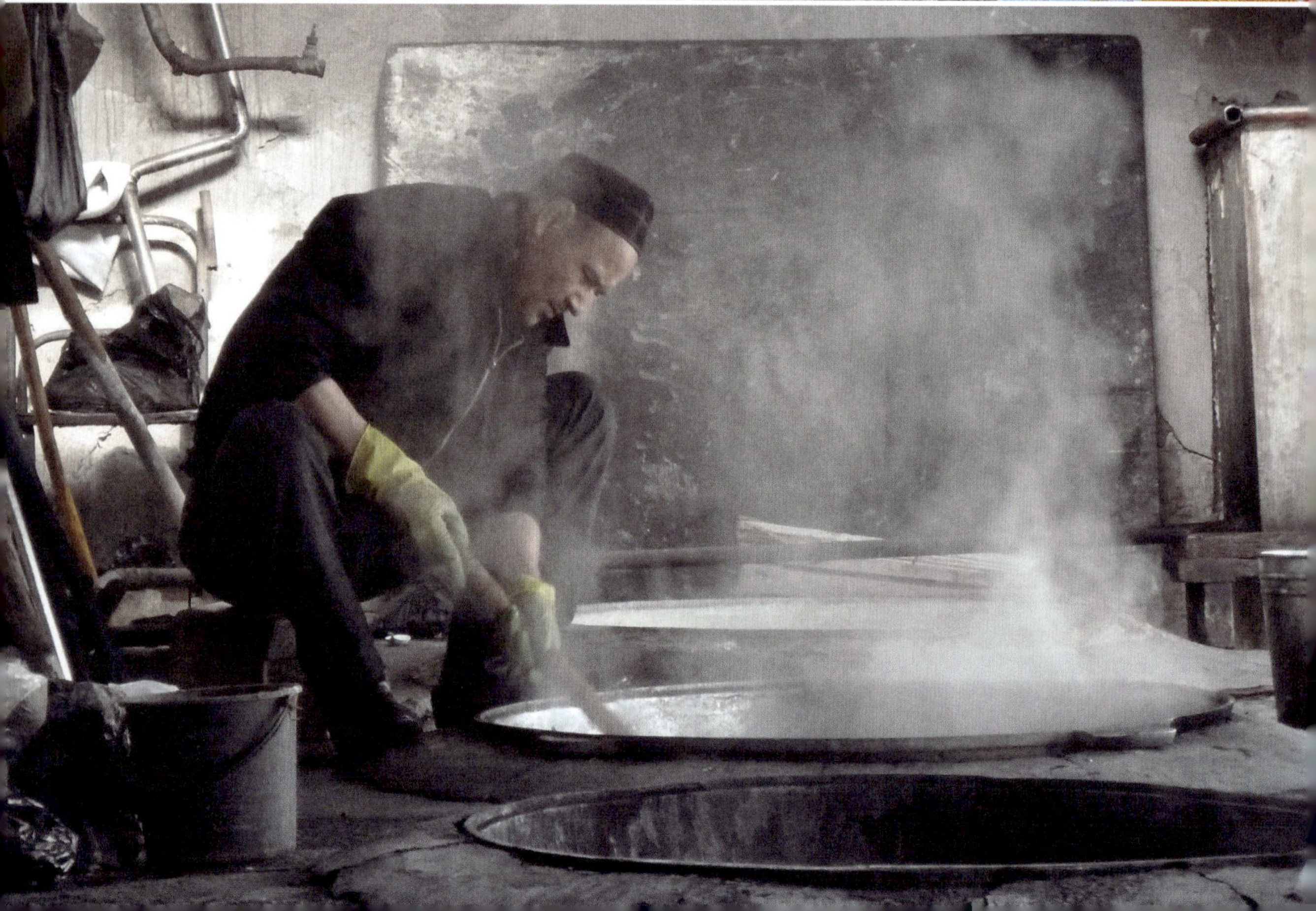

anmutenden Färberei sehr beeindruckend, und ich habe schnell begriffen, dass der Färbemeister Xalim und seine Kollegen die Färberei mit den chemischen Farben perfekt beherrschten. Nur das Wissen für attraktive und haltbare Naturfarben auf Wolle und Seide war nicht vorhanden. Entsprechende Literatur gab es nicht, die Kunst der Pflanzenfärberei war schon zu lange durch die chemischen Farben verdrängt. Eine erste gemeinsam durchgeführte Färbung mit Krappwurzel war nicht intensiv genug, die Aluminiumkessel hellen die Farben zu sehr auf, auch die Krappwurzel war von schlechter Qualität. Dafür war die erste Färbung mit Indigo sehr erfolgreich. Die grünlich schimmernde Indigoküpe lieferte herrlich blaue Töne auf der Wolle. Xalim kannte diese Art der Färbung nicht, er konnte bisher nur ein Hellblau herstellen, und dies auch nur mit heftigem Abrieb. Umso größer war das Erstaunen, dass man mit dieser Art der Färbung auch wunderschönes Lila und Grün erzeugen kann, je nach vorgrundiertem Farbton.

Hinter der Färbewerkstatt befand sich ein großer Raum, eher schon eine kleine Fabrikhalle. Das gemauerte Podest mit seinen eingelassenen Vertiefungen erinnerte an die Zeit, als auch hier gefärbt wurde. Es war eine aufgegebene Färbewerkstatt, die nach dem gleichen Prinzip arbeitete. Hier wollte der Chef von Yodgorlik, Assamhon, eine neue Färberei für Xalim einrichten, aber nur für Pflanzenfarben mit Edelstahlkesseln und einer zeitgemäßen Einrichtung. Chrisse und ich erstellten die Pläne für die neue Werkstatt, auf einem nahegelegenen gigantischen Schrottplatz suchten wir bei eiskaltem Wind und Schneeschauern nach passenden Kesseln. Wir waren skeptisch. Ob es wohl gelingen wird, diese verfallene Werkstatt in eine neue Färberei zu verwandeln? Immer wieder platzten wichtige Vorhaben wie Seifenblasen. War das Projekt zu ambitioniert?

Sechs Monate später saß Chef Assamhon mit weiteren Fabrikbesitzern und Mitarbeitern der GIZ an unserem Esstisch in Kleiningersheim. Die Funktionsweise unserer Färberei wurde ausführlich demonstriert, besprochen und dokumentiert. Assamhon war begeistert, er wollte das Knowhow sofort nach Usbekistan transferieren und in seiner neuen Werkstatt einsetzen. Assamhon ist ein freundlicher und offenherziger Mensch, offensichtlich auch ein Mann der Tat.

Denn er beließ es nicht bei Worten. Ein Jahr später fuhr ich wieder nach Margilan, meine Einsätze für die GIZ in Usbekistan begannen. Die alte verfallene Färberei war nicht wiederzuerkennen: Die Halle war gestrichen, der Boden betoniert, die auf dem Schrottplatz gefundenen Edelstahlkessel waren in Grundöfen gemauert, wahlweise beheizbar mit Gas oder Holzfeuerung. Ein kleines Büro für Xalim war in einer Ecke der Halle eingerichtet, Ablaufrinnen für das Wasser waren im Boden versenkt. Ich stand tatsächlich in einer neuen Werkstatt für die Pflanzenfärberei. Und Färbermeister Xalim strahlte vor Glück. Wir begannen mit der gemeinsamen Arbeit, Wolle mit überlieferten und überarbeiteten Rezepten mit Krappwurzel, Granatapfelschalen und weiteren Pflanzen für wertvolle handgeknüpfte Teppiche zu färben.

Xalim spricht kein Englisch, meine Sprachkenntnisse in Usbekisch sind sehr bescheiden. Und trotzdem verstanden wir uns von Beginn an ohne viele Worte. Die Begegnung auf Augenhöhe und die gemeinsame Lust auf Pflanzenfarben ließen uns mit viel Herz und Verstand kommunizieren. Ob beim Färben oder den nach Feierabend

Links oben: Chrisse bei der Planung der neuen Färberei
Links Mitte: Die neue Färberei nach dem Umbau
Rechts oben: Xalim in seiner Färberei
Rechts Mitte: Der begnadete Färbermeister Xalim
Unten: Xalim beim Färben

unvergesslichen Würfelspielen mit Kollegen, die Harmonie und Freundlichkeit war zutiefst beeindruckend. Und nachhaltig auf allen Ebenen.

Links oben: Gebeizte Wolle verschwindet gleich im Koschenillebad
Links unten: Ausspülen von herrlichem Rot mit Koschenille
Rechts oben: Mehrtägiges Färbeseminar bei Yodgorlik, das Beizbad wird vorbereitet
Rechts unten: Das Überfärben mit Indigo wird praktiziert

FÄRBESEMINAR BEI YODGORLIK

Das erste Färbeseminar im Auftrag der GIZ fand in der neuen Färberei von Assamhon statt. Fünfzehn Menschen aus unterschiedlichen Textilbranchen wollten das Färben erlernen, Anfänger wie bereits erfahrene Färberinnen aus verschiedenen Teppichmanufakturen waren dabei. Die Motivation war sehr hoch, die Erwartungen ebenfalls. Vor allem die bereits erfahrenen Färberinnen kamen mit der Hoffnung, ihre bisher angewandten Rezepte zu verbessern und Neues zu lernen. So war auch der Druck auf mich sehr groß, hier erfolgreich so viel Wissen wie möglich zu vermitteln. Dies konnte nur gelingen, wenn die Zusammenarbeit perfekt harmoniert, beide Seiten sich auf einer Ebene begegnen und gegenseitiger Respekt herrscht. Glücklicherweise trafen alle diese Punkte bei diesem mehrtägigen Seminar zu. Für die einen war es ein Einstieg in eine unbekannte Materie und machte neugierig und Lust auf mehr. Gleichzeitig erweiterte sich das Wissen der lokalen Färber um bisher nicht gekannte Arbeitsweisen und Rezepte. Am Ende des Kurses sprachen die Farben auf der Wolle eine deutliche Sprache. Die bisher erzeugte Farbpalette war um

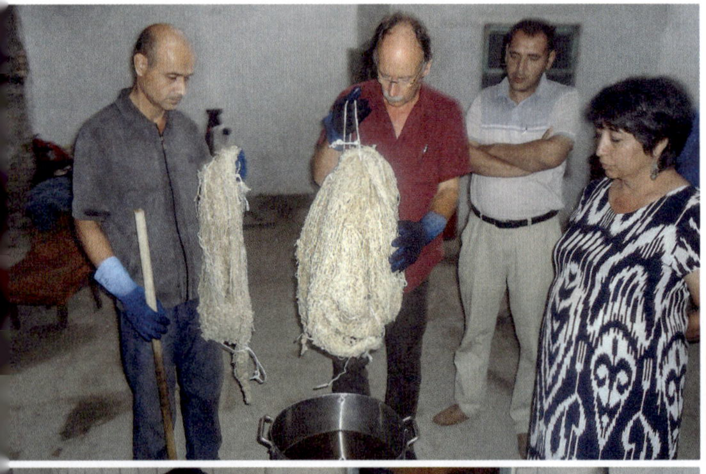

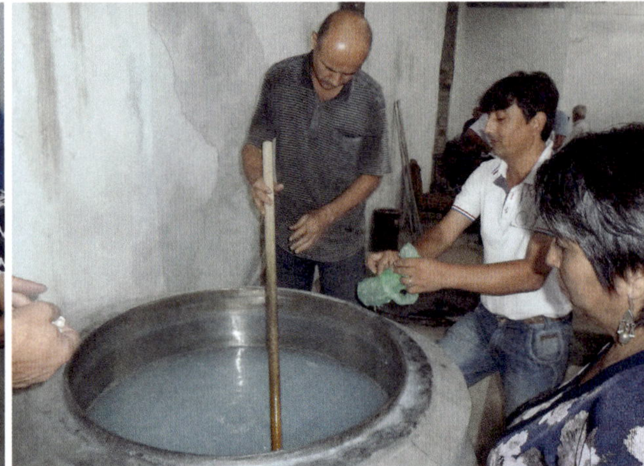

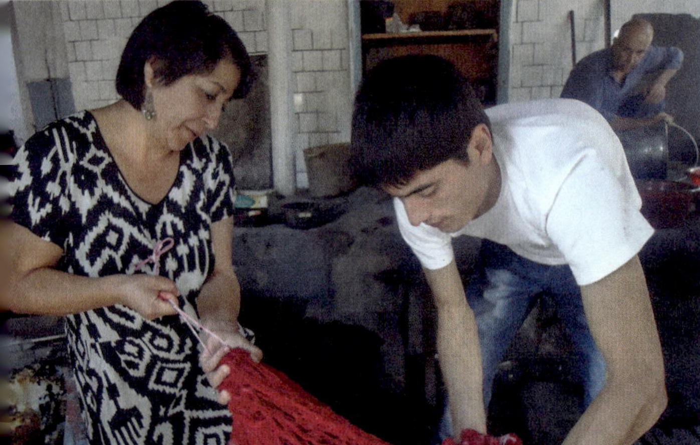

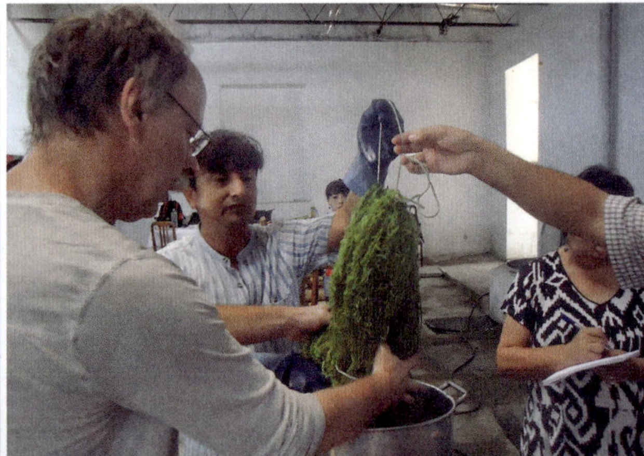

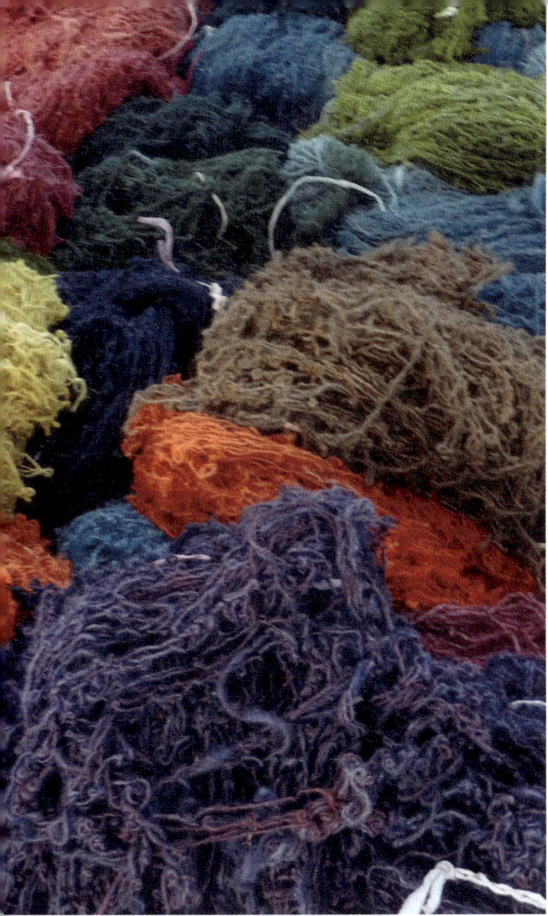

Traumhafte Farben nach einer Woche Unterricht

viele Farbtöne bereichert, die Teilnehmer waren mehr als zufrieden und überglücklich. Und natürlich war auch Xalim mit dabei, in seiner neuen hellen und großen Färbewerkstatt, die nach dem unglaublichen Umbau optimal geeignet war für den Unterricht.

Die norwegische Autorin und Journalistin Erika Fatland hat 2017 ein sehr bemerkenswertes und lesenswertes Buch veröffentlicht: »Sowjetistan«, eine Reise durch die ehemaligen Sowjetrepubliken. Im Kapitel über Usbekistan finden sich folgende Sätze: »Die Werkstatt der Färber war märchenhaft. Die Fabrik benutzte ausschließlich natürliche Farben für die Produktion, und mitten im Raum lagen stattliche Haufen Zwiebelschalen, zerstoßene Walnüsse, getrocknete Granatäpfel, Gewürze und Kräuter. Diese natürlichen Farbsubstanzen gaben der Seide klare, helle Erdtöne.« Diese »märchenhafte Werkstatt« war der von Chrisse und mir geplante Umbau in Assamhons Seidenfabrik Yodgorlik in Margilan. Mehr Nachhaltigkeit ist kaum möglich.

MADRIM UND DIE KRAPPWURZEL

Ortswechsel in Usbekistan. Mit einem Inlandsflug geht es von der Hauptstadt Taschkent in die tausend Kilometer entfernte Wüstenstadt Chiwa. Der gesamte Altstadtkomplex mit seinen massiven Festungsmauern ist ein UNESCO-Weltkulturerbe. Unzählige mit Mosaik reich verzierte Paläste, Moscheen, Türme und Medresen prägen das Bild dieser jahrhundertealten Stadt. Die restaurierte Altstadt erinnert an ein übergroßes Freilichtmuseum, lässt die Besucher aber doch den Hauch von Tausendundeiner Nacht spüren. Mitten in dieser einzigartigen Umgebung befindet sich, in einer alten umgebauten Medrese, die Werkstatt von Madrim Matkarimow. Hier präsentiert er den Besuchern seine handgeknüpften Teppiche und andere Seidenarbeiten. Wir kennen uns bereits, auch Madrim war mit der usbekischen Delegation bei uns in Kleiningersheim. Beim Färbeseminar in Margilan war er ebenfalls dabei. Die Freude ist groß, uns hier in Chiwa wiederzutreffen.

Die Färberei ist aus baulichen Gründen nicht in der Medrese untergebracht. Sie liegt außerhalb der Altstadt in einem Randbezirk. Wir fuhren gemeinsam dorthin, ich war natürlich schon sehr gespannt. Dort angekommen, fielen mir sofort zwei junge Männer auf. Sie saßen im Schatten, vor ihnen eine Plastikwanne, gefüllt mit Wolle in einem backsteinroten Farbton. Offenbar wurde sie mit Krappwurzel gefärbt, denn sie nahmen jeden einzelnen Wollstrang in die Hand und suchten ihn nach den unzäh-

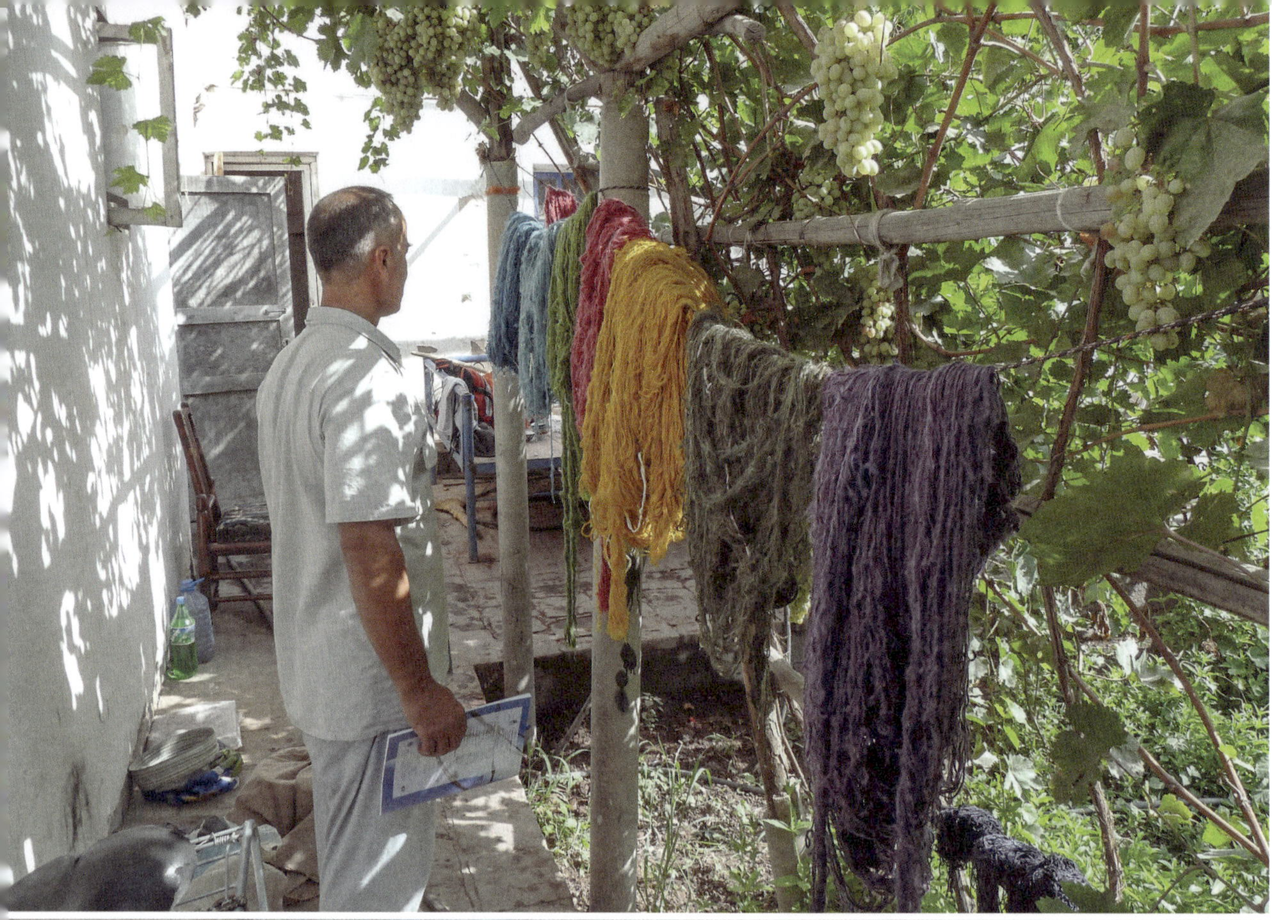

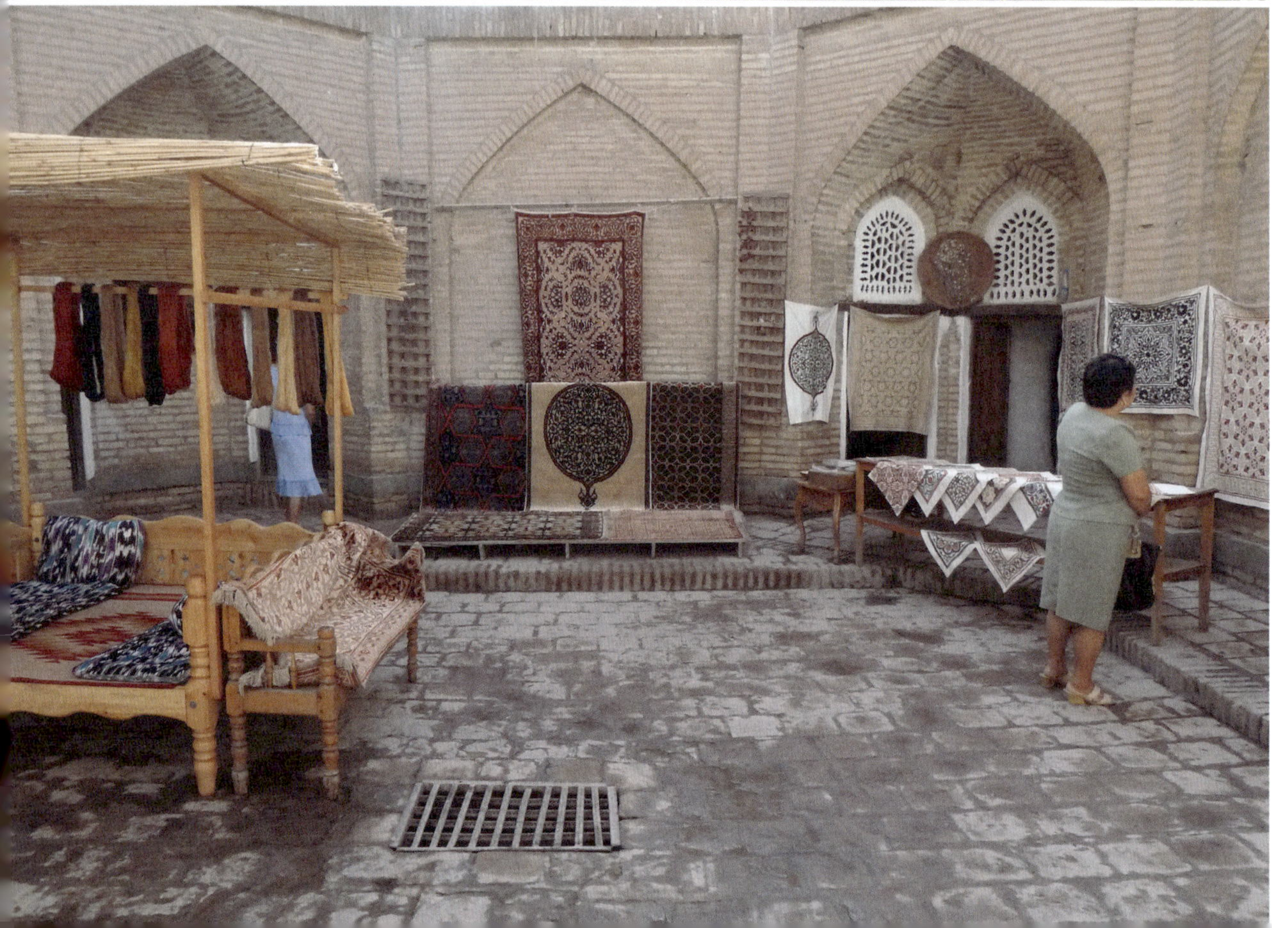

ligen kleinen Wurzelstückchen ab, die in allen Größen in der Wolle festhingen. Mithilfe von Schütteln und Klopfen entfernten sie sie aus den Strängen, tauchten sie wieder ins Wasserbad und rüttelten sie hin und her. Schon viele Male habe ich dies erlebt. Es ist das Ergebnis einer Kontaktfärbung mit Krappwurzel. Dabei werden die in kleine Stücke geschnittenen Wurzeln zusammen mit der Wolle in einen Kessel geschichtet, wie eine Lasagne. Bei dem stundenlangen Kochvorgang verbindet sich der austretende rote Farbstoff mit der Wolle. Der Farbton ist so zwar etwas tiefer und die Farbausbeute größer als bei unserer Färbung, aber der Farbabrieb ist wesentlich höher. Und um die kleinen Wurzelstückchen wieder aus der Wolle zu entfernen, bedarf es eines immensen Aufwands, viele Mitarbeiter sitzen stundenlang daran. Ökonomisch rechnet sich das nicht. Madrim arbeitete schon lange mit dieser Methode, war aber, wie man sich denken kann, nicht glücklich damit.

Ein weiterer heikler Punkt war die Qualität des Krapps. In Usbekistan wird Krapp nicht angebaut, zumindest nicht in nennenswerten Mengen. Das bedeutete für Madrim, dass er die Krappwurzel im Ausland kaufen musste. Krapp ist zudem ein Naturprodukt, seine Farbeigenschaften lassen sich nicht standardisieren. Immer wieder hatte er Probleme mit der schwankenden Qualität. Es war für ihn auch kaum möglich, die Qualität des Krapps mithilfe von Probefärbungen oder Labortests zu untersuchen. Was Madrim brauchte, war ein zuverlässiger Händler. Aber selbst das garantiert keinen gleichbleibenden Farbton. Die Natur lässt sich nun einmal nicht in eine DIN-Norm pressen.

Madrim hatte die Krappfärberei bereits in Margilan kennengelernt, jetzt sollen wir sein Wissen vervollständigen. Die eingeweichte Krappwurzel wird dieses Mal nicht lose mit der Wolle in den Kessel geschichtet, sondern die Wurzelstücke werden in einen Sack gebunden und darin ausgekocht. Nachdem der Farbsack entfernt ist, wird die Wolle in den Sud gegeben, der nun ganz rein und ohne kleine Krappstückchen ist. Nach Beendigung des Färbevorgangs ist nur ein Auswaschen nötig, die Zeit und Nerven raubende Klauberei entfällt. Und für einen tieferen Ton stellt man einfach das Rezept um, ein wenig mehr Krapp oder eine längere Koch- und Färbezeit sind schon ausreichend. Madrim ist glücklich über die neue Erfahrung. Überhaupt ist er nach dem mehrtägigen Kurs mit vielen Teilnehmern in seiner Färberei stolz und überaus zufrieden mit der erreichten Farbpalette.

Zum Schluss möchte ich Ihnen noch kurz die klimatischen und arbeitstechnischen Bedingungen bei diesem Arbeitseinsatz in Chiwa schildern. Die Färbetöpfe standen in einem kleinen Garten, kein Dach schützte vor Regen, aber auch nicht vor der erbarmungslosen Wüstensonne im August. 44 Grad im Schatten, die Arbeit an den mit Holz befeuerten Kesseln und der ständige Umgang mit der heißen Farbbrühe ließen den gesamten Körper schrumpfen. Wasser tranken wir in Mengen, Appetit auf die so schmackhafte usbekische Küche verdampfte geradezu in der Hitze. Nach den drei Wochen fehlten mir fünf Kilo.

Oben: Madrim betrachtet stolz das Ergebnis des Färbeseminars in Chiwa
Unten: Der Showroom von Madrim in einer alten Medrese in Chiwa

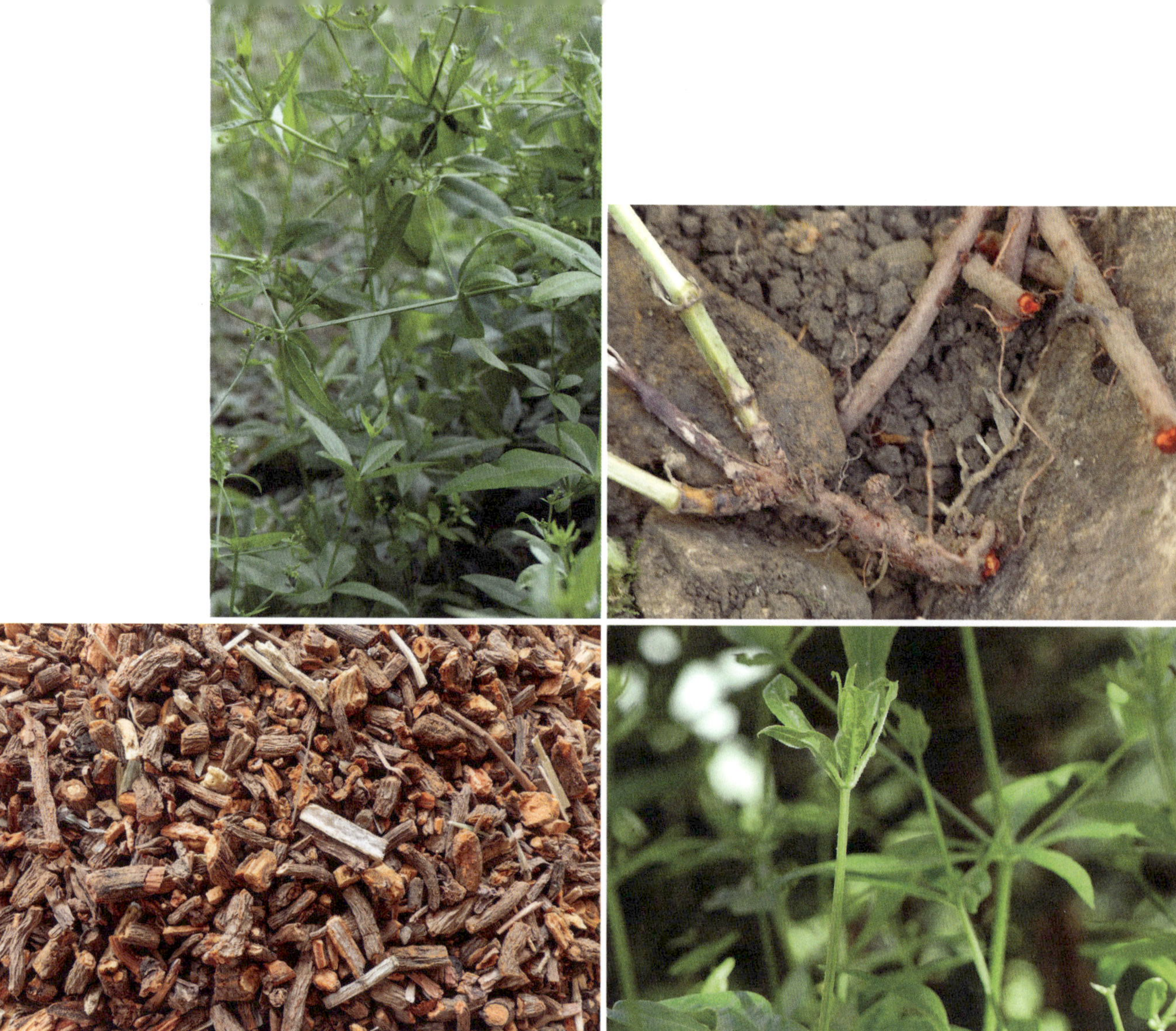

Links oben: Der Krapp im Garten
Links unten: Die getrocknete Krappwurzel
Rechts oben: Frisch ausgegrabene Krappwurzel
Rechts unten: Zart blühender Krapp

DIE KRAPPWURZEL

Der lateinische Name des Krapps lautet *Rubia tinctorum*, die Bezeichnung verdeutlicht schon die hauptsächliche Verwendung als Färbepflanze. Bei der Reseda haben wir gelernt, dass nur die oberen Pflanzenteile den wertvollen Farbstoff enthalten. Beim Krapp ist es genau umgekehrt, nur die Wurzeln sind zum Färben geeignet. Im Aussehen kann Krapp auch nicht mit der schön blühenden Reseda konkurrieren. Die kleinen gelben Blüten der ca. 50 bis 80 Zentimeter hoch wachsenden Pflanze sind eher unscheinbar, sie erscheinen im Sommer in lockeren Dolden. Aber der Krapp ist mehrjährig, im Winter frieren die überirdischen Teile ab, aus der Wurzel treibt im Frühjahr wieder neues Leben. Die ganze Kraft der Farbe steckt in den Wurzeln, wie bei allen Färbepflanzen ist es aber nicht nur ein Farbstoff. Hauptsächlich enthält die Wurzel Alizarin, dazu gesellen sich Pseudopurpurin, Rubiadin und viele mehr. Die Wurzeln werden ausgegraben, wenn die Pflanze drei Jahre alt ist, getrocknet und dann nochmals ein Jahr gelagert. Dann ist die Farbkraft am höchsten.

Außer unserem einheimischen gibt es noch den indischen Krapp, der lateinische Name lautet *Rubia cordifolia*. Obwohl er ähnliche Inhaltsstoffe aufweist, färbt er nicht so intensiv, und der Farbton gleitet eher ins Orange ab. Der Krapp gehört wie die Reseda zu den Klassikern unter den Färbepflanzen, bereits vor tausenden Jahren wurde die Farbkraft in seinen Wurzeln erkannt und damit Stoffe gefärbt. Schon die alten Ägypter nutzen die Wurzel, auch bei den Römern war, wie Plinius der Ältere empfiehlt, Krapp die günstigere Alternative zum unendlich wertvollen Purpur, das dem Färben der roten Bordüren auf der Toga der römischen Senatoren und Kaiser vorbehalten war. Im Mittelalter war der Anbau von Färbepflanzen ein wichtiger Sektor in der Landwirtschaft. Viele Landstriche von Europa bis in den Orient waren geprägt vom Krapp; eine sehr gute Qualität war damals ein Exportschlager und bescherte manch einem enormen Reichtum. Ein Beispiel für die Wichtigkeit des Krapps aus der Neuzeit ist das leuchtende Rot der Hosen für die Armee Napoleons. Sie wurden ausschließlich mit Krappwurzel gefärbt, ebenso die Jacken der britischen Armee. Der Krappanbau war ein blühender und erfolgreicher Wirtschaftszeig, zumindest bis zum Jahr 1868. Die synthetische Herstellung des Farbstoffes Alizarin, der in der Krappwurzel enthalten ist, beendete langsam, aber unaufhaltsam den Krappanbau. Fortschritt bedeutet immer wieder die Abkehr von alten Traditionen und deren Untergang.

DER KRAPP IM GARTEN

Für den Fall, dass in Ihrem Garten noch ein kleines sonniges Plätzchen frei ist, versuchen Sie es doch mit dem Krappanbau. Es muss nicht professionell geschehen, deshalb ist die Bodenbeschaffenheit zweitrangig. Am besten besorgen Sie sich Jungpflanzen, diese sind bei verschiedenen Gärtnereien im Internet erhältlich (siehe Bezugsquellen). Zwei bis drei Exemplare sind für den Anfang voll ausreichend. Die Pflanzlöcher werden ausgehoben, die Wurzelballen gut gewässert und dann eingepflanzt. Eine aufwendige Pflege ist bei Krapp nicht nötig. Wenn es am Anfang zu trocken ist, einfach gut gießen. Wichtig ist, wie bei der Reseda, im ersten Jahr Beikräuter zu entfernen. Ab einer bestimmten Größe unterdrückt der Krapp die konkurrierenden Nachbarn und breitet sich aus. Schädlinge machen einen großen Bogen um die Pflanze, Krankheiten kennt der Krapp auch nicht. Er ist winterhart, und falls er nach einem strengen Winter nicht gleich wieder ausschlägt, machen Sie sich keine Sorgen. Im Frühjahr erwacht er spätestens wieder zum Leben.

So unscheinbar die Pflanze oberirdisch aussieht, unter der Erde ist dies anders. Die Wurzeln wachsen im Erdreich in alle Richtungen, je nach Boden können sie sich bis zu einen Meter tief nach unten verzweigen. Bis Sie die Wurzeln ernten können, braucht es etwas Geduld. Sie müssen etwa zwei bis drei Jahre warten. Dann graben Sie die Wurzeln so tief wie möglich aus – aber lassen Sie auf jeden Fall noch einen Teil im Boden. Der Rest wird sich wieder erholen und ausbreiten. Für eine regelmäßige jährliche Ernte sollten Sie drei Jahre lang Pflanzen setzen, so sind im Herbst immer genügend Pflanzen reif zur Ernte.

Nach dem Ausgraben werden die Wurzeln von der Erde befreit und dann schnell getrocknet. Lassen Sie die Wurzeln nicht zu lange im Feuchten liegen, sonst fangen sie an zu schimmeln, und dabei geht viel an Färbekraft verloren. Mit dem Färben müssen Sie aber noch ein weiteres Jahr warten. So lange müssen die Wurzeln nun trocken lagern, denn erst in dieser Zeit entwickelt sich das Alizarin. Bei der Ernte sind die Wurzeln innen noch gelblich, nach einem Jahr erscheint das typische Rot der Krappwurzel. Nun können Sie endlich Ihr erstes Rot mit eigenem Krapp färben.

GRUNDSÄTZLICHES ZUM FÄRBEN MIT KRAPPWURZEL

Das Färben mit Krappwurzel ist eine Wissenschaft für sich. Die bisher erschienenen Färbebücher lassen kein einheitliches Bild erkennen. Die dort beschriebenen Rezepte und Anwendungen sind so unterschiedlich, wie sie nur sein können. Die einen färben nur bei einer bestimmten Temperatur, mal mit Weizenkleie, dann wird Kreide für eine schönes Rot benötigt, oder vielleicht gelingt eine gute Farbe auch mit beidem. Als ich mit Krapp zu färben begann, verwirrte mich das bloß. Das Problem beim Krapp, so fand ich heraus, sind die vielen verschiedenen, in der Wurzel enthaltenen Farbstoffe. Zwar ist genau diese Tatsache der Grund für die wunderbare Harmonie der Pflanzenfarben, aber bei der Krappwurzel versuchen die verschiedenen Farbstoffe, sich einer für alle gültigen Anwendung zu entziehen. Sie sind wie lauter kleine Diven, die alle eine Spezialbehandlung benötigen. Der eine Farbstoff liebt das saure Milieu, ein anderer entfaltet seine Farbkraft nur bei 50 Grad, und so geht es munter weiter mit lauter verschiedenen Ansprüchen. Dies alles unter einen Hut zu bringen und ein allen Farbstoffen gerecht werdendes Rezept zu entwickeln, war und ist immer noch eine echte Herausforderung. Ich versuche, dies alles für Sie einzuordnen. Systematische Versuchsreihen waren notwendig, um eine gewisse Ordnung in das Chaos zu bringen. Heute arbeiten wir mit zwei bis drei unterschiedlichen Rezepten, je nachdem, wie die gewünschte Farbe aussehen soll. Aber unsere Forschung an der Krappwurzel geht weiter, nach dem Motto: Genug kann nie genügen.

Damit die Farbstoffe der Krappwurzel gut auf dem Färbegut haften können, muss gebeizt werden. Im Gegensatz zur Färbung mit Koschenille braucht es nur eine Vorbeize mit Alaun, sonst nichts. Weinsteinrahm ist nicht notwendig. Wollen Sie ihn dennoch einsetzen, hellen sich die Farben etwas auf und es kommt zu einer leichten Verschiebung ins Orange. Wenn Sie aber die für den Krapp typische Farbe, ein schönes Backsteinrot, erzeugen möchten, lassen Sie den Weinsteinrahm beiseite.

Bei Herstellung der Flotte ist wie bei der Koschenille das Wasser ein wichtiger Faktor für eine gelungene Färbung. Mit Regenwasser erzielen wir in unserer Werkstatt die besten Ergebnisse. Mit Leitungswasser kann man auch färben, aber je nach Zusammensetzung und Qualität des Wassers wird der Farbton dann etwas heller, mehr orange als rot. Genauso wichtig ist die Qualität des Krapps. Früher hatten wir immer wieder das Problem, dass trotz identischer Rezeptur sich der Farbton nicht über ein dunkles Orange hinaus entwickelte. In diesen Momenten wuchsen die Zweifel am eigenen Können – bis zu der Erkenntnis, dass mit einem qualitativ schlechten Farbstoff auch keine schönen Farben zu färben sind. Guter Krapp ist klein geschnitten,

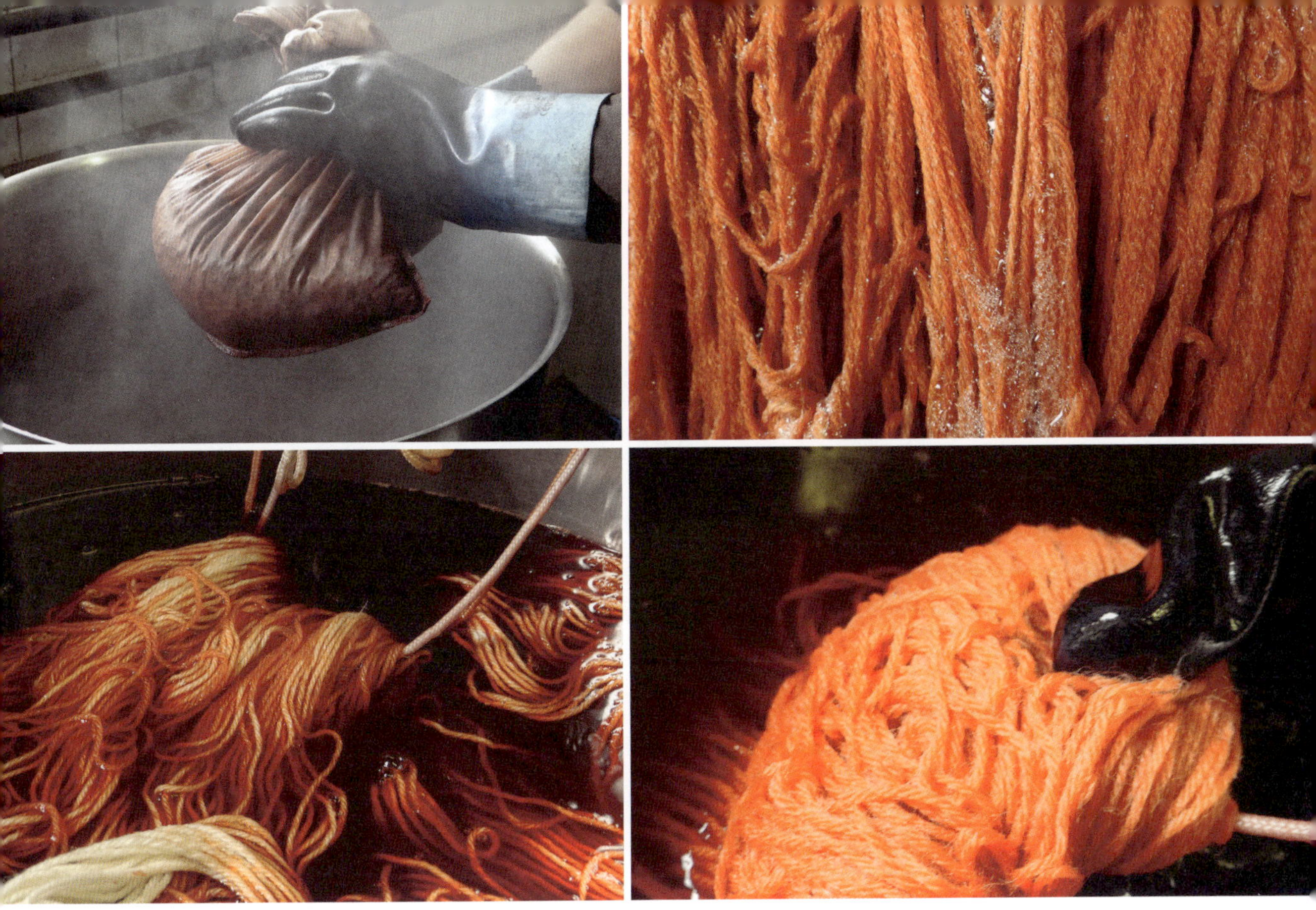

Links oben: Der Farbsack mit ausgekochter Krappwurzel wird entnommen
Links unten: Gerade eingelassene Wolle im Krappbad
Rechts oben: Fertig gefärbte Strickwolle wartet auf das Ausspülen
Rechts unten: Leuchtendes Orange nach kurzer Zeit im Farbbad

gut getrocknet und muss auf jeden Fall deutlich rötlich aussehen. Dies ist ein Beleg dafür, dass die Wurzeln wirklich zwei bis drei Jahre in der Erde waren und dann noch einmal ein Jahr gelagert wurden. Nur so kann sich der Farbstoff entwickeln.

Die Wurzel einer mehrjährigen Pflanze ist in seiner Beschaffenheit viel härter und gröber als Blätter oder Stängel eines einjährigen Krautes. Daraus resultiert eine längere Einweichzeit. Deshalb ist beim Färben mit Krapp Vorausplanung notwendig. Oft wird angegeben, eine Nacht einweichen sei ausreichend. Das ist grundsätzlich richtig, aber wenn die Krappwurzel länger im Wasser quellen kann, löst sich bereits viel mehr Farbstoff. Füllen Sie also die benötigte Menge an Krapp in einen Farbsack und lassen dies dann drei Tage ziehen. Ab und zu den Sack zu bewegen, kann nicht schaden.

Jetzt können Sie den Farbsud ansetzen. Der Farbsack kommt mit dem Einweichwasser in den Färbekessel, dann wird auf die Hälfte des benötigten Wassers aufgefüllt. Nun stellt sich die Frage: auskochen oder nicht? Wir besprechen beide Rezepte ausführlich, dann können Sie den Unterschied an der fertigen Farbe erkennen.

Für das erste Grundrezept wird nun das Farbbad auf 70 Grad erhitzt, bei dieser Temperatur lassen Sie den Krapp eine Stunde ziehen. Danach den Farbsack entfernen, den Kessel mit der noch fehlenden Menge Wasser auffüllen und die Wolle einlassen. Anfänglich gut bewegen ist beim Krapp sehr wichtig, da das Farbstoffmolekül bequem ist und ungern weite Wege zurücklegt. Die Temperatur erhöhen Sie jetzt wieder auf 70 Grad und lassen das Ganze wieder eine Stunde ziehen. Das Resultat ist ein leuchtendes Backsteinrot. Im Farbbad ist jetzt aber noch genug Farbstoff für einen Nachzug, ein schönes Orange. Dazu lassen Sie wiederholt Wolle in den Kessel und erhöhen die Temperatur nochmals auf 70 Grad. Die Wolle darf nun wieder eine Stunde im Kessel ruhen oder auch gerne über Nacht. Es geht aber noch mehr: Eine weitere Farbe erzielen Sie, wenn Sie den Farbsack mit dem bereits benützten Krapp noch einmal auskochen. So erreichen Sie drei verschiedene Farbtöne und haben den Krapp auch wirtschaftlich bestens ausgenützt.

Wenden Sie nun das gleiche Rezept an, nur mit dem Unterschied, dass der Krapp eine Stunde ausgekocht wird und nicht bei 70 Grad zieht. Dabei geschieht Folgendes: Es löst sich beim Auskochen noch ein weiterer Farbstoff aus der Wurzel. Das hat zur Folge, dass der Farbton noch kräftiger und dunkler wird. In vielen Färbebüchern wird deshalb davor gewarnt, weil das Rot dabei ins Bräunliche kippen kann. Wir können das jedoch nicht bestätigen, ein braunstichiges Rot konnten wir in unseren Versuchen nie feststellen. Warum wir diese Färbung selten anwenden, hat eher was mit der Ökonomie zu tun. Der Farbton wird zwar ist etwas kräftiger, es rechtfertigt aber unserer Meinung nach nicht den höheren Energieaufwand. Deshalb arbeiten wir in der Regel mit dem ersten Rezept, also einfach bei 70 Grad ziehen lassen.

Das nächste Rezept ist mehr für neugierige Spezialisten, aber es lohnt sich auf jeden Fall, sich mit dieser Färbung zu beschäftigen, birgt sie doch einige Überraschungen. Das Ziel ist diesmal kein schweres Backsteinrot, sondern wir wollen vielmehr ein leuchtendes Lachsrot erzeugen. Dazu ist es notwendig, bereits das Einweichwasser auf einen pH-Wert von 5 einzustellen. Dies geht am besten mithilfe von Ameisen- oder Essigsäure. Diesen pH-Wert müssen Sie während der gesamten Färbung aufrechterhalten, deshalb ist es wichtig, ab und zu nachzujustieren. Der Krapp wird auch diesmal drei Tage eingeweicht. Dabei können

Lachsrote Strickwolle in einem sauren Krappbad

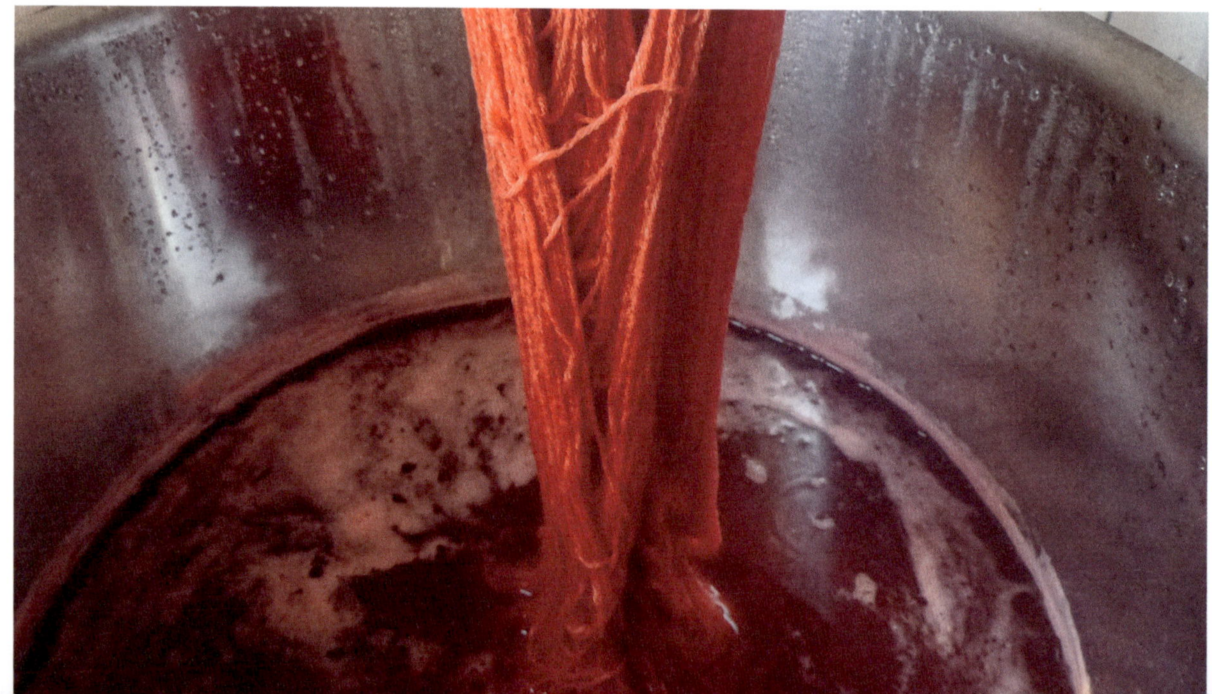

Sie schon einen großen Unterschied zu den bisherigen Rezepten erkennen. Das Einweichwasser ist fast klar, nur ein leichter, rosafarbener Schimmer ist zu erkennen. »Wie soll denn daraus eine Farbe entstehen?«, fragen Sie sich berechtigterweise. Geduld. Setzen Sie die Färbeprozedur weiter fort, wie im ersten Rezept beschrieben. Lassen Sie den Krapp eine Stunde bei 70 Grad ziehen und die Wolle später genauso. Wenn Sie den pH-Wert wirklich immer bei 5 gehalten haben, sollte ein herrliches Lachsrot auf der Wolle aufziehen. Wie üblich können Sie noch einen Nachzug färben und, falls Sie noch Zeit und Muße haben, den Krapp für eine weitere Farbe auskochen.

Jetzt noch ein Rezept, bei dem die in den Büchern oft erwähnte Kreide zum Einsatz kommt. Für diese Färbung setzen Sie dem Einweichwasser 15 Prozent des Krappgewichts an fein pulverisierter Kreide zu, dann lassen Sie es drei Tage ruhen. Danach erhitzen Sie den Krapp wie üblich, lassen ihn eine Stunde bei 70 Grad ziehen. Dann füllen Sie wie gehabt Wasser nach, geben die Wolle zu, erhitzen auf 70 Grad und lassen sie ebenfalls eine Stunde im Farbbad liegen. Das Resultat ist ein wunderschönes Orange, ohne einen schweren Rotton. Auch bei dieser Färbung ist noch genügend Farbstoff für einen Nachzug vorhanden. Ein weiteres Auskochen des Farbsacks ergibt noch ein schönes helles Orange.

Sie dürfen gerne auch die vorher erwähnte, in Chiwa angewendete Kontaktfärbung mit Krappwurzel ausprobieren und sich selbst ein Urteil bilden. Die benötigte Menge an Krapp wird einfach ins Wasser gegeben und drei Tage eingeweicht. Schütten Sie dann alles in den Färbekessel. Zusammen mit der Wolle wird auf 70 Grad erhitzt. Mindestens eine Stunde lang verbleibt die Wolle gemeinsam mit den Krappstückchen im Farbbad, dann wird sie herausgenommen. Nun müssen Sie die Wolle durch kräftiges Ausschütteln vom Krapp befreien. Bei einem glatt versponnenen Garn lassen sich die Stückchen noch relativ gut entfernen, aber von der Färbung eines leicht und locker versponnenen Docht- oder Effektgarns oder gar eines flauschigen Mohairs rate ich Ihnen dringend ab. Ganz unmöglich ist es, Wolle in der Flocke oder kardierte Wolle vom Krapp zu befreien. Etliche Probefärbungen haben ergeben, dass der farbliche Unterschied zu einer Färbung mit dem Krappsack nur sehr gering ausfällt; die Kontaktfärbung ist etwas kräftiger. Aber letzten Endes ist es Ihre Entscheidung, welche Rezeptur Sie bevorzugen.

Ganz unabhängig von der angewandten Färbung ist die Nachbehandlung mit Eisensulfat oder Pottasche noch eine Möglichkeit, weitere Farbennuancen zu erhalten. Wirklich lohnend ist eine Anwendung in einem Eisenbad, je nach vorgrundiertem Krapprot entsteht ein schönes Violett. Die Krappwurzel fühlt sich in einem sauren Bad wohl, trotzdem lohnt sich der Versuch, die Farbe in einem basischen Pottaschebad zu verändern. Es ist kein so großer Unterschied wie zum Beispiel bei der Reseda zu erkennen, aber der vorhandene Farbton wird durch diese Nachbehandlung etwas vertieft.

Bei der Menge des verwendeten Krapps gilt das Gleiche wie für alle anderen Färbungen auch: Entscheidend ist die Qualität der Färbedroge. Die Musterfärbungen sind alle mit 100 Prozent Krapp durchgeführt, damit gelingt sicher ein schönes und tiefes Backsteinrot. Sie können gerne auch mit weniger arbeiten, zum Beispiel mit 50 Prozent, die Farbtöne werden dadurch etwas heller ausfallen.

Farbmuster mit Krappwurzel

REZEPTE

Zur Erinnerung: Die Prozentangaben beziehen sich immer auf das Gewicht des Färbegutes.

1. Kräftiges Backsteinrot
Vorbeize mit 15 % Alaun
Farbstoff 100 % Krappwurzel
Farbsack mit Wurzel 1 Stunde bei 70 Grad ziehen lassen
Temperatur 70 Grad, 1 Stunde ziehen lassen

2. Helles Lachsrot
Vorbeize mit 15 % Alaun
Nachzug von Farbbad 1
Temperatur 70 Grad, 1 Stunde ziehen lassen

3. Helles Orange
Vorbeize mit 15 % Alaun
Farbsack mit Krappwurzel von Rezept 1 30 Minuten auskochen
Temperatur 70 Grad, 1 Stunde ziehen lassen

4. Kräftiges Backsteinrot
Vorbeize mit 15 % Alaun
Farbstoff 100 % Krappwurzel
Farbsack mit Wurzel 1 Stunde auskochen
Temperatur 70 Grad, 1 Stunde ziehen lassen

5. Mittleres Lachsrot
Vorbeize mit 15 % Alaun
Nachzug von Farbbad 4
Temperatur 70 Grad, 1 Stunde ziehen lassen

6. Kräftiges Lachsrot
Vorbeize mit 15 % Alaun
Farbstoff 100 % Krappwurzel
Farbsack mit Wurzel 1 Stunde bei 70 Grad ziehen lassen, pH-Wert 5
Temperatur 70 Grad, 1 Stunde ziehen lassen, pH-Wert 5

7. Helles Lachsrot
Vorbeize mit 15 % Alaun
Nachzug von Farbbad 6, pH-Wert 5
Temperatur 70 Grad, 1 Stunde ziehen lassen, pH-Wert 5

8. Mittleres Lachsrot
Vorbeize mit 15 % Alaun
Farbsack von Rezept 6 30 Minuten auskochen, pH-Wert 5
Temperatur 70 Grad, 1 Stunde ziehen lassen, pH-Wert 5

9. Kräftiges Orange
Vorbeize mit 15 % Alaun
Farbstoff 100 % Krappwurzel
Farbsack mit Wurzel und 15 % feiner Kreide 1 Stunde bei 70 Grad ziehen lassen
Temperatur 70 Grad, 1 Stunde ziehen lassen

10. Helles Orange
Vorbeize mit 15 % Alaun
Nachzug von Farbbad 9
Temperatur 70 Grad, 1 Stunde ziehen lassen

11. Dunkles Backsteinrot
Vorbeize mit 15 % Alaun
Farbstoff 100 % Krappwurzel
Kontaktfärbung, Wolle zusammen mit der Krappwurzel ohne Farbsack
Temperatur 70 Grad, 1 Stunde ziehen lassen

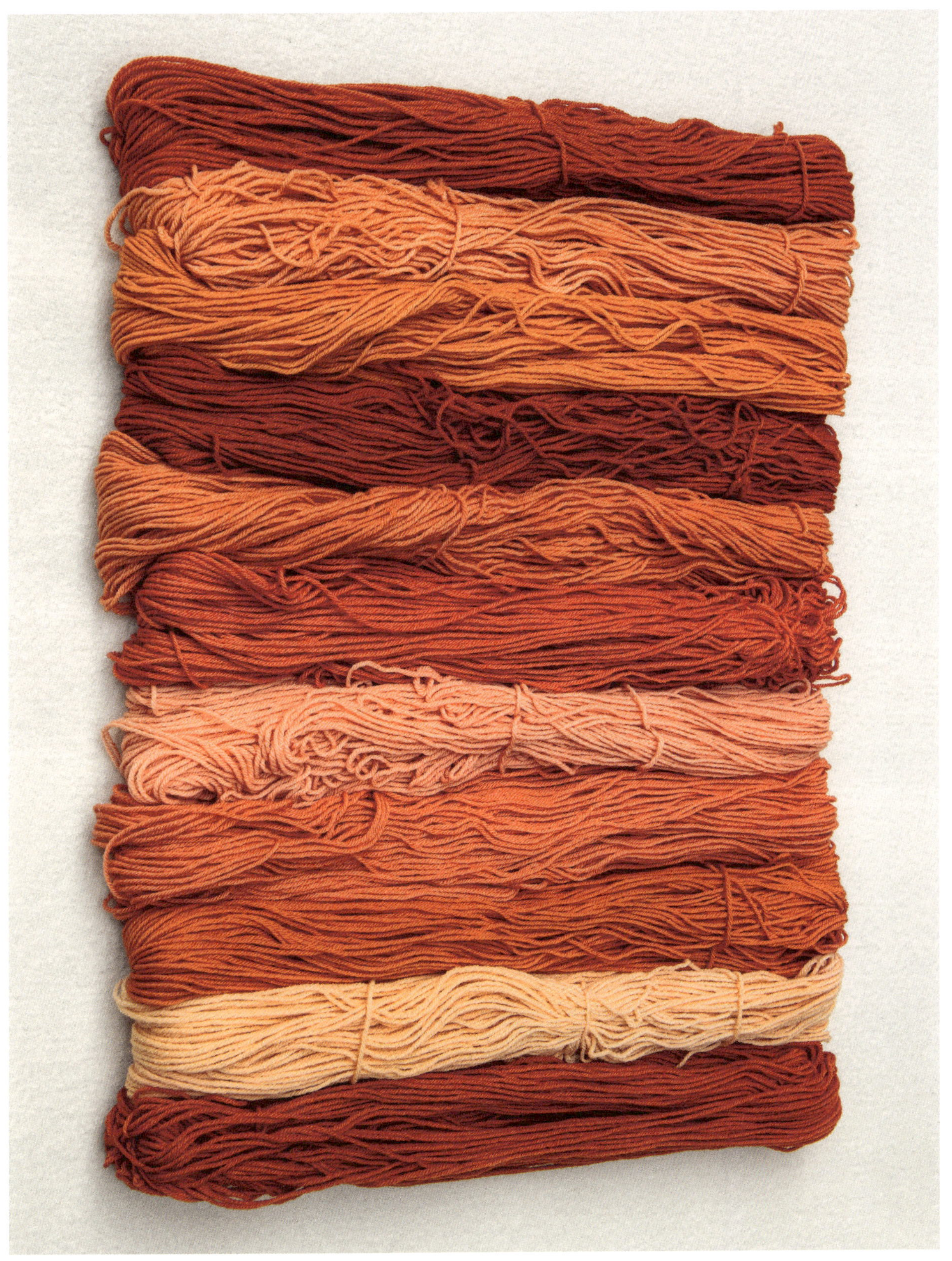

Indien und das Katechu

VORHOF DER HÖLLE

Mike, Lars und ich sitzen im Auto, der Flughafen in Delhi liegt hinter uns, das Ziel der Fahrt ist eine Fabrik für getuftete Teppiche. Tufting ist das weltweit am häufigsten eingesetzte Verfahren zur Herstellung von Teppichböden, es ähnelt vom Prinzip her einer Nähmaschine. Auf unserem Programm steht eine Besichtigung und Gespräche über eine eventuelle Kooperation zur Herstellung von pflanzengefärbten Teppichen, dieses Mal nicht gewebt oder geknüpft, sondern in der dort praktizierten Technik des Tuftens. Vier Stunden Fahrt liegen vor uns, die Fabrik befindet sich in Panipat, dort ist ein Teil der indischen Textilproduktion angesiedelt. Nach drei Stunden macht sich langsam eine Veränderung des Horizonts bemerkbar, der Himmel verändert seine Farbe. Das bisher dominierende Blau wird mehr und mehr von einem dunklen Schleier übertüncht. Je näher wir dem Ziel kommen, desto grauer und bedrückender wirkt der Horizont. Unzählige rauchende Schlote in allen Größen werden sichtbar, grauen bis pechschwarzen Rauch in den Himmel ausstoßend. Einer riesigen Stadt gleich liegt der Industriekomplex vor uns. Am Anfang fahren wir noch auf geteerten Straßen durch die apokalyptisch wirkenden Industriegebäude, auf der Suche nach der Fabrik. Irgendwann werden die Straßen schmäler, bestehen nur noch aus Staub und Dreck. Müll, hauptsächlich in Form von leeren Fässern und Säcken, bestimmt das Bild. Immer wieder fahren wir durch große Wasserpfützen oder müssen Rinnsale durchqueren. Das Besondere daran ist die Optik, das übelriechende Abwasser aus den unzähligen Färbereien schimmert in allen vorstellbaren Farben. Die Luft ist überladen mit dem Gestank der überall aus- und vortretenden Kloake. Zwischen all diesem die Umwelt verschmutzenden Unrat sehen wir ständig Menschen auf über die schlammigen Böden gelegten Holzdielen balancieren. Sie wohnen hier, mitten in dieser Hölle. Ihr Zuhause besteht oft nur aus einer dreckigen und löchrigen Plastikplane, die notdürftig vor der

Links: Färberei auf einem Fabrikdach in Panipat
Rechts: Chemikalien und Müll wohin man schaut

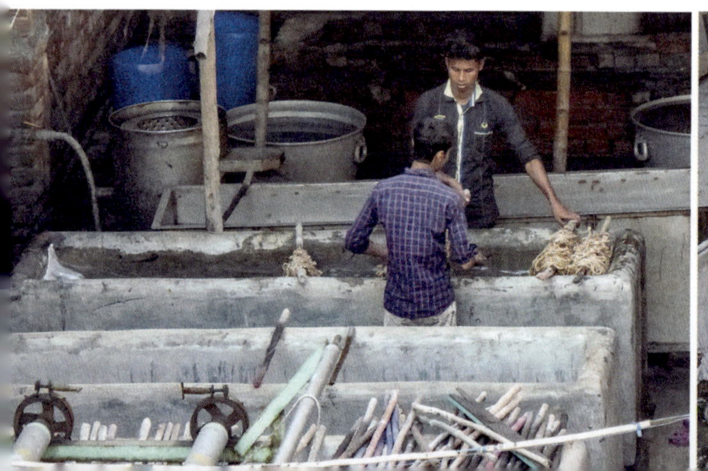

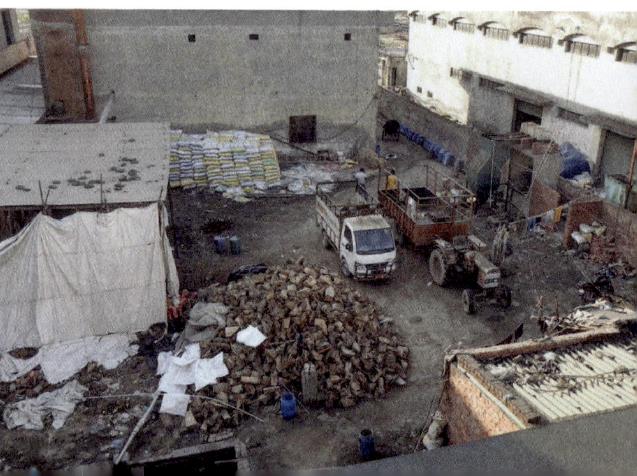

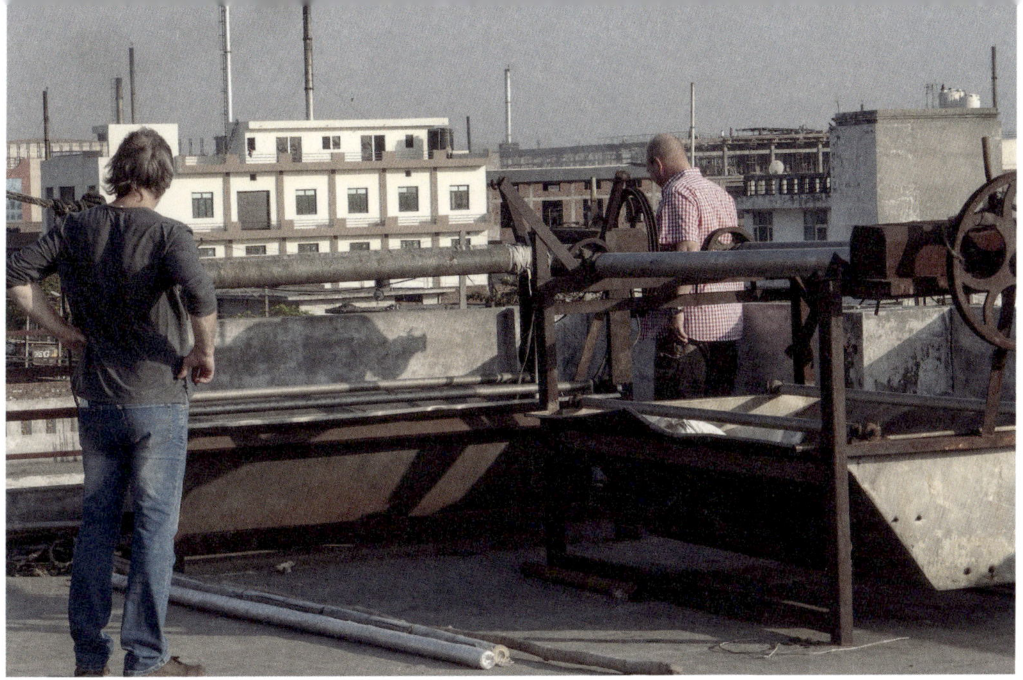

Mike und ich auf dem Dach der Fabrik in Panipat

Hitze schützen soll. Ob es in dieser Gegend auch zu nennenswerten Niederschlägen kommt, weiß ich nicht. Aber falls doch, möchte ich mir dieses Szenario nicht ansatzweise vorstellen. Irgendwann kommen wir bei der Fabrik an, ein hohes mehrstöckiges Gebäude. Nach einer Besichtigung und Gesprächen steigen wir auf das Dach, der Anblick von dort ist unfassbar. Die die Luft verpestenden Schlote sind in alle Himmelsrichtungen weithin sichtbar, riesige Industriebauten so weit das Auge reicht, bis zum Horizont. Etwas Grünes, eine Wiese oder nur ein Baum, nirgends. Auf dem Nachbargebäude sehen wir Arbeiter beim Färben von Garn. Die Färberei befindet sich auf dem obersten Stockwerk unter freiem Himmel. Zwei dicke Rohre ragen über die Außenwand des Hauses, das farbige Abwasser plätschert direkt hinunter auf die Erde. Dort sucht es sich seinen Weg, vermutlich versickert alles irgendwann im schlammigen, farbig schillernden Boden. Kläranlagen? Fehlanzeige, gibt es nicht. Überall sehen wir riesige Mengen Säcke, voll mit giftigen Chemikalien und Farbstoffen. Bedenkenlos werden die gefährlichen Materialien einfach so in der Landschaft gelagert. Im Kleinen wie im Großen erinnert das ganze Szenario an den Vorhof der Hölle. Ich kann mir nicht vorstellen, hier, in diesem menschenverachtenden Ambiente mit Pflanzenfarben zu arbeiten. Vor solch gigantischer Umweltzerstörung bleibt mir nur die Kapitulation, mit einer tief empfundenen Hoffnungslosigkeit und Mitleid mit den hier arbeitenden Menschen verlasse ich den Ort.

HAUPTSACHE BILLIG

Auf der Fahrt zurück habe ich ein Bild im Kopf, ich sehe den Prospekt eines großen Möbelhauses vor mir. Angepriesen werden unter anderem schön bunt gefärbte Baumwollteppiche, alle zu einem Spottpreis erhältlich. Hergestellt in Indien. Sofort bin ich wieder in Panipat, sehe die dort arbeitenden Menschen in der lebensfeindlichen Umwelt. Sie sind es, die den wahren Preis für unsere billigen Textilien zahlen. Nicht in Form von Euro oder indischen Rupien, sondern mit ihrer Gesundheit. Mit einer undurchdringlichen Perspektivlosigkeit und

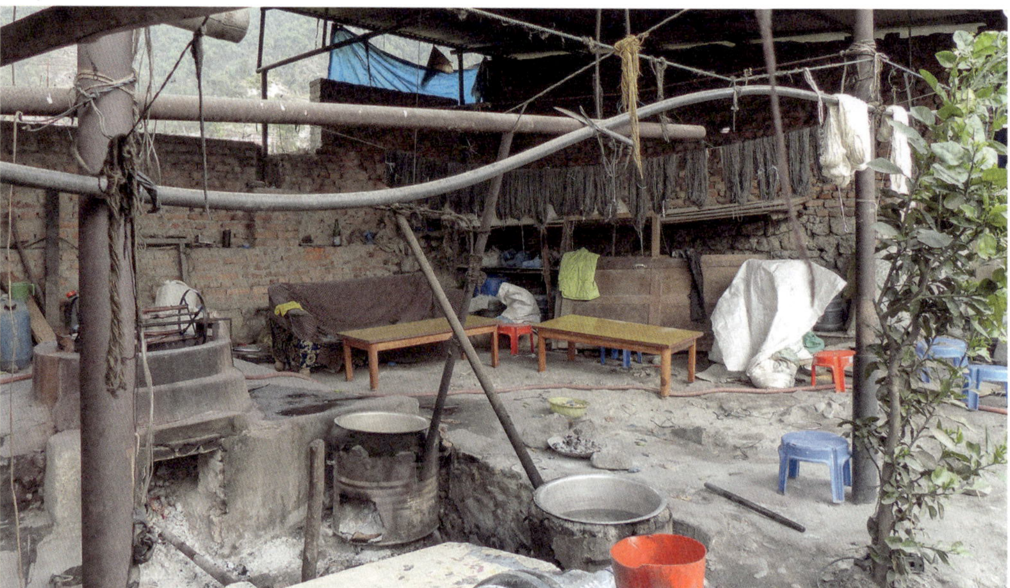

Typische Kleinfärberei, überall auf der Welt anzutreffen

mit der Gewissheit, dass sich ihr Leben ohne eine gerechte Bezahlung und veränderten Arbeitsbedingungen niemals ändern wird. Von einer hohen Lebenserwartung wie bei uns sind sie weit entfernt. Falls aber doch, möchte keiner der in unseren Breitengraden lebenden Menschen mit ihnen tauschen. Jeder und jede Deutsche kauft, einer McKinsey-Studie zufolge, im Jahr durchschnittlich 60 Kleidungsstücke, die meisten hergestellt genau an solchen Orten und den damit zusammenhängenden umweltbelastenden und gesundheitsschädlichen Bedingungen. Für unser modisches Outfit setzen die Arbeiterinnen und Arbeiter ihr Leben aufs Spiel. Für das Färben werden hochgiftige Chemikalien eingesetzt, wie zum Beispiel Azofarbstoffe. Die bei diesem Prozess entstehenden Spaltprodukte stehen schon lange im Verdacht, Krebs auszulösen. Das dabei kontaminierte Abwasser wird selten gereinigt, normalerweise verseucht es die umliegenden Gewässer und Brunnen. Der Grundwasserspiegel sinkt durch die enorme Menge an benötigtem Wasser, gleichzeitig wird es durch die Abwässer immer mehr verschmutzt. Oftmals ist es als Trinkwasser vollkommen unbrauchbar. Ein teuflischer Kreis schließt sich. Laut dem UN-Umweltprogramm werden für die Herstellung einer einzigen Jeans 7500 Liter Wasser benötigt, für ein T-Shirt ist es immer noch die gewaltige Menge von 2500 Litern. Ich darf Sie an die Tatsache erinnern, dass woanders auf diesem Planeten Menschen keinen Zugang zu Trinkwasser haben.
Mit der bei der Herstellung eines T-Shirts benötigten Menge an Wasser könnte ein Mensch seinen Trinkwasserbedarf über zwei Jahre decken. Schon dies allein sollte uns alle zu einem bewussteren Umgang mit Textilien bringen. Verzicht auf »Fast Fashion« und bewusster Einkauf bedeutet mehr Überlebenschancen für andere Erdbewohner. Ein T-Shirt für fünf Euro sichert keine Existenzen, ganz im Gegenteil, es ist ein weiteres Mosaikstück für eine globale Umweltzerstörung in gigantischem Ausmaß. Wenn Sie eine Reise ins wunderbare Indien, das »Land im Rausch der Farben«, planen, besuchen Sie auch Panipat. Keine Reise wird ihr zukünftiges Leben so nachhaltig beeinflussen wie diese.

PFLANZENFARBEN KONTRA CHEMIE

Wenn man einen Schluss aus der Evolution und dem technischen Fortschritt in der Geschichte der Menschheit ziehen kann, dann ist es die Erkenntnis, dass nichts so bleibt wie es ist. Auch der unsägliche Zustand in der weltweiten Textilindustrie muss sich ändern. Dafür bedarf es eines bewussteren Umgangs mit unseren Textilien. Weniger kaufen ist der erste Schritt, auf die Herstellung achten, auf die sozialen Gegebenheiten bei der Produktion. Natürlich können und müssen Textilien in der heutigen Zeit mit chemischen Farben gefärbt werden. Es ist vollkommen unmöglich, den riesigen Bedarf an Farbstoffen aus der Natur zu befriedigen. Die Pflanzenfärberei könnte die chemischen Farben niemals ersetzen. Aber als Ergänzung können für einige, wie die bereits beschriebenen Produkte, wieder die Farben aus der Natur geschöpft werden. Für Teppiche zum Beispiel sind die Naturfarben eine echte und anwendbare Alternative. Die chemischen Farben haben durchaus ihre Berechtigung, ohne diese Farbstoffe würde die Welt in einem nicht schön anzusehenden Grau versinken. Und dies auf allen Ebenen. Bei dem Einsatz der Farbstoffe muss viel mehr auf deren Gefährlichkeit und deren Handhabung geachtet werden. Es gibt sehr wohl große Unterschiede bei den chemischen Farbstoffen. In den letzten vierzig Jahren hat sich auf diesem Gebiet glücklicherweise viel verbessert, zumindest in den westlichen Ländern. Das ist auch am Zustand unserer Flüsse abzulesen. Viele Farbstoffe sind in ihrer Giftigkeit nicht mit den früheren zu vergleichen, in der Anwendung wird wesentlich weniger Wasser verbraucht. Zusätzlich sind die Auflagen für Abwässer in unseren Breitengraden sehr streng. Das wahre Problem ist woanders angesiedelt: In vielen Ländern der Welt werden diese Farbstoffe nicht eingesetzt. Ganz einfach deshalb, weil sie teurer sind als umweltschonendere Farben. Das führt uns wieder zu den Pflanzenfarben, beziehungsweise zu deren Kosten. Die immer gleiche, falsch ausgelegte oder falsch verstandene Kalkulation (siehe Kapitel »Einblicke und Ausblicke«) verhindert deren Einsatz, auf Kosten der Gesundheit der Arbeiter. Ein Produkt muss billig sein in der Herstellung, nur dies garantiert dem Händler einen maximalen Profit. Der Druck der Konkurrenz ist so enorm, dass nur ein geringer Preis einen großen Absatz garantiert. Diese, in der ganzen Welt verbreitete, kapitalistisch fest zementierte Annahme ist in ihrer Aussage so falsch und menschenverachtend, wie sie nur sein kann. Eine Veränderung wird dadurch – fast – unmöglich gemacht, »schneller« und »billiger« sind die Schlagworte der Globalisierung. Der Mensch hat hier keinen Platz, lediglich als produzierendes Instrumentarium.

Viele unterschiedliche Farbtöne aus Katechu

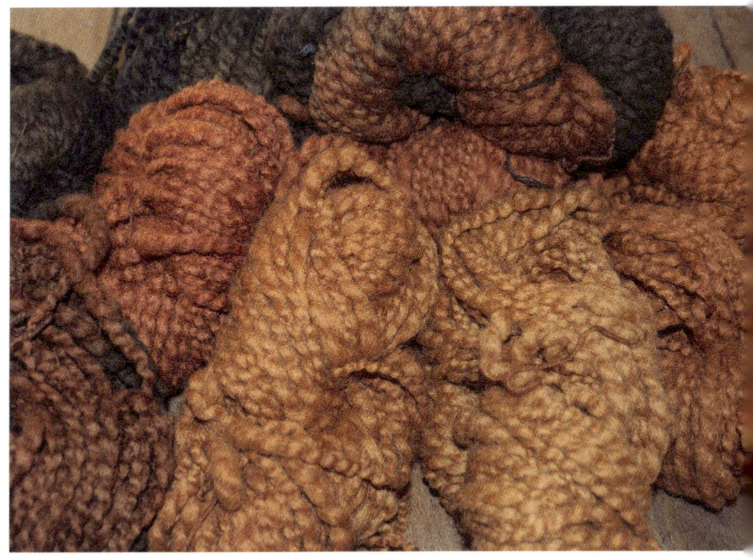

Und trotz all dieser widrigen Umstände gibt es Hoffnung. Neben der von vielen großen Textilkonzernen inzwischen betriebenen Methode des »Greenwashing«, die dem Konsumenten zu einem besseren Einkaufsgefühl verhelfen soll, gibt es wirklich echte Alternativen. Um diese zu erkennen, muss man als Verbraucher mitdenken. Einfach nur shoppen zu gehen, reicht nicht. Man muss Fragen stellen und sich informieren. Zum Beispiel: Welches Label garantiert gute Arbeitsbedingungen? Oder: Ist die Baumwolle aus nachhaltigem und umweltschützendem Anbau? Wo wird produziert und unter welchen Umständen? Viele Fragen sind zu klären für eine umweltgerechte Jeans oder ein T-Shirt. Es ist aber machbar, überzeugte Produzenten sind glücklicherweise immer mehr auf der internationalen Bühne der Textilien zu finden. Es lohnt sich zu suchen und sich umzusehen, nicht nur für den Verbraucher. Die Wertschöpfung beim Kauf von fair und umweltgerecht erzeugten Textilien ist enorm nachhaltig. Und wenn dann noch Pflanzenfarben ins Spiel kommen, ist das Produkt unschlagbar.

Was hat dies alles aber nun mit Katechu zu tun? Wäre dieser Abschnitt nicht besser in einem allgemein gehaltenen Kapitel über die Pflanzenfarben aufgehoben gewesen? Haben diese keineswegs neuen Erkenntnisse über die Gefährlichkeit von billig produzierten Textilien in einem Buch über die Pflanzenfarben überhaupt ihre Berechtigung? Wir sind der festen Überzeugung, dass diese Zusammenhänge hier ihren Platz haben

Noch mehr Farben mit Katechu, zum Teil mit Indigo überfärbt

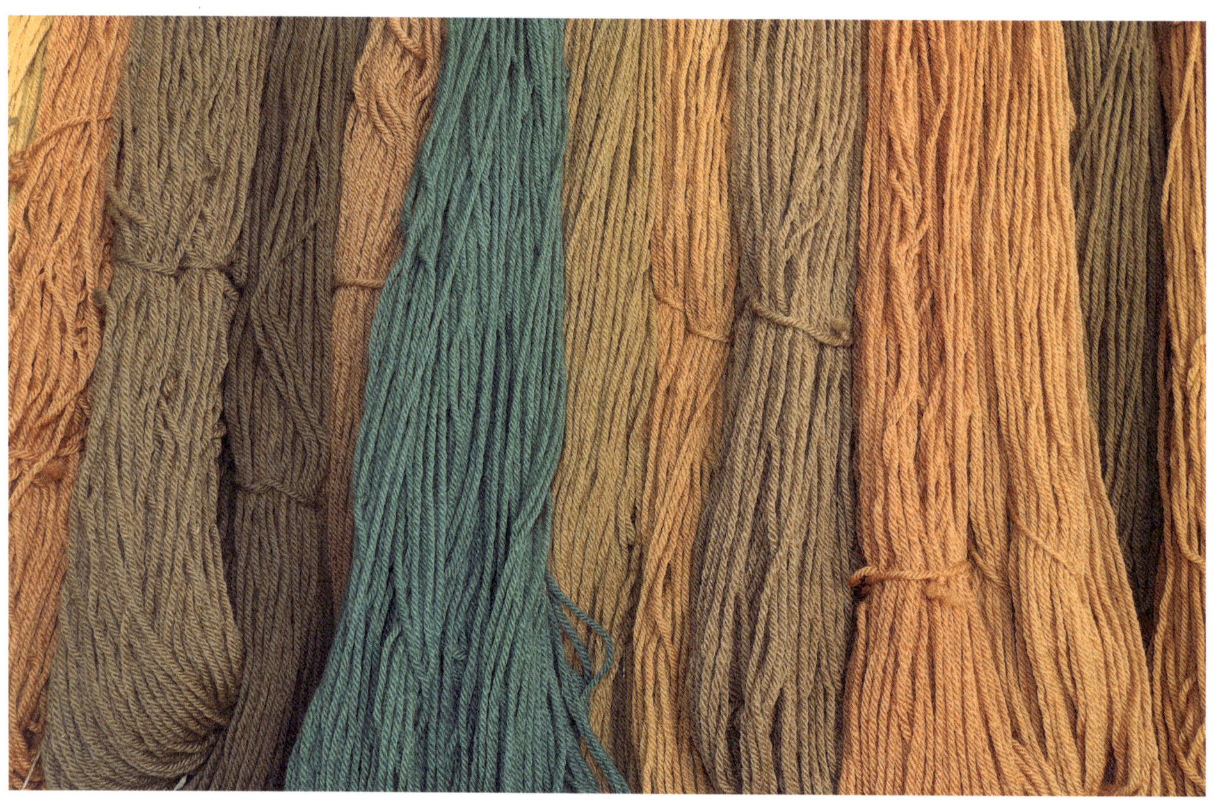

müssen und nicht unter den Teppich gekehrt werden dürfen. Katechu und Indien haben viel miteinander zu tun, deshalb war hier der richtige Ort für diese Überlegungen.

DAS KATECHU

Katechu, Catechu oder auch Catechou, es gibt viele verschiedene Schreibweisen für den braunen Farbstoff, aber gemeint ist immer das Gleiche. Es handelt um den extrahierten Farbstoff aus verschiedenen Pflanzen. Bekannt ist das Katechu auch unter der Bezeichnung »Terra Japonica«, was so viel wie japanische Erde bedeutet. Dieser Name entstand aus einem lange fest verwurzelten Irrtum, nämlich, dass der Farbstoff mineralischen Ursprungs sei. Die wahre Herkunft wurde erst im Jahr 1678 erkannt. Im Gegensatz zu anderen Färbepflanzen ist der Name Katechu nicht gleichzusetzen mit einer Pflanze. Katechu ist der Überbegriff für einen Farbstoff, der unter anderem aus der Färberakazie hergestellt wird. Dieser bis zu zehn Meter hohe Baum gedeiht prächtig in Indien, dort wird der Farbstoff auch bereits seit Tausenden Jahren eingesetzt. Allein mit dem Abernten der Blätter oder der Rinde ist es in diesem Fall nicht getan. Es ist das innere Kernholz des Baumstammes, das den begehrten Farbstoff enthält. Um diesen zu gewinnen, bedarf es einer besonderen Behandlung. Wenn der Stamm am saftreichsten ist, wird er sorgfältig von der Rinde und von seinem äußeren weißen Holz befreit. Der übrigbleibende innere Teil, das Kernholz, wird in kleine Stücke geschnitten und danach in Wasser gekocht. Jetzt wird das Holz so lange eingedampft, bis nur noch eine zähe Masse übrig ist. Bevor diese schokoladenartige Masse ganz erstarrt, wird sie in Formen gegossen.

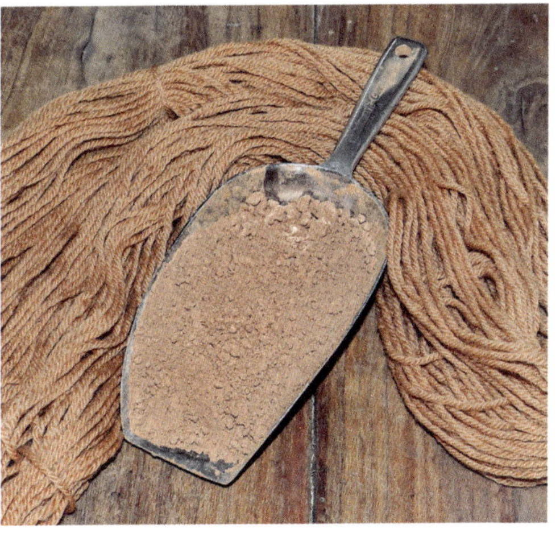

Fein gemahlenes Katechu

Die Prozedur ist damit beendet, in Blöcken oder auch Kugeln gelangt es so in den Handel. Vor dem Färben wird das Katechu fein gemahlen, in diesem Zustand erinnert es an ein wohlriechendes Kakaopulver.

Ein weiterer Lieferant für Katechu ist die Betelnuss-Palme, lat. *Areca catechu*. Der Farbstoff befindet sich bei dieser Palmenart aber nicht im Holz, sondern in der Frucht, genauer gesagt in den Nüssen. Die Gewinnung erfolgt ebenfalls durch Auskochen. Dass die Nüsse einen guten Farbstoff abgeben, belegen Millionen von Menschen in Indien und anderen südasiatischen Ländern, aber nicht durch gefärbte Textilien. Was hier so auffallend gelb-braun ist, sind ihre Zähne. Die Betelnuss zu kauen, wirkt stimulierend und setzt einer aufkommenden Müdigkeit sofort ein Ende, färbt aber Zähne und Zahnfleisch ein. Zudem hat es nicht zu unterschätzende Nebenwirkungen.

Noch eine weitere Pflanze wird als Ausgangsprodukt für das begehrte Katechu verwendet. Der Kletterstrauch *Uncaria gambir* ist ein Rubiaceengewächs, der Farbstoff befindet sich bei dieser Pflanze in den jungen Trieben und Blättern. Die Gewinnung erfolgt durch die sonst übliche Prozedur, einkochen ist auch hierbei ein wesentlicher Bestandteil zur Förderung des Farbstoffes.

Das Klima in Indien ist seit jeher geeignet für den Anbau von Baumwolle, schon seit ewigen Zeiten wird sie dort kultiviert. Indien ist aber auch das Land der Farben. Katechu war dabei ein Glücksfall. Der Farbstofflieferant wächst im eigenen Land, es konnte vor Ort hergestellt werden, eine Unabhängigkeit von Importen war dadurch gesichert. Mithilfe von abwechselnden Behandlungen beim Färben ließen sich zudem viele unterschiedliche Farbtöne erzeugen. Die ganze Farbenvielfalt entwickelte sich bei der Technik des Kattundruckes. Dank dieser Technik und der dabei verwendeten Farben verbreitete sich der begehrte Farbstoff nicht nur in Indien, sondern fand durch die zunehmende Globalisierung seinen Weg in die ganze Welt.

GRUNDSÄTZLICHES ZUM FÄRBEN MIT KATECHU

Wie üblich klären wir zuerst die Wasserqualität. Die Vergleichsfärbungen dazu haben keinen nennenswerten Unterschied ergeben. Insofern spielt es keine Rolle, ob Sie mit Leitungswasser oder mit Regenwasser resp. destilliertem Wasser arbeiten. Das Katechu im Handel ist immer in pulveriger Form vorhanden, ein Einweichen über Nacht ist nicht notwendig. Zum Färben bringen Sie ein Drittel des benötigten Wassers zum Kochen, während dieser Zeit wird das Katechu mit wenig kaltem Wasser in einem Messbecher angeteigt. Es muss dabei sehr gut gerührt werden, damit keine Klumpen bleiben. Stellen Sie sich einfach vor, Sie kochen Schokoladenpudding, es ist genau der gleiche Vorgang. Diese braune Masse kommt in das kochende Wasser und wird nun fünfzehn Minuten ausgekocht. Aber Vorsicht, es wallt sehr stark. Vor allem wenn Sie den Deckel auf dem Kessel lassen, gibt es den gleichen Effekt wie bei überschäumender Milch. Danach füllen Sie mit kaltem Wasser auf und lassen nun die Wolle ein. Die Temperatur muss bis kurz unter den Siedepunkt erhöht werden, dann die Energiezufuhr abschalten und mindestens eine Stunde ziehen lassen. Das Katechu ist ziemlich träge, es lässt sich viel Zeit für eine tiefe Verbindung, deshalb wird der Ton dunkler, wenn die Wolle länger im Kessel verweilt und am besten dort auskühlt.

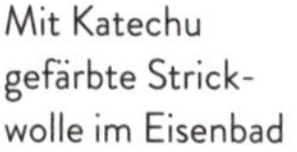

Mit Katechu gefärbte Strickwolle im Eisenbad

Bei einer Färbung mit Katechu ist eine Beize nicht notwendig, um die Farbe haltbar zu machen. Grund dafür sind die Inhaltsstoffe. Wie bei vielen anderen Pflanzen, die kondensierte Gerbstoffe enthalten, können Sie auf das Beizen verzichten. Ohne eine Beize färbt das Katechu Brauntöne. Mit einer Beizung erzielt man jedoch unterschiedliche Farbtöne. Wird die Wolle mit Alaun vorbehandelt, entsteht ein wunderschönes dunkles Senfgelb. Diese Färbung müssen Sie aber im Blick behalten, die Wolle darf für diesen Farbton keinesfalls über Nacht im Kessel verbleiben. Das Senfgelb kippt bei zu langer Färbezeit um in ein Braun. Deshalb wird die Wolle bei Erreichen der gewünschten Farbtiefe dem Kessel entnommen. Mit Indigo überfärbt, ergibt dieses Senfgelb einen wunderschönen Grünton, kräftiger und mehr ins Oliv gehend als zum Beispiel bei den grünen Farben mit Reseda.

Eine Nachbehandlung mit Pottasche ist bei beiden Färbungen geeignet. Der Farbton wird vertieft, beziehungsweise verändert sich zu einem warmen Schokobraun. Auch die Nuancierung mit Eisensulfat lässt herrliche neue Farbtöne entstehen. Die gebeizte Wolle verwandelt sich in ein dunkles Gelbbraun, ungebeizt erscheint ein kräftiges Graubraun. Beide Behandlungen lohnen sich wirklich, Ihre braune Farbpalette wird dadurch auffallend erweitert. Für graue Töne wird das braun gefärbte Garn einfach mit Indigo überfärbt. Sie werden erstaunt sein, wie viele unterschiedliche Farben sich aus dem gebeizten oder ungebeizten Garn realisieren lassen.

Ein bereits einmal verwendetes Farbbad unterscheidet sich in der Optik kaum von einem frischen Farbbad. Der Sud ist immer noch sehr dunkel und enthält genügend Farbstoff für einen oder mehrere Nachzüge. Auch das ist sehr empfehlenswert, wiederholen Sie dazu einfach den Färbevorgang. Die Farben werden natürlich etwas heller, aber dadurch nutzen Sie das Katechu ökonomisch aus. Nach dem Färben ist auf jeden Fall ein guter Spülvorgang notwendig. Wenn Sie die Wolle vor dem Spülen erst trocknen lassen, wird der Farbton etwas tiefer.

Färbespezialisten werden sich nun fragen: »Was ist mit der Oxidation?« Eine berechtigte Frage, denn streng genommen ist die Färbung mit Katechu eine Oxidationsfärbung, genauso wie Indigo. Durch den Sauerstoff in der Luft verwandelt sich dann der Farbton nach der Entnahme aus dem Farbbad langsam in ein dunkles Braun. Dazu bedarf es aber, wie beim Indigo, einiger Zusatzstoffe. In diesem Fall gelingt dies zum Beispiel mithilfe von Kaliumbichromat. Wir sind aber der Meinung, dass

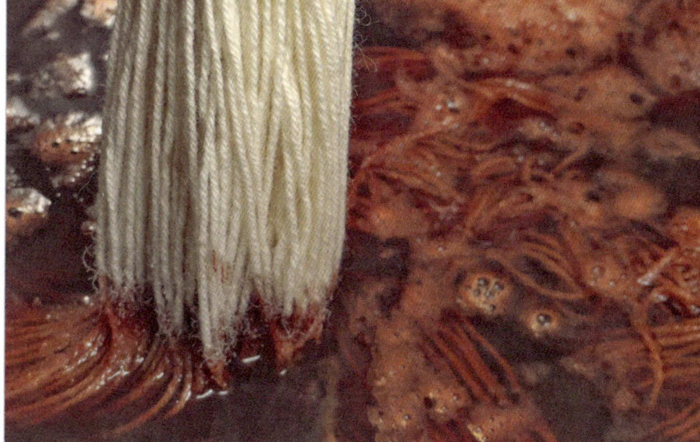

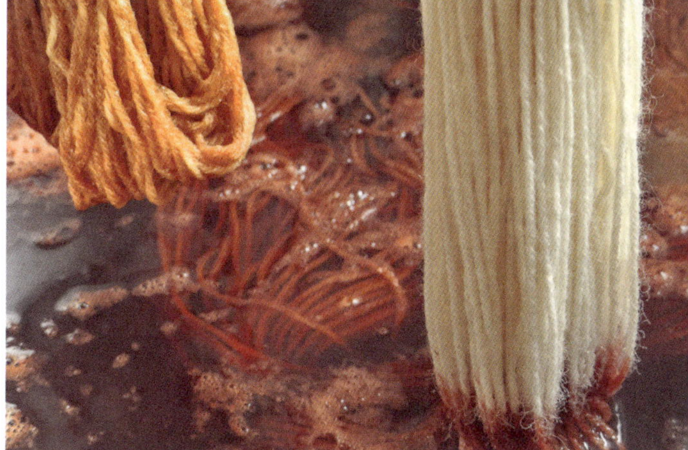

Oben: Strickwolle im Katechubad
Unten: Gebeizte und ungebeizte Wolle im gleichen Farbbad

Farbmuster mit Katechu

diese Substanz wegen ihrer hohen Toxizität in der Pflanzenfärberei nichts verloren hat. Deshalb verzichten wir darauf und färben das Katechu wie bereits beschrieben. Die Ergebnisse können sich auch sehen lassen. Allerdings gebe ich zu, dass wir immer noch an der Oxidationsfärbung forschen. Nur soll dies mithilfe eines anderen Zusatzstoffes gelingen. Bei Seide sind wir dabei auch bereits sehr erfolgreich, und es ist herrlich anzusehen, wie sich langsam ein dunkles Braun an der Luft auf die Seide zaubert.

Die abgebildeten Färbungen haben wir alle mit 50 Prozent Katechu durchgeführt, das ist vollkommen ausreichend für schöne und kräftige Brauntöne. Wie üblich dürfen Sie aber gerne mit anderen Mengen arbeiten.

REZEPTE

Zur Erinnerung: Die Prozentangaben beziehen sich immer auf das Gewicht des Färbegutes.

1. Rehbraun
ungebeizt
Farbstoff 50 % Katechu
Temperatur 90 Grad, 1 Stunde ziehen lassen

2. Schokoladenbraun
ungebeizt
Farbstoff 50 % Katechu
Temperatur 90 Grad, 1 Stunde ziehen lassen
Nachbehandlung mit Pottasche

3. Braun-Grau
ungebeizt
Farbstoff 50 % Katechu
Temperatur 90 Grad, 1 Stunde ziehen lassen
Nachbehandlung mit Eisensulfat

4. Senfgelb
Vorbeize mit 15 % Alaun
Farbstoff 50 % Katechu
Temperatur 90 Grad, 1 Stunde ziehen lassen

5. Braun-Gelb
Vorbeize mit 15 % Alaun
Farbstoff 50 % Katechu
Temperatur 90 Grad, 1 Stunde ziehen lassen
Nachbehandlung mit Pottasche

6. Gelb-Braun
Vorbeize mit 15 % Alaun
Farbstoff 50 % Katechu
Temperatur 90 Grad, 3 Stunden ziehen lassen

7. Braun-Oliv
Vorbeize mit 15 % Alaun
Farbstoff 50 % Katechu
Temperatur 90 Grad, 3 Stunden ziehen lassen
Nachbehandlung mit Eisensulfat

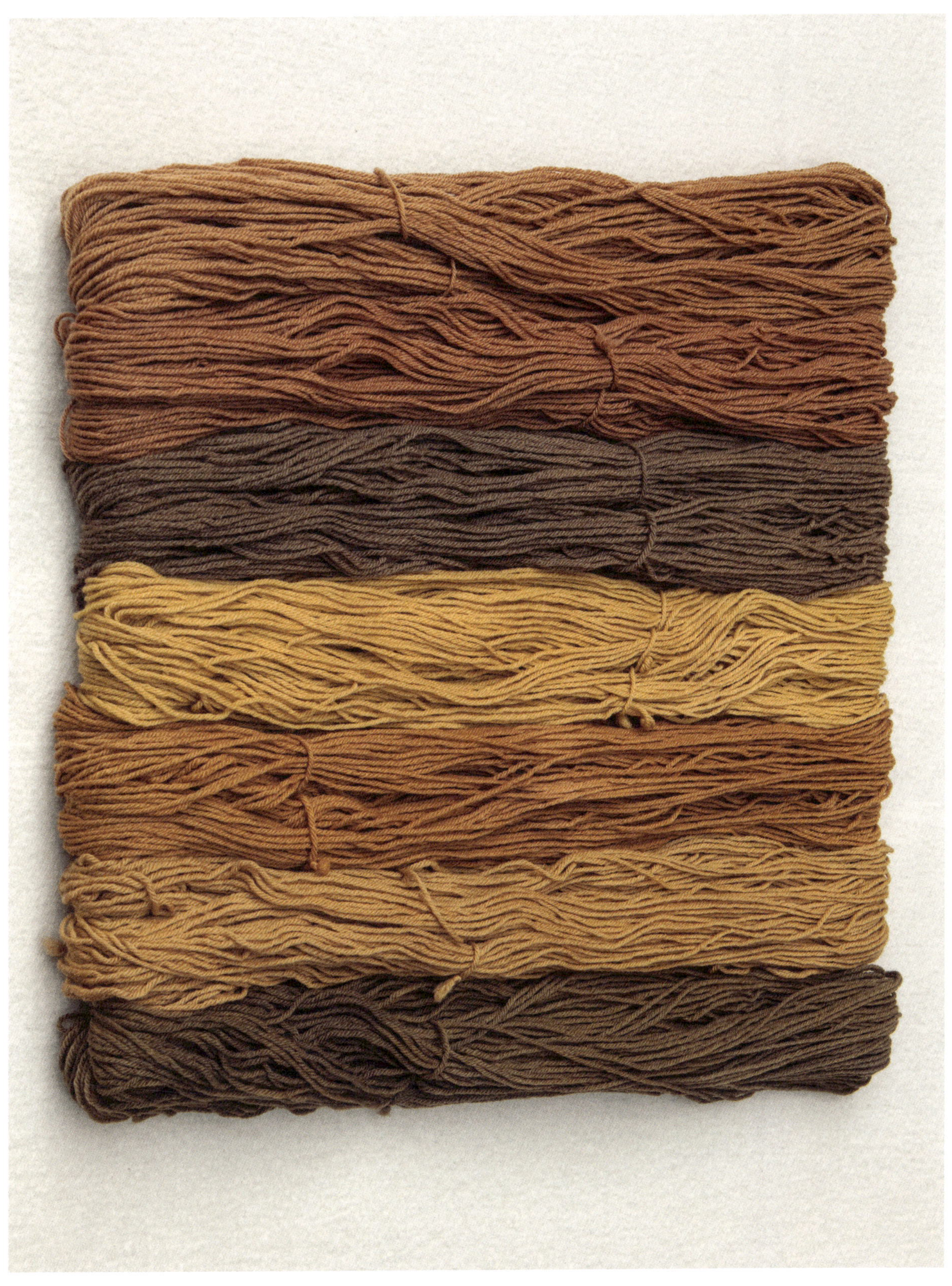

Nepal und der Indigo

EVALUIERUNG

Es ist der 15. Mai 2014, wir sind in Kathmandu angekommen, in der Hauptstadt von Nepal. Chrisse und ich sind gemeinsam mit unserem Freund Mike Ganzert auf der Suche nach einer geeigneten Färberei für ein ambitioniertes Projekt. Das vergessene Wissen der Pflanzenfärberei soll auch hier wieder neu belebt werden. Es ist der Wunsch von Mike, hier in Nepal wieder pflanzengefärbte Teppiche in der bestmöglichen Qualität zu produzieren. Dazu benötigen wir eine Färberei, die das alte Handwerk wiedererlernen möchte. Mike kennt sich dort aus, für seine frühere Firma hat er viel Zeit in Nepal verbracht, hier befanden sich die Produktionsstätten seiner hochwertigen Teppiche. Man kennt ihn in Kathmandu, die unzähligen Aufenthalte hier vor Ort haben viele Beziehungen entstehen lassen. Auch wir kennen uns von der Arbeit, zusammen haben wir für die GIZ in Usbekistan gearbeitet, aus der anfänglichen gegenseitigen Skepsis aufgrund unserer unterschiedlichen Charaktere hat sich eine Freundschaft entwickelt. Dazu kommt noch die uns beide verbindende Begeisterung für Pflanzenfarben. Eine Woche haben wir Zeit für die Evaluierung des neuen Projektes.

Die erste Färberei, die wir besichtigen, ist am Rande des Stadtbezirkes angesiedelt. Bei unserer Ankunft bemerken wir leicht hektische Betriebsamkeit. Als wir die Werkstatt betreten, dampfen die Färbekessel mit den heißen Farbbrühen. Seltsamerweise

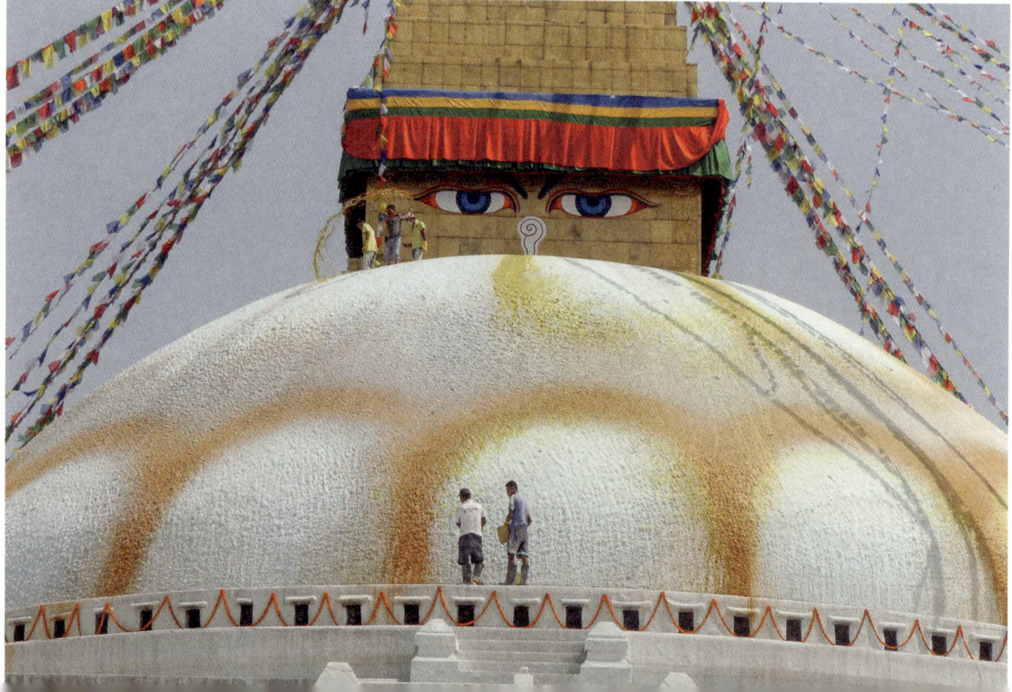

Die größte Stupa der Welt wird wieder einmal in Farbe gebadet

wird nicht gearbeitet, keine Arbeiter sind zu sehen. In einer Ecke der Werkstatt sitzen aber dicht gedrängt und verängstigt etliche Kinder. Uns wird schnell klar, dass hier Kinder die schmutzige und gefährliche Arbeit an den Färbekesseln verrichten. In einem Holzschuppen sehen wir auch, womit gefärbt wird, es sind die billigen und giftigen Farbstoffe aus Indien. Ziemlich betroffen verlassen wir die Färberei, ohne etwas ändern zu können. Willkommen in der Realität! Theoretisch wissen wir ja, dass noch immer überall auf der Welt solche Zustände herrschen, aber es so hautnah zu erleben, ist etwas anderes. Diese Werkstatt ist jedenfalls für uns keine Option.

Drei Tage später kommen wir zu der Färberei der Brüder Toni und Johnny Harjani. Mike kennt die beiden schon von klein auf, mit ihrem Vater hat er jahrelang erfolgreich zusammengearbeitet. Nun leiten sie die Färbewerkstatt. Hier sitzen keine Kinder an den dampfenden Kesseln, viele junge Frauen führen die Arbeit aus. Für die ansonsten üblichen nepalesischen Verhältnisse herrscht hier ein außerordentlich gutes Betriebsklima. Die Brüder kennen sich aus mit dem Metier der Färberei, auch ein wenig Erfahrung mit Pflanzenfarben ist vorhanden. Lust auf Neues ist deutlich spürbar, ebenso der Wille, das bereits vorhandene Wissen mit Naturfarben zu erweitern. Nach einigen Besprechungen ist klar, hier werden wir gemeinsam eine völlig neue Farbpalette auf Naturbasis für Teppiche erstellen.

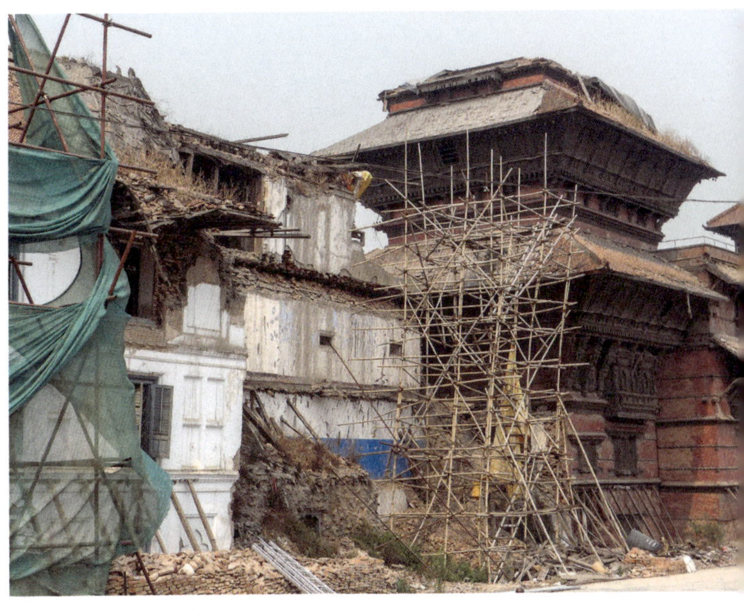

Immer noch sichtbare Schäden ein Jahr nach dem Erdbeben

DIE ERDE BEBT

Ein Jahr ist vergangen. Es ist Mitte April. Alle Vorbereitungen sind abgeschlossen und wir sitzen auf gepackten Koffern. Dann geschieht das Unerwartete, das man aber niemals ausschließen kann: Am 25. April um 11.56 Uhr Ortszeit bebt die Erde. Es ist ein gewaltiges Beben mit der Magnitude 7,8, die Auswirkungen sind verheerend. Mehr als 10 000 Menschen verlieren ihr Leben, Hunderttausende sind ohne Dach über dem Kopf. Besonders betroffen ist das dicht besiedelte und dicht bebaute Kathmandu-Tal. Unter den Trümmern der einstürzenden Häuser liegen viele Menschen begraben. Jahrhundertealte Kulturdenkmäler sind entweder ganz zerstört oder es droht ein Einsturz, eine weitere Gefahr für die Menschen.

War es Karma oder hatten wir einfach Glück mit dem Zeitpunkt unserer Reise? Eine Frage, die nicht zu beantworten ist. Die Brüder Harjani haben das Erdbeben überlebt, die Schäden in der Färberei waren überschaubar und reparabel. Aber an einen Beginn des Projekts zum vorgesehenen Zeitpunkt war nicht zu denken.

KATHMANDU

Ein weiteres Jahr später stehen wir vor unserem Hotel in Kathmandu, warten auf Johnny, der uns abholen und in die Färberei fahren soll. Die Schäden des Erdbebens sind noch deutlich erkennbar. Die Zeit hat nicht gereicht, alles wieder instand zu setzen. Touristen sind wieder auf den Straßen zu sehen, aber noch längst nicht in der sonst üblichen Zahl in dieser Jahreszeit. An den bekannten Sehenswürdigkeiten der Stadt wie der Stupa wird gearbeitet, die vorhandenen Schäden sollen schnell beseitigt werden. Der Tourismus ist wichtig für Nepal, auch für seine Menschen. Johnny erscheint endlich mit seinem Auto vor dem Hotel. Die Fahrt durch Kathmandu ist nicht lang, es sind nur fünf Kilometer. Aber wir sind in Kathmandu, der Verkehr ist ein absolutes Chaos, vor allem für unser Empfinden. Und dazu noch Linksverkehr. Heute Morgen geht gar nichts vorwärts, dunkelgraue Wolken haben in der Nacht ihr Wasser über der Stadt abgelassen, die teilweise unbefestigten Straßen gleichen einer im Schlamm versinkenden Baustelle. Mit Dreckwasser gefüllte Schlaglöcher umkurvt Johnny wie die meisten anderen Verkehrsteilnehmer, denn die Tiefe der Löcher ist nicht abschätzbar, immer wieder steckt ein Fahrzeug in einem Schlammloch und blockiert den sowieso schon stockenden Verkehr. Unzählige Zweiräder schlängeln sich in halsbrecherischer Fahrt zwischen den Autos hindurch, ein nicht endendes Gehupe erfüllt die Ohren. Der Verkehr führt zu einer immensen Schadstoffbelastung der Luft, eine braungraue Dunstglocke hängt ständig über Kathmandu. Es gab wohl Zeiten, da waren von hier aus immer die majestätischen Gipfel des Himalaya zu sehen. Das geht inzwischen nur noch nach einem Regentag. Nach über einer Stunde nervenaufreibender – aber für mich auch spannender – Fahrt fahren wir in eine kleine enge Seitenstraße. Johnny bleibt vor einem großen Metalltor stehen, er hupt zweimal kurz. Ein Arbeiter öffnet das Tor und wir sind endlich in der Färberei.

Auf der täglich abenteuerlichen Fahrt zur Färberei

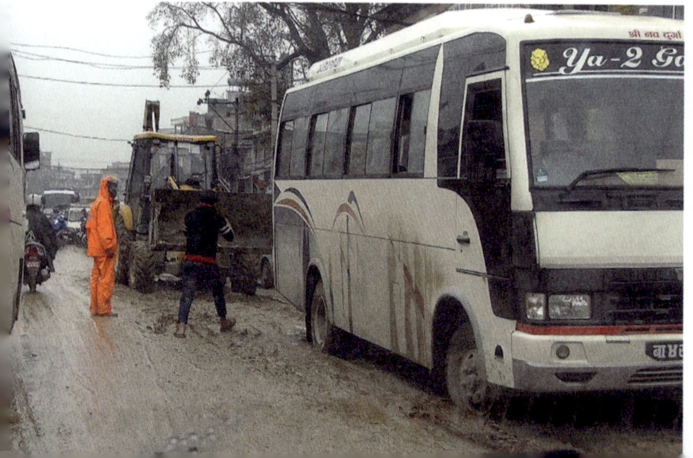

DIE FÄRBEREI VON TONI UND JOHNNY

Der eigentliche Färbeprozess folgt überall in der Welt dem gleichen Muster. Die Färbepflanzen müssen gekocht werden, um an den wertvollen Farbstoff zu gelangen. Dies geschieht in den verschiedenen Kulturen auf unterschiedlichste Art und Weise. Manchmal einfach mit offenem Feuer in einem alten Fass oder wie in Usbekistan mit Gas. Beim Betreten des Werkstattgeländes von Toni und Johnny fällt als Erstes ein großer Stahlkessel mit Kamin auf, der wie eine ramponierte Mondrakete aussieht. Dies ist das Herzstück der Färberei, hier wird mit einer Holzfeuerung heißer Wasserdampf für die Färbekessel erzeugt. Der heiße Dampf läuft durch ein Wirrwarr von unterschiedlich dicken Rohren zu den Färbekesseln. Das Erhitzen des Wassers geschieht mit dieser Methode äußerst schnell und effizient,

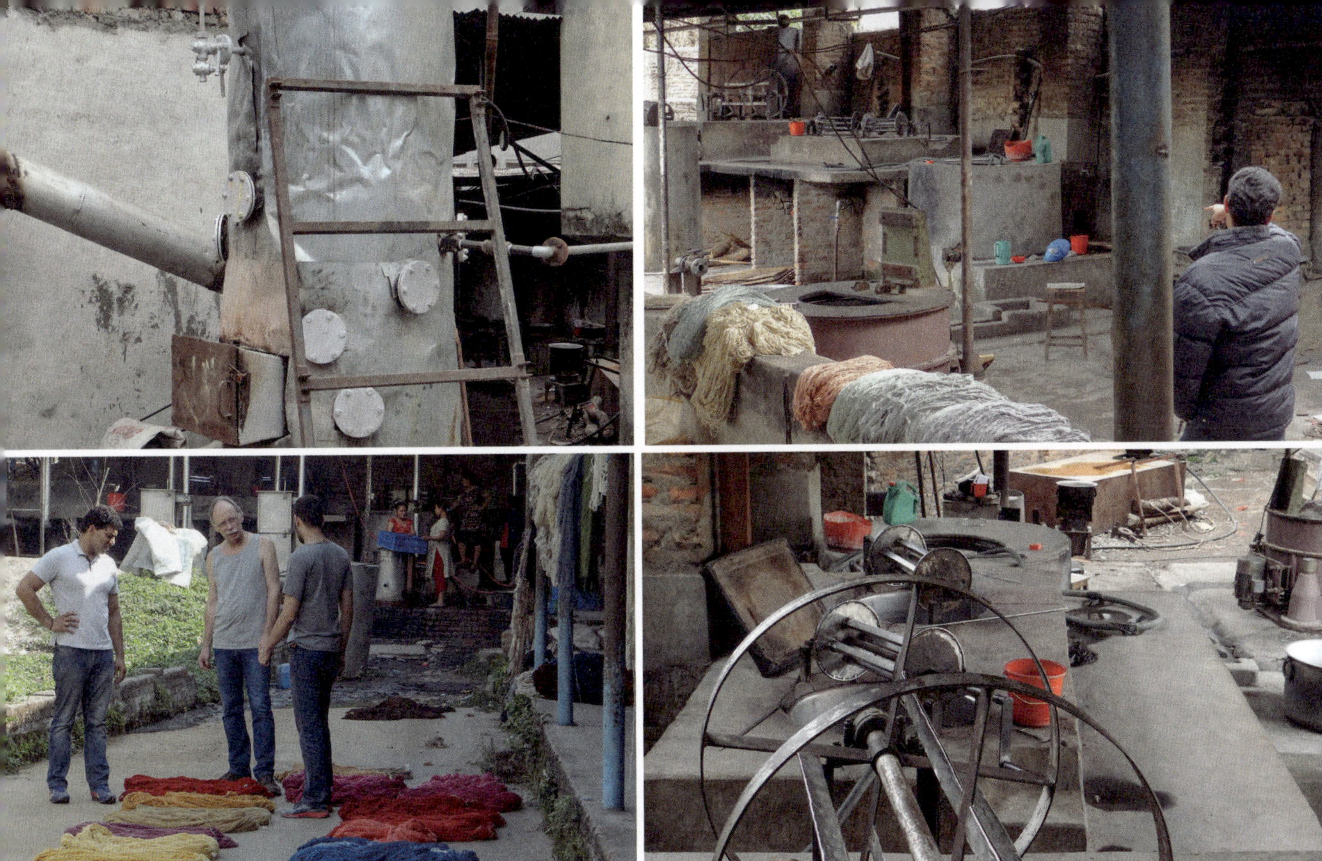

Links oben: Der alte Dampfkessel »Sputnik«, inzwischen durch einen neuen ersetzt
Links unten: Passt die Farbe oder nicht?
Rechts oben: Die Färberei von Toni und Johnny
Rechts unten: Eine Haspel auf dem Färbekessel

egal wie groß der Kessel, das Wasser kocht in erstaunlich kurzer Zeit. Die kleinen Edelstahlkessel sind freistehend, mal eckig oder rund, mächtige Kessel haben ihren festen eingemauerten Platz. Über den Kesseln sind sogenannte Haspeln fest montiert, über diese handbetriebenen Haspeln läuft das Garn beim Färben kontinuierlich durch das Farbbad. In einem kleinen, mit zwei Fenstern bestückten Raum lagern die chemischen Farbstoffe. Hier wird gemischt und genauestens abgewogen, je nach gewünschter Farbe. Ein Dach aus Wellblech schützt die Werkstatt vor den jährlichen Monsunregen. Es ist eine kleine, aber gut funktionierende handwerkliche Färberei. Die Zeiten der riesigen Färbereien in Nepal sind schon lange vorbei. Johnny und Toni sind in solch einer gigantischen Färberei aufgewachsen, die damalige Fabrik ihres Vaters war zu den Hochzeiten der nepalesischen Teppiche eine der größten in Kathmandu. Täglich unzählige Tonnen von Wolle wurden dort gefärbt, auch Mike war ein guter Kunde. Aber jeder Trend geht irgendwann vorüber. Heute stehen solche gigantischen Anlagen hauptsächlich in Indien und China. Nur wenige Manufakturen haben die billige chinesische Konkurrenz überlebt und produzieren heute noch. Auch dies ist ein Grund für das Engagement von Mike in Nepal, einem Land, mit dem er tief verbunden ist. Er möchte hier wieder qualitativ hochwertige Teppiche herstellen lassen, und das mit Pflanzenfarben.

DER FLUCH DES INDIGOS

Es gibt in unserer Zeit nur noch sehr wenige Manufakturen, die natürliches Indigo produzieren. Das Blau, das in Massen für die Jeans benötigt wird, wird heute mit synthetischem Indigo erzeugt. Deshalb ist es schwierig, an natürliches Indigo zu gelangen, noch schwieriger, wenn es von guter Qualität sein soll. Um so größer war unsere Freude, einen Lieferanten kennenzulernen, der uns genau dies offerierte. Von dem ersten Kilo, das er uns lieferte, führten wir eine Probefärbung durch, ein dunkles, sattes Blau breitete sich auf der Wolle aus, es war ein Indigo mit sehr hohem Gehalt an Farbstoff. Voller Begeisterung orderten wir eine große Menge, die Rechnung war wie üblich im Voraus zu bezahlen. Die Ernüchterung kam mit der Lieferung: Was bei uns ankam, war von miserabler Qualität. Ein kräftiges dunkles Blau war damit unmöglich zu färben. Nun saßen wir auf dem Indigo, das mit dem ersten Kilogramm, das wir getestet hatten, nichts gemein hatte. Der Farbstoff war unbrauchbar und unser Geld weg, man nennt dies wohl Lehrgeld. Bei der Arbeit in fernen Ländern haben wir sehr viele Menschen kennengelernt. Dabei kreuzten auch zwielichtige Gestalten unseren Weg, manchmal haben wir es zu spät erkannt.

Oben: Toni und Johnny beim Färben mit Indigo
Unten: Melierte und graue Wolle, mit Indigo überfärbt

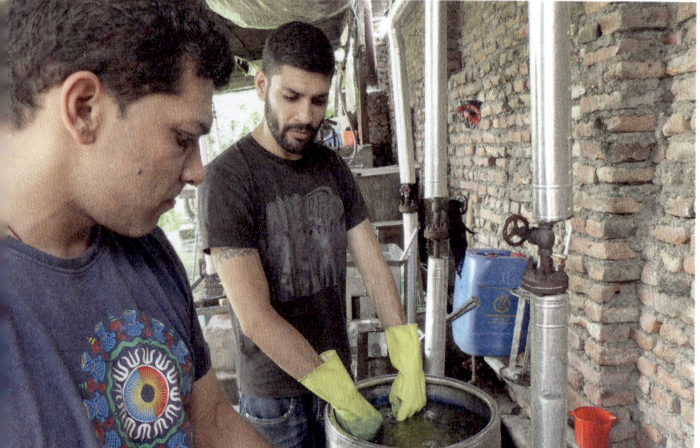

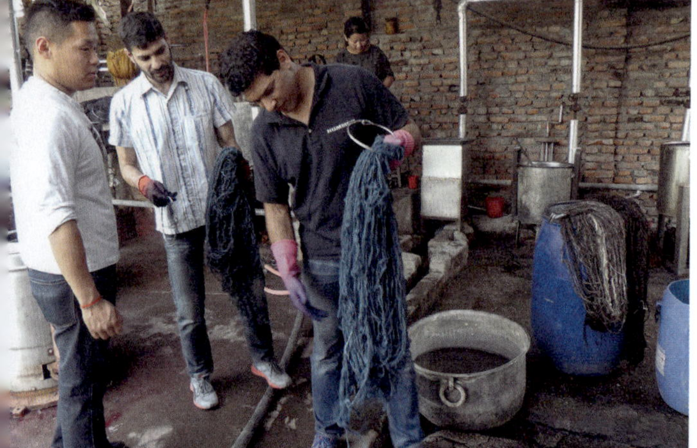

Toni hatte schon viel Erfahrung mit dem Färben von Indigo gesammelt. Er erklärte mir sein Rezept, das ich nicht kannte. Es gibt aber auch unzählige Methoden auf der Welt, mit Indigo zu färben. Er führte es mir vor, mischte diverse Zutaten mit dem Indigo und brachte ein schönes Blau hervor. Meine Rezeptur war ihm wiederum unbekannt. Jede Kultur hat ihre Vorlieben. Ich arbeite seit vielen Jahren immer mit dem gleichen Rezept, was die Blaufärberei betrifft, und halte mich an das Motto: *never change a running system.*

Indigo färbt man mit einer sogenannten Küpenfärbung, dabei entsteht das Blau erst nach dem Herausnehmen aus dem Kessel mithilfe des Sauerstoffs aus der Luft. Es ist immer wieder großartig, den Gesichtsausdruck von Menschen zu beobachten, die dies zum ersten Mal sehen. Ungläubig starren sie auf die farbliche Veränderung der Wolle. Aus dem Farbbad taucht ein Gelb und wird langsam ein wunderschönes Blau. Toni erging es nicht anders. Aber als guter und professioneller Färber verstand er schnell die Vorteile dieser Rezeptur. Einfacher, schneller und preiswerter. Der Verbrauch von Indigo (vorausgesetzt man ist im Besitz einer guten Qualität) reduziert sich enorm, der Färbevorgang wird erheblich verkürzt, und am Ende erscheint ein leuchtendes kräftiges Blau.

Ich kann gut verstehen, dass Menschen zu Beginn eines Projektes meinem Wissen gegenüber skeptisch sind. Wie sollten sie mich und mein Können auch einschätzen? Vermutlich sind sie schon öfter Menschen begegnet, die mit großen Worten kamen, aber keine Taten folgen ließen. Eine gewisse Vorsicht, eine Skepsis hat ihre Berechtigung. Es ist aber für mich immer wieder wunderbar zu erleben, wenn ich die Menschen überzeugen kann und sie ihre Zweifel ablegen. Das ist der Anfang einer Begegnung auf Augenhöhe, der Grundstein für eine erfolgreiche gemeinsame Arbeit. Für die Arbeit mit Toni und Johnny war er hiermit gelegt.

FÜNFZIG FARBEN FÜR EINEN TEPPICH

Die Aufgabenstellung für die zukünftige Arbeit war klar definiert: Wir mussten es schaffen, mindestens fünfzig reproduzierbare Farben in der Färberei von Toni und Johnny herzustellen. Im Gegensatz zu einer handelsüblichen RAL-Farbkarte für Teppiche ist dies natürlich eine winzige Farbpalette. Aber zum einen sind sechshundert oder noch mehr Farben für einen Kunden sowieso unüberschaubar und bedienen meist nur die Ansprüche der Designer, zum anderen liegt der Schlüssel für eine erfolgreiche Vermarktung häufig eher in der Einfachheit. Aber dazu später mehr.

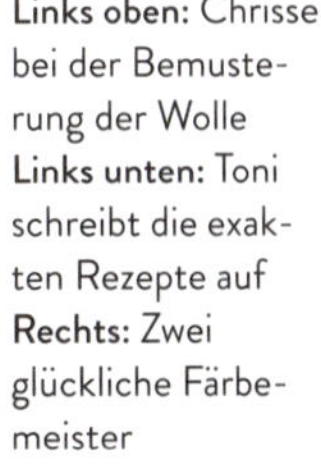

Links oben: Chrisse bei der Bemusterung der Wolle
Links unten: Toni schreibt die exakten Rezepte auf
Rechts: Zwei glückliche Färbemeister

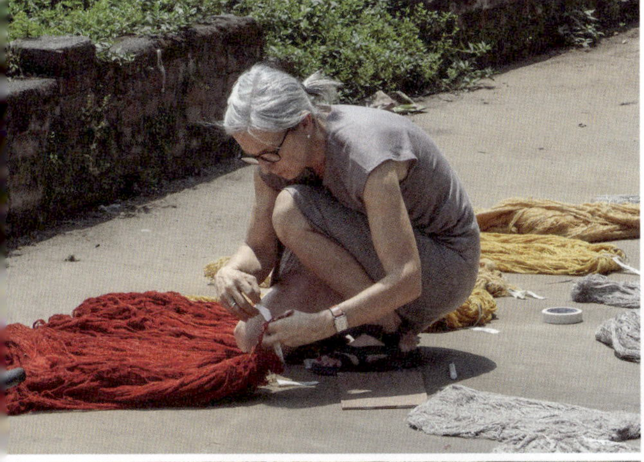

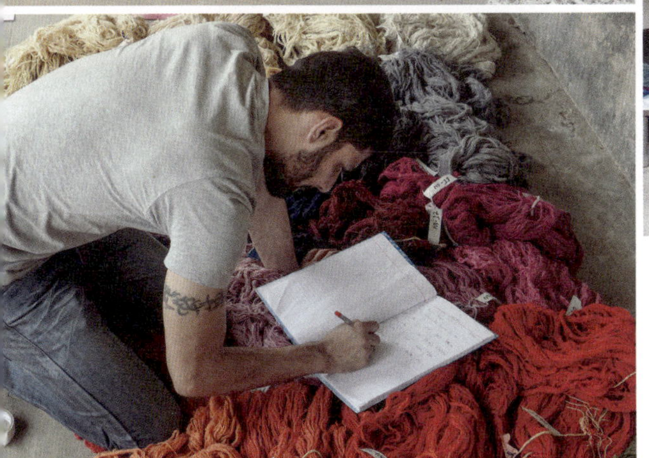

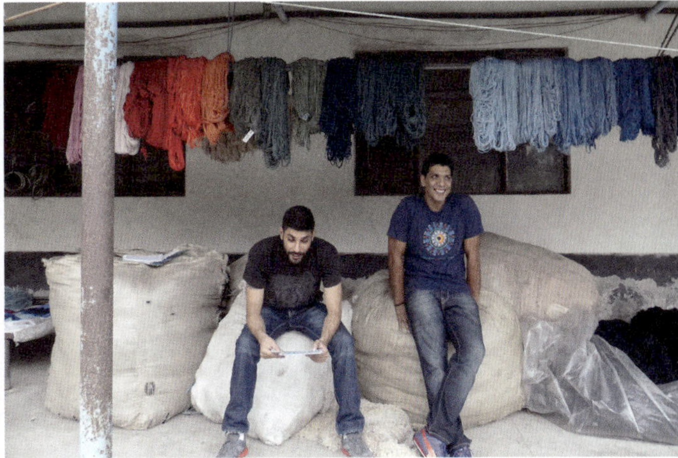

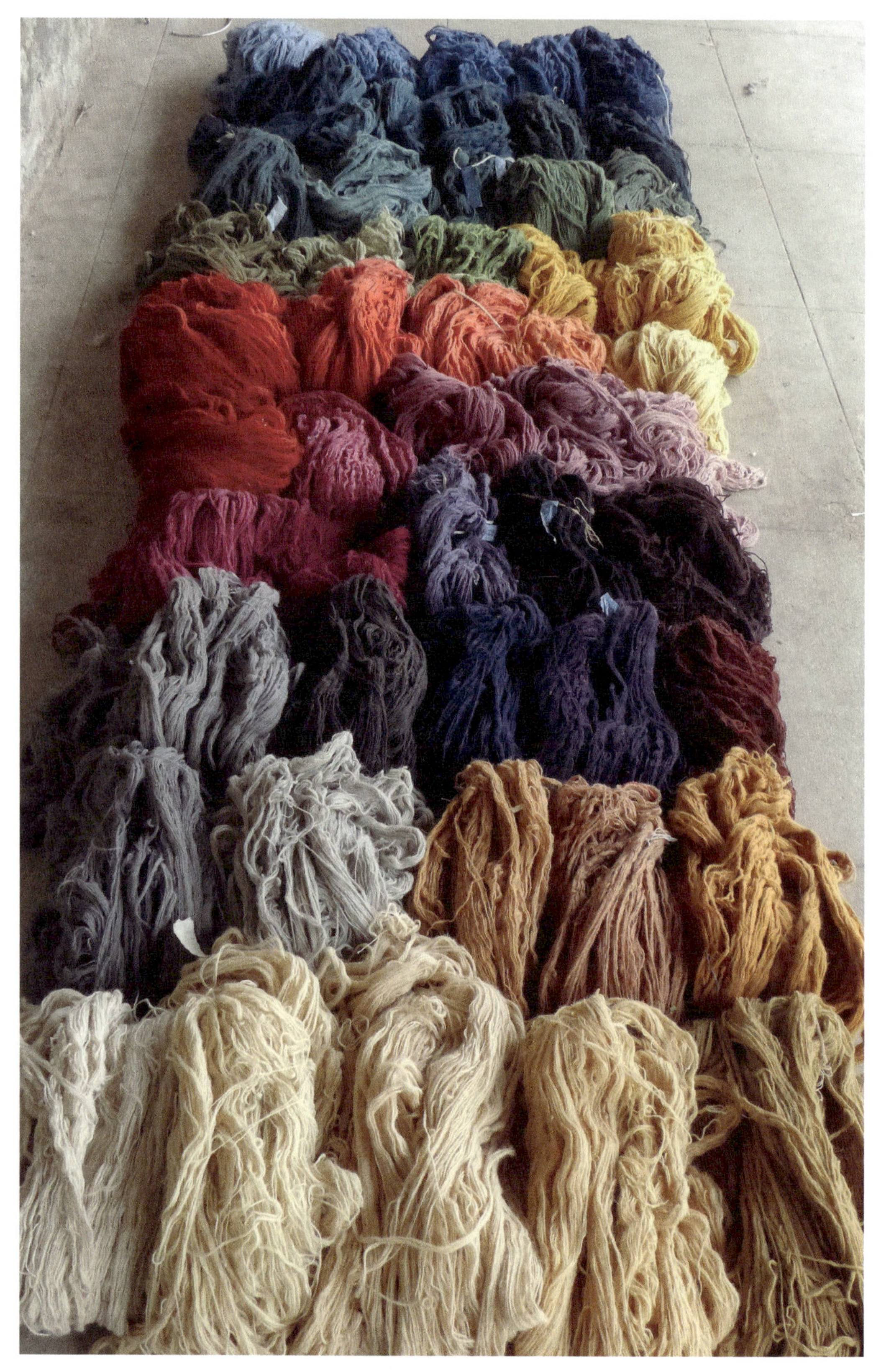

Die fünfzig ausgewählten Farben

Wir begannen die Arbeit mit den notwendigen Beizen für die unterschiedlichen Farben. Auch Koschenille war mit von der Partie, diese Wolle wurde zusätzlich mit Weinsteinrahm gebeizt. Für die Küpenfärbung mit Indigo ist keine Beize erforderlich, der Indigo sorgt allein schon für eine gute Lichtechtheit. Es wurde gefärbt, getestet, Rezepte wurden ausgetauscht und wieder verworfen. Mit der neu erlernten Methode erzielten die Brüder wunderbare Blautöne, die Überfärbungen von Gelb und Rot ließen herrliche Grün- und Lilatöne entstehen. Nach etlichen Einsätzen in Kathmandu hingen an die hundert Farben auf der Leine. Jetzt mussten die besten fünfzig Rezepte ausgesucht werden. Gut, dass wir immer alles exakt dokumentieren.

Nun war die nächste Frage zu klären: Wie verhält es sich mit der Waschechtheit der Farben? Um kein Risiko einzugehen, ließen wir vor der Produktion zwei identische Teppiche mit allen fünfzig Farben knüpfen. Chrisse hatte die geniale Idee, weiße Linien zwischen die Farben einzuknüpfen. Damit war eindeutig feststellbar, ob und welche Farben sich bei einem Waschvorgang auf das danebenliegende Weiß legten. Um so einen Teppich zu knüpfen, bedarf es großer handwerklicher Geschicklichkeit und viel Zeit. Wir brauchten Geduld, mit viel Spannung warteten wir auf das Ergebnis. Dann war es so weit, das Probestück war fertig und wurde gewaschen. Auf den weißen Rändern war nichts von einer Farbe zu sehen, die Waschechtheit war überragend – und

Ein Traum: die Musterteppiche aus fünfzig Farben

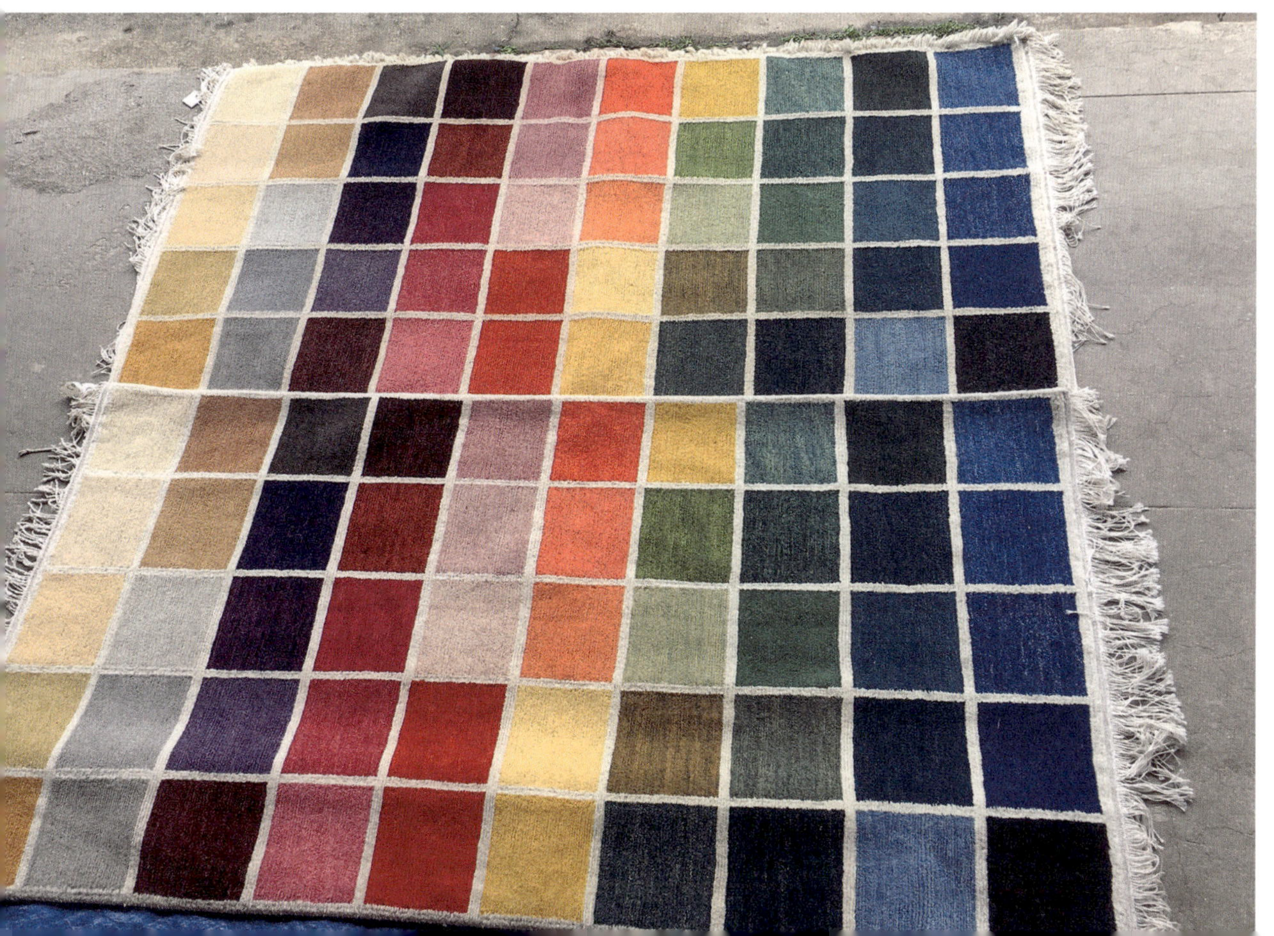

wir waren mehr als glücklich und zufrieden. Der erste Schritt war getan.

Das aus der Not heraus geborene Muster für diesen Probeteppich entpuppte sich im Nachhinein als perfektes Design, das sich für viele Variationen eignete. Allein durch den Austausch der Farben waren unzählige Farbvarianten machbar: alle Quadrate in Rot und Lila, oder lieber Grün und Türkis? Kein Problem, für eine zeitlose Eleganz braucht es keine aufwendigen Designs und Muster. Das harmonische Erscheinungsbild des Teppichs entsteht durch das einfache und abwechslungsreiche Spiel der leuchtenden Pflanzenfarben. Wir lassen die Farben sprechen.

NEPAL UND DER FILZ

Toni und Johnny waren begeistert von den Farben, auch ein wenig Stolz schwang in dieser Freude mit. Zu Recht, es war eine Herausforderung, fünfzig Farben in dieser Qualität zu färben. Immer wieder kamen Kunden in die Färberei, sie sahen uns bei der Arbeit zu und begutachteten die Ergebnisse. Alle waren mehr als angetan von dieser einzigartigen Farbpalette. Seit geraumer Zeit versuchten die Brüder, mit ihrer Färberei auch in Organisationen und Firmen vorzudringen, die den fairen Handel beliefern, und von dort Aufträge zu erhalten. Mit den neuen Pflanzenfarben wäre das eine große Chance, meinen sie – und ich übrigens auch. Dazu muss man wissen, Nepal ist das Land des Filzens. Von dort stammt der größte Teil der in den Weltläden verkauften Filzprodukte. Wir haben eine große Hilfsorganisation besucht. Bei einer ausführlichen Führung durch ihre Werkstätten wurde uns auch die Filzwerkstatt vorgeführt. Das System ist aber absurd: Bereits auf Band gekämmte Wolle wird in Neuseeland eingekauft. Diese kardierte Wolle wird mit chemischen Farben unter Hochdruck eingefärbt. Bei diesem Prozess wird die Wolle ein erstes Mal in Mitleidenschaft gezogen. Nach diesem Vorgang muss die Wolle nochmals kardiert werden, da die Fasern durch die mit Druck erzeugte Färbung verfilzt sind. Dazu wird das bereits kardierte und gefärbte Band durch einen Reißwolf gelassen, die Fasern werden also auseinandergerissen. Nun folgt das erneute Kardieren der Wolle zu einem Kardenband. Nun ist die Wolle zum Filzen vorbereitet. Die vielen unnötigen und überhaupt unverständlichen Arbeitsgänge haben die Fasern verkürzt bzw. die Wolle zerstört. Und hieraus entstehen dann die überall erhältlichen feinen Filzprodukte aus Nepal. Wir haben bei dieser großen Organisation, die auch im Handel sehr gut vertreten ist, versucht zu bewirken, dass sie dieses System verändern und eventuell in Zukunft auch mit Pflanzenfarben arbeiten. Leider umsonst. Auch Toni und Johnny waren mehrmals vorstellig mit ihren neuen Farben. Wieder umsonst. Die anfangs fast unbeschreibliche Begeisterung ihrer Kunden für die neuen Farben hat sich ebenfalls nicht in Aufträgen niedergeschlagen. Zu teuer die neuen Farben, nicht konkurrenzfähig. Als ob man Pflanzenfarben mit chemischen Farben vergleichen könnte. Es ist doch klar, dass der Mehraufwand bei der Färberei auch bezahlt werden muss, um einen Konkurs zu vermeiden. Aber die Pflanzenfarben sind, im Gegensatz zu den chemischen Farben, ein zeitgemäßes ökologisches Produkt. Aber in dieser Nische lässt sich wirtschaftlich erfolgreich arbeiten. Das haben wir selbst Jahrzehnte lang erlebt. Aber leider sind oftmals die Oberen nicht bereit, ihr Denken zu ändern. Unser Frust war groß, dass selbst im fairen Handel offensichtlich keine Einsicht und kein Wandel möglich sind. Wir alle, Toni, Johnny, Mike, Chrisse und ich, verstehen es nicht. Aber wir geben nicht auf, für eine Veränderung braucht es einen langen Atem.

ENDLICH WIEDER!

Es ist der 24. April im Jahr 2022, der durch die Pandemie immer wieder verschobene Einsatz in Kathmandu bei der Women's Foundation Nepal kann endlich beginnen. Zusammen mit meinem jungen Kollegen, Freund und gelehrigen Schüler Martin begeben wir uns auf die Reise in das laute, staubige und heiße Kathmandu. Ziel ist es, eine GOTS (Global Organic Textile Standard) zertifizierte Kollektion an Schals herzustellen, aus hochwertigen Naturmaterialien wie Wolle, Seide und Kaschmir. Dazu unterrichten wir in drei Trainingsblöcken mehrere Frauen in der Kunst der Pflanzenfärberei, sodass diese danach imstande sind, selbstständig zu arbeiten und das Wissen weiterzugeben. Aller Anfang ist schwer, so auch hier. Erst viel Theorie, und dann das notwendige und langweilige Beizen der Wolle ermüdete so manche Teilnehmerin. Aber als die ersten Farben auf den Schals auftauchten, wuchs die Lust auf mehr Wissen. Die Motivation stieg weiter, als noch mehr Farben und Designs die Kessel in der neuen Färbewerkstatt in Kathmandu verließen. Nach einigen Tagen stand die Vorbereitung des Indigobades auf dem Lehrplan. Nach den ersten geheimnisvollen Verwandlungen an der Luft zu einem herrlichen Blau, einem Grün oder einem Lila, war es um die Disziplin geschehen. Alle wollten nun Blau färben, alle wollten selbst zaubern und die eine oder andere Grundfarbe nach einem Tauchgang im Indigo verwandeln. Es gab, wie wir es immer wieder erleben, kein Halten mehr. Spätestens jetzt hatte die Kursleitung keine Bedeutung mehr, wir waren nicht mehr existent, kaltgestellt betrachteten wir das bunte Treiben, es wurde getunkt, gerührt, gestaunt. Das ist in Ordnung so, Freilauf und Experimentieren haben ihre Berechtigung. Aber irgendwann kehrte wieder Ruhe ein, und die vor lauter Freude und Begeisterung begangenen Fehler wurden ausführlich besprochen und bereinigt. Die Färberei mit Indigo ist immer wieder ein ganz besonderes Erlebnis, ein Höhepunkt, der die Lust an der Pflanzenfärberei tief verankert.

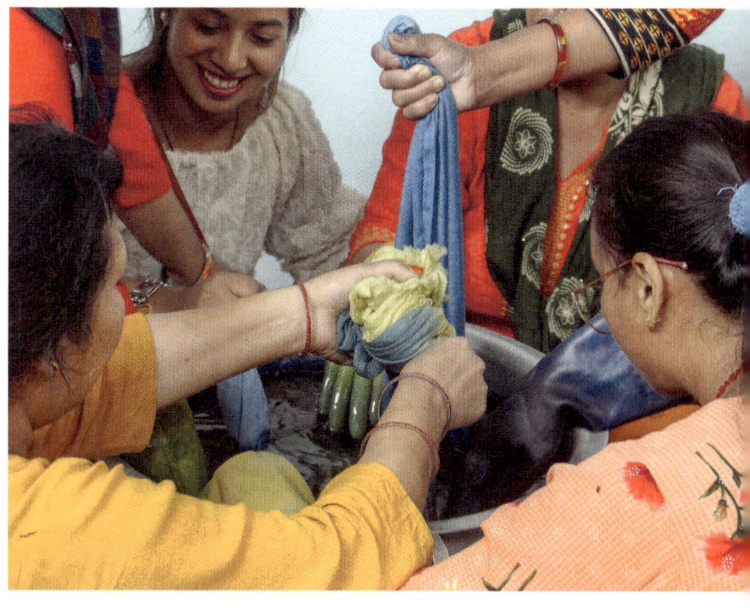

Die Frauen von der Women's Foundation beim Blau-Färben

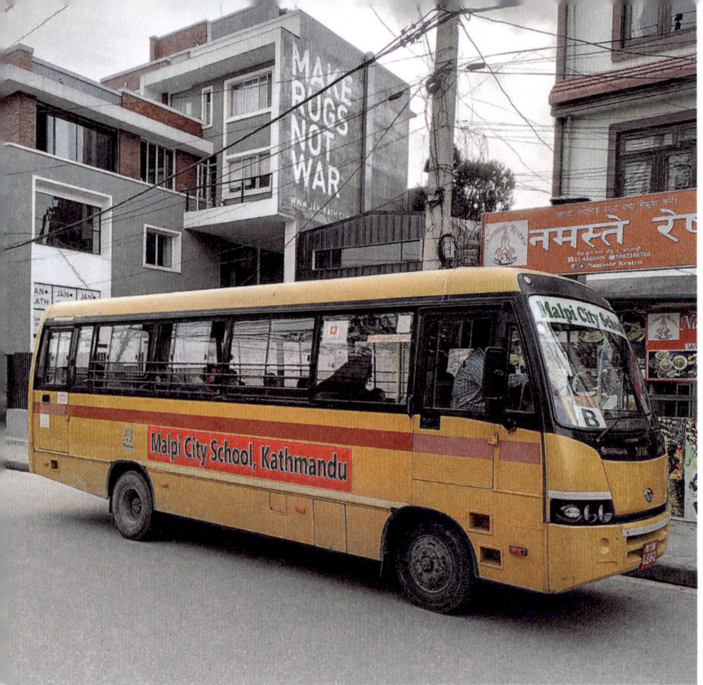

»No comment«

BEGEGNUNG DER UNHEIMLICHEN ART

Es gibt sie wirklich, solche Begegnungen, die im ersten Moment wie ein unglaublicher Zufall in das Leben treten. Nach einem Moment der Besinnung erscheint es aber im buddhistischen Kathmandu eher wie eine göttliche Vorhersehung, ein unabwendbares Karma. Es ereignete sich im Hotel, nach der Arbeit. Der junge Mann an der Rezeption wollte, nachdem wir schon zehn Tage hier logierten, endlich wissen, was wir hier eigentlich arbeiteten. Die Frage war ohne Zweifel berechtigt, ich wäre an seiner Stelle ebenfalls neugierig gewesen. Ich holte also meinen Ordner mit den vielen Farbmustern und Rezepten hervor, breitete ihn auf seinem Tresen aus und begann, von unserer Arbeit zu erzählen. Ich hatte noch keine zwei Sätze gesagt, da bewegte sich aus dem Hintergrund eine Hand mit ausgestrecktem Zeigefinger auf den Ordner zu. Er zeigt auf ein rotes Farbmuster, und eine Stimme hinter mir beginnt in einem etwas holprigen Englisch mit den Worten: »Unglaublich, das sind alles Naturfarben?« Ich drehe mich um, ein Nepalese mittleren Alters mit freundlichem Gesicht und strahlenden Augen deutet auf meine Farbmuster. Dann beginnt er die Farben exakt zu benennen, als Erstes erkennt er das Rot der Koschenille. Ich bin sprachlos, kein Nepalese kannte bislang Koschenille, da es hier nicht verwendet wird. Dann folgten alle auch mir wohlbekannten nepalesischen Farbstoffe, Padamchal und Baro, Haro und Amala und so weiter. Sein unglaubliches Wissen auf diesem Gebiet haute mich regelrecht um, noch nie, nirgends auf der ganzen Welt ist mir so ein Mensch begegnet. Ihm ging es ebenso, auch er war von meiner Arbeit tief beeindruckt. Lange Zeit saßen wir und redeten, und es stellte sich heraus, dass sein Vater ihm all dieses Wissen beigebracht hatte. Dieser hatte die Färberei in Tibet gelernt und dann in Nepal pflanzengefärbte Teppiche gefertigt. Leider hatte er selbst momentan keine Zeit mehr für die Pflanzenfärberei. Er produziert in Nepal für einen auf der ganzen Welt bekannten deutschen Teppichdesigner eine Kollektion, da blieb wenig Raum für andere Dinge. Aber dieses zufällige Treffen in der Hotellobby war für ihn wie eine Erleuchtung. Mit Begeisterung erzählte er von den Pflanzenfarben, und dass er unbedingt wieder in diese Materie eintauchen möchte, vielleicht könnten wir auch gemeinsam etwas bewegen. Ein Satz von ihm, der mich sehr beeindruckt hat, lautete: »Über einen normalen Teppich läuft man, bei einem pflanzengefärbten Teppich taucht man in die Farben ein, man schwebt über ihn.«

Am nächsten Tag lud er uns in sein Büro- und Produktionsgebäude ein, es lag keine fünf Minuten von unserem Hotel entfernt in der Nähe der weltberühmten Boudha Stupa. Noch nie habe ich bei meinen vielen Arbeitseinsätzen in der ganzen Welt solche sauberen und menschenfreundlichen

Arbeitsplätze gesehen, eigene Kindergärten und andere, sonst nicht üblichen sozialen Leistungen rundeten den Gesamteindruck ab. Kein vorgespieltes Theater, um die Wirklichkeit zu verschleiern oder, wie in Peru, Spenden zu ergattern.

Dieser Mann ist ein echter Überzeugungstäter. Vielleicht werden wir uns bei meiner nächsten Arbeit wieder in Kathmandu treffen, hoffentlich mit viel Zeit und Erfahrungsaustausch. Sein Name ist Kaju Lama und ich freue mich jetzt schon auf das Wiedersehen.

DER INDIGO

Der Name Indigo ist sehr geläufig und vielen Menschen bekannt, ist es doch der Farbstoff, mit dem der »Denim« gefärbt wurde, der Stoff, aus dem Levi Strauss ab 1882 seine Blue Jeans schneiderte. Allerdings wurde dieser Stoff schon mit dem damals neu entdeckten synthetischen Farbstoff, nicht mit dem natürlichen Indigo, der aus Pflanzen gewonnen wird, gefärbt.

Die älteste nachweisbare Verwendung des Farbstoffes Indigo stammt aus den Anden, aus Peru. Dort wurde in einem Zeremonialhügel ein Leinenstoff mit blassen blauen Streifen gefunden, der etwa 6000 Jahre alt sein soll. Auch im alten Ägypten war der Farbstoff bekannt und wurde zum Färben von Textilien genutzt. Die ältesten Belege datieren auf etwa 2400 v. Chr. Solche Funde vermitteln uns, dass Farbe schon immer eine wichtige Rolle für die Menschen spielte.

Der blaue Farbstoff ist in verschiedenen Pflanzen überall auf der Welt enthalten,

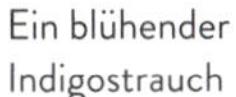
Ein blühender Indigostrauch

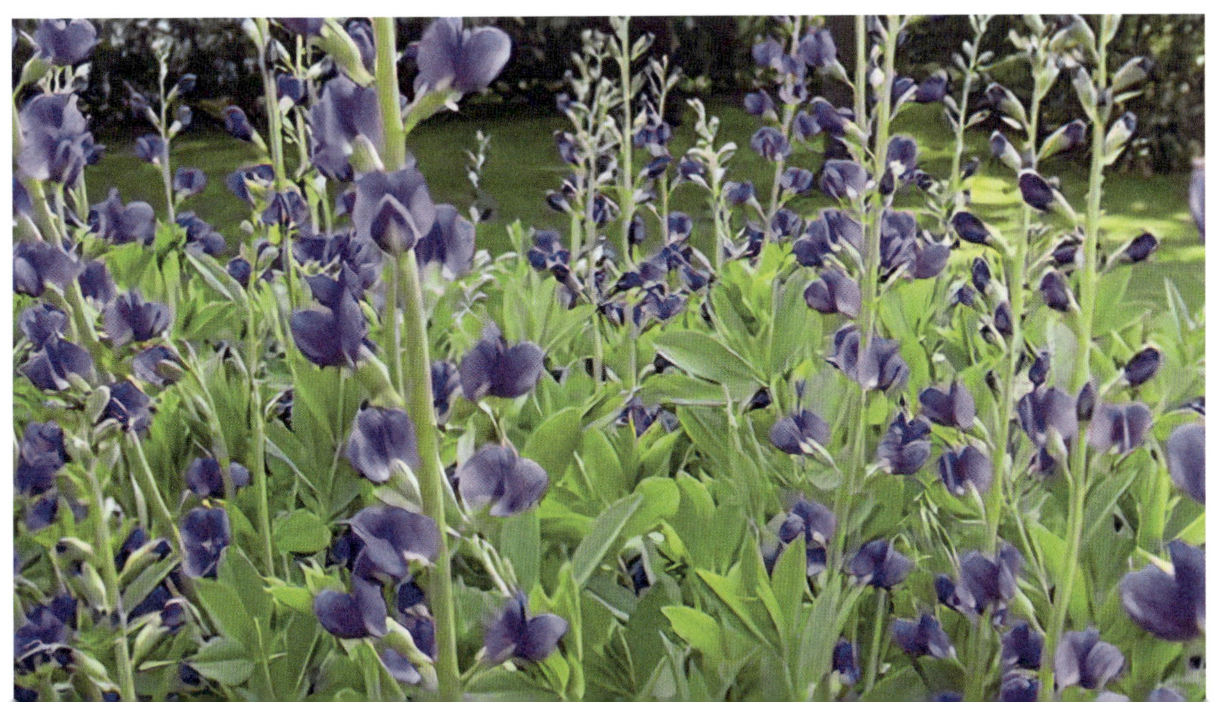

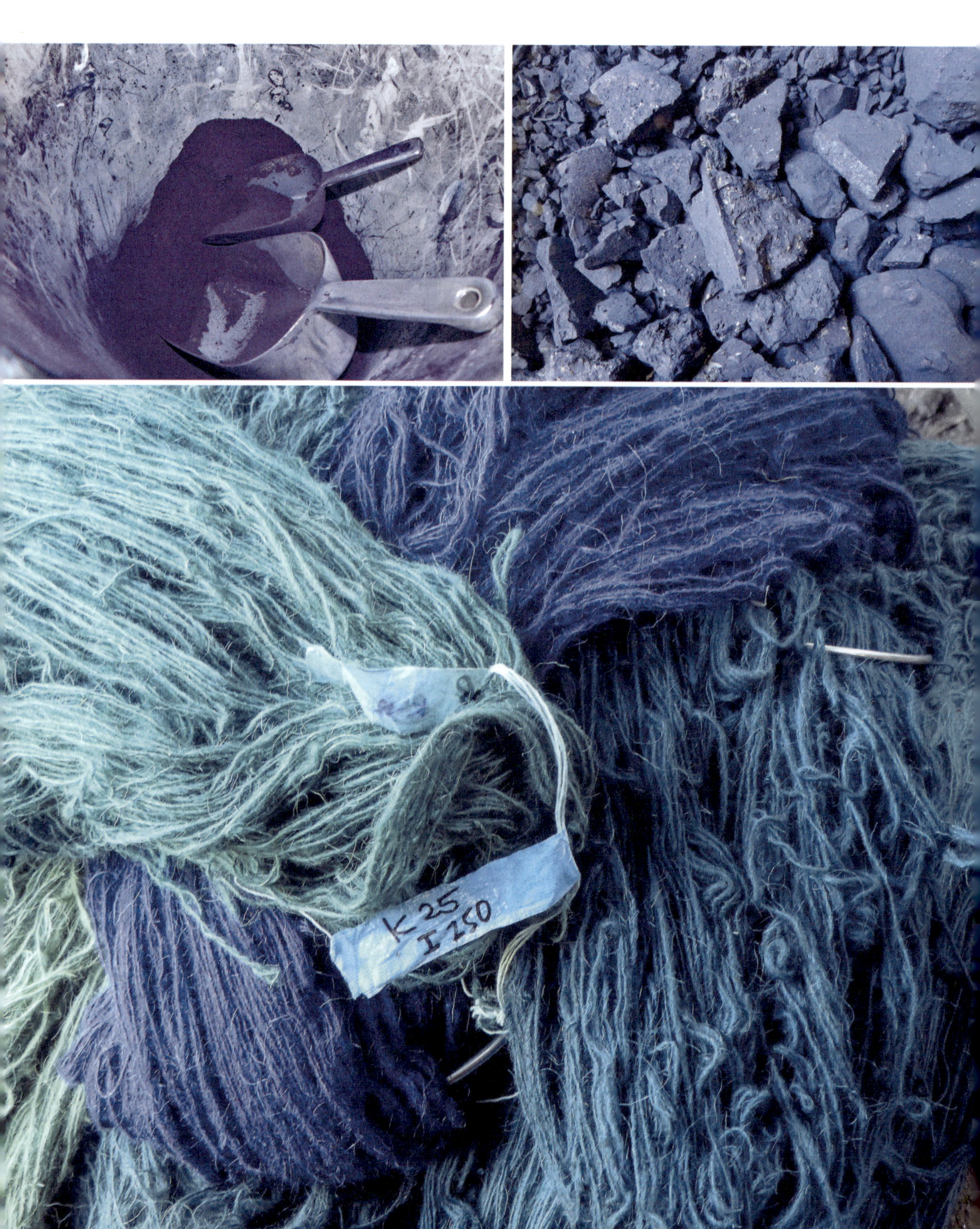
K 25
I 250

die jeweils zum Färben verwendet wurden, beispielsweise der Färberknöterich in Japan, in Nordamerika die Indigolupine, oder in China der Chinesische Waid. In Mitteleuropa wurde schon in der Antike der aus Vorderasien stammende Färberwaid kultiviert. Urkunden aus dem 12. Jahrhundert belegen den Anbau von Färberwaid in Thüringen. Bis ins 16. Jahrhundert wurde daraus ein wichtiger Wirtschaftsfaktor und bescherte Städten wie Erfurt großen Reichtum. Der Farbstoff wurde nach Köln exportiert, über Hamburg nach England und Holland verschifft. Als aber in Holland 1602 die Ostindische Handelsgesellschaft gegründet wurde, war das der Anfang vom Ende des mitteleuropäischen Waidanbaus. Nun brachten die Holländer aus ihrer Kolonie den Indigo mit, der aus dem Indigostrauch gewonnen wurde. Er verfügte über die etwa dreißigfache Menge an Farbstoff im Vergleich zum Färberwaid. Obwohl in vielen deutschen Ländern und Städten der Gebrauch des neuen Indigos verboten wurde, setzte sich der asiatische Indigo im 17. Jahrhundert endgültig durch. Aber auch dieser Farbstoff konnte seinem Schicksal nicht entgehen. 1878 gelang es dem deutschen Chemiker Adolf von Baeyer, den Farbstoff synthetisch herzustellen. Die BASF brachte ihn 1897 zu einem günstigen Preis in den Handel, mit dem Erfolg, dass schon 1914 der Anteil des natürlichen Indigos nur noch vier Prozent betrug.

Der Indigostrauch (lat. *Indigofera tinctoria*) gehört zur Familie der Schmetterlingsblütler, im Sommer zeigt sich die ganze Pracht des Strauches mit seinen leuchtenden lila Blüten. So richtig wohl fühlt sich der Indigostrauch, wie schon angedeutet, in tropischem Klima, er gedeiht vor allem in Indien, aber auch in den tropischen Breitengraden Afrikas.

Der Färberwaid (lat. *Isatis tinctoria*) dagegen gehört zu den Kreuzblütlern. Er ist eine zweijährige krautige Pflanze, die bis zu eineinhalb Meter hoch werden kann. Er entwickelt einen rispigen Blütenstand, an dem eine Unmenge von gelben Blüten sitzen. Die Färberwaidfelder damals in Thüringen müssen ähnlich ausgesehen haben wie heute die Rapsfelder. Der üppige gelbe Blütenteppich brachte Thüringen im 15. Jahrhundert den Beinamen »Goldenes Vlies« ein.

GRUNDSÄTZLICHES ZUM FÄRBEN MIT INDIGO

Das Färben mit Indigo erscheint in seiner Komplexität äußerst knifflig. Ich habe mich lange vor dem so finster klingenden Rezept gescheut. Viele Jahre lang habe ich Indigo mit Schwefelsäure verwendet. Dadurch erhält man das sogenannte Sächsischblau, kein allzu schönes Blau. Aber im Grunde genommen ist die Indigofärbung die einfachste und schnellste Pflanzenfärbung. Ich gebe Ihnen vorab ein paar wichtige Informationen für die doch völlig andere Färberei mit Indigo. Lassen Sie sich aber nicht irritieren, es klingt in der Theorie schwieriger, als es später bei der praktischen Umsetzung ist.

Das Färben mit Indigo ist eine Küpenfärbung, das bedeutet, der Farbstoff muss einer chemischen Reaktion unterzogen werden, damit überhaupt ein Blau auf der Wolle haftet. Die Ursache dafür ist der in der Indigopflanze enthaltene farblose Stoff Indikan. Nach der Ernte der Pflanze verwandelt sich der Stoff durch verschiedene Prozesse und mit Sauerstoff in Indigotin, das in Form von blauem Pulver auf den Markt kommt. Dies ist der Indigo zum Färben. Damit nun auch ein Blau gelingt, muss der Indigo in

Links oben: Fein gemahlenes Indigopulver
Rechts oben: Der gewonnene Farbstoff noch im Block
Unten: Mit Indigo gefärbte Wolle

einem Farbbad zu einer Reduktion bewegt werden. Dies geschieht mit einer basischen Flüssigkeit (in unserem Fall Ammoniak) und einer sauerstoffreduzierenden Substanz (hier verwenden wir Hydrosulfit). Beide Zusätze werden in einem bestimmten Verhältnis dem Farbbad zugesetzt, dann kommt die zuvor mit Indigo angerührte Stammküpe dazu, und Sie dürfen zu färben beginnen. Das Färbegut verlässt den Kessel mit einem gelblichen Schimmer, dann können Sie zusehen, wie sich das Gelb langsam an der Luft zu einem Blau verwandelt. Dieser Moment ist das Geheimnisvolle und Mystische bei der Indigofärbung. Es ist immer wieder ein ganz besonderes Erlebnis.

DAS REZEPT

Es gibt unzählige und auch völlig unterschiedliche Rezepturen auf der Welt für die Verküpung von Indigo. Ich habe viele getestet, aber mit diesem Rezept arbeiten wir erfolgreich seit über zwanzig Jahren. Voraussetzung für ein schönes Blau ist auch die Qualität des Indigos. Hat er wenig Gehalt aufzuweisen, gelingt es nicht oder nur mit hohem Aufwand.

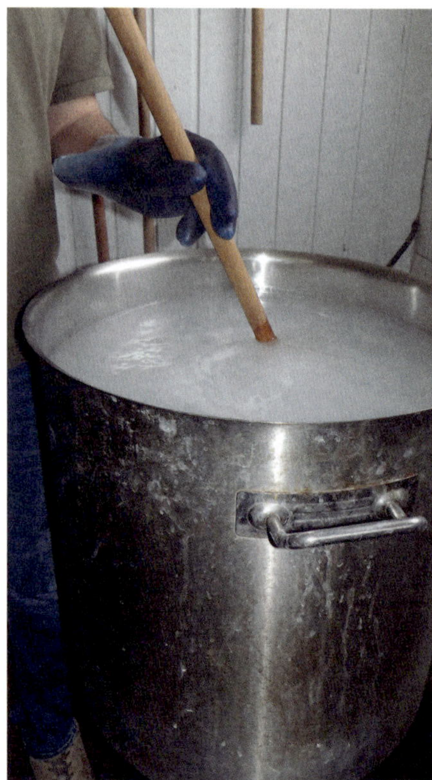

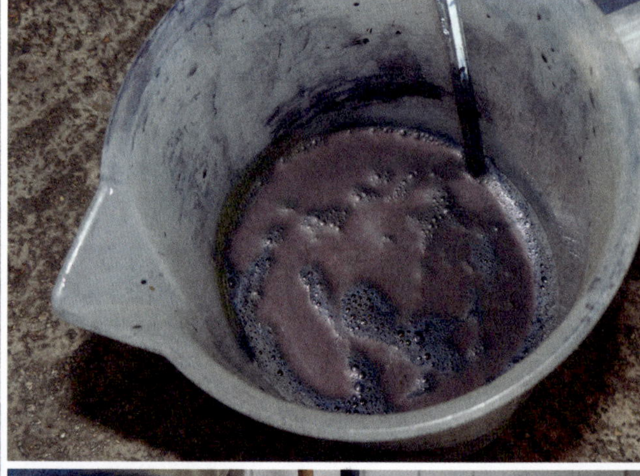

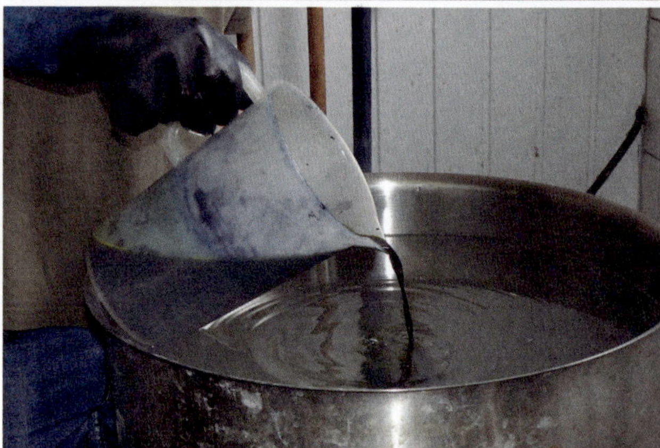

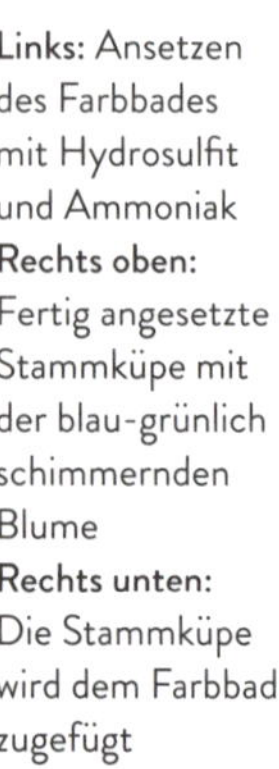

Links: Ansetzen des Farbbades mit Hydrosulfit und Ammoniak
Rechts oben: Fertig angesetzte Stammküpe mit der blau-grünlich schimmernden Blume
Rechts unten: Die Stammküpe wird dem Farbbad zugefügt

VORBEREITUNG DER STAMMKÜPE

1 Liter Wasser mit ca. 50 Grad
36 Gramm Indigo
53 Gramm Hydrosulfit
33 Gramm Natronlauge mit 50 %
Wollwaschmittel flüssig

(reicht für 1 Liter, wenn Sie mehr Stammküpe benötigen, einfach das Rezept umrechnen)

Zuerst erwärmen Sie 1 Liter Wasser auf ca. 50 Grad. In einen Messbecher werden 36 Gramm Indigopulver abgewogen, dazu kommen noch 53 Gramm Hydrosulfit und ein kleiner Schuss flüssiges Wollwaschmittel für eine bessere Auflösung des Indigos in der Stammküpe. Mit einer kleinen Menge des erwärmten Wassers rühren Sie nun die Zutaten zu einer gleichmäßigen Paste. Es darf nicht zu flüssig sein, deshalb immer mit wenig Wasser beginnen und lieber öfter hinzufügen. Ist der Vorgang erfolgreich beendet, schütten Sie das restliche Wasser hinzu und rühren kräftig um. Jetzt wiegen Sie 33 Gramm fünfzigprozentige Natronlauge ab, diese wird nun langsam und vorsichtig eingerührt. Ab diesem Zeitpunkt sollte kein Sauerstoff mehr durch heftiges Rühren in die Küpe gelangen, da sonst der Indigo bereits verblaut. Wenn die Küpe grünlich schimmert und eine grüne Blume oben zu sehen ist, haben Sie alles richtig gemacht. Stellen Sie es nun beiseite und lassen Sie es ein wenig ziehen.

Vorbereitung des Farbbades

Nehmen wir an, Sie haben einen Topf mit 20 Liter Inhalt, dann wird dieser bis kurz unter den Rand gefüllt, das Wasser auf ca. 50 Grad erhitzt. Auf 1 Liter Wasser kommt nun 1 Gramm Hydrosulfit, für 20 Liter benötigen Sie also 20 Gramm. Nun das Wasser mit dem Ammoniak (Salmiakgeist 10 %) in einen leicht alkalischen (basischen) Zustand bringen. Immer erst ein wenig zusetzen und dann mit Lackmus-Papier messen, bis der pH-Wert bei 8 bis 9 liegt. Notieren Sie am besten, wieviel Gramm Sie benötigt haben, es erleichtert Ihnen in Zukunft das Einstellen. Das Farbbad ist nun ebenfalls fertig. Die Temperatur sollten Sie beim Färben in etwa einhalten. Falls sie auf 40 Grad abfällt, ist dies kein Problem, aber höhere Temperaturen schaden dem Indigo.

Das Färben

Von der Stammküpe schütten Sie jetzt für ein helles Blau ca. 100 Milliliter in das Farbbad, vorsichtig umrühren und die feuchte Wolle komplett eintauchen. Die Wolle wird im Farbbad umsichtig bewegt, nach fünf Minuten herausgenommen und über dem Topf ausgedrückt. Jetzt erleben Sie die wunderbare Verwandlung von dem anfänglichen Gelb zum fertigen Blau. Lassen Sie die Wolle noch zehn Minuten in Ruhe verblauen, dann können Sie das Garn mit Wollwaschmittel auswaschen. Gefällt Ihnen das Hellblau nicht oder Sie möchten es dunkler haben, dann wiederholen Sie den Färbevorgang. Der Farbton wird kräftiger. Für dunklere Töne fügen Sie dem Farbbad wieder Stammküpe hinzu und verfahren wie gewohnt weiter.

Wir empfehlen hier, den Färbevorgang nach fünf Minuten zu beenden beziehungsweise zu unterbrechen. Das ist ein Erfahrungswert, mit dem wir arbeiten. Er gewährleistet uns eine gute Reproduzierbarkeit von gewünschten Farben. Sie können die Wolle aber auch zum Beispiel eine halbe Stunde im Farbbad lassen, der blaue Farbton wird dann dunkler. Sie dürfen da gern ihre eigenen Erfahrungen sammeln. Aber wenn Sie mehrmals den gleichen Farbton erreichen wollen, sollten Sie die Zeit genau im Auge behalten.

Der große Unterschied unserer Färberei zu den üblich beschriebenen Färbevorgängen besteht darin, dass wir immer und ausnahmslos mit wenig Stammküpe anfangen. Das bedeutet, wir färben von Hellblau nach Dunkelblau, nicht umgekehrt. Wir haben dadurch eine viel bessere Kontrolle über die gewünschten Abstufungen. Stellen Sie sich das Ganze einmal andersherum vor. Sie schütten gleich die gesamte Stammküpe ins Farbbad, dann beginnen Sie zwangsläufig mit einem dunklen Blau. Indigo ist sehr ergiebig, das bedeutet in diesem Fall, um ein helles Blau zu erzielen, müssen Sie erst einmal das mit Indigo gesättigte Farbbad so weit mit dunklen Farben erschöpfen, damit zum Schluss ein helles Blau auf der Wolle erscheint. Der einzige Nachteil bei unserer Färbung ist, dass unter Umständen am Ende noch Farbstoff im Farbbad bleibt. Um es so gut wie möglich auszuschöpfen, tauchen wir dunkle Töne einfach öfter ein. Grundsätzlich wird ein kräftiges Dunkelblau durch mehrmaliges Eintauchen sowieso schöner.

TIPPS UND TRICKS FÜR EIN ERFOLGREICHES BLAU

Es ist nicht unsere Absicht, Sie mit Informationen zu überhäufen, sodass Sie den Überblick verlieren. Aber in vielen Anleitungen zum Färben mit Indigo fehlen gerade die kleinen, aber wichtigen Nebensächlichkeiten, Umstände, denen Sie mit Sicherheit irgendwann begegnen – und dann wissen Sie nicht, wie man das Problem löst. Mein Anspruch ist es, Ihnen das Färben so leicht wie möglich zu machen und Ihnen dafür genug Wissen zu vermitteln.

Beginnen wir mit der Stammküpe.

- Falls Sie nur einen Strang in Blau benötigen, warten und sammeln Sie besser oder färben auf Vorrat. Es lohnt sich nicht, für so wenig Wolle ein blaues Farbbad anzusetzen. Wenn das aber keine Option für Sie ist, rechnen Sie die Stammküpe um, zum Beispiel auf einen halben Liter oder noch weniger.
- Beim Ansetzen der Stammküpe können Sie die Qualität des Indigos testen. Nach der Hinzugabe von Natronlauge sollte sich das Indigopulver weitestgehend aufgelöst haben. Dies testen Sie ganz einfach mit einem Rührstab, am besten aus Glas

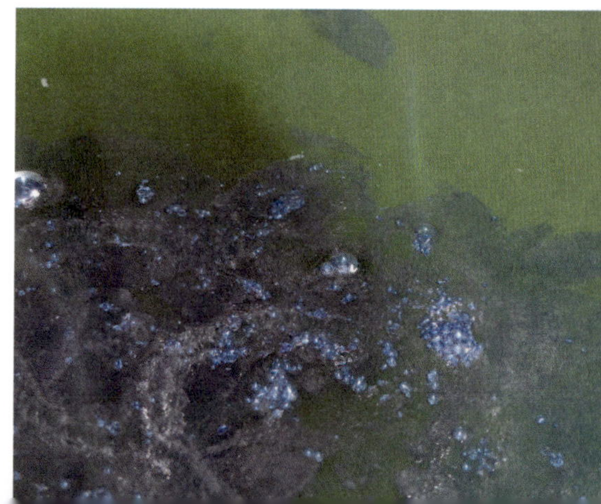

Schaum auf der Oberfläche im blauen Farbbad

oder Plastik. Wenn Sie ihn auf dem Boden des Messbechers vorsichtig hin und her bewegen, dürfen keine kratzenden Geräusche zu hören sein. Alles sollte sich aufgelöst haben. Wenn nicht, hat der Indigo zu viele Beimischungen.

- Um eine blaue Küpe über längere Zeit mit vielen Färbungen zu führen, muss man darauf achten, dass die Temperatur niemals über 55 Grad steigt. Fällt die Temperatur aber weit unter 50 Grad, müssen Sie der Farbe mehr Zeit geben. Je kälter ein Farbbad, desto langsamer bewegen sich die Farbmoleküle. Sie müssen die Wolle länger im Bad lassen, wie lange, wird Ihnen Ihre Erfahrung zeigen.
- Wenn der sich oben absetzende Schaum nicht mehr Blau aussieht, sondern weiß wird, ist es Zeit, die Küpe wieder zu »schärfen«. Beim Herausnehmen und Ausdrücken der Wolle gelangt Sauerstoff in das Farbbad, deshalb muss immer wieder ein wenig Hydrosulfit zugesetzt werden. Auch der pH-Wert kann sich verändern. Um diesen wieder richtig einzustellen, muss ein wenig Ammoniak zugegeben werden.
- Auf der Oberfläche des Farbbades bildet sich immer eine dünne blaue Haut. Das ist ganz normal, denn hier kommt der Indigo mit Sauerstoff in Berührung und oxydiert zu Blau. Vor allem, wenn Sie Stoffe färben, kann dies unansehnliche Flecken geben. Schieben Sie die Haut vorsichtig auf eine Seite des Kessels, bevor Sie den Stoff aus dem Farbbad nehmen. Wenn Sie ein Wolltuch dem Bad entnehmen, empfiehlt es sich, das Tuch sofort im Wasser auszuwaschen. Das bereitet der Oxydation kein Problem, schließlich besteht Wasser auch aus Sauerstoff (H_2O).
- Eine kleine Haushaltsschleuder ist für die Indigofärberei von großem Vorteil. Entnehmen Sie die Wolle dem Farbbad, drücken Sie sie gut aus und geben sie dann in die Schleuder. Sie übernimmt nun die Aufgabe des Verblauens. Durch die rasante Drehbewegung erreicht die Luft die gesamte Wolle. Die blaue Farbe erscheint dadurch schnell und äußerst effektiv.

Links: Bereits gefärbte Wolle wird ein zweites Mal eingelassen
Rechts: Die Wolle wird gut ausgedrückt beim Herausnehmen

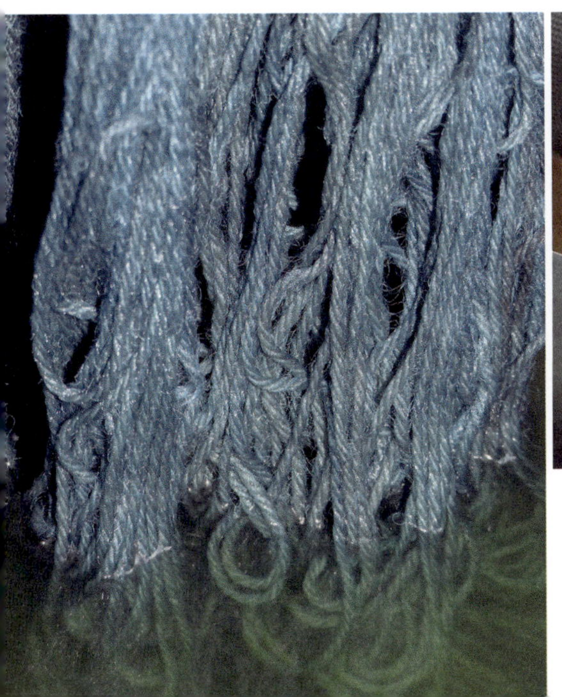

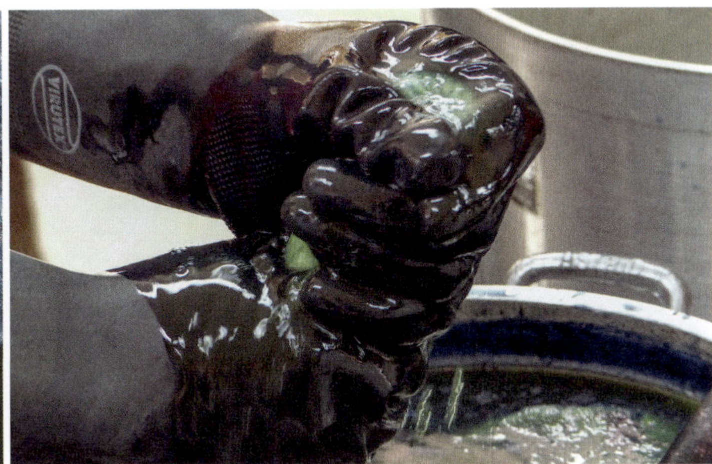

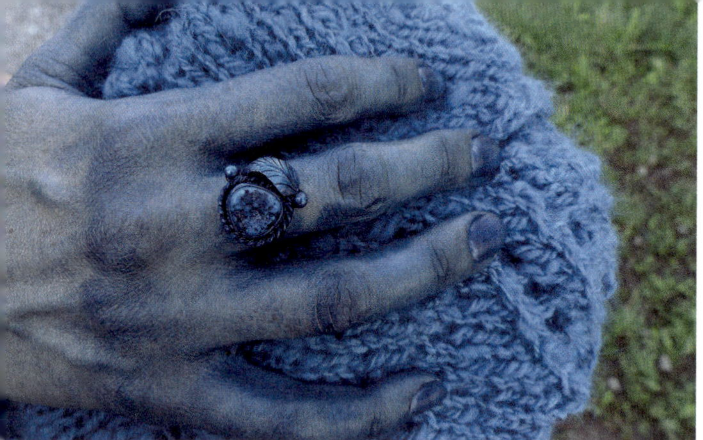

Oben: Ohne Handschuh sieht das dann so aus **Rechts:** Farbmuster mit Indigo

- Das Indigomolekül ist wanderlustig. Vor allem, wenn es richtig nass ist, verlässt es die Faser gerne wieder. In der Praxis hat dies folgende Auswirkung: Wenn Sie eine bereits gefärbte Wolle nochmals eintauchen, um den Farbton zu vertiefen, darf die Wolle nicht zu lange im Kessel bleiben, sonst wandern viele Moleküle wieder ab, mitunter mehr als sich neu festsetzen. Das heißt, die Wolle wird nicht dunkler, sondern eher heller. Deshalb: bei mehrmaligem Überfärben das Garn kürzer im Bad lassen und diesen Vorgang lieber mehrmals wiederholen. Damit tricksen Sie die Wanderlust des Moleküls aus. Dass die Moleküle nicht so gut an der Faser haften, ist auch die Ursache für die schlechte Reibechtheit. Das kennen Sie vermutlich auch von Ihren Blue Jeans, die mit synthetischem Indigo gefärbt wurden. Die Lichtechtheit ist dagegen aber erstaunlich gut.
- Die Stammküpe sollte jedes Mal verbraucht werden, deshalb setzen Sie möglichst immer nur den wirklichen Bedarf an. Gegebenenfalls rühren Sie lieber nochmals frisches Indigo an, denn die Küpe lässt sich, zum Beispiel in einer geschlossenen Flasche, nur schlecht aufbewahren. Im Gegensatz dazu ist das blaue Farbbad längere Zeit benutzbar, nach einem Gebrauch wird einfach der Deckel auf den Kessel gesetzt. Beim nächsten Färben muss dem Bad nochmals mit Hydrosulfit der Sauerstoff entzogen und der pH-Wert wieder eingestellt werden. Das Blau sollte dann wieder dem Grün einer funktionierenden Küpe weichen. Wenn das Bad nicht mehr zu gebrauchen ist, merken Sie das am Geruch. Bei zu heißem Wetter kann eine Küpe schon einmal umkippen. Dann bleibt Ihnen nichts anderes übrig, als eine neue anzusetzen.

SICHERHEIT BEIM FÄRBEN

Da beim Blaufärben mit einigen Chemikalien gearbeitet werden muss, sollten Sie zu Ihrer eigenen Sicherheit einige Vorschriften beachten. Die notwendigen Utensilien müssen unbedingt sicher gelagert werden, sodass weder Kinder noch unbefugte Personen damit in Kontakt kommen. Beim Ansetzen der Stammküpe und des Farbbades sind Handschuhe unerlässlich, aber die sind sowieso bei der Färberei wichtig, um die Hände vor den heißen Farbbrühen zu schützen. Eine Schutzbrille beim Arbeiten mit Ammoniak und der Natronlauge ist ebenfalls sehr wichtig. Beim Arbeiten mit Hydrosulfit ist eine Maske sinnvoll, da das Pulver sehr fein und der Geruch leicht stechend ist. Und vor allem: Nehmen Sie sich Zeit für die Arbeit, Hektik ist fehl am Platz und erhöht die Unfallgefahr.

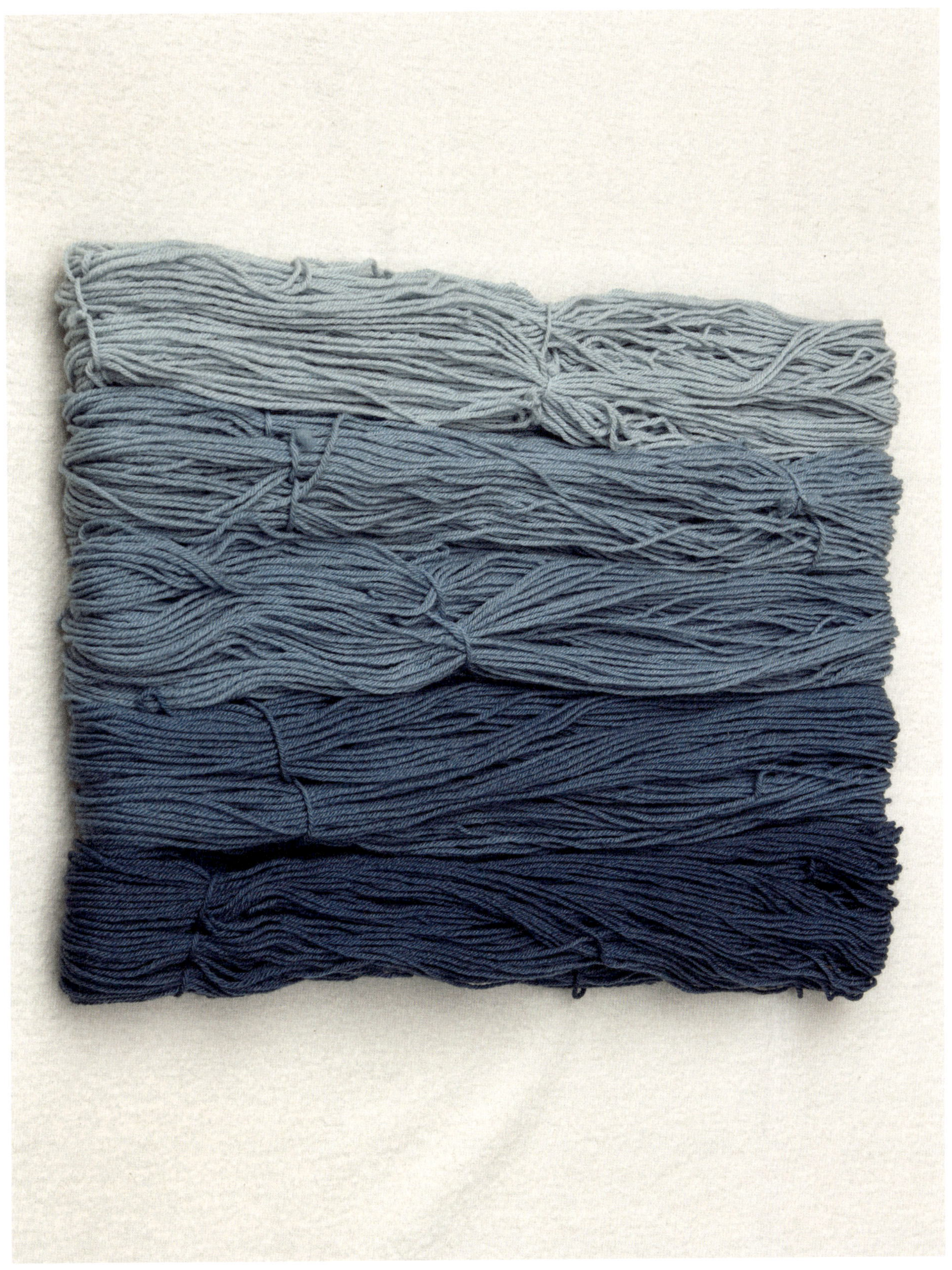

Überfärbungen mit Indigo

DER HÖHEPUNKT

Bevor wir uns wieder der Theorie widmen, blicken wir zurück. Wir begeben uns auf einen mehrtägigen Färbekurs, wie er einmal im Jahr in der Filzschule bei der Fa. Wollknoll in Oberrot stattfindet. Es ist auch ein Vorgeschmack auf das, was Sie beim Überfärben mit Indigo erwartet.

Die ersten zwei Tage sind vorüber, viel Wolle in verschiedenen Gelb- und Rottönen liegt auf dem Tisch. Heute steht das Blaufärben mit Indigo auf dem Programm, es ist immer der krönende Abschluss eines Kurses. Stammküpe und Farbbad werden angesetzt und auf die notwendige Temperatur eingestellt. Manche Teilnehmerinnen sind schon etwas müde, das ist auch verständlich. Seit zwei Tagen wird unendlich viel theoretisches Wissen vermittelt, unterbrochen von der praktischen Umsetzung am Färbekessel. Das blaue Bad ist fertig, die erste Wolle taucht ein, um nach fünf Minuten in einem herrlichen Blau zu erstrahlen. Ab da sind alle Teilnehmerinnen schlagartig hellwach. So einfach geht das Blau, und auch noch so schnell, kein langes Auskochen und Vorbeizen sind erforderlich. Jetzt gibt es kein Halten mehr, einer Schlacht am kalten Büffet gleich drängeln alle zum Färbetopf. Wolle auf Wolle verschwindet im Kessel, taucht in einem Blau auf, die vielen Gelbtöne erscheinen nach kurzem Färben in grünen Abstufungen. Das Rot der Koschenille verwandelt sich in leuchtende Lilatöne, aus mit Katechu gefärbtem Braun werden graue Nuancen kreiert. Ich sitze daneben und schaue dem bunten Treiben zu, gebe Acht auf Fehler. Aber im Grunde genommen bin ich für die Teilnehmerinnen nicht mehr präsent. Ab und zu erreicht mich noch eine Frage oder ein Kommentar, aber das Färben mit Indigo löst immer eine Begeisterung aus, die einen das Umfeld vergessen lässt. Es wird Ihnen beim Überfärben nicht anders ergehen.

DIE FARBENLEHRE

Grundkenntnisse in der Farbenlehre sind für eine erfolgreiche Umsetzung der Überfärbungen außerordentlich hilfreich und wertvoll. Dass ein schönes Rot, mit Blau überfärbt, ein Violett entstehen lässt und aus Gelb und Blau Grün entsteht, haben Sie vermutlich schon in der Grundschule gelernt. Welche Grundfarbe aber für ein Türkis notwendig ist, geht erfahrungsgemäß über das Allgemeinwissen hinaus. Für ein schönes Türkis wird ein helles Gelb mit Blau überfärbt. Aber wie muss das helle Gelb beschaffen sein? Ein eher stumpfes und recht helles Gelb ist der Grundton für ein mattes Türkis. Das wunderbar leuchtende sogenannte Flaschentürkis erzeugen Sie mit einem strahlenden hellen Gelb, das mit Indigo überfärbt wird. Für ein gelungenes Rot mit Koschenille gilt das Gleiche, ein richtiger Grundton ist die Voraussetzung für das gewünschte Lila.

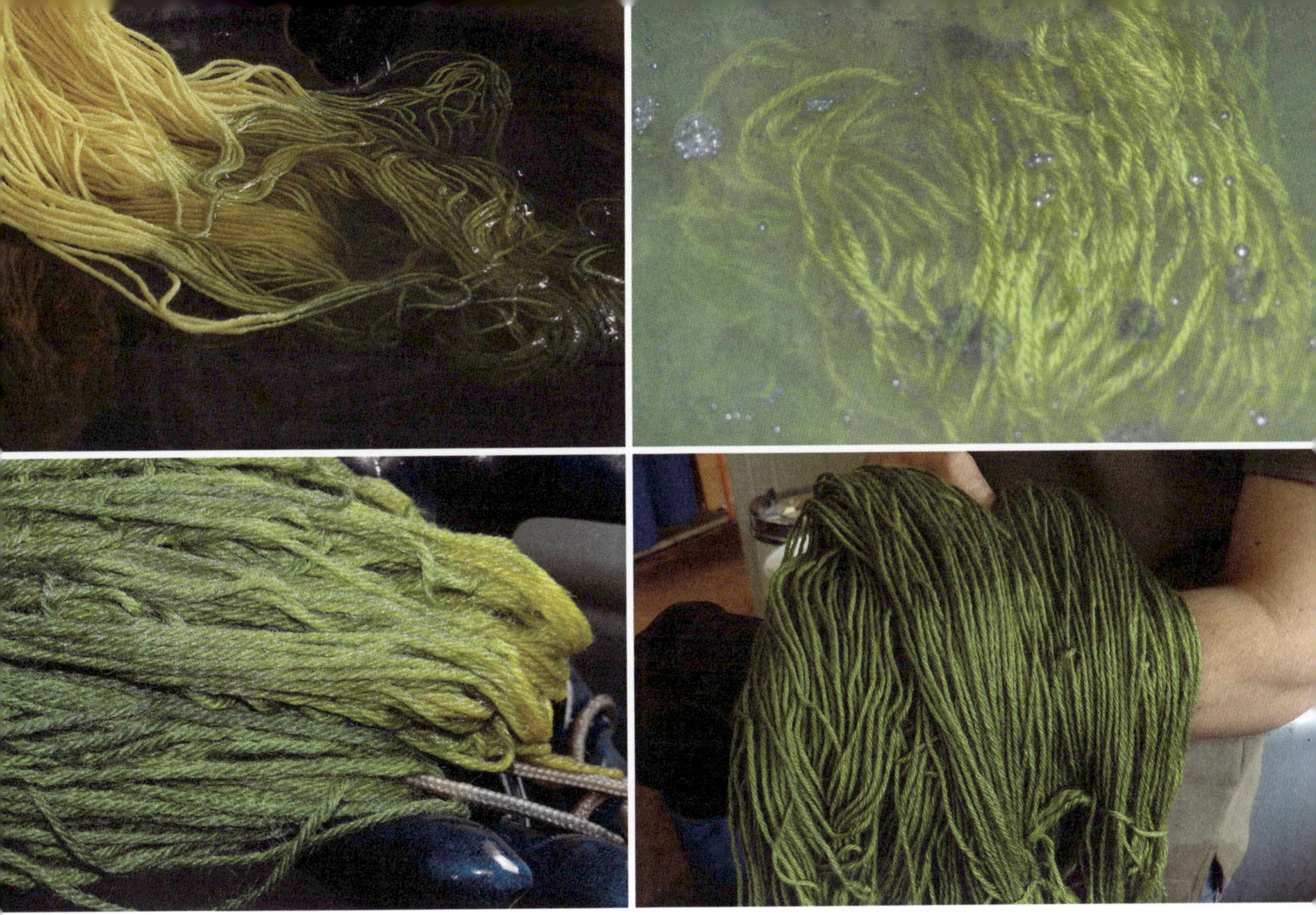

Links oben: Gelbe Wolle verschwindet im blauen Farbbad
Rechts oben: Die Wolle wird fünf Minuten gut bewegt
Links unten: Das Gelb verwandelt sich in Grün
Rechts unten: Und ein traumhaftes Grün ist fertig

Um schöne zeitlose Anthrazittöne zu färben, ist das vorgrundierte Braun von äußerster Wichtigkeit. Ist dies zum Beispiel zu hell, wird das Grau nicht dunkel. Die Farbe kippt dann eher ins Olivgrün. Es ist auch schön anzusehen und hat auch seine Berechtigung. Aber wenn Sie sich ein dunkles Grau vorgestellt haben, trifft es nicht Ihre Erwartungen. Wenn Sie nun mit dem Färben neu beginnen, können Sie diese Details selbstverständlich nicht wissen. Dazu gehört jahrelange Erfahrung, und nicht einmal das schützt vor Überraschungen.

GRUNDSÄTZLICHES ZUM ÜBERFÄRBEN MIT INDIGO

Im Grunde genommen ist es ganz einfach, Sie benötigen für den Färberausch in den Grundfarben gefärbte Wolle und ein Indigobad mit Stammküpe. Das Indigobad unterscheidet sich nicht von dem im vorherigen Kapitel. Vergessen Sie nicht, was ich Ihnen im Kapitel Indigo bereits ans Herz gelegt habe. Beginnen Sie auch das Überfärben mit wenig Stammküpe, nur so können Sie zum Beispiel ein helles Grün erzeugen. Das bedeutet in der Praxis: Fangen Sie immer mit den hellen Farben an. Der Vorgang des Färbens ist genau der Gleiche. Die feuchte Wolle wird ins Farbbad einlassen, fünf Minuten behutsam bewegen, herausnehmen, ausdrücken und wenn möglich schleudern. Wenn Sie eine exakte Vorstellung von einem Farbton haben, empfiehlt sich dringend eine Probefärbung mit einem kleinen Stück Wolle. Selbstverständlich können Sie im Farbbad weiße, gelbe, rote oder auch braune Wolle gleichzeitig überfärben, das hat keinen Einfluss auf das Indigo.

Sind die hellen Farben abgearbeitet, wird dem Farbbad für die nächstdunkleren Töne Stammküpe zugesetzt. Das Spiel beginnt von Neuem, die mittleren Farbtöne kommen an die Reihe, als Letztes dann die ganz kräftigen Farben. Für sie gilt das Gleiche wie für die Blaufärberei: mehrmals ins Farbbad getaucht, werden die Farben schöner, und Sie schöpfen das Blau so weit wie möglich aus. Der Vorteil bei diesem Vorgehen liegt auf der Hand: Für den Fall, dass Ihnen ein Farbton nicht zusagt, können Sie die Wolle noch einmal überfärben. Hätten Sie sofort mit viel Indigo begonnen und erst die dunklen Töne gefärbt, wäre dies nicht mehr möglich. Dunkel bleibt dunkel, während ein zu helles Garn ohne Probleme nochmals gefärbt werden kann. Nach dem Färben wird die Wolle wie gewohnt gut ausgespült und mit einem pH-neutralen Wollwaschmittel gewaschen. Somit wird der pH-Wert nach dem leicht alkalischen Indigobad wieder neutralisiert.

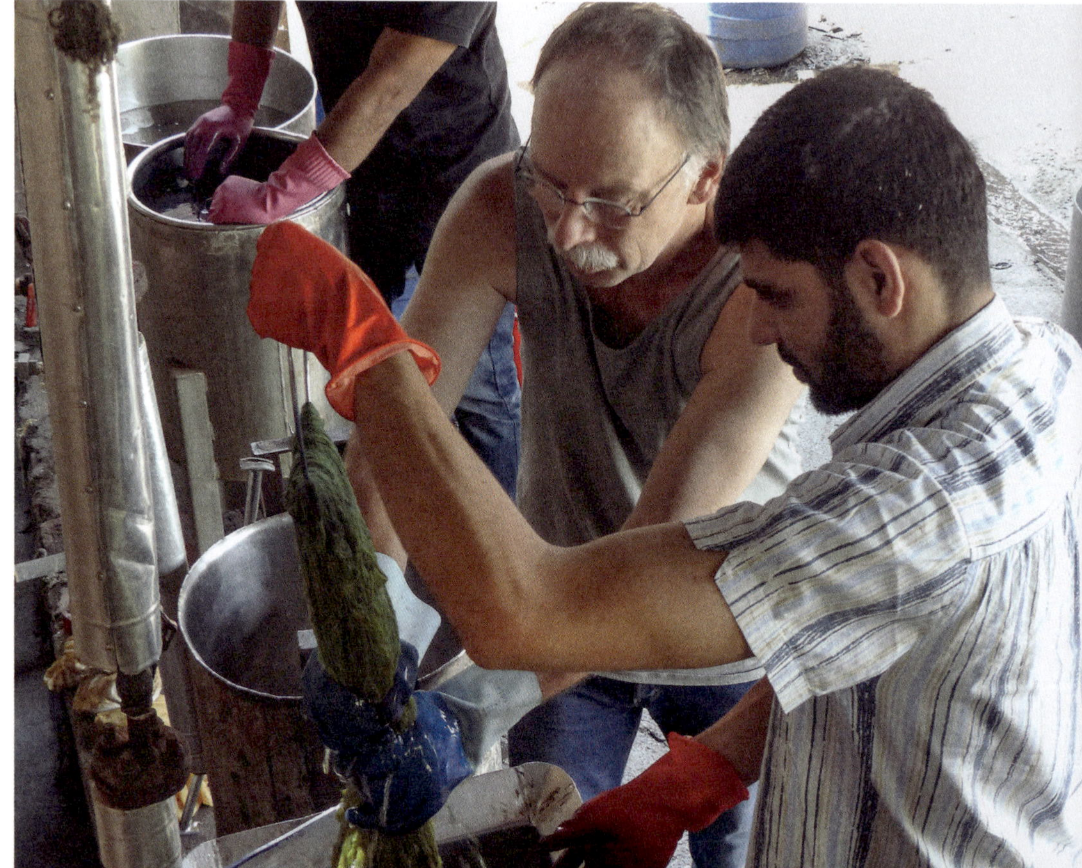

Toni und ich beim Grün-Färben

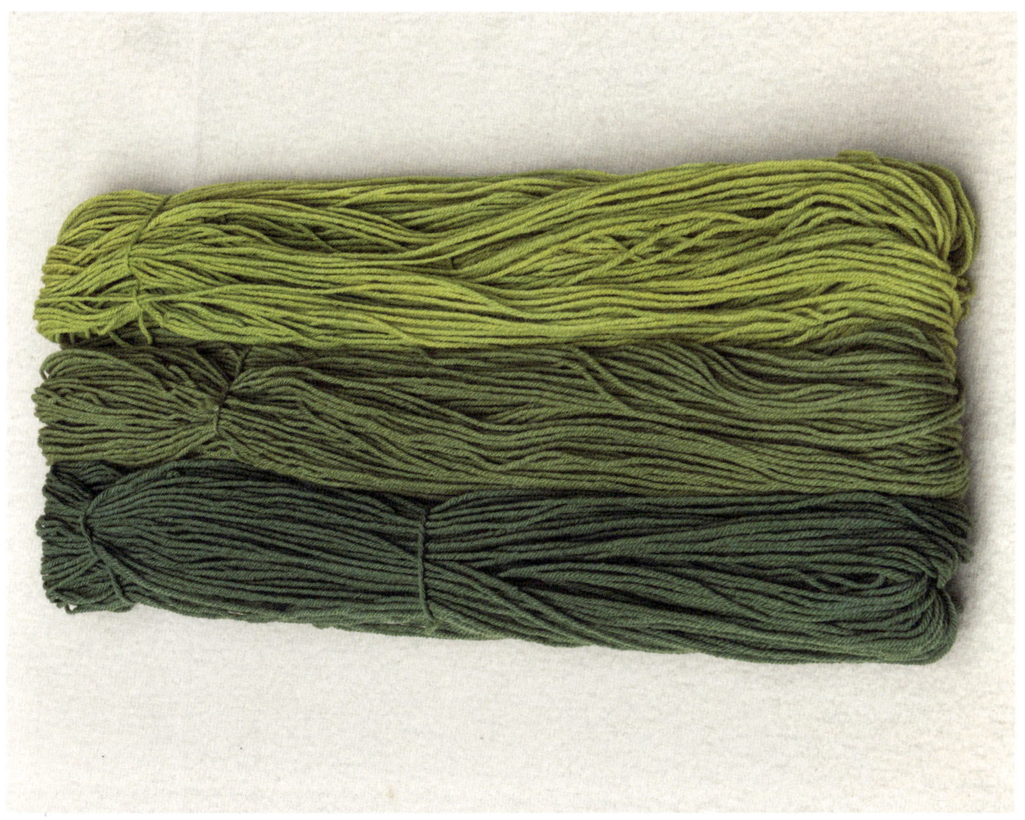

Farbmuster Grün mit Reseda und Indigo

REZEPTE

Um Sie auf das spannende Thema der Überfärbungen richtig einzustimmen, sind die wichtigsten Grundrezepte nachfolgend ausführlich beschrieben.

Grün mit Reseda

Färben Sie zunächst ein schönes kräftiges Gelb nach dem Rezept Nr. 1 von Reseda. Hier wird kein Krapp zugesetzt, sodass ein leuchtendes Gelb entsteht. Dies ist die Basis für ein wirklich knalliges Hellgrün. Überfärben Sie dann mit nur wenig Stammküpe. Für den nächstdunkleren Grünton wird wieder etwas Stammküpe dem Farbbad zugefügt und die Wolle wie gewohnt gefärbt. Für ein ganz dunkles Grün kann bereits gefärbte Wolle nochmals ins blaue Farbbad getaucht werden, oder Sie erhöhen die Stammküpe erneut.

Wird das Gelb nach Rezept Nr. 5 mit 10 Prozent Krapp gefärbt, verändert sich der Grünton mehr in ein Jägergrün.

Türkis mit Reseda

Für ein schönes Türkis verwenden Sie das Rezept Nr. 2 (Nachzug von Nr. 1) als Grundlage. Beginnen Sie wieder mit wenig Stammküpe für ein helles Türkis, für die dunkleren Türkistöne verfahren Sie wie beim Grün beschrieben weiter. Auch hier hängt der Farbton entscheidend davon ab, ob das Gelb mit Krapp oder ohne gefärbt ist. Auch die Veränderung des pH-Wertes beim Färben mit Reseda beeinflusst die endgültige Farbe. Hier haben Sie viel Spielraum zum Experimentieren.

Oben: Farbmuster Türkis mit Reseda und Indigo
Unten: Farbmuster Lila mit Koschenille und Indigo

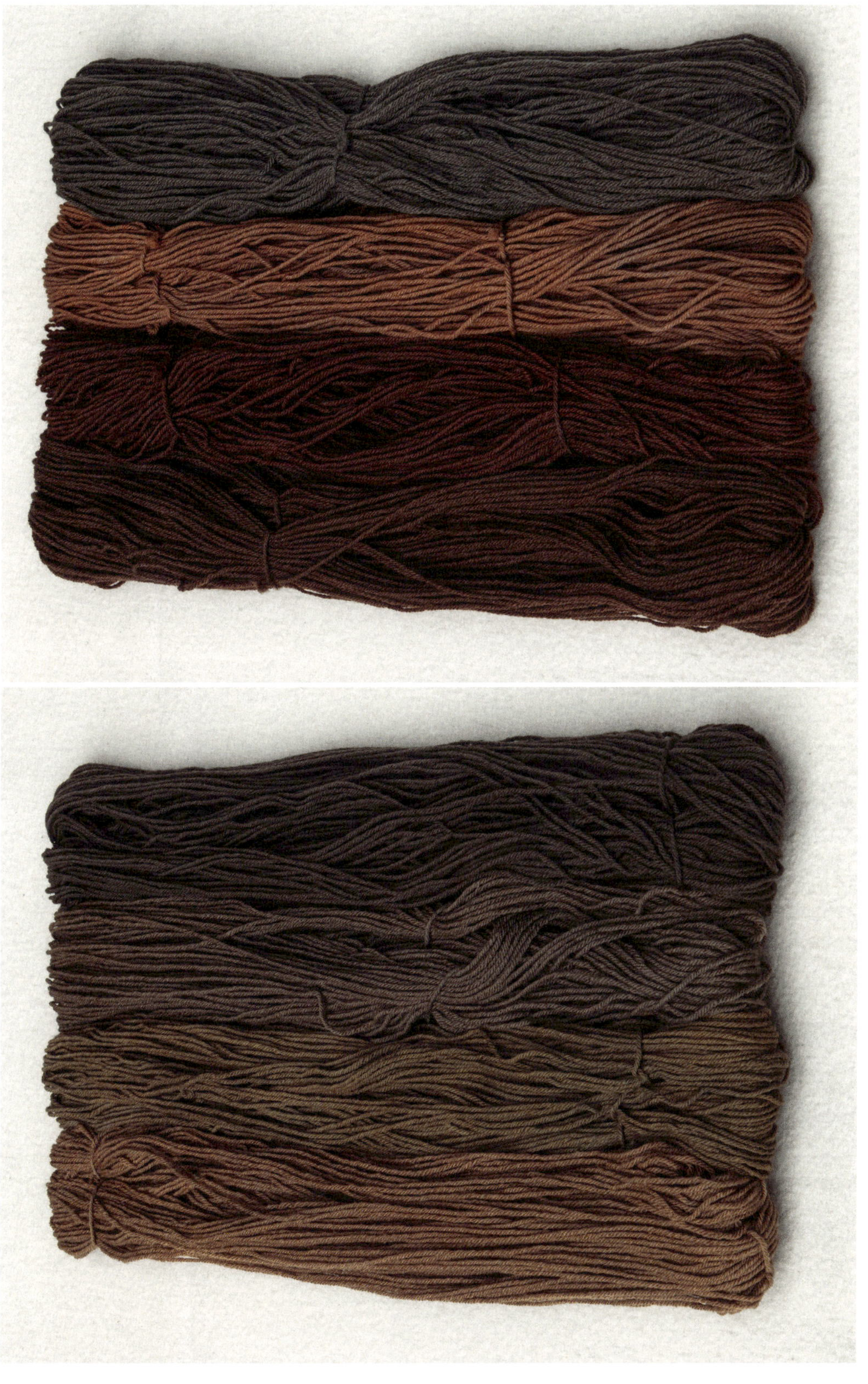

Oben: Farbmuster Krapp mit Indigo
Unten: Farbmuster Katechu mit Indigo

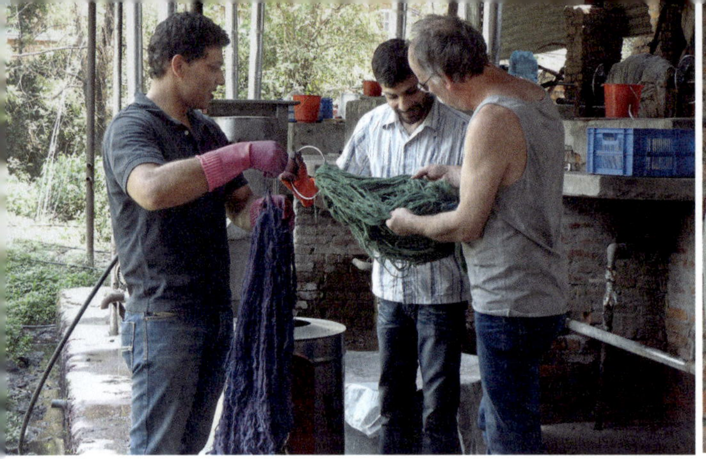

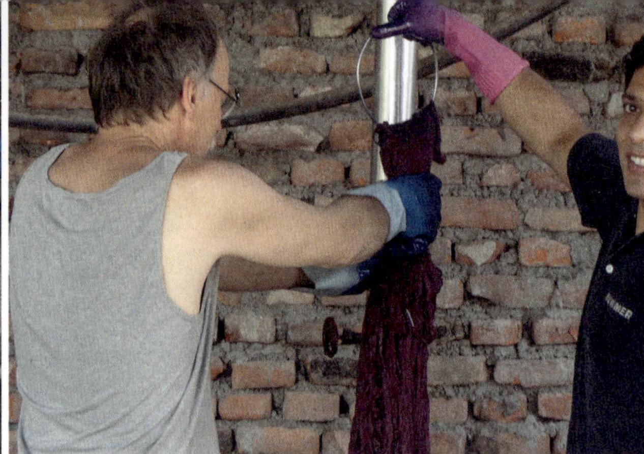

Links: Die gefärbte Wolle wird geprüft
Rechts: Johnny und ich beim Lila-Färben

Lila mit Koschenille

Für traumhaft leuchtende Lilatöne wird als Grundlage ein sehr gut gefärbtes Rot mit Koschenille benötigt. Um dies herzustellen, färben Sie genau nach dem Grundrezept von Koschenille. Kräftige Lilatöne benötigen als Ausgangspunkt ein Rot mit 7 bis 10 Prozent Koschenille, für ein schönes Flieder genügen 2 bis 4 Prozent Koschenille.

Eine harmonische Abstufung beginnt wieder mit wenig Stammküpe, dann die Indigozugabe steigern und wie gewohnt weiterfärben. Einen violetten Farbenrausch in mannigfachen Tönen erreichen Sie, indem Sie zuerst verschiedene Rottöne färben, zum Beispiel mit 2 Prozent, 5 Prozent und 10 Prozent Koschenille. Von jeder Prozentangabe werden drei Stränge gefärbt und diese dann in unterschiedlichen Konzentrationen mit Blau überfärbt.

Braun und Oliv mit Krapp

Vielleicht werden Sie sich jetzt wundern, weshalb in der Überschrift zwei unterschiedliche Farben stehen. Das ist schnell erklärt. Für ein schönes Rotbraun (kann auch ins Violett tendieren, je nach Grundton) ist die Basis ein kräftiges Backsteinrot mit Krappwurzel. Dafür müssen Sie aber eine sehr gute Qualität Krapp haben. Aus solch einem dunklen Krapprot entstehen herrliche Brauntöne. Im Unterschied zu Katechu sind diese in der Farbgebung dunkler und tendieren mehr ins Rote.

Ist die Qualität Ihres Krapps nur für ein schönes und leuchtendes Orange ausreichend, ist das die Grundlage für dunkle und schlammige Olivtöne. Für beide Ausgangsfarben gilt das Gleiche, es wird wieder zuerst mit einer geringen Menge an Stammküpe begonnen und dann weiter bis zu den dunklen Tönen gefärbt.

Anthrazit und Grau mit Katechu

Grautöne gibt es annähernd so viele wie Farbtöne. Erinnern Sie sich an die alten Schwarzweißfilme? Unser Gehirn ordnet jedem Grauton einen Farbton zu, deshalb vermissen wir die Farbe in diesen Filmen kaum. Dennoch ist grau meist negativ konnotiert. Ein grauer Tag ist trüb, traurig, langweilig, eine graue Maus fällt nicht besonders auf und benimmt sich zurückhaltend. Wird etwas Graues jedoch als Anthrazit bezeichnet, stellt man sich eher unnahbare Eleganz in zeitlosem Design vor – obwohl der Farbunterschied nicht gravierend ist. Für beide Töne wird ein kräftiges Braun mit Katechu benötigt, hellere Brauntöne eignen sich für verschiedene Schattierungen von Olivgrün.

Wenn Sie nun etliche dieser Färbungen getestet haben und die Stränge zu der bereits gefärbten Wolle legen, werden Sie feststellen, dass sich alle Farben immer noch vollkommen harmonisch zueinander verhalten. Es gibt keinen Farbton, der aus der Reihe tanzt, ganz im Gegenteil. Jede Farbe, auch

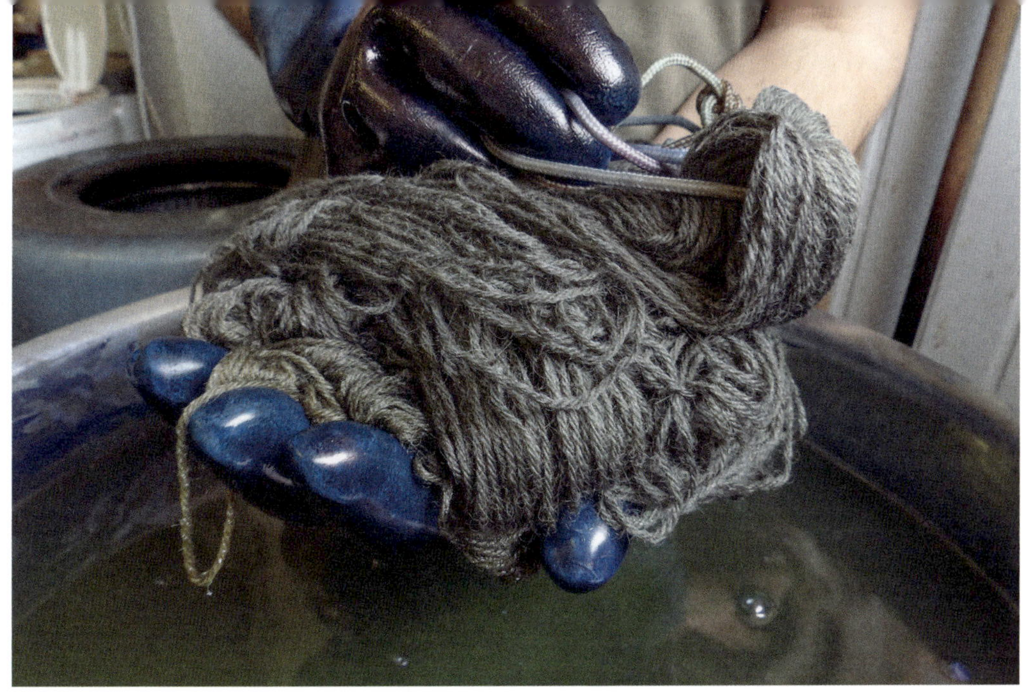

Ein herrliches Grau aus Katechu und Indigo

die Überfärbungen, ergeben ein ausgeglichenes und bestimmt auch überwältigendes Farbbild.

ÜBERFÄRBUNG ANDERSHERUM

Überfärbungen können auch in umgekehrter Reihenfolge gemacht werden, also zuerst das Blau mit Indigo färben, dann dieses Garn beizen und danach im ausgekochten Farbsud überfärben. Nehmen wir an, Sie möchten mit diesem Ablauf ein dunkles Lila erzielen. Dazu muss die Wolle zuerst in einem kräftigen Blau eingefärbt werden, darauf folgt das notwendige Beizbad. Je nach gewünschtem Lilaton wird das Koschenillebad nach dem Rezept angesetzt und die blau gebeizte Wolle darin überfärbt.

In dieser Reihenfolge zu färben, hat einen besonderen Vorteil: Die Reibechtheit des Indigos wird leicht erhöht. Haftet das Indigomolekül als Erstes an der Wolle, darauf dann die Beize, und setzt sich zum Schluss die Koschenille auf alle anderen, wird der Abrieb des blauen Indigo schwächer. Aber auch der Farbton ist bei der umgekehrten Färbung nicht identisch. Selbst wenn Sie beide Methoden nach exakt den gleichen Rezepten färben, haben Sie am Ende zwei abweichende Lilatöne. Das Problem ist allerdings die mangelnde Reproduzierbarkeit bei dieser Methode. Es ist fast unmöglich, zuerst das exakte Blau zu treffen, und dann auch noch das genau passende Farbbad für die Überfärbung. Außerdem ist die Handhabung bei dieser Arbeitsweise nicht flexibel. Sie können nicht in den Vorgang eingreifen, das Ergebnis ist unwiderruflich. Dieser Nachteil ist so gravierend, dass wir in der Praxis nur selten damit arbeiten. Im Gegensatz dazu haben Sie bei der Überfärbung mit Indigo viel Spielraum, um einen gewünschten Ton zu treffen. Einen zu hellen Ton gestalten Sie durch erneutes Tauchen ins Indigobad dunkler. Aber auch hier dürfen Sie gerne beide Färbungen testen und vergleichen. Dann können Sie entscheiden, welche Methode Ihnen mehr entspricht.

Mischen possible

DER ANFANG

Nehmen wir an, Sie haben bis jetzt alle bereits beschriebenen Rezepte mit der notwendigen Aufmerksamkeit und Sorgfalt nachgearbeitet, dann sollte vor Ihnen eine in sich harmonische und traumhaft schöne Farbpalette liegen. Ein herrliches Farbspektrum von Gelb über Orange bis zu Grün und Türkis sollte jetzt ihr Herz erfreuen. Das könnte Ihnen natürlich genügen, ist es doch wirklich ein berauschender Anblick. Wir wollen die Farbpalette aber noch erweitern, Ihnen die Möglichkeiten zeigen, wie Sie mit unseren fünf Farbstoffen unzählige Farbtöne kreieren. Die Pflanzenfärberei muss sich nicht vor einer chemischen RAL-Farbkarte mit ihren Hunderten von Tönen verstecken. Auch wir sind imstande, Farben in einer unglaublichen Vielfalt zu produzieren, mehr noch: Im Gegensatz zu den chemischen bleiben unsere Farben immer untereinander harmonisch.

Bislang haben wir fast ausschließlich mit reinen Farbstoffen gearbeitet. Aber statt zu überfärben, lassen sich die Pflanzenfarben auch wunderbar miteinander mischen. Mischen bedeutet in diesem Fall nicht, dass Sie zwei Farbbäder in einem Topf mischen. Sie können es zwar auch auf diese Weise versuchen, es ist aber zu umständlich. Der effektivere Weg: Zwei verschiedene Farbstoffe, zum Beispiel Reseda und Krapp, werden in einem Topf gemeinsam ausgekocht, das Farbbad wird aus beiden Pflanzen zubereitet. Danach können Sie wie gewohnt weiterfärben. Auch bei diesem Ablauf bleibt immer noch genügend Farbstoff für einen oder auch mehrere Nachzüge im Kessel. Es lohnt sich in jedem Fall, diese auszuschöpfen.

Bevor Sie zu mischen beginnen, lesen Sie bitte zuerst die wichtigsten Voraussetzungen und Grundrezepte. Fangen Sie erst mit kleinen Mengen an, und wenn Sie genügend Sicherheit im Umgang mit der Mischerei haben, können Sie Ihrer Fantasie freien Lauf lassen.

LOS GEHT'S MIT RESEDA UND KRAPP

Diese Mischung haben Sie ja bereits kennengelernt. Für einen dunkleren Gelbton wird der Reseda bei Rezept Nr. 5 noch 10 Prozent Krappwurzel beigemischt. Das Gelb wird durch diesen Zusatz satter, kein so leuchtendes Gelb wie ohne die Krappwurzel. Erhöhen Sie den Anteil der Krappwurzel auf 30 Prozent – bezogen auf das Gewicht der verwendeten Reseda, nicht auf das Trockengewicht der Wolle! –, kochen beides eine halbe Stunde aus und verfahren danach weiter wie üblich, dann tendiert die Farbe viel mehr zu einem Orange. Mit 40 Prozent Krappwurzel erzielen Sie ein reines leuchtendes Orange, einen wunderbaren Farbton, der die bereits gefärbte Farbpalette noch mehr erstrahlen lässt. Sie können es auch noch mit 50 Prozent Krapp versuchen, das Orange wird noch dunkler. Den Anteil nun noch

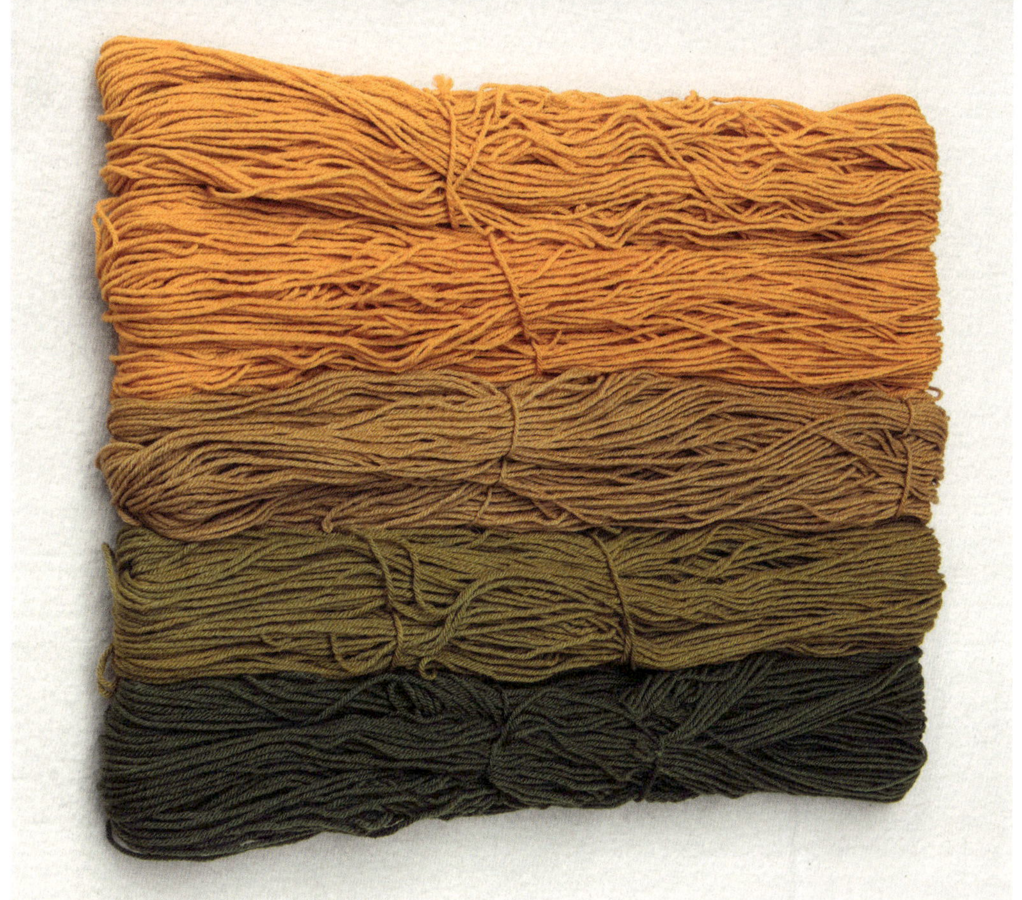

Farbmuster Reseda und Krappwurzel

weiter zu erhöhen, lohnt nicht. Woran liegt das? Ganz einfach, der dunkle Farbton des Krapps schluckt jetzt das helle Gelb der Reseda. Es ergibt sich keine wesentliche Veränderung mehr, das Gelb verschwindet einfach unter dem Orange, es wird völlig überfärbt.

Dieser Vorgang folgt einer gewissen Logik des Färbens: Auf dunkle Töne gefärbt, verändern helle Töne diese im Farbton. Verfahren Sie aber umgekehrt, ist Vorsicht geboten. Denn zu viel dunkle Farbe auf helle deckt die helle Farbe zu und die Mühe war umsonst. Diese Regel sollten Sie grundsätzlich beim Färben berücksichtigen. Es erspart Zeit, Material und Frust.

Die so mit Reseda und Krapp gefärbten Töne können Sie natürlich gerne weiterbearbeiten, zum Beispiel in einem Pottaschebad oder mit Eisensulfat. Oder Sie versuchen es einmal mit einer Überfärbung mit Indigo. Welchen Farbton ergibt ein Orange mit Blau überfärbt? Wenn Sie es nicht wissen, probieren Sie es aus.

REZEPT

Vorbeize mit 15 % Alaun
100 % Reseda und 40 % Krapp
Ein Strang mit Pottasche nachbehandelt
Ein Strang mit Eisensulfat nachbehandelt
Überfärbt mit Indigo

Farbmuster Koschenille und Krappwurzel

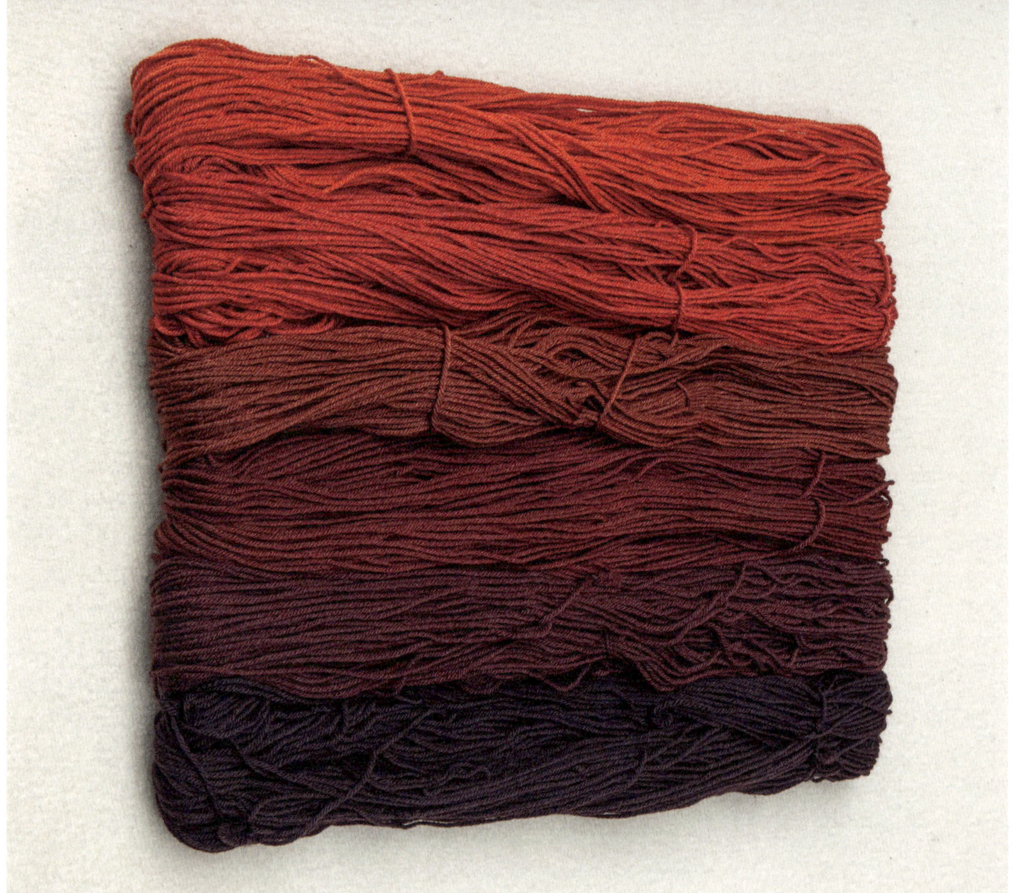

DER GEMISCHTE KLASSIKER, KOSCHENILLE UND KRAPP

Bei unserer Arbeit in Kathmandu begegneten wir immer wieder buddhistischen Mönchen, manchmal in der Stadt oder beim Beten in der Stupa, manchmal auch im Hotel. Nicht nur ihre freundliche Ausstrahlung hat uns fasziniert, das wunderschöne Rot ihrer Gewänder wirkt auf Herz und Seele. Wir haben diesem Farbton die Bezeichnung »Kundunrot« gegeben, was seinen Ursprung in dem Filmklassiker »Kundun« hat. Dieses intensive Rot stand schon lange ganz oben auf meiner Liste der Wunschfarben, aber allein mit Koschenille lässt sich der Ton nicht erzielen. Der immer vorhandene violette Schimmer steht dem Erfolg im Weg. Krapp brachte auch nicht das gewünschte Ergebnis, denn dann dominiert der leichte Orangeton. Aber wenn Sie diese beiden Farbstoffe miteinander mischen, holen Sie ein Kundunrot mit einer unglaublichen Farb- und Leuchtkraft aus Ihrem Kessel. Wenn Sie das Verhältnis der beiden Farbstoffe spielerisch verändern, wird die Farbpalette um einige herrliche Rottöne erweitert. Behandeln Sie die erzielten Farben mit Pottasche oder Eisensulfat, erhalten Sie noch mehr Farbtöne! Zum Abschluss können Sie den einen oder anderen Strang noch in ein Indigobad tauchen und so die Anzahl an kräftigen Violetttönen erhöhen.

Zur Erinnerung: Vergessen Sie aber vor lauter Freude am experimentellen Färben nicht, Ihre Rezepte zu dokumentieren. Auch wenn es Ihnen schwerfällt, immer wieder zu unterbrechen und sich Notizen zu machen. Glauben Sie meinen Worten: Es kommt der Zeitpunkt, an dem Sie es bereuen. Sie werden dankbar an mich denken, wenn Sie nur ins Regal greifen müssen und das Rezept in Ihren Aufzeichnungen vor sich haben.

Gehen wir zum praktischen Teil über: Wie bringt man zwei so unterschiedliche Farbstoffe zusammen? Beginnen wir mit der Beize, ein schönes Rot mit Koschenille ist nur mit Weinsteinrahm möglich, für den Krapp ist das nicht nötig. Diesen Umstand machen wir uns zunutze und beizen mit 15 Prozent Alaun und 5 Prozent Weinsteinrahm.

Für das Farbbad nehmen wir 10 Prozent Koschenille und 50 Prozent Krapp. Aber hier gibt es ein paar Dinge zu beachten, die enorm wichtig sind. Wir arbeiten bei dieser Färbung grundsätzlich nur mit Regenwasser. Die Koschenille wird nicht eingeweicht, nur locker in einen Färbesack gebunden und erst zum Auskochen dem Farbbad zugesetzt. Den Krapp aber müssen Sie über Nacht einweichen, natürlich ebenfalls im Regenwasser und im Färbesack. Zum Färben wird das Einweichwasser in den Kochtopf geschüttet, der Krapp und die Koschenille zugegeben. Jetzt beides zusammen gut 30 Minuten auskochen. Nun können Sie den Färbevorgang beginnen, als wenn Sie nur mit Koschenille färben würden: die Temperatur erhöhen, bei 80 bis 90 Grad abschalten und mindestens eine Stunde ziehen lassen. Wenn Sie Ihre Neugierde auf die Farbe zügeln können, lassen Sie alles über Nacht ziehen.

Dies ist das Grundrezept für ein schönes Kundunrot. Wenn Sie möchten, können Sie auch hier experimentieren, das Verhältnis von Krapp und Koschenille verändern, nachbehandeln mit Pottasche oder Eisensulfat, überfärben mit Indigo. Die entstehenden Farben werden Sie mit ihrer Intensität berauschen.

REZEPT

Vorbeize mit 15 % Alaun und
5 % Weinsteinrahm
10 % Koschenille und 50 % Krapp
Ein Strang mit Pottasche nachbehandelt
Ein Strang mit Eisensulfat nachbehandelt
Überfärbt mit Indigo

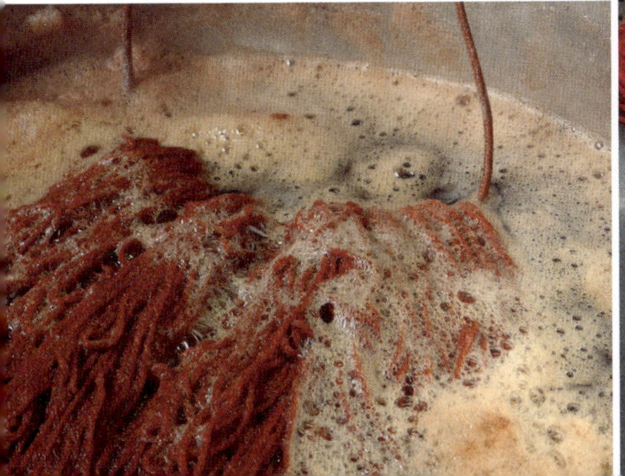

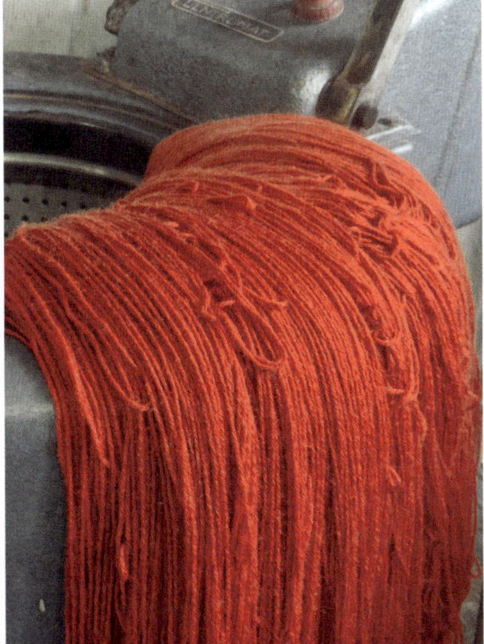

Links: Strickwolle im Farbbad mit Koschenille und Krapp
Rechts: Ein traumhaftes Kundunrot

Farbmuster Krappwurzel mit Katechu

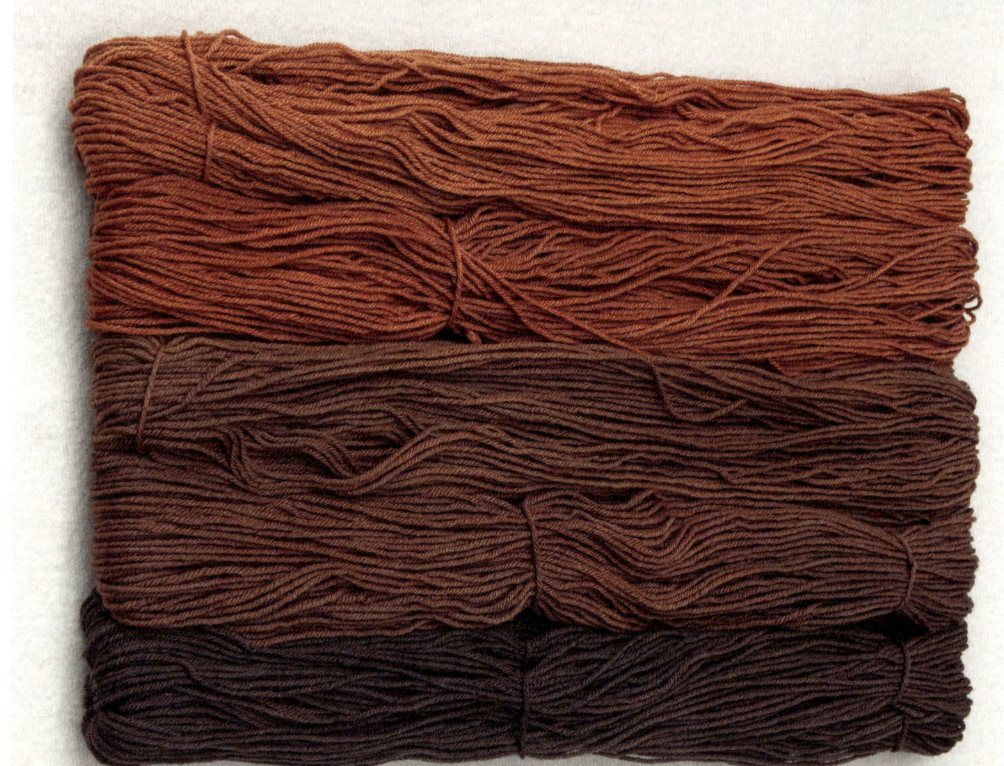

KRAPPWURZEL TRIFFT SICH MIT KATECHU

Wir setzen die bunte Mischerei mit der Krappwurzel fort und lassen sie auf Katechu treffen. Das Braun-Gelb des gebeizten Katechus verschiebt das Rot des Krapp in Richtung Orange. Das Ergebnis ist ein braunstichiges Orange.

Die Anwendung ist denkbar einfach. Die Wolle wird mit 15 Prozent Alaun vorgebeizt. Den Krapp lässt man wieder separat in einem Färbesack drei Tage einweichen. Am nächsten Tag geben Sie den Krapp mit dem Einweichwasser in einen Kessel und fügen das nach Grundrezept aufgelöste Katechu hinzu. Eine halbe Stunde auskochen, fertig ist das Farbbad.

Die Wolle lassen Sie nun dem immer gleichen Ritual folgend in den Kessel. Die Temperatur wird auf 70 Grad erhöht, Energiezufuhr ausschalten und eine Stunde ziehen lassen. Ein neuer Ton ergänzt Ihre Farbpalette.

REZEPT

Vorbeize mit 15 % Alaun
50 % Krapp und 30 % Katechu
Ein Strang mit Pottasche nachbehandelt
Ein Strang mit Eisensulfat nachbehandelt
Überfärbt mit Indigo

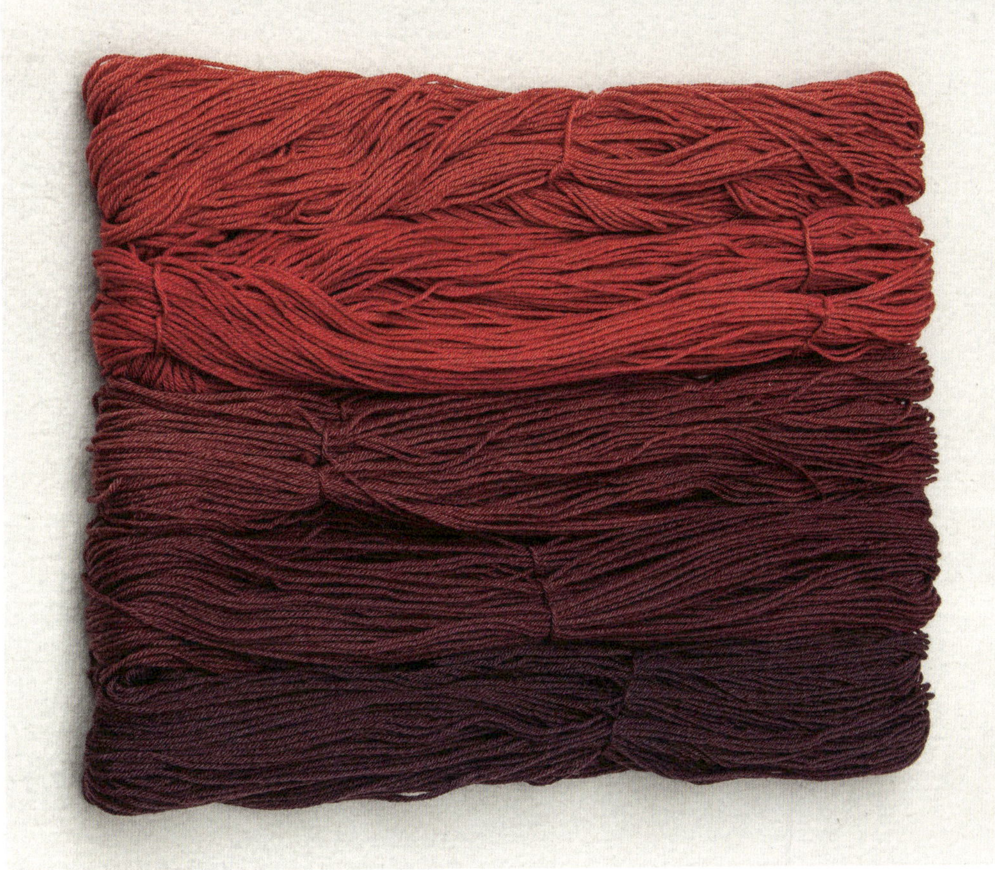

Farbmuster Katechu mit Koschenille

KATECHU VEREINT MIT KOSCHENILLE

Wir werden nun das Braun des Katechus mit dem Rot der Koschenille mischen. Sobald Koschenille im Spiel ist, wird Regenwasser benötigt. Die Wolle wird der Koschenille entsprechend mit 15 Prozent Alaun und 5 Prozent Weinsteinrahm gebeizt. Bei der Koschenille ist Weinsteinrahm, wie wir wissen, der Garant für ein schönes Rot, bei Katechu wird mit dieser Beize aus einem Braun ein schmutziges Gelb.

Die Durchführung dieses Rezeptes ist unkompliziert. Die Koschenille wird zusammen mit dem aufgelösten Katechu 30 Minuten ausgekocht. Danach lassen Sie die Wolle wie gewohnt in den Kessel ein, erhöhen die Temperatur wieder auf 80 bis 90 Grad und lassen es eine Stunde ziehen.

Der hohe Anteil von gebeiztem Katechu bewirkt bei dieser Färbung eine deutlich sichtbare Verschiebung des Rotanteiles der Koschenille zu einem blasseren Farbton. Wenn Sie diese Rezeptur genau ausgeführt haben, sollte ein bräunliches Altrosa ans Licht kommen. Auch diese Farbe lässt sich durch die bereits beschriebenen Nachbehandlungen modifizieren.

REZEPT

Vorbeize mit 15 % Alaun und 5 % Weinsteinrahm
10 % Koschenille und 20 % Katechu
Ein Strang mit Pottasche nachbehandelt
Ein Strang mit Eisensulfat nachbehandelt
Überfärbt mit Indigo

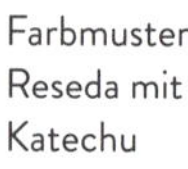

Farbmuster Reseda mit Katechu

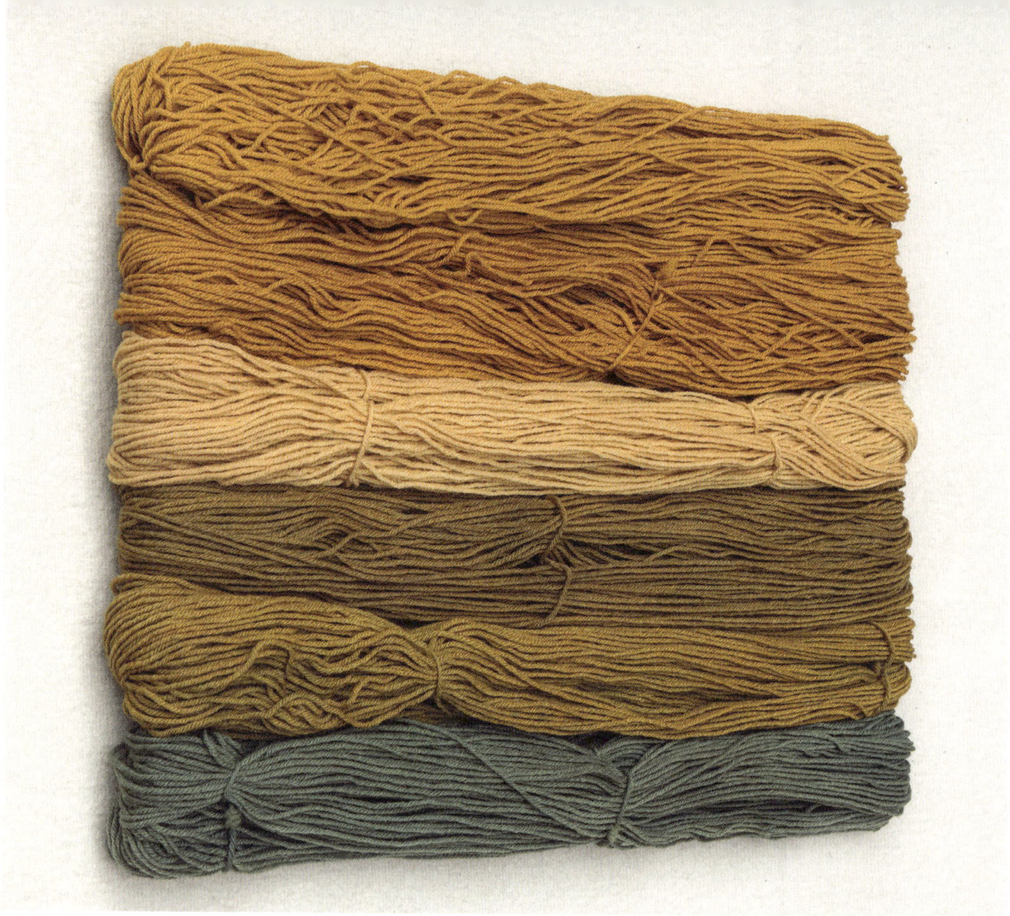

RESEDA BALGT SICH MIT KATECHU

Beim Färben mit Katechu haben wir gesehen, dass eine mit Alaun gebeizte Wolle nicht die Farbe Braun annimmt, sondern ein leicht schmutziges, aber doch ansehnliches Gelb an der Wolle haftet. Sie werden sich fragen: Weshalb sollte man dazu noch Reseda geben, warum zwei gelbe Farbstoffe, genügt nicht ein Gelb für sich? Das Ergebnis wird Sie überzeugen, vor allem die Nachbehandlungen und Überfärbungen mit Indigo. Lassen Sie sich bei einer Probefärbung überraschen!

Die Reseda wird zusammen mit dem Katechu 30 Minuten ausgekocht. Wenn die Wolle im Kessel schwimmt, müssen Sie nun aber – anders als bei einer Färbung allein mit Reseda – die Temperatur auf 80 bis 90 Grad erhöhen. Dies ist wichtig, da das Katechu dann besser und auch schneller aufzieht. Wie üblich lassen Sie die Wolle noch eine Stunde im Farbbad ruhen. Auch hier lohnt sich eine Weiterbehandlung mit Pottasche und Eisensulfat. Und für eine weitere Ergänzung der Farbpalette das Überfärben mit Indigo.

REZEPT

Vorbeize mit 15 % Alaun
50 % Reseda und 50 % Katechu
Ein Strang mit Pottasche nachbehandelt
Nachzug
Ein Strang mit Eisensulfat nachbehandelt
Überfärbt mit Indigo
Nachzug überfärbt mit Indigo

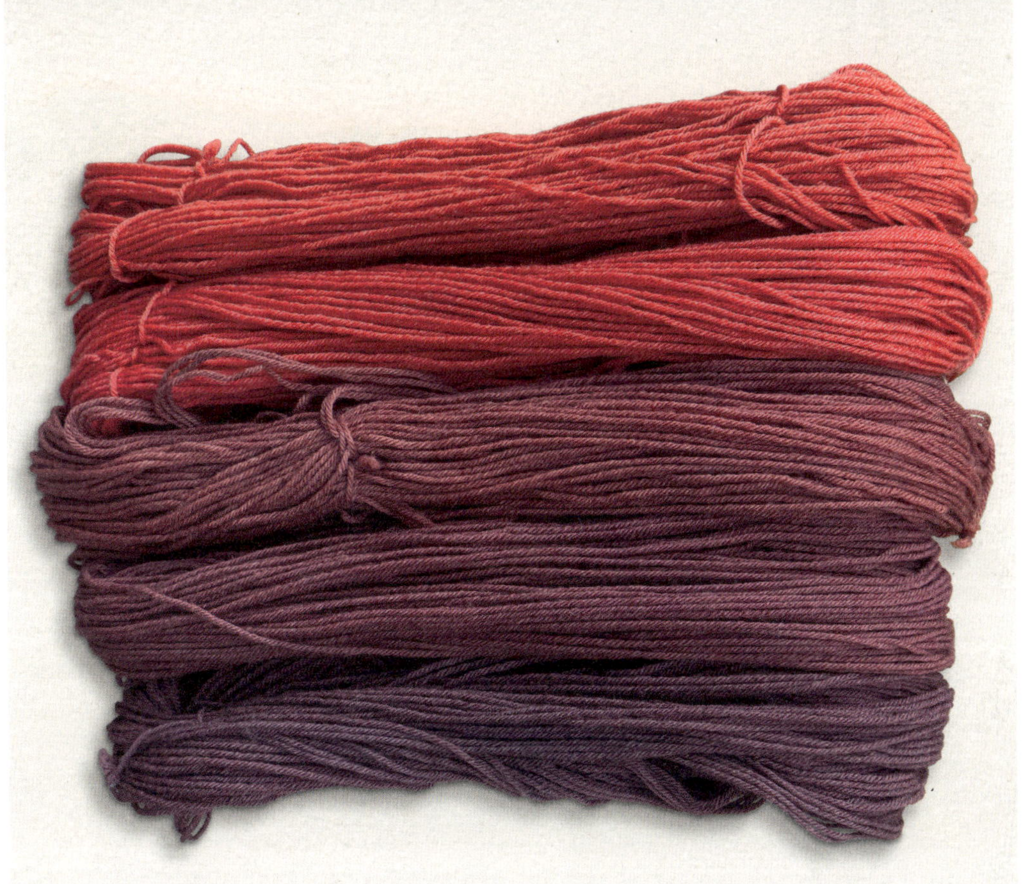

Farbmuster Koschenille und Reseda

KOSCHENILLE UND RESEDA

Dieses bunte Kapitel beenden wir mit der Beantwortung einer Frage: Wie nimmt man dem Koschenillerot den ins Violette gehenden Farbton? Eine Möglichkeit ist die Beize: Mit Weinsteinrahm verschiebt sich die Farbe deutlich ins Rötliche. Noch mehr wird der violette Stich abgefangen, wenn die Koschenille zusammen mit Reseda ausgekocht wird. Das Gelb macht aus Koschenille ein schönes Rot. Wichtig ist dabei das Verhältnis der beiden Farbstoffe. Hierbei gibt es wie bei allen Mischfärbungen einen fast unendlichen Spielraum. Aber irgendwo sollte man beginnen, deshalb ist das folgende Rezept nur ein Ausgangspunkt.

Es ist ein aufregendes Spiel, diese beiden Farbstoffe zu mischen. Bei den verschiedenen Zusammensetzungen konkurrieren das Gelb und das Rot um eine Vorherrschaft für das Auge und die Sinne. Die Koschenille wird gemeinsam mit der Reseda 30 Minuten ausgekocht – denken Sie an das Regenwasser. Dann wie folgt vorgehen: Die Wolle bei ca. 45 Grad in den Kessel lassen und, wie üblich beim Gebrauch von Koschenille, die Temperatur auf 80 bis 90 Grad erhöhen und eine Stunde ziehen lassen.

REZEPT

Vorbeize mit 15 % Alaun und 5 % Weinsteinrahm
10 % Koschenille und 30 % Reseda
Ein Strang mit Pottasche nachbehandelt
Ein Strang mit Eisensulfat nachbehandelt
Überfärbt mit Indigo

Die Mehrfachfärbungen

Noch mehr Farben! Nein, genau genommen geht es jetzt nicht um neue Farben, sondern vielmehr um Kreationen aus unseren bisherigen Farben. Das »Mischen possible« haben Sie absolviert, nun kommt nach der Pflicht die Kür. Einen sicheren Umgang mit den bereits besprochenen Grundfarben sollten Sie gewonnen haben. Dies ist sehr wichtig, da Sie im Folgenden die erlernten Techniken für mehrfarbige Garne anwenden sollen. Die dafür notwendigen Grundrezepte sind alle bereits besprochen und hoffentlich auch erfolgreich ausprobiert.

AM ANFANG EIN RÜCKBLICK

Aber bevor wir uns in dieses bunte Kapitel stürzen, möchte ich Sie noch einmal mit zurück in die Vergangenheit nehmen, ungefähr ins Jahr 1990, ganz genau kann ich es nicht mehr verorten. Unser Großhandel wuchs stetig, und so erlagen auch wir dem Trieb nach mehr Erfolg und mehr Umsatz. Was lag dann näher, als sich auf Messen zu präsentieren? Eine der großen war damals die internationale Textilmesse in Düsseldorf. Unser Stand war bescheiden, zwölf Quadratmeter, die Kosten dafür waren für unser schwäbisches Gemüt schon sehr beachtlich. Während des Aufbaus kontaktierte uns die Messeleitung, ob wir Interesse hätten, die leere Fläche mit acht Metern Länge und einem Meter Tiefe, die an unseren Stand angrenzte und nicht vergeben war, mit unseren Waren zu dekorieren. Eine so gähnend leere Wand sei schließlich kein schöner Anblick. Wenn wir Lust und Muße hätten, dürften wir diesen Platz für uns einnehmen und ansprechend gestalten, natürlich kostenlos.

Dieses Angebot konnten wir nicht ablehnen. Das Ergebnis war: acht Meter Raum zur Präsentation unserer Strickgarne, pflanzengefärbt, in von uns neu kreierten, bisher noch nie gezeigten Multicolortönen. Dazu die entsprechenden Strickmuster, Schals, Tücher oder auch fertige Pullover, alles schnell und improvisiert an die Wand getackert. Ein eindrückliches, imposantes und berauschendes Farbenspiel war entstanden, das die Besucher magisch anzog.

Aber nicht nur die Besucher der Messe blieben stehen und staunten, die Vertreter der großen Wollfirmen warfen ein Auge auf unsere neue Kollektion, sie kamen schon am ersten Tag der Messe zu uns an den Stand. Erst einzeln und anfangs noch etwas zögerlich, aber dann kamen immer mehr Herren in Anzug und Krawatte. Für uns wurde die Situation immer wunderlicher – und mit der Zeit prekärer. Uns wurden ständig die gleichen Fragen gestellt. Was wir hier eigentlich wollten, mit pflanzengefärbter Wolle, die nicht waschecht sei, bei Sonneneinstrahlung ausbleicht und deren Farben nicht reproduzierbar seien. Dafür sollte der Kunde so viel Geld ausgeben? Und diese unmöglichen Farbkombinationen! Wie kämen wir dazu, dies in einer Größe auszustellen, an der kein Mensch vorbeikäme, ohne geradezu hineingezogen zu werden.

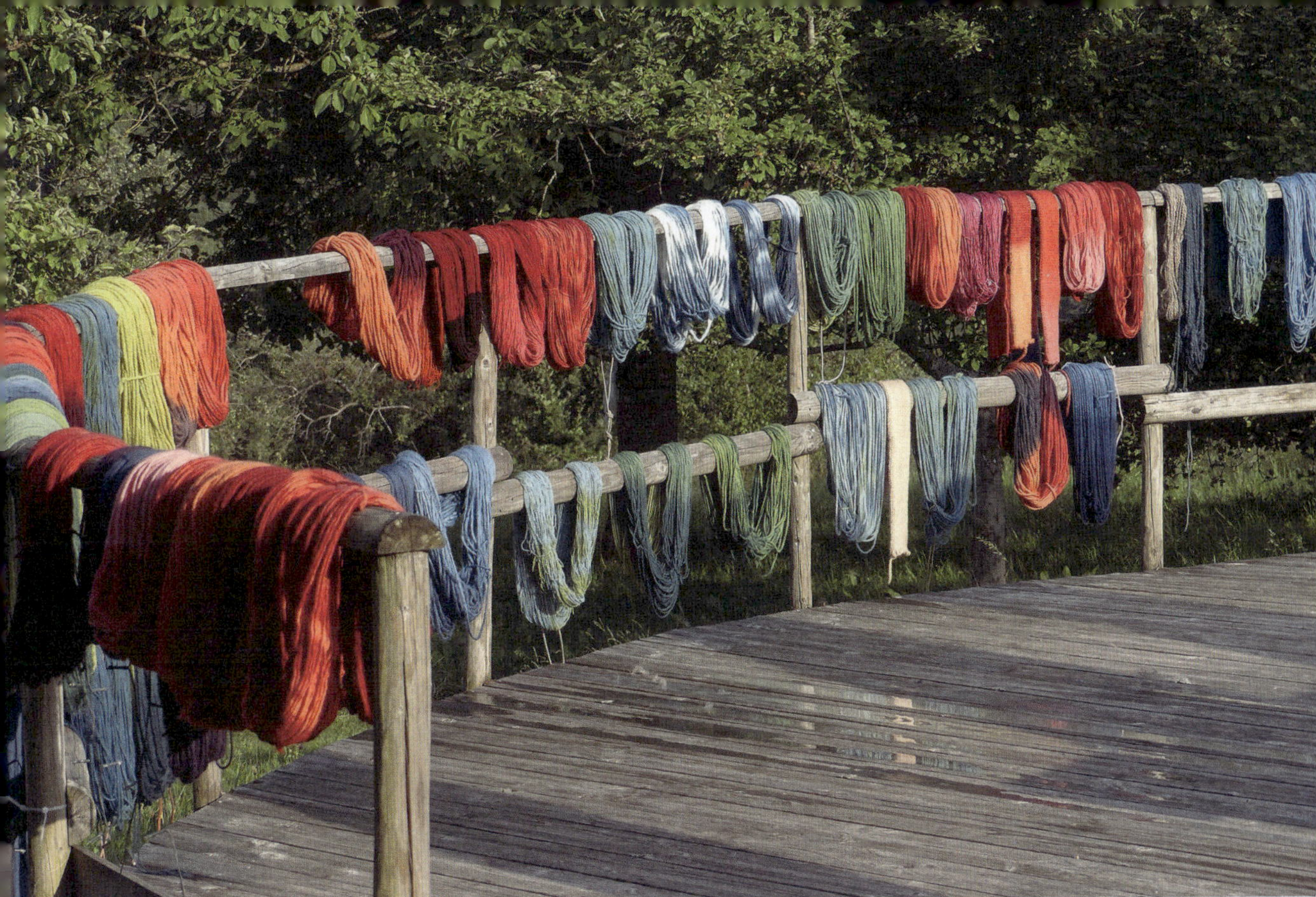

Bunte Wolle beim Färbekurs bei der Firma Wollknoll in Oberrot

Den ganzen Tag beschäftigten uns diese Fragen, die Vorurteile unserer Arbeit und unseren Produkten gegenüber, die immer kruder und unverschämter wurden. Wir verbrachten die kostbare Zeit auf der Messe damit, uns, unsere Idee und Überzeugung, die Qualität unserer Waren vor der übermächtigen Konkurrenz zu rechtfertigen. Zeit für Kunden hatten wir kaum, die meisten waren durch die Vorgänge am Stand so verunsichert, dass sie das Schauspiel lieber aus sicherer Entfernung betrachteten.

Der zweite Tag begann mit der Hoffnung auf ein wenig Ruhe, auf Kundengespräche, positive Rückmeldungen, vielleicht sogar Begeisterung, und Aufträge. Aber es kam anders, ganz anders. Schlimmer und absurder als wir uns je hätten vorstellen können.

Handzettel tauchten in der Messe auf, DIN A5, bedruckt mit einem Text, der uns erblassen ließ. Es war gestaltet als Infoblatt und es war nicht ersichtlich, von wem es kam, wer es verfasst hatte, wer dafür verantwortlich zeichnete. Auf dem Blatt wurde gewarnt vor pflanzengefärbter Wolle wie vor Hexenwerk. Alle Nachteile, die man sich nur ausdenken konnte, waren aufgeführt, alle Vorurteile, welche die ökologische Idee dahinter verunglimpften. An vielen Ständen wurden diese Zettel an die Kunden verteilt. Sollte damit einer wohl als bedrohlich eingeschätzten Entwicklung Einhalt geboten werden? Hatte die Wollbranche Angst, dass die »Ökos« mit einem solchen Auftritt salonfähig und zu einer Konkurrenz werden könnten?

Ein Jahr später erlebten wir dann wieder eine Überraschung: Etliche Wollfirmen präsentierten die ersten chemisch gefärbten bunten Wollstränge und -knäuel. Die

Links: Ein Strang Wolle wird zu zwei Drittel mit gelb gefärbt
Rechts: Der Strang wird umgedreht und zwei Drittel mit Blau überfärbt

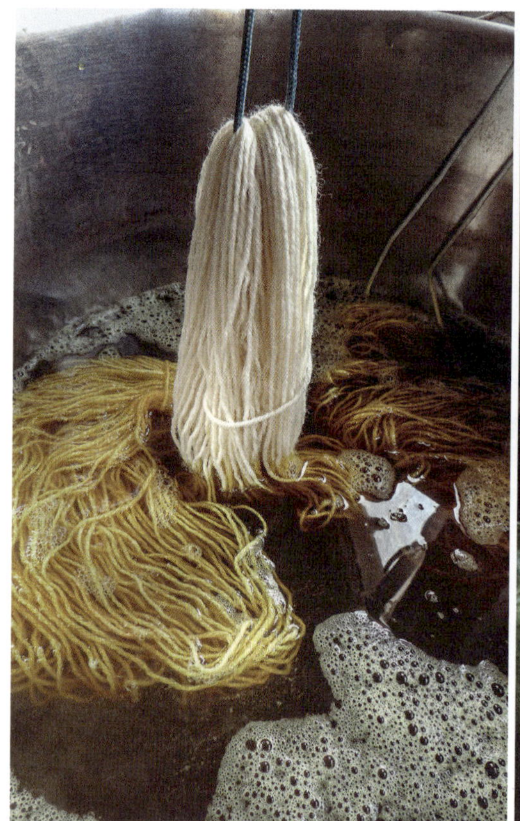

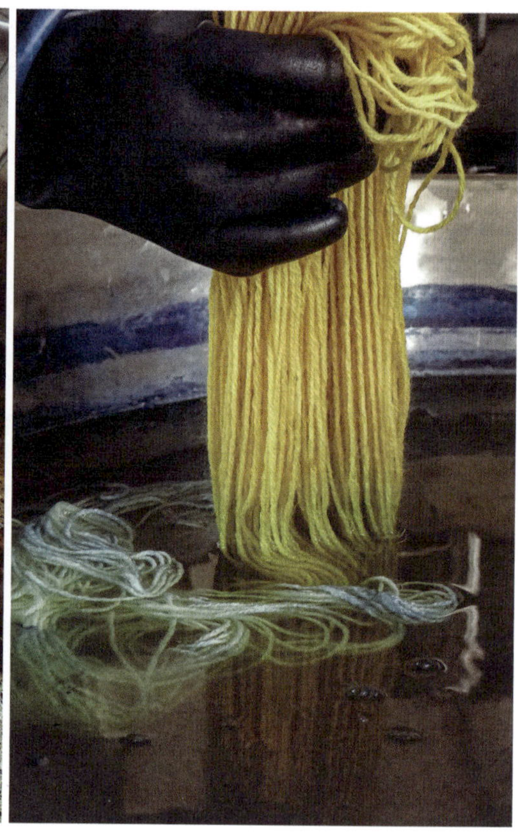

Ähnlichkeit mit den von uns entworfenen Multicolorfärbungen war frappierend. Aber wie sagte unser geschätzter Freund Mike Ganzert: »Nur was gut ist, wird kopiert!« Seither übertrifft sich die Wollbranche selbst mit ständig neuen Farbkreationen, die Garne werden bedruckt, bunt gefärbt, manchmal nach streng gehüteten Rezepten und Techniken in knallig leuchtende Wollstränge verwandelt. Es war der Anfang eines Trends, der bis heute ungebrochen ist. Die Regale in den Wollläden quellen über mit Garnen in allen erdenklichen, manchmal auch der Seele Schmerzen zufügenden Mischungen und Multicolortönen. Einfarbige Garne sind inzwischen fast eine Randerscheinung.

Beenden wir den Ausflug in die Vergangenheit mit der Erkenntnis, dass wir damals, ungewollt und ohne Absicht, der Wollbranche mit unserer Präsentation eine neue Richtung aufgezeigt haben: Wilde Farbkreationen für das ultimative Strickerlebnis! Ein Verkaufsschlager. Lassen Sie uns nun zurückkehren zu unserer eigenen Färberei, zu den ersten, einfach zu färbenden Multicolortönen, es erwartet Sie zunächst ein Warm-up.

DIE EINFACHE ZWEIFACHFÄRBUNG

Mit zwei einfachen Färbungen drei Farben auf einen Strang zu zaubern, ist eine leichte und überschaubare Übung. Starten wir das Warm-up mit der Kombination Blau-Grün-Gelb.

Zuerst werden zwei Drittel eines gebeizten Wollstranges in einem gelben Resedabad gefärbt. Dazu wird die Wolle in das Farbbad gehängt, sodass ein Drittel in Weiß erhalten bleibt. Wir hängen die Stränge

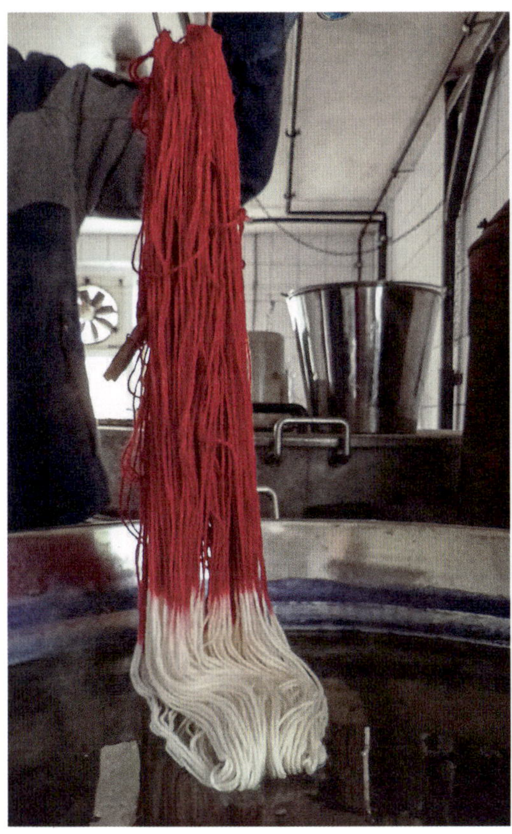

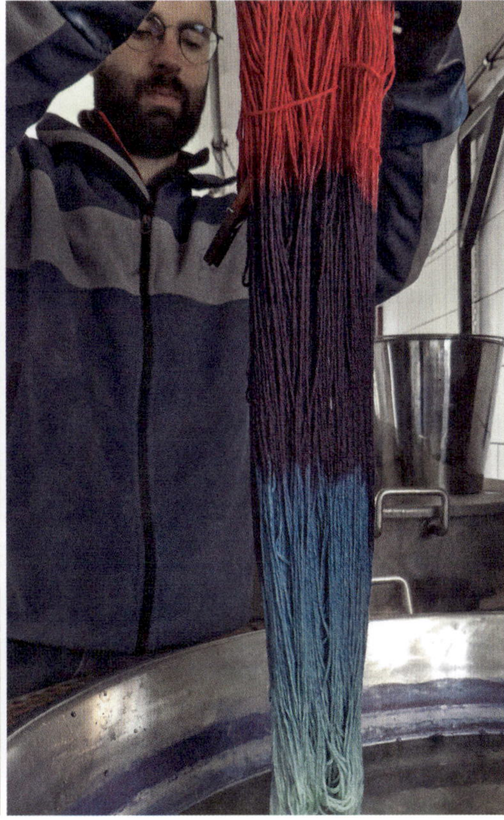

Links: Zwei Drittel vom Strang gefärbt mit Koschenille **Rechts:** Umgedreht und zwei Drittel überfärbt mit Indigo ergibt Rot, Lila und Blau

an eine Kette, die an einem über den Kesseln gespannten Stahlseil befestigt ist. Die Vollendung der Farbkombination erfolgt jetzt im zweiten und gleichzeitig letzten Arbeitsschritt. Der Strang wird umgedreht, das ungefärbte Drittel befindet sich nun unten, darüber zwei Drittel Gelb. Den Wollstrang tauchen Sie jetzt zu zwei Drittel in ein Indigobad. Der ungefärbte Teil wird sich in ein Blau verwandeln, ein Drittel vom gelben Farbton schmückt sich mit grün, der Rest bleibt gelb. Fertig. Das ist das ganze Geheimnis dieser leicht reproduzierbaren Zweifachfärbung. Für die praktische Durchführung arbeiten Sie nach den beschriebenen Grundrezepten. Mit der Farbstoffmenge können Sie nach Lust und Laune experimentieren. Und für eine weitere Farbkombination färben Sie noch einen Nachzug, wie oben bereits beschrieben: zwei Drittel in das noch ausreichende Resedabad hängen, den Strang danach wieder umhängen und zwei Drittel ins Indigobad tauchen. So gesellt sich eine zweite Nuance hinzu: Blau-Türkis-Hellgelb.

Entstehen in Ihrem Kopf nun viele weitere mögliche Zweifachfärbungen? Dann sind Sie auf dem richtigen Weg. Wir werden Ihnen hier dennoch eine nach der anderen vorstellen. Koschenille mit Indigo ist für alle Freunde eines kräftigen, aber doch zurückhaltenden Farbdesigns wärmstens zu empfehlen. Die Herstellung ist wieder ganz einfach: zuerst zwei Drittel mit Koschenille Rot färben, dann den Strang umhängen, den Rest besorgt das blaue Indigo. Die Arbeitsschritte wiederholen sich bei allen Kombinationen, es ist immer wieder der gleiche Prozess. Versuchen Sie es dann noch mit Krapp und Koschenille (in diesem Fall ohne Indigo); eine Mischung mit Katechu und Indigo ist ebenfalls sehr attraktiv.

Wunderschöne Zweifachfärbungen mit drei Farben

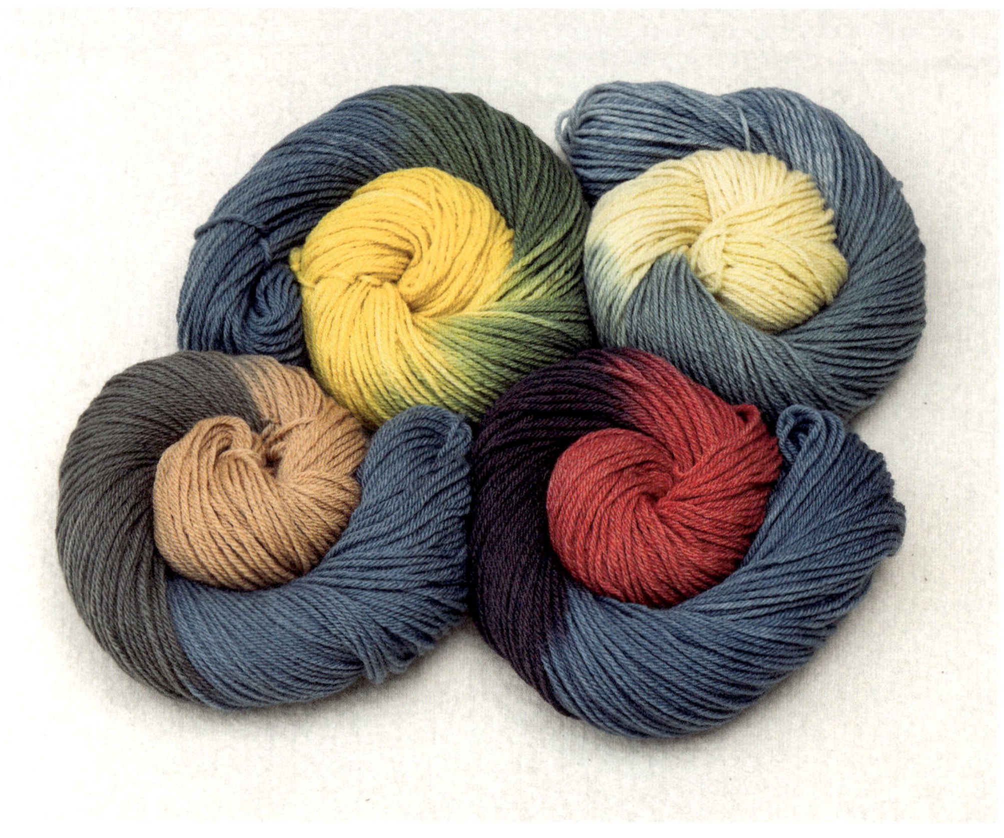

Wenn die mit dieser Technik gefärbten Wollstränge bei Ihnen nicht gleich Glücksgefühle oder Begeisterungsstürme auslösen, weil die so gefärbte Wolle etwas langweilig aussieht und an starres Blockstreifendesign erinnert, kann man das schon verstehen. Aber das Spielerische und zugleich Beruhigende dieser Färbungen entfaltet sich beim Verstricken. Sie benötigen kein Muster, können einfach draufIosstricken, dann werden Sie sehen, was wirklich in diesen Farbkombinationen steckt.

DIE DREIFACHE, ABER DOCH EINFACHE FARBABSTUFUNG

Das Warm-up der Mehrfachfärbung ist nun beendet. Es wird Zeit für die nächste Aufgabe, aber auch diese sollten Sie ohne Probleme meistern. Harmonische Farbverläufe mit nur einer Grundfarbe strahlen Ruhe und Aufgeräumtheit aus, ohne dabei zu sehr in ein langweiliges Abseits zu geraten. Die bei allen Farbstoffen gleichen Arbeitsschritte führen wir am Beispiel eines hellen bis dunklen Grün aus. Nach dem Grundrezept von Reseda wird ein Strang gelb eingefärbt. Ob Sie hier mit oder ohne Krapp färben möchten, spielt für den Ablauf keine Rolle, Sie wissen ja inzwischen, wie es ich auf das Ergebnis auswirkt. Der gesamte Strang wird nun in einem schwachen Indigobad zu einem hellen Grün überfärbt. Nach dem vollständigen Verblauen – oder sollte man

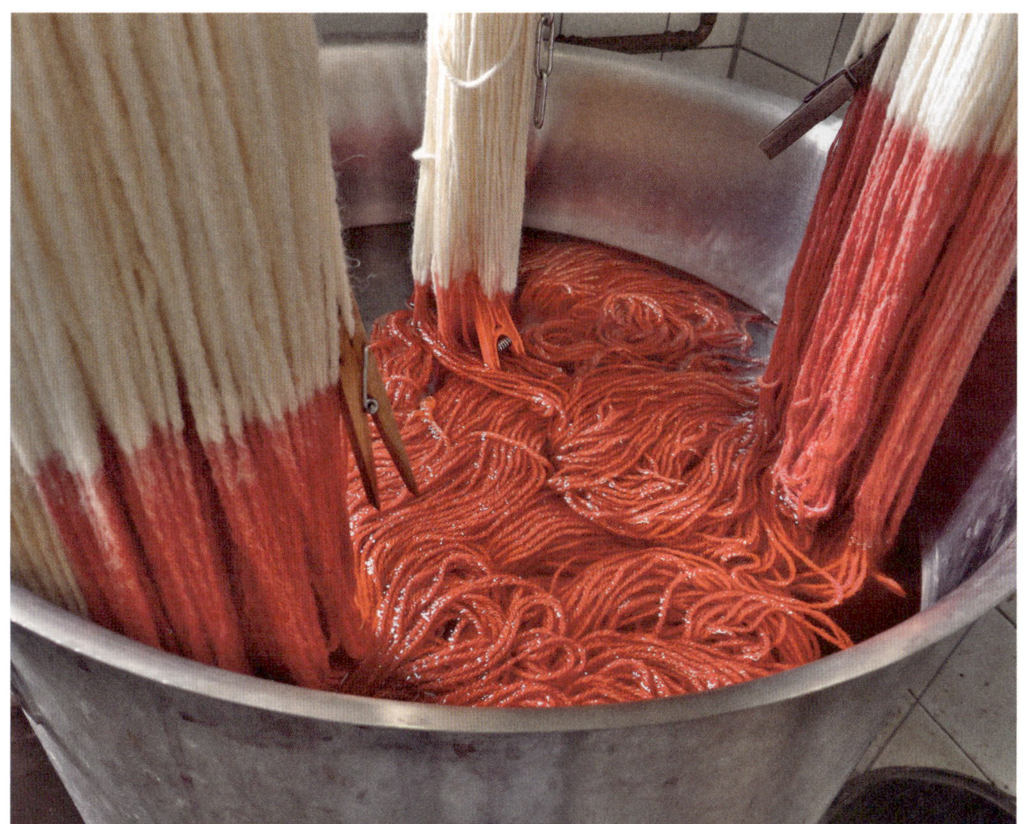

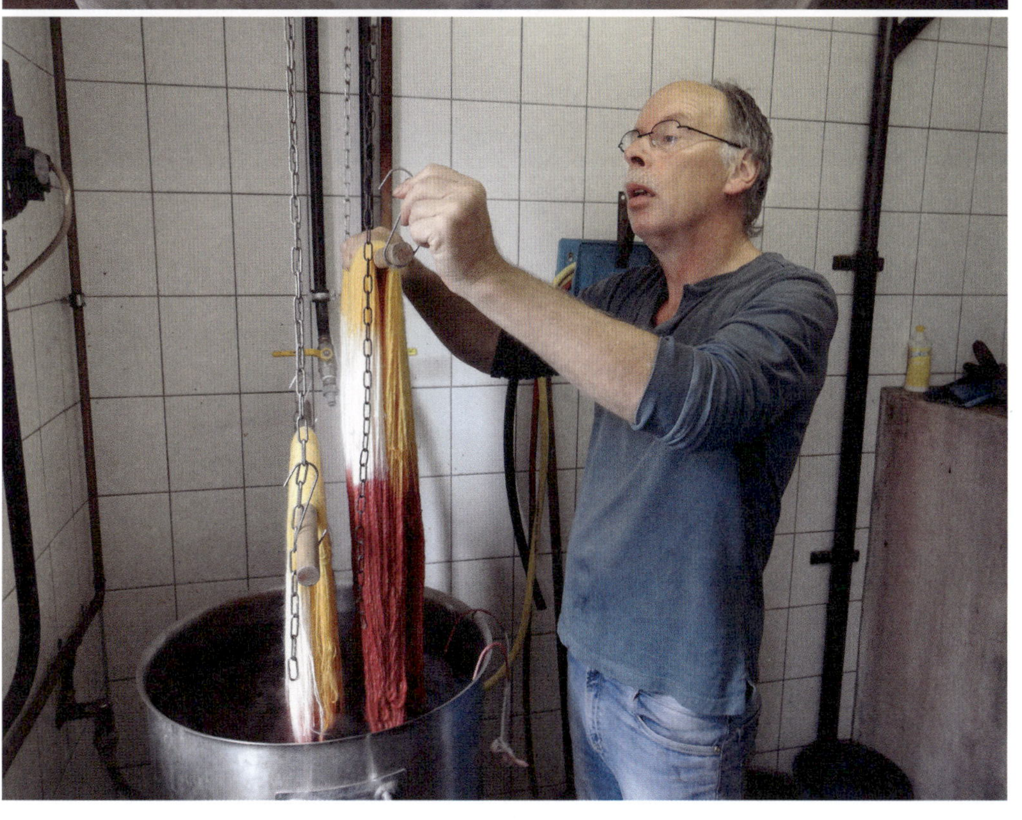

Oben: Wolle im Koschenillebad für Zweifach-färbungen
Unten: Umhängen und Vorbereiten für die nächste Farbe

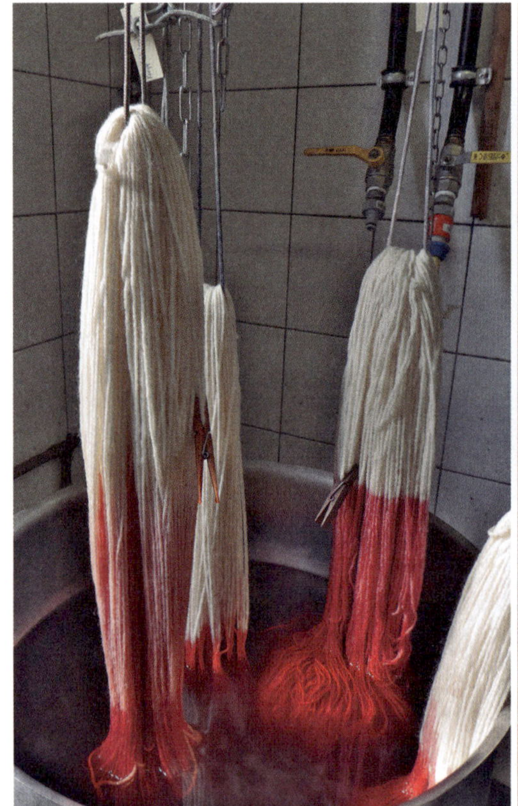

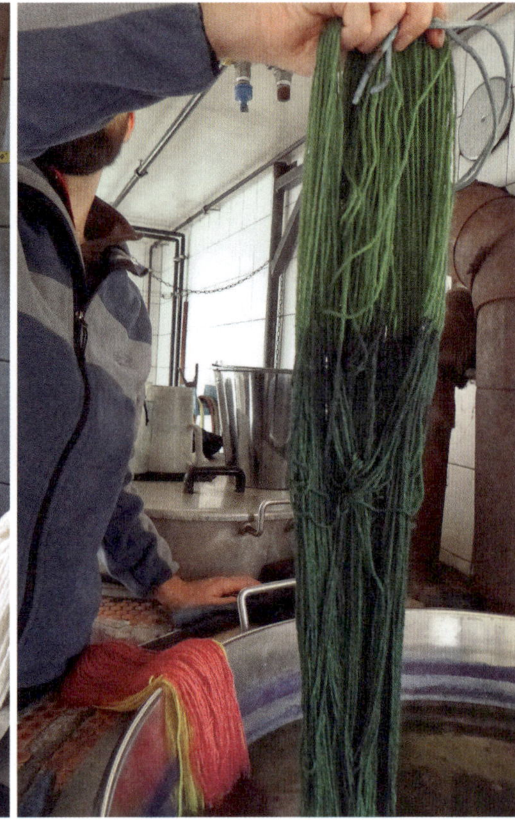

Links: Rote Farbabstufungen im Koschenillebad
Rechts: Martin beendet eine Farbabstufung in Grün

es in diesem Fall »Vergrünen« nennen? – werden zwei Drittel des Stranges nochmals in einem etwas stärkeren Blau überfärbt. Betrachten wir das Zwischenergebnis, dann sind nun zwei verschiedene Grüntöne auf dem Strang sichtbar. Das obere Drittel ist hellgrün, der Rest in einem dunkleren Grün. Für die dritte (und letzte) Farbe wird das untere Drittel nochmals in einer leicht stärkeren blauen Küpe überfärbt.
Das überschüssige Indigo sollten Sie nun gut ausspülen. Vor Ihnen liegt ein Wollstrang in drei unterschiedlichen und sehr harmonisch zueinanderpassenden Grüntönen. Hier gilt das Gleiche wie bei der Zweifachfärbung: Der überaus friedliche und beruhigende Farbcharakter solch einer Färbung zeigt sein wahres Gesicht erst beim Verstricken.

Setzen wir die dreifache Farbabstufung mit den noch ausstehenden Färbepflanzen fort. Für drei mild abgestufte Lilatöne wird wieder der gesamte Strang in einem Koschenillebad, dem Grundrezept folgend, grundiert, danach, wie oben bereits beschrieben, erst der ganze Wollstrang in einem hellen Indigobad zu einem Rotviolett gefärbt. Zwei Drittel werden in einem etwas stärkeren Blau nochmals gefärbt, und zum Schluss wird das untere Drittel zur Vollendung in ein nochmals leicht mit Stammküpe angereichertes Blaubad getaucht. Das Ergebnis ist ein harmonischer und schön anzusehender Farbverlauf in Violett. Exakt den gleichen Vorgang können Sie nun auch mit der Krappwurzel, dem Katechu und selbstverständlich auch für einen reinen Blauverlauf nur mit Indigo durchführen.

Nehmen wir an, Sie sind ein begeisterter Fan von Rottönen, Lila steht bei Ihnen jedoch ganz am Ende der Skala ihrer Lieblingsfarben. Für ein neues Strickprojekt schwebt Ihnen ein in einem wunderschönen

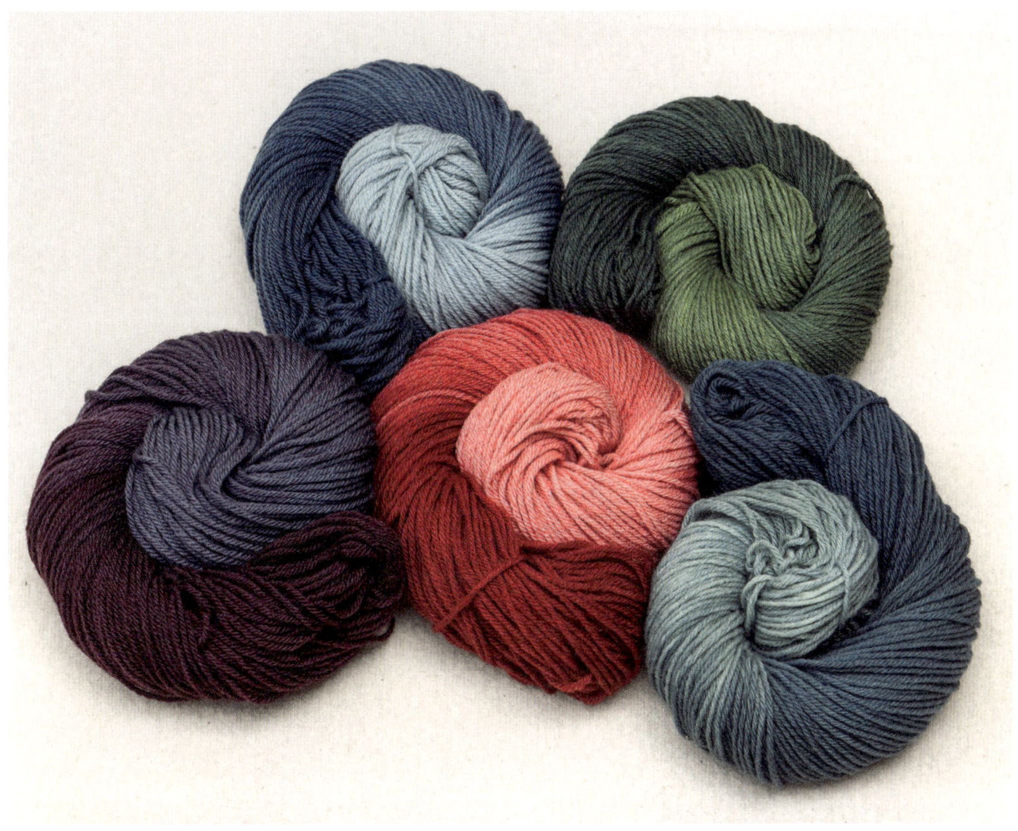

Herrliche dreifache Ton-in-Ton-Farbabstufungen

Rot verlaufender Pullover vor. Für solch eine Farbkreation braucht es eine andere Technik. Mit dem bisherigen Zwei-Drittel-Färben, dann Umhängen und im Indigo Überfärben geht dies nicht, Sie erhielten ja einen Lilaton. Für einen Farbverlauf mit lediglich Koschenille – das Gleiche können Sie auch mit Reseda für Gelbabstufungen machen – gehen Sie folgendermaßen vor: Der gebeizte Strang wird in dem ausgekochten Farbbad zu zwei Drittel versenkt, bei Koschenille jetzt, wie gelernt, die Temperatur erhöhen. Bevor zu viel Farbe auf die Wolle aufgezogen ist, ziehen Sie den Strang um ein Drittel nach oben. Das sollte dann so aussehen: Auf das untere Drittel im Farbbad zieht nun langsam dunkelrot auf, das mittlere Drittel leuchtet in einem warmen Mittelrot, oben ist der Strang noch weiß. Sind Sie mit dem dunklen Rot zufrieden und ist der Unterschied zu dem Mittelrot gut sichtbar, folgt die letzte Färbestufe. Das Weiß wäre im Farbverlauf viel zu hart, deshalb lassen Sie nun den Strang noch einmal ganz ins Farbbad gleiten. Langsam zieht ein Rosa auf das Weiß. Bei dieser Färbung müssen Sie unbedingt den Ablauf im Blick behalten. Jede Ablenkung könnte die schönen Schattierungen zunichte machen. Deshalb kontrollieren Sie die Intensität der Färbung immer wieder durch Hochziehen der Wolle. Entsprechen die entstandenen Nuancen Ihren Wünschen, beenden Sie das Farbbad.

Links: Katechu gefärbte Wolle zu zwei Drittel mit Blau überfärbt
Rechts oben: Ein Farbenrausch auf Strickwolle
Rechts unten: Verstrickte Regenbogenwolle und harmonische Farbverläufe

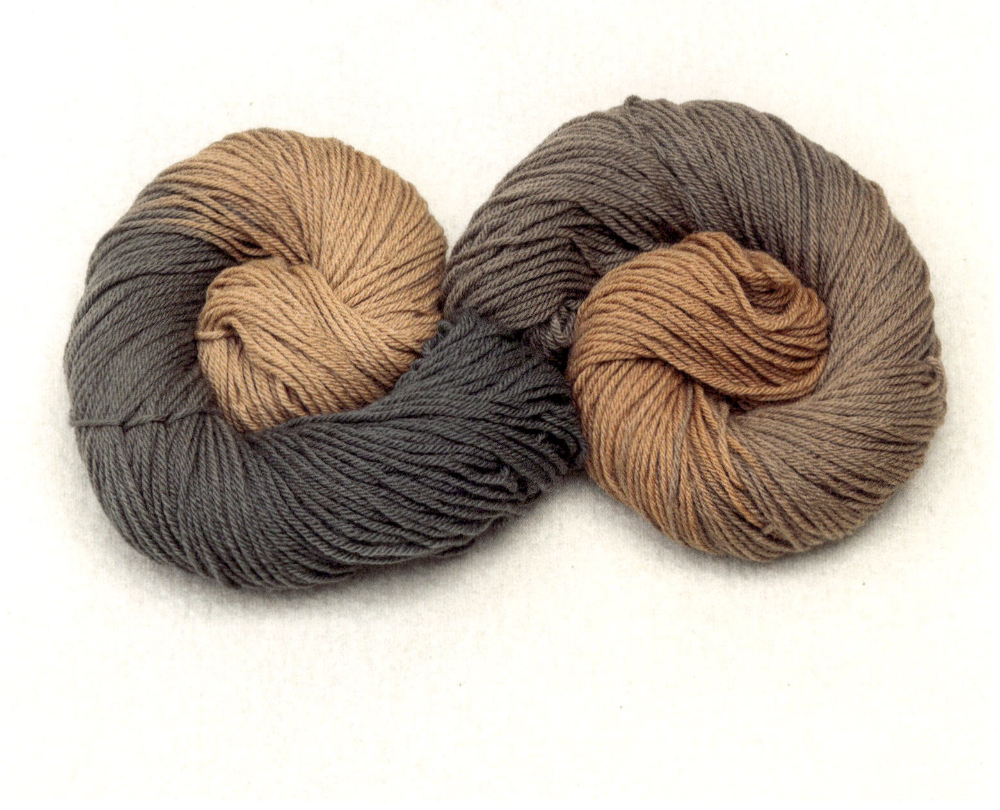

ZUM ABSCHLUSS NOCH EIN TRIPLE

Das Wahrnehmung von Farbharmonien ist eine sehr persönliche Sache. Es gibt Menschen, die in dieser Hinsicht besonders empfindlich sind. Ein feuriges Rot mit einem Unterton von Violett auf einer weichen Wolle soll einen selbstgestrickten Schal für die kältesten Tage des Winters ergeben. Schon die Farbe verbreitet ein wohlig warmes Gefühl. Es darf aber auf keinen Fall ein Stich ins Blau sichtbar sein, es würde das Empfinden der Farbharmonie als auch der Temperatur zerstören. Keine Sorge, auch hierfür gibt es das passende Rezept. Es ist in der Herstellung ganz einfach, gehörte eigentlich eher ins Kapitel Warm-up. Ich habe es dennoch ganz ans Ende dieses Kapitels gestellt, um Sie mit einem sanften Abschluss, einer geradezu meditativen Färbung aus dem Kapitel zu entlassen. Denn während das Koschenille langsam seine Farbe annimmt, können Sie sich eine Pause gönnen, Tee trinken oder, wie heute wohl eher üblich, durch die Welt surfen.

Bereiten Sie ein Koschenillebad vor, tauchen Sie den Wollstrang ganz im Kessel unter, erhöhen Sie die Temperatur, und warten Sie geduldig auf ein schönes dunkles Rot. Nun überfärben Sie zwei Drittel mit Indigo, ein Drittel bleibt in Rot. Dann wird lediglich das untere Drittel nochmals mit etwas höherer Konzentration an Indigo überfärbt. So erhalten Sie eine Farbkombination von Rot mit Violett, ohne ein störendes Blau.

Diese Technik können Sie ebenso mit einem resedagefärbten Gelb anwenden wie mit Krapp oder Katechu. Sie haben wieder drei Farben auf einem Strang, aber dieses Mal mit der Grundfarbe, also noch ein Triple.

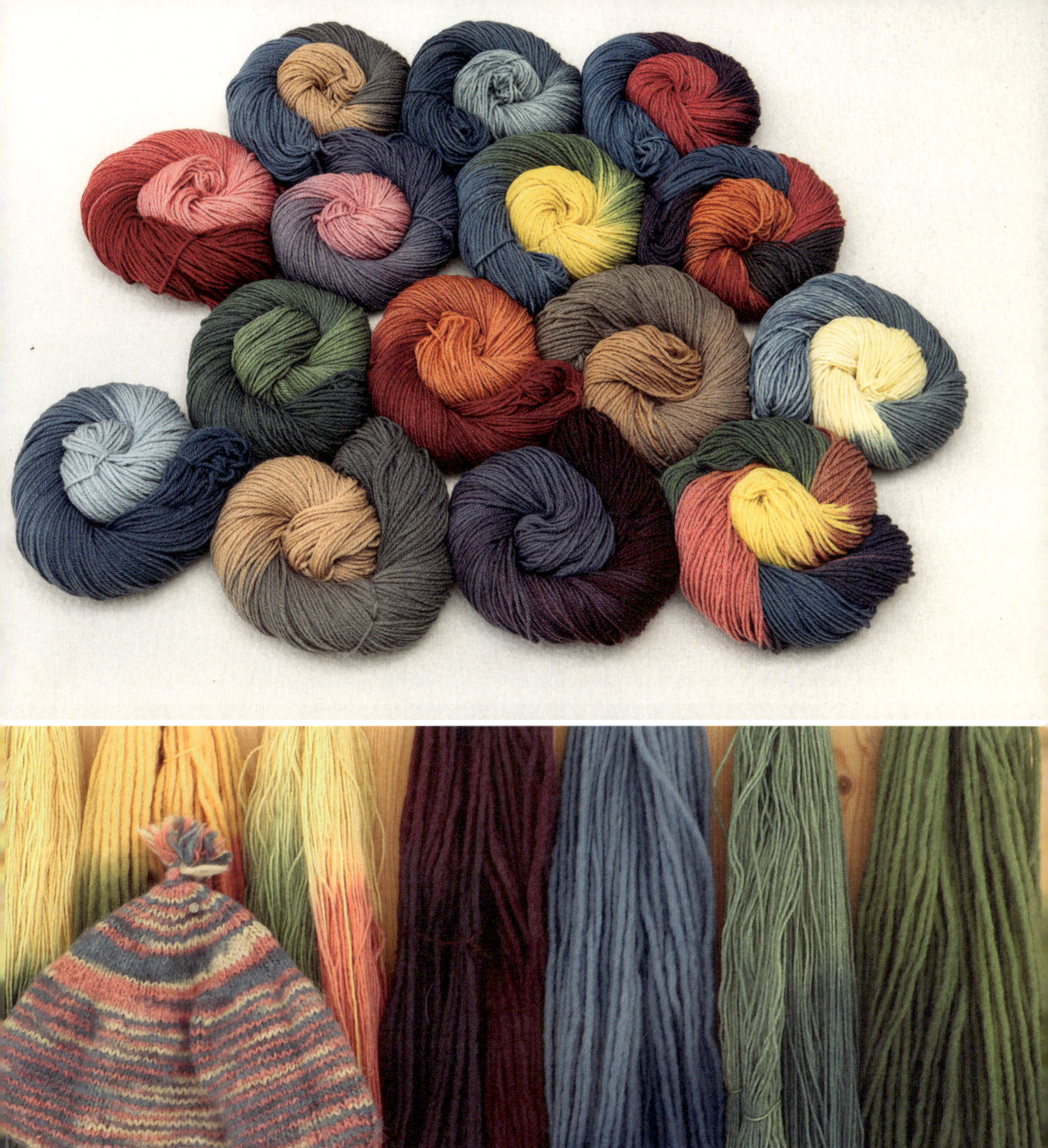

Under the rainbow

DIE REGENBOGENWOLLE

Eigentlich ist die Bezeichnung »Regenbogen« für die folgende Färbung nicht ganz korrekt. Denn das leuchtende Orange eines meist vor dunklen Wolken erscheinenden Regenbogens auf die Wolle zu färben, ist nur schwer möglich. Aber die restliche Palette eines Regenbogens werden Sie nach einer gelungenen Färbung auf Ihrem Wollstrang sehen. Um aber so viele verschiedene Farben, die ja mitunter ganz unterschiedliche Verfahren benötigen, auf einem einzigen Strang vereinen zu können, muss man sich schon im Vorfeld einige Gedanken machen.

Beginnen wir zunächst mit der Beize. Das Rot mit Koschenille gefärbt legt diese Prozedur fest: Wir beizen die gesamte Wolle mit Alaun und Weinsteinrahm. Jetzt müssen wir von unseren Kesseln ein wenig zurücktreten, denn nun folgt, wenn Sie Ihrem Augenmaß nicht trauen, eine Rechenaufgabe, die eine gleichmäßige Aufteilung der verschiedenen Farben garantiert. Sechs Farben müssen am Ende den Wollstrang zieren. Messen Sie also den Umfang des Stranges und teilen ihn durch sechs.

Nun folgt jedoch eine schwierigere Aufgabe. Mit all dem Wissen, das Sie sich bislang durch die Farbenlehre und die praktischen Erfahrungen des Färbens erarbeitet haben, sollten Sie das Rätsel lösen können: Um einen Regenbogen zu erhalten, welche Sechstel des Stranges müssen mit welchen Farben gefärbt werden? Und vor allem: in welcher Reihenfolge? Sie müssen dabei immer berücksichtigen, dass bei einer Überfärbung die dunklen Töne leicht die hellen ins Abseits stellen und verschwinden lassen. Wie weit muss die Wolle jeweils eingetunkt werden, beispielsweise bei der Farbe Rot? Die Antwort lautet: genau zur Hälfte. Drei Sechstel wären dann mit Koschenille gefärbt, die äußeren beiden Sechstel müssen noch überfärbt werden, einmal mit Reseda für ein Orange und das andere mit Indigo für Violett. Bevor Sie sich aber nun den Kopf zerbrechen, folgen Sie einfach meiner Anleitung mit all den Tricks, die mir die Erfahrung beschert hat.

Befestigen Sie eine Wäscheklammer an dem Punkt, bis zu dem der Strang ins Farbbad reichen soll. Jetzt folgt die erste Färbung mit Koschenille, nehmen Sie aber keine 10 Prozent, 5 bis 7 Prozent sind ausreichend. Das Rot sollte nicht zu kräftig werden, es verdirbt sonst die Farbkraft der Reseda. Die einzelnen Schritte erfolgen wie bisher erlernt. Ist ein schönes Rot auf der Wolle, waschen Sie den Strang aus und hängen ihn um, beziehungsweise bereiten Sie ihn für das nun folgende Gelb vor. Eines der drei Sechstel der roten Stranghälfte muss jetzt ins gelbe Farbbad, dazu noch zwei der drei Sechstel des bisher noch ungefärbten Strangs. Nach durchgeführter Färbung mit dem Grundrezept von Reseda weist der Wollstrang drei unterschiedliche Farben auf – 2/6 Gelb, 1/6 Orange, gefolgt von 2/6 Rot – ein Sechstel ist noch ungefärbt. Jetzt fehlt nur noch der krönende Abschluss mit Indigo. Den Strang nehmen Sie nun so in die Hand,

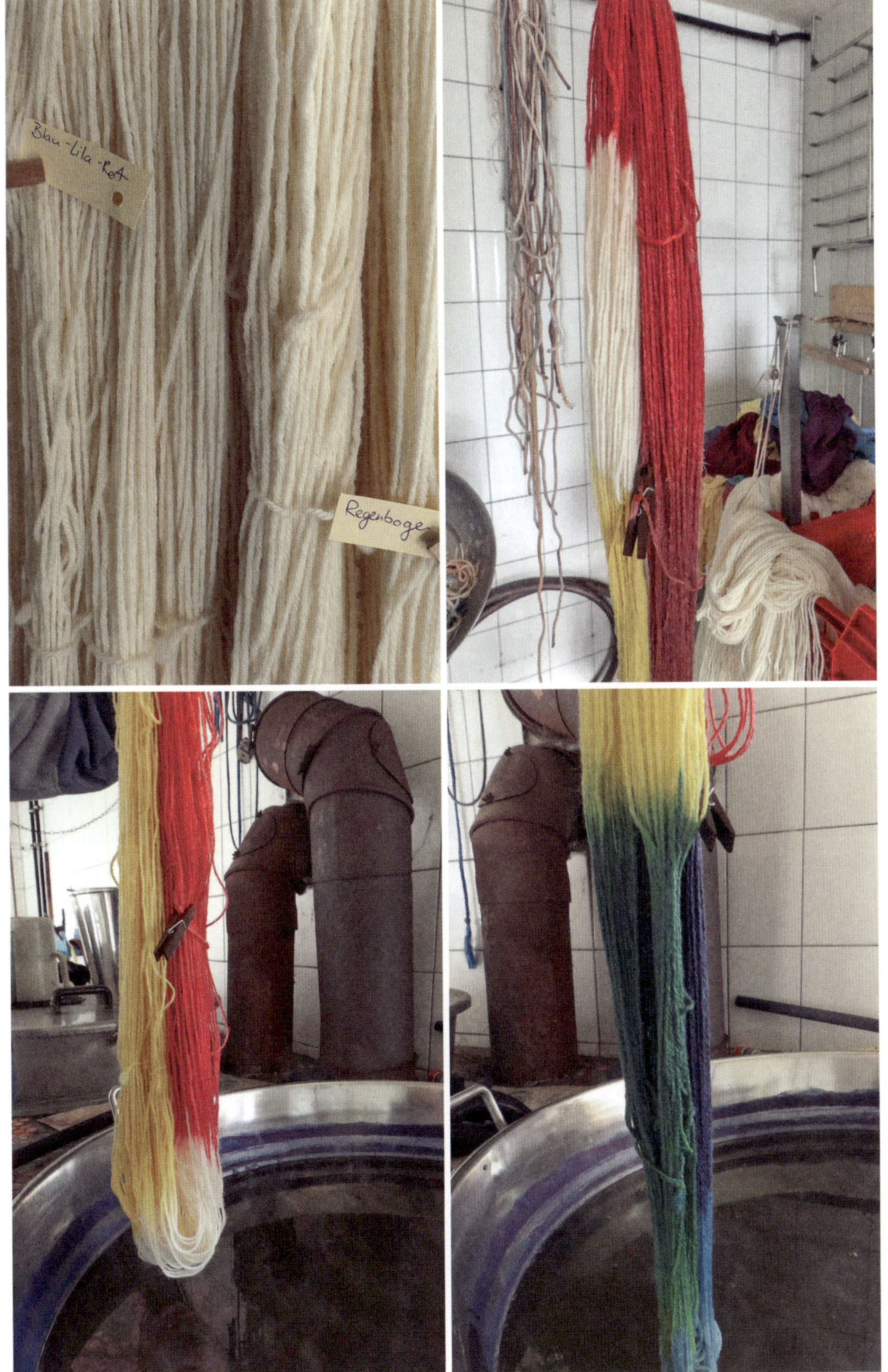

Links oben: Strickwolle mit Markierung für das Farbbad
Rechts oben: Die Regenbogenwolle noch ohne Blau
Links unten: Wolle umgehängt für Blau
Rechts unten: Grün, Lila und Blau erscheint nach einer Färbung mit Indigo

dass Sie in einem Arbeitsschritt die noch fehlenden drei Farben auf den Strang zaubern: Das Weiß nach unten, flankiert von Rot und Gelb. Eingetaucht wird wieder genau zur Hälfte des Strangs. Das gelbe Sechstel erscheint nun in einem satten Grün, gleichzeitig wird aus der Hälfte des roten Drittels ein Violett und der bisher noch weiße Teil des Wollstrangs sollte blau sein. Fertig ist die Regenbogenwolle, die sechs Farben des Farbkreises auf einem Strang, gefärbt mit lediglich drei Färbungen in den Grundfarben Rot, Gelb und Blau.

Und mit dieser Technik können Sie farblich noch viel mehr erreichen, einen wahren Farbenrausch auf einen Strang projizieren. »Mischen possible« ist auch hier die Devise. Benutzen Sie nicht nur die drei Grundfarben, sondern alle fünf unserer hier vorgestellten Farbstoffe. In allen möglichen und unmöglich erscheinenden Kombinationen, das Ergebnis ist eine sehr beeindruckende Farbenvielfalt. Ein Beispiel haben wir noch für Sie. Die gleiche Färbetechnik, durchgeführt mit Krapp, Koschenille und Indigo ergibt verstrickt eine herrliche Farbkombination.

DER PERUANISCHE REGENBOGEN

Ein Regenbogen ist ein Regenbogen. Physikalisch betrachtet bricht sich das Licht in der Höhe der Anden auch nicht anders als bei uns. Insofern gleicht ein peruanischer Regenbogen einem europäischen, aber die Weite, die klare Luft und die atemberaubende Landschaft geben dem Anblick eine mystische Stimmung. Die Menschen in den Anden lieben es, sich wie der Regenbogen äußerst bunt zu präsentieren. Ihre Kleidung, ihre einzigartigen Hüte, die in jeder Gegend anders ausfallen, alles ist von vielen unterschiedlichen Farben geprägt. Eine für uns Europäer wohltuende Farbharmonie ist dabei nicht immer gegeben, die Farbzusammenstellungen scheinen eher dem Zufall überlassen, manchmal zu grell, fast beißend. Aber, wie wir wissen, tragen Farben dazu bei, den grau erscheinenden Alltag ein wenig aufzuhellen.

Mit viel Freude präsentierte Carlos uns bei unserem dritten Aufenthalt in Tinki die erste Kollektion pflanzengefärbter Alpakawolle, damals natürlich noch einfarbig und in einer überschaubaren Farbauswahl. Für ihn als Färber war es ein Höhepunkt in seinem Leben. Er hatte dies alles erlernt und konnte es nun nachhaltig reproduzieren. Im Anschluss erzählten wir ihm von unserer neuen Idee der Regenbogenwolle und den Erfolgen bei ihrer Herstellung. Anfangs hat ihn dies vollkommen überfordert. Zugegeben, es ist theoretisch nicht leicht zu verstehen, aber die praktische Umsetzung folgte auf dem Fuße.

Zusammen mit Carlos standen wir dann an den Färbekesseln. In dem kleinen Ort Tinki auf 4000 Meter Höhe war es kalt, die Luft war dünn, Sauerstoff knapp. Wir waren erst angekommen und hatten uns noch

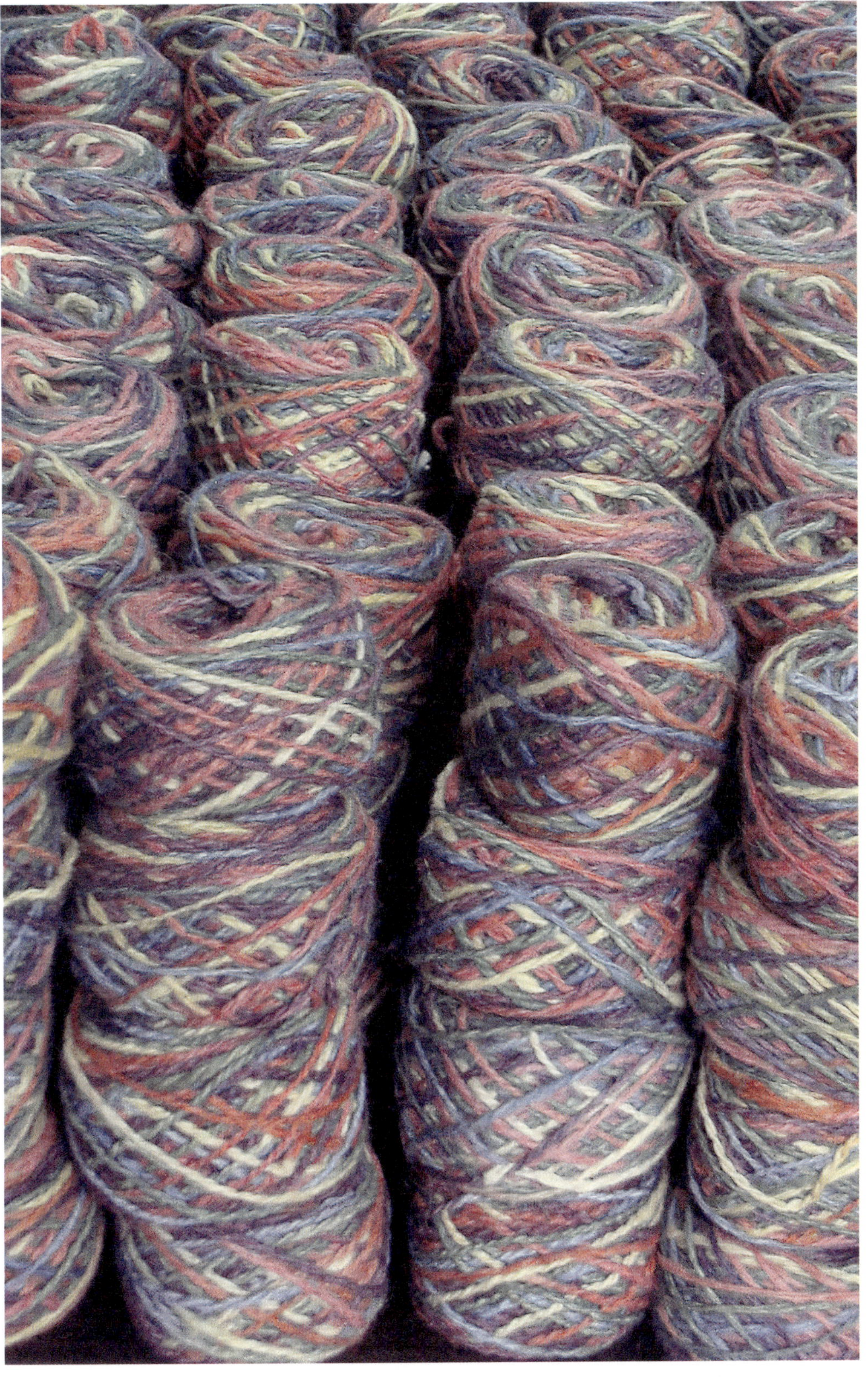

Unzählige Knäuel mit Regenbogenwolle in Tinki

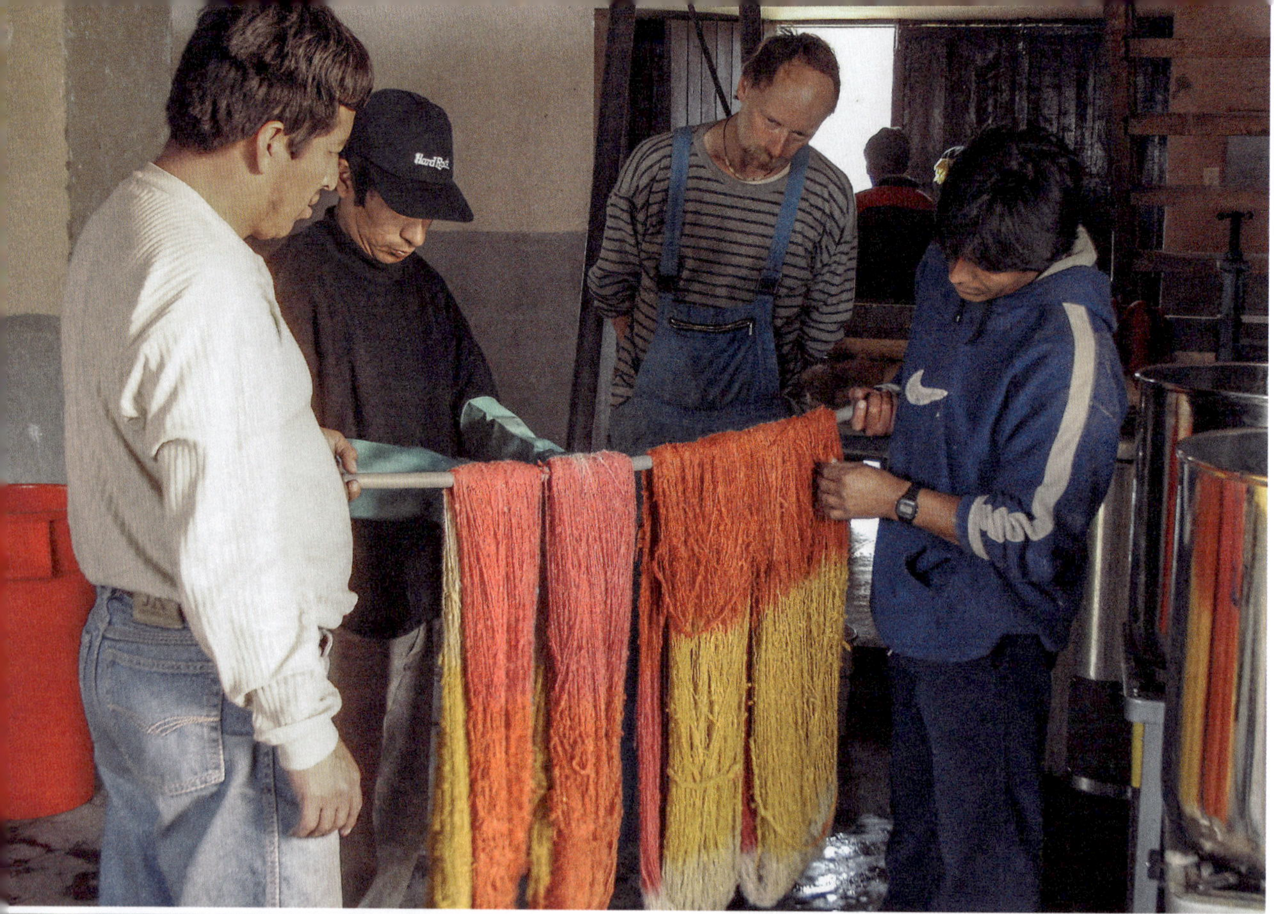

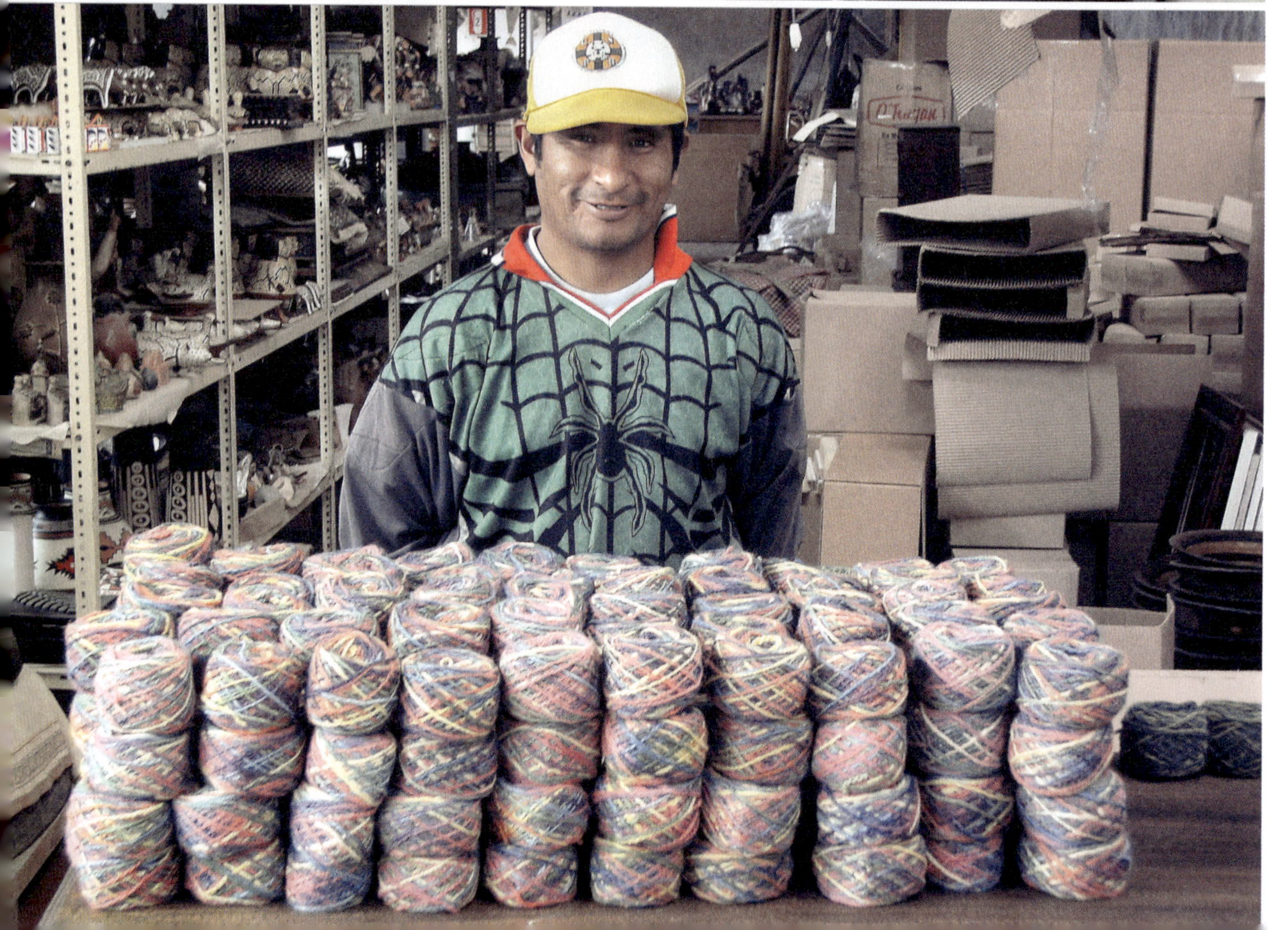

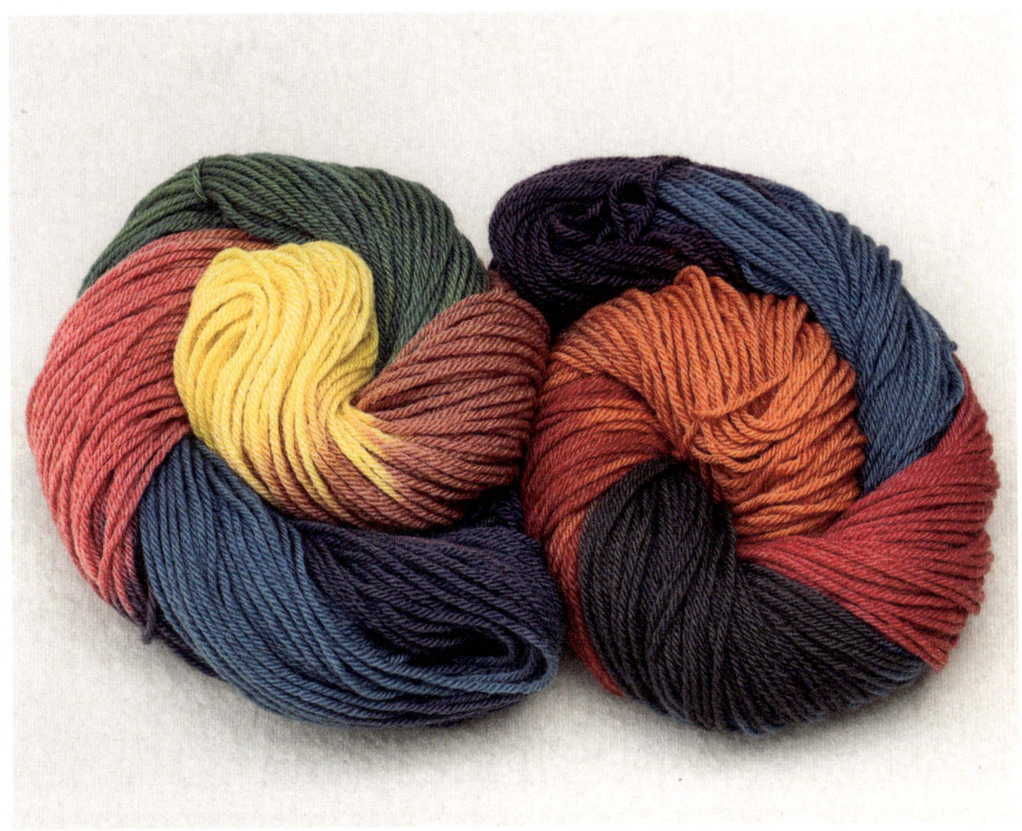

Links oben: Die erste Regenbogenwolle in Peru kurz vor der Vollendung
Links unten: Carlos präsentiert stolz seinen ersten großen Auftrag
Rechts: Regenbogenwolle sowie mit Krapp, Koschenille und Indigo gefärbte Wolle

nicht an die Höhe gewöhnt. Aber wir trotzten den Widrigkeiten, färbten für ihn erst ein Rot auf die Alpakawolle, danach ein schönes Gelb mit »Chilka«, einer in Südamerika heimischen Baccharisart. Carlos folgte unserer Färberei interessiert, aber skeptisch. Er konnte sich die Vollendung durch Indigo einfach nicht vorstellen. Der dritte Färbegang nahm seinen Lauf. Die Wolle blieb für fünf Minuten im Indigobad, herausgezogen und ausgedrückt, verwandelte sich das Gelb mithilfe der Luft in ein herrliches Grün, aus dem Rot wurde ein Violett und das restliche Weiß wurde langsam, aber stetig ein leuchtendes Blau. Carlos hielt die erste Regenbogenwolle der Anden in seinen Händen.

Hier begann eine wahre Erfolgsgeschichte. Da die Menschen in den Anden die Farben lieben, waren sie begeistert von unseren Strickproben aus dem Regenbogengarn. Die kunterbunten Kreationen zierten bald Schals und Mützen der Andinos, Aufträge für Alpakawolle in Regenbogenfarben häuften sich. Es liegt schon viele Jahre zurück, dass wir Carlos unsere Färbetechnik zeigten, aber der Wunsch nach diesem Design ist immer noch ungebrochen. Bei unserer letzten Reise 2019 (vor Corona) begegneten uns in den scheinbar letzten Winkeln der Anden Menschen, die mit Stolz ihre pflanzengefärbten Kleidungsstücke in Multicolor trugen.

Multicolor durch Kardieren und Spinnen

SPINNEN ODER SPINNEN?

Beginnen wir das Kapitel wieder mit einer Anekdote, diesmal von einem Kunsthandwerkermarkt in einer schwäbischen Kleinstadt vor rund zwanzig Jahren. Seit Langem wird dieser Markt bereits abgehalten, er ist immer gut besucht, und auch die Geschäfte laufen dort nicht schlecht. Unser vier Meter breiter Stand ist bunt geschmückt mit allem, was die Pflanzenfärberei hergibt. Wolle, kardiert und versponnen, Seidentücher, Bastelwolle und natürlich die von Chrisse handgewebten Teppiche. Wieder einmal gibt es einen Trend, der in der Republik grassiert: Naturwolle zu verarbeiten und zu verstricken, ist angesagt. Das ist erfreulich für uns, auch wir profitieren von den Kunden, die unbedingt dabei sein wollen.

Vor unserem Stand hatten wir ein Spinnrad mit einer ausführlichen Beschreibung und dem notwendigen Verkaufspreis aufgestellt. Dann geschah Folgendes: Ein Ehepaar mittleren Alters schlenderte am Marktstand vorbei. Die Dame sah sich interessiert das Spinnrad genauer an, während ihr Mann dies umgehend in tiefem Schwäbisch kommentierte: »Meine Frau spinnt auch ohne Spinnrad«, gefolgt von lautem Lachen, in das jedoch niemand einstimmte. Was Jahre zuvor noch ein gelungener Scherz gewesen wäre, wirkte wie der immer gleiche abgedroschene Witz, den keiner mehr hören wollte. Heute hat sich viel verändert. Die »political correctness« verbietet heute solche Äußerungen, und wir sind uns bewusst, dass damit nur alte Klischees bedient werden und Frauen in eine zum Glück schon lange beendete Rolle gedrängt werden. Um die uns schon damals peinliche Szene zu vermeiden, entschieden wir uns, das Spinnrad wegzulassen. Lieber verzichteten wir auf den Umsatz, als dass wir immer wieder die gleichen Floskeln hören mussten.

Aber es lohnt sich dennoch, das Klischee noch einmal aufzurollen. Was die polternden Ehemänner bei ihrer Bemerkung nicht bedachten, ist die Tatsache, dass die Erfindung des Spinnens eine bahnbrechende Erfindung war, die gar nicht hoch genug geschätzt werden kann. Einen Faden herzustellen, ist die Grundlage jeder weiteren textilen Verarbeitung, ob gewebt, geknüpft, gestrickt oder gehäkelt. Sie hat die Welt mehr noch revolutioniert als die Erfindung des Rades. Oder wollten Sie noch heute in ein Fell gehüllt über den Markt schlendern?

GUT GEKÄMMT IST HALB GESPONNEN

Vor dem Verspinnen muss die Wolle gekämmt werden, im Fachjargon wird dies »Kardieren« genannt. Bei diesem Vorgang wird die gewaschene – und meist schon gefärbte – Wolle gekämmt, dabei werden die einzelnen Fasern in eine Richtung gelegt. Das vorherige Wirrwarr der Wollfasern wird beseitigt und aufgeräumt. Es ist mit dem täglichen Kämmen Ihrer eigenen Haare vergleichbar.

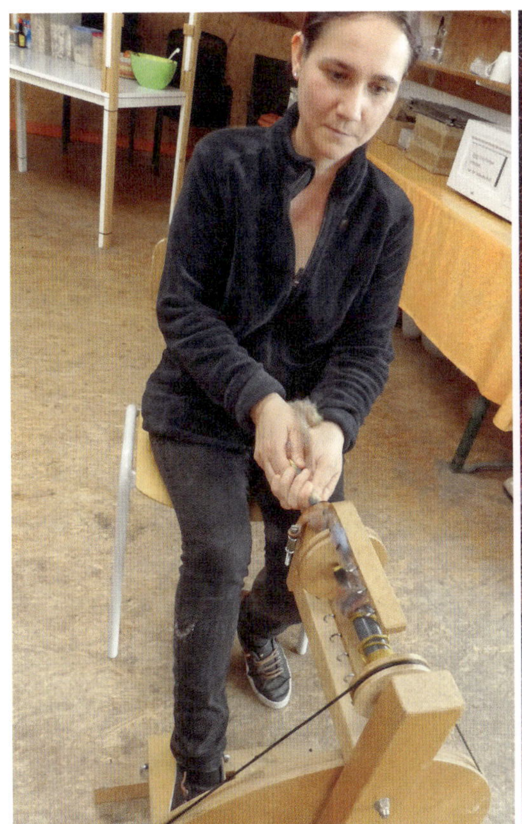

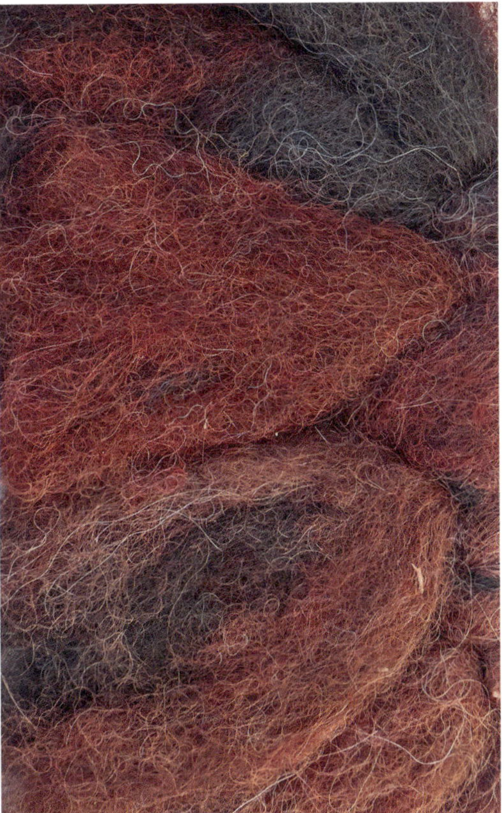

Links oben: Steffi beim Verspinnen von bunt gekämmter Wolle
Rechts oben: Mit Koschenille überfärbte braune Wolle nach dem Kardieren
Unten: Die alte Kardiermaschine in Tinki, Peru

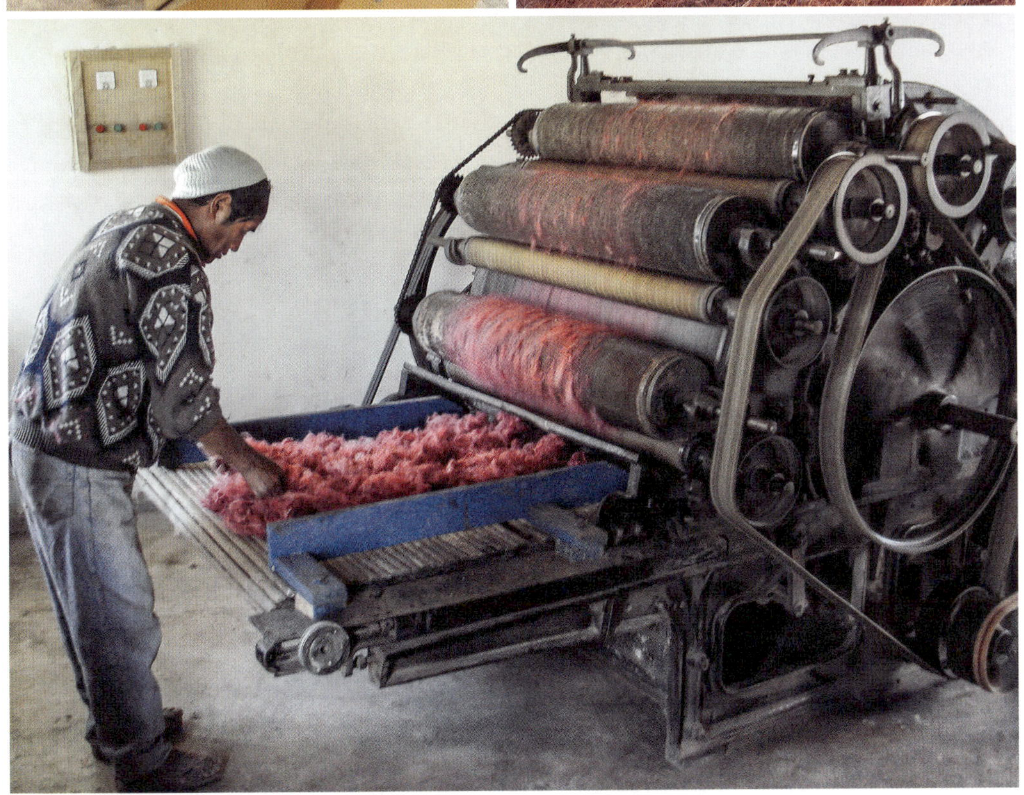

Sie selbst sorgen damit für ein aufgeräumtes Erscheinungsbild, für die Wolle ist dies wichtig für eine Weiterverarbeitung, es ist nur ein Zwischenschritt. In der wollverarbeitenden Industrie übernehmen diese Arbeit Kardiermaschinen, sie erfüllen ihre Aufgabe in allen erdenklichen Größen. Nach dem Kardieren zeigen die Fasern alle in eine Richtung, entweder liegen sie auf einem breiten Wollvlies oder sind auf einen mehrere Zentimeter dicken Strang gewickelt, den sogenannten Kammzug oder das Kardenband. Eine so gekämmte Wolle ist bestens vorbereitet für das Verspinnen.

DAS BUNTE VLIES

Da wir uns hier für das Färben interessieren, wollen wir uns die Möglichkeiten ansehen, die sich in diesem Stadium des Herstellungsprozesses hierfür ergeben. Füttern wir die Kardiermaschine nur mit weißer oder mit roter Wolle, ergibt sich logischerweise ein weißes oder rotes Vlies zum Verspinnen. Legt man aber auf den Einzug der Maschine unterschiedliche Farben nebeneinander, verlässt ein buntes Vlies oder ein in sich bunter Kammzug die letzte Walze. Diese Technik ist der Schlüssel für unendlich viele Farbkombinationen. Das »Mischen possible« funktioniert dabei genauso wie beim Färben, alle möglichen und unmöglichen Farbkreationen sind auf diese Weise realisierbar. Man kann es mit harmonischen Farbverläufen versuchen, zum Beispiel von Hell- nach Dunkelblau oder verschiedene Grüntöne. Oder man lässt die Farben ein wenig knallen, kräftige Farben werden einfach ohne viel Nachzudenken auf den Einzug gelegt. Das Ergebnis ist ein kunterbuntes Vlies in unzähligen Farbnuancen. Auch mit von Natur aus brauner oder grauer Wolle können mit einer Beimischung von gefärbter Wolle herrliche Effekte erzielt werden.

In Peru konnten wir uns mit den dort vorhandenen Maschinen voll austoben. Es hat allen Beteiligten unendlich viel Spaß

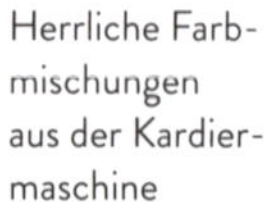

Herrliche Farbmischungen aus der Kardiermaschine

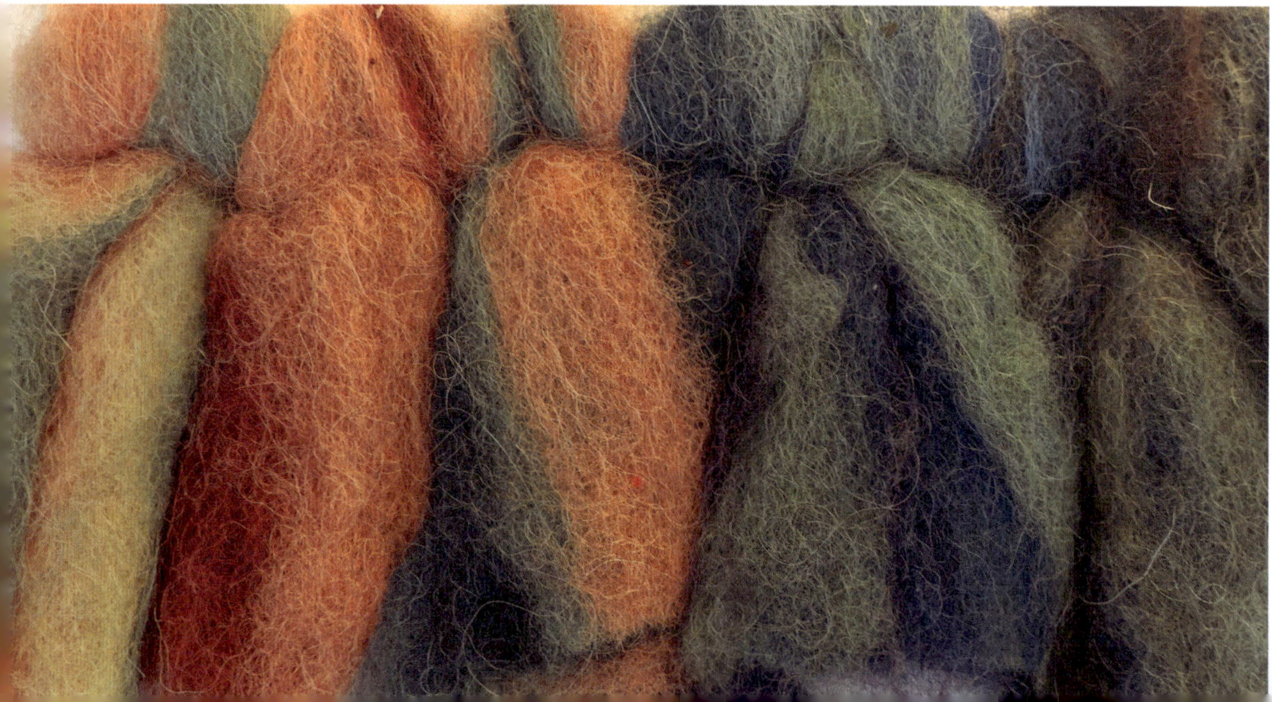

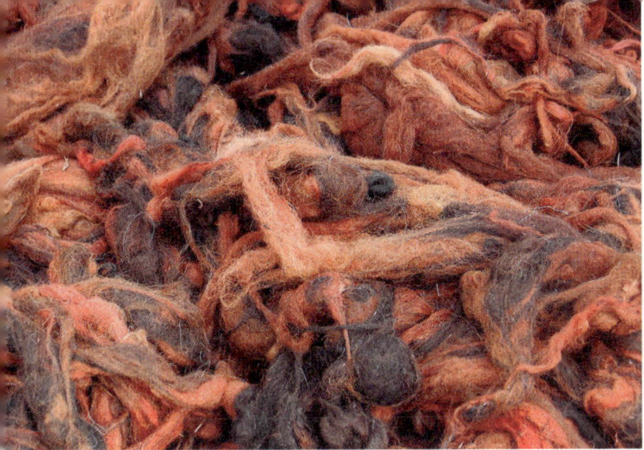

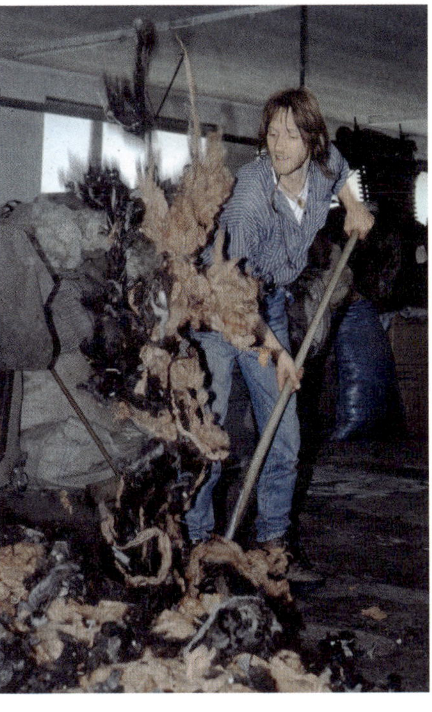

Links: Braune Wolle, mit Koschenille gefärbt, vor dem Kardieren **Rechts:** Unser Freund Henry beim Mischen von gefärbter und brauner Wolle

und Freude bereitet, mit dieser minimalistischen Ausrüstung ein Feuerwerk an neuen Farben abzubrennen. Als Beispiel für eine sehr gelungene Kreation zeigen wir Ihnen unsere Farbkombination »Yana Pulca«. Dazu benötigt man zwei Drittel gewaschene naturbraune Wolle, ein Drittel weißer Flockenwolle, die mit Koschenille eingefärbt wurde. Dann werden die zwei Partien vor dem Kardieren miteinander vermischt. Wie das im großen Stil geht, zeigt Ihnen unser Freund Henry bei der Arbeit in der Spinnerei im Allgäu.

Danach wird die gut vermengte Wolle einmal durch den Wolf gelassen. Der Reißwolf öffnet die beim Waschen und Färben verklumpte Wolle. Nach diesem Vorgang kann mit dem Kardieren begonnen werden. Ohne große Überlegung wird die Wolle locker auf den Einzug gelegt. Ein in sich harmonisch wirkendes rotbraunes Vlies taucht am Ende der Kardiermaschine auf. Aus dem daraus versponnenen Garn wird beim Verstricken ein attraktiv meliertes Garn, viel schöner als ein langweiliges Uni.

Weiter geht die fantasievolle Reise in das unerschöpfliche Reich der Farben. Als nächstes Mischen wir einfarbige Töne untereinander. Zum Beispiel legen wir ein Gelb neben ein Grün, ein Orange komplettiert die Mischung. Ein Rot könnte man vor dem Kardieren mit einem Blau vermischen; eine weitere Möglichkeit ist das Nebeneinanderlegen auf dem Einzug der Kardiermaschine. Auch wenn man die gleichen Farben verwendet, haben Sie am Ende zwei völlig verschiedene Vliese in der Hand. Nicht nur die Grundfarben, sondern auch alle bereits gefärbten Töne aus dem Kapitel »Mischen Possible« können mit dieser Technik zu bunten Vliesen oder Kardenbändern verarbeitet werden.

MIT HAND KARDIERT

Aber vermutlich werden Sie keine Werkstatt mit einer Kardiermaschine zur Verfügung haben. Relativ kleine, alte Kardiermaschinen sind zudem extrem selten aufzutreiben. Entweder sie erfüllen noch knatternd und ratternd ihren Dienst, oder sie sind bereit für den Schrottplatz. Es gibt jedoch Alternativen. Beginnen wir mit der einfachsten

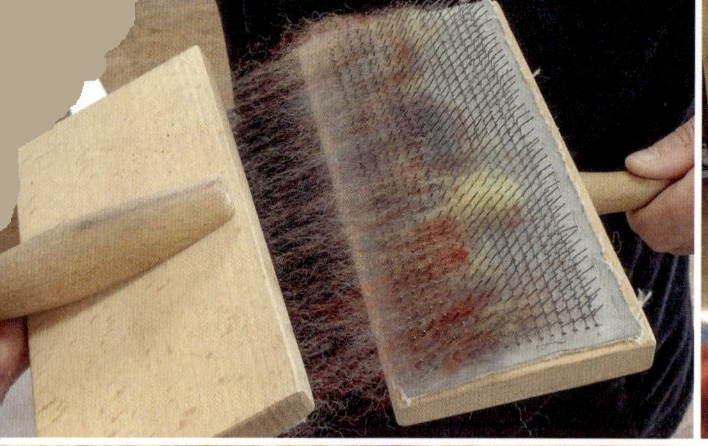

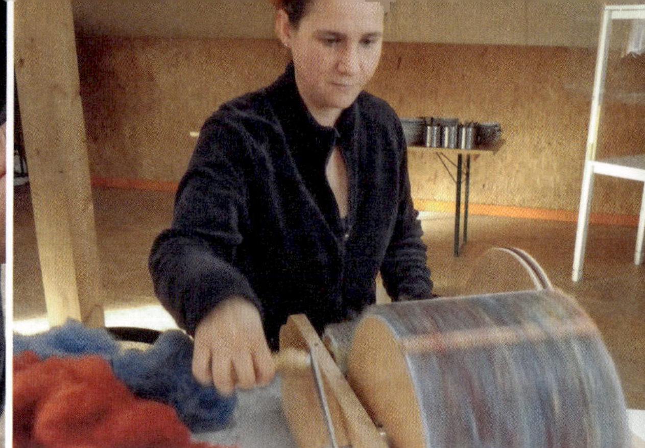

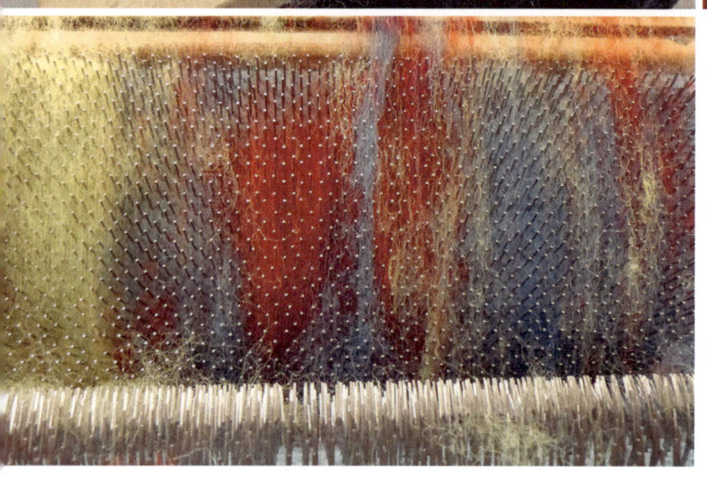

Links oben: Kardieren mit der Handkarde
Links unten: Bunte Wolle auf der Walze
Rechts oben: Kardieren mit der Kardiermaschine

Rechte Seite:
Links oben: Beim Verspinnen der bunten Wolle
Rechts oben: Ein Farbenrausch aus der Kardiermaschine
Unten: Herrliche Strickmuster von wild gekämmter und versponnener Wolle

Variante, der Handkarde. Genau genommen ist es ein Paar, mit dem die Fasern in eine Richtung gezogen werden. Es ist anstrengend, Sie sollten über ein gewisses Maß an Muskelkraft und Ausdauer verfügen. Einfacher können Sie das Kämmen mit einem Kardierbrett durchführen. Dabei wird ein Brett, auf dem viele Nadeln in die Höhe ragen, auf einem Tisch befestigt. Die Wolle wird daraufgelegt und kann dann mit der Handkarde gekämmt werden.

Das Nonplusultra für den Hobbyspinner ist natürlich eine kleine Kardiermaschine für den Tisch. Zwei Walzen, die mit einer Handkurbel angetrieben werden, sorgen für eine leichte Handhabung. Alle beschriebenen und noch nicht erfundenen Farbkreationen sind mit solch einer kleinen Kardiermaschine zu verwirklichen.

MULTICOLOR MIT DEM SPINNRAD

Nehmen wir an, Sie haben keine Handkarden und keine kleine Kardiermaschine, aber möchten trotzdem ein mehrfarbiges Garn mit dem Spinnrad kreieren. Das funktioniert ganz einfach, Sie müssen dazu lediglich zwei verschiedenfarbig versponnene Fäden miteinander verzwirnen. In der Praxis sieht das so aus, dass zuerst zum Beispiel ein blaues Garn gesponnen wird, danach ein rotes. Diese zwei Fäden werden nun auf dem Spinnrad verzwirnt, und schon haben Sie ein mehrfarbiges Garn. Eine mehr oder wenige harmonische Farbkombination entsteht durch die verwendeten Farben. Sie können dabei auch aus der Reihe tanzen und einen grünen Faden mit einem roten verzwirnen. Alles ist erlaubt, manchmal sind Grenzen dazu da, sie zu ignorieren. Selbst der aus einem kunterbunten Vlies gesponnene Faden kann für eine weitere Farbsteigerung noch mit einem anderen gefärbten Garn verzwirnt werden. Auch diese Technik haben wir in Peru mit unseren Freunden bis ins Letzte ausgereizt, die Ergebnisse waren manchmal verblüffend, manchmal aber auch wirklich zu extrem. Hätten wir es aber nicht mit viel Spaß bei der Arbeit immer wieder versucht, wären wir um viele Erfahrungen ärmer.

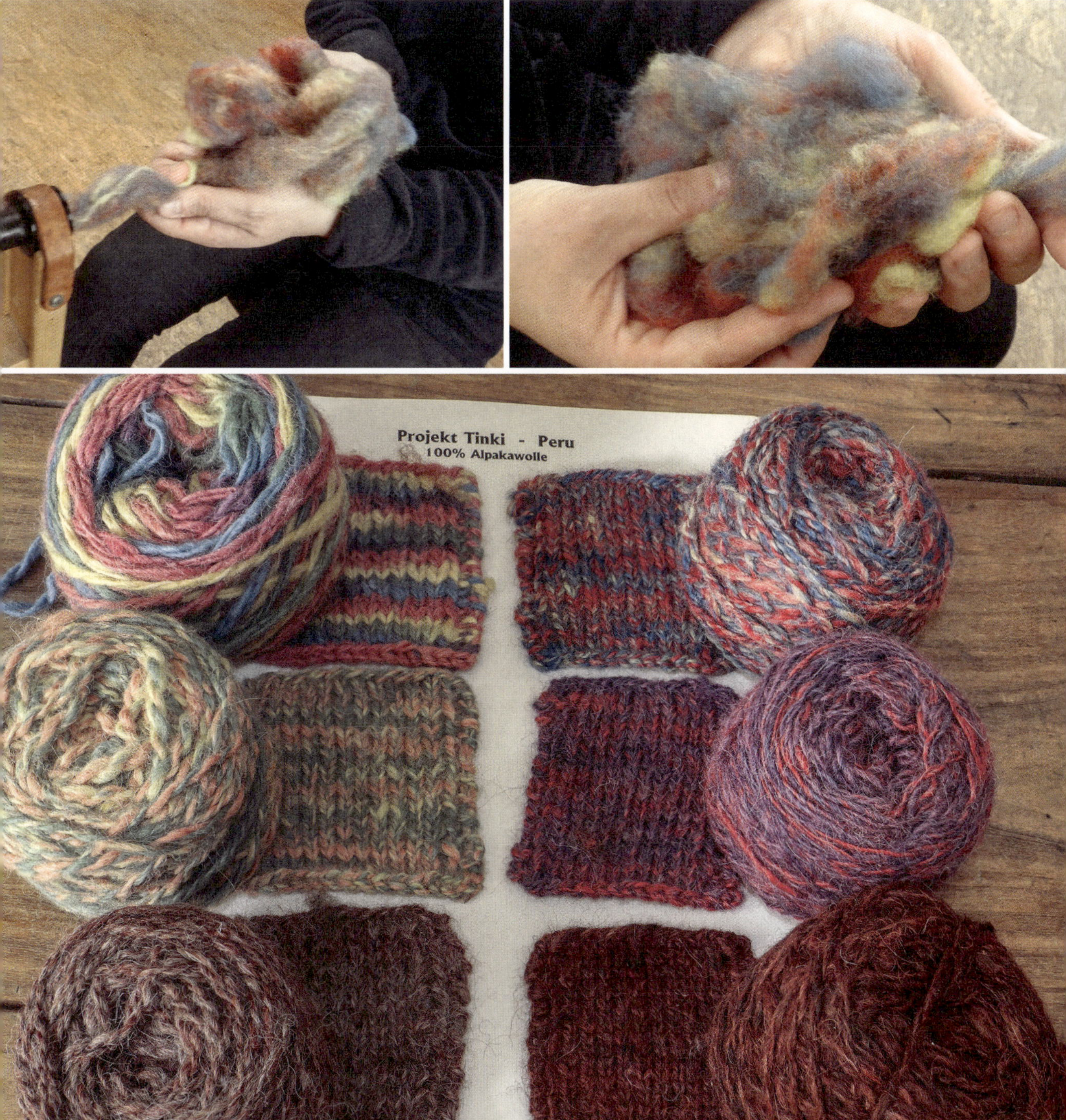
Projekt Tinki - Peru
100% Alpakawolle

Wollstoffe und Wolltücher

WASCHEN ODER NICHT WASCHEN

Die meistgestellte Frage zu Beginn eines Färbekurses lautet: Muss ich Wollstoff und Wolltücher vor dem Färben waschen, oder kann ich sofort loslegen? Wie so oft muss man für die Beantwortung der Frage etwas weiter ausholen. Ein Wollstoff wird auf mechanischen Webstühlen gewebt, meistens mit einem sehr dünnen Faden. Damit die Kettfäden die Prozedur gleichmäßig und ohne sich zu verziehen schadlos überstehen, wird das Garn mit einer »Schlichte« vorbehandelt. Bei der Schlichte für Wollstoffe handelt es sich in der Regel um eine Emulsion aus wasserunlöslichen Ölen oder Wachsen. Auf die Kettfäden aufgebracht, macht es den Faden geschmeidiger und elastischer, die Oberfläche wird dabei geglättet. Das ist wichtig für einen im wahrsten Sinne des Wortes »reibungslosen« Ablauf auf einem mechanischen Webstuhl. Wird der Stoff danach nicht weiterverarbeitet, sondern in weiß ausgeliefert, ist die Schlichte noch im Stoff vorhanden. Diesen Stoff sollten Sie vor dem Färben waschen. Geben Sie ihn ungewaschen in ein Beizbad, löst sich die Emulsion ebenfalls. Das Beizbad zeigt dann eine starke Trübung und je nach Herkunft des Wollstoffes unterschiedliche Gerüche. Bei der Färbung kann die Brillanz der Farben leiden, und es kann unter Umständen zu einer ungleichmäßigen Farbaufnahme kommen. Meine Empfehlung deshalb: Waschen Sie den Stoff besser, ebenso sollten Sie gebrauchte Stoffe oder Tücher vor dem Beizen waschen, dann sind Sie auf der sicheren Seite.

Auf das Waschen verzichten können Sie, wenn der Stoff oder die Tücher bereits vorgewaschen sind. In der Regel wird dies in der Kennzeichnung mit angegeben. Wir haben für unsere Wolltücher aus Nepal immer den gleichen Lieferanten. Wir wissen, dass deren Stoffe mit so wenig Schlichte behaftet sind, dass wir auf das Vorwaschen ohne Farb- und Qualitätsverlust verzichten können. Für uns ist dieser Umstand nicht nur eine Zeitersparnis, es ist uns auch aus ökonomischer und ökologischer Sicht in der heutigen Zeit wichtig.

DAS BEIZEN

Bei Wollstoffen und Wolltüchern handelt es sich, wie der Name schon sagt, um Gewebe aus reiner Schafwolle. Sie können also die gleichen Rezepte wie bei der Strickwolle bereits beschrieben zur Anwendung bringen. Grundsätzlich ist es genau der gleiche technische Ablauf, auch die Menge des Beizmittels wird nicht verändert. Es ist lediglich ratsam, das Flottenverhältnis zu erhöhen, damit der Wollstoff nicht zu dicht gepresst im Kessel um die Beize ringt. Dies garantiert eine gleichmäßige Aufnahme der Beize. Lange Stoffstücke oder gewebte Wollschals sollten Sie nicht einfach zusammengeknüllt in den Kessel drücken, sondern langsam und sorgfältig Stück für Stück mit einem Stab untertauchen. Es dürfen keine Luftblasen mit in das Beizbad kommen.

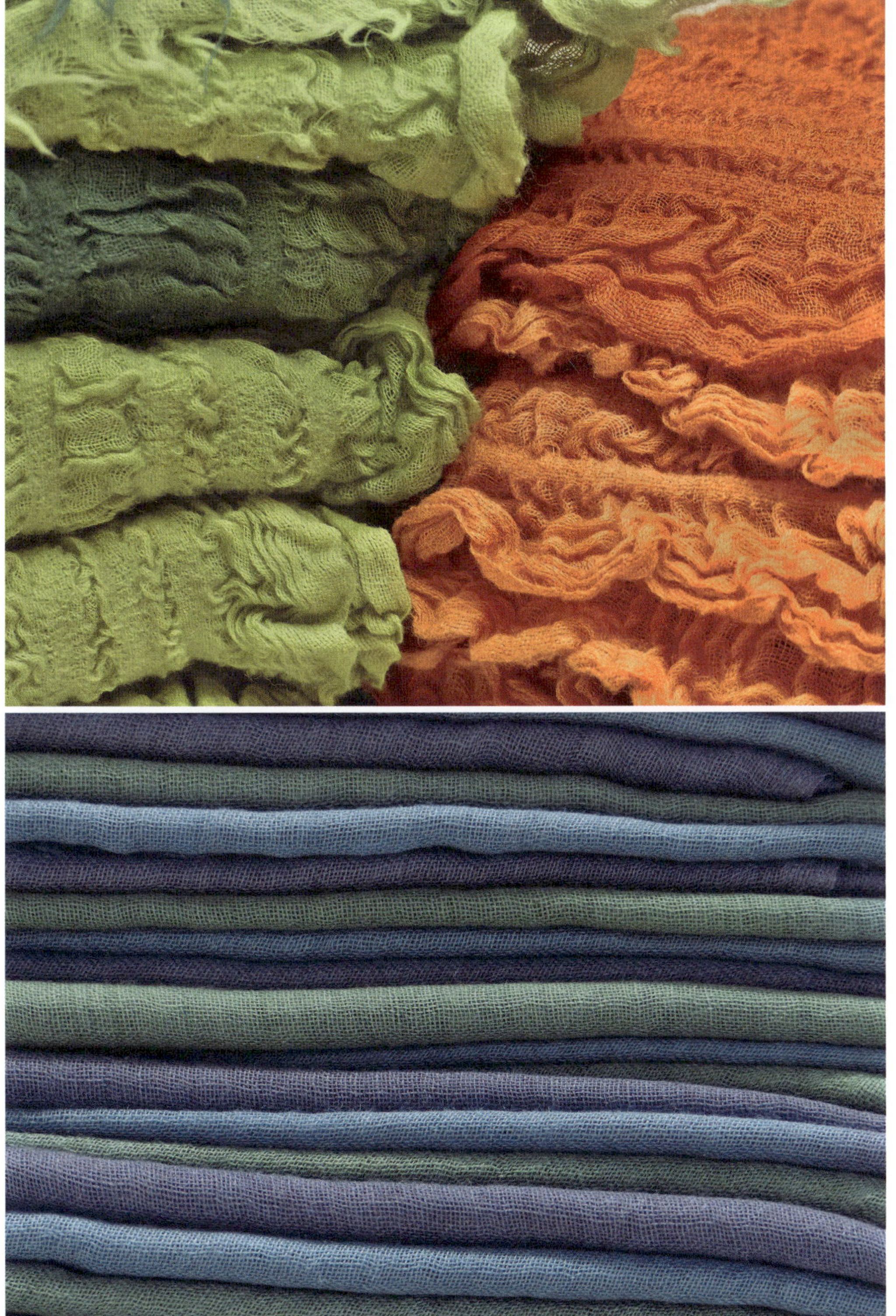

Oben: Geraffte Wollschals mit Farbverlauf gefärbt
Unten: Schals aus Wolle und Seide in wunderschönen Farbkombinationen

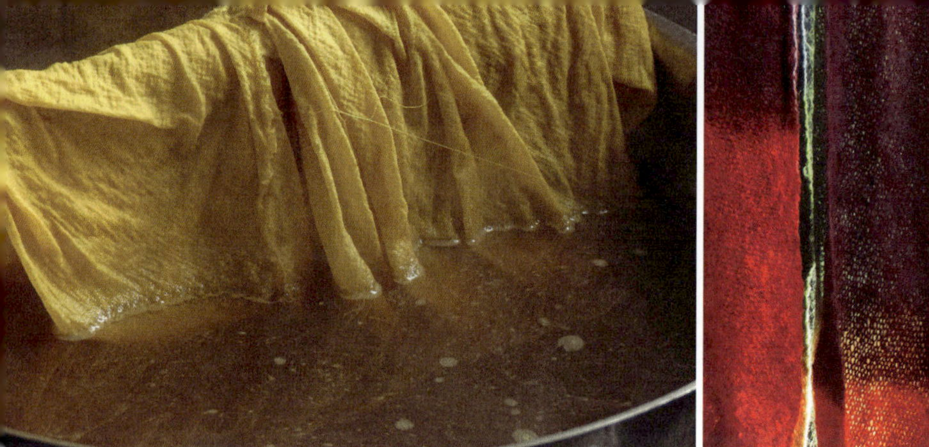
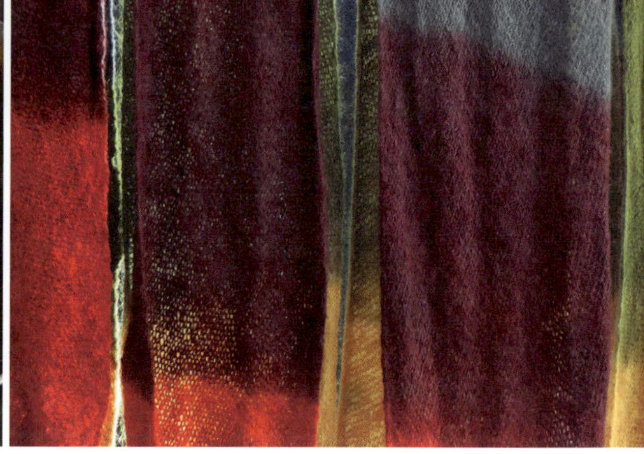

Links: Wolltücher im gelben Resedabad
Rechts: Gestrickte Alpakaschals in Regenbogenfarben

DAS FÄRBEN

Beim Färben verhält es sich wie beim Beizen. Sie können alle Rezepte genauso auf Stoffe und Tücher anwenden. Es spielt auch keine Rolle, ob Sie Multicolortöne oder zum Beispiel einen Wollschal als Regenbogen färben möchten. Übernehmen Sie einfach die für Strickwolle in Strängen beschriebene Technik. Dass ein Webschal oder ein Stück Stoff kein Wollstrang ist, werden Sie bei der Handhabung merken. Aber damit werden Sie schnell zurechtkommen. Und vergessen Sie nicht, dass es die Nachbehandlung mit Pottasche oder mit Eisensulfat gibt. Wie bei der Strickwolle können Sie damit die Farbpalette um wunderbare Nuancen erweitern.

VORSICHT, GESTRICKT!

Es gibt keine Regel ohne Ausnahme. Dementsprechend ist allergrößte Vorsicht beim Färben von gestrickter Ware angesagt. Vor allem bei handgestrickten Schals oder Pullovern, die Sie am Stück färben möchten. Im Vergleich zu gewebten Schals handelt es sich dabei um ein lockeres Wollstück, mit viel mehr frei liegender Oberfläche des Garnes. Bei einer falschen Behandlung ist ein Verfilzen des Stückes vorprogrammiert. Ganz wichtig beim Färben von gestrickten Textilien ist es, einen Temperaturschock zu vermeiden. Ein gestrickter Schal muss vor dem Schleudern immer auskühlen, ansonsten haben Sie nach dem Färben einen Schal für Ihre Kinder oder Enkel.

Einmal im Jahr bekommen wir einen Färbeauftrag aus Peru, großartige handgestrickte Schals und Mützen aus handgesponnener Alpakawolle. Eine Kooperative in den Bergen bei Cusco ist für die Herstellung zuständig, den ganzen Verarbeitungsprozess haben sie von unserem Freund Carlos gelernt. Es ist ein bewundernswertes Beispiel von vielen für unsere gemeinsame erfolgreiche Arbeit in Peru. Nur die Schals und Mützen mit Pflanzen in mehrfarbige Töne zu färben, trauen sie sich noch nicht. Hier fehlt ihnen noch die praktische Einweisung vor Ort, sprich in Peru, aber alle geplanten Arbeitseinsätze sind coronabedingt seit zwei Jahren abgesagt.

Aus diesem Grund werden die weißen Schals in unsere Färberei geschickt, es ist unsere Aufgabe, alles in mehreren Farbtönen einzufärben. Von einem normalen Kunden würden wir solch einen Auftrag niemals annehmen, viel zu heikel und gefährlich. Es ist eine außerordentlich herausfordernde Arbeit, darauf zu achten, dass kein Stück verfilzt. Es gelingt in der Regel, mit höchster Konzentration und vielen Überstunden entstehen harmonische Farbverläufe auf den Alpakaschals. Ab und zu ein leichtes Verfilzen mindert die Qualität der Schals nicht, im Gegenteil, manche Kunden sehen das sehr gerne. Aber steuern lässt sich dieser Prozess auch mit jahrzehntelanger Erfahrung nur bedingt. Deshalb mein dringender Rat an Sie, das Färben von gestrickter Ware müssen Sie behutsam und mit äußerster Vorsicht angehen.

BATIK, KLEMMTECHNIK UND SHIBORI

Die Batik wird in der westlichen Welt wohl immer mit der Hippiezeit in den Sechziger- und Siebzigerjahren assoziiert werden. In der Modewelt taucht sie alle paar Jahrzehnte unvermeidlich wieder auf. Ein kurzer Hype füllt dann die Kataloge und Schaufenster mit dem bunten Design. Für Schals und Tücher ist diese simple Technik natürlich gut geeignet und auch mit Naturfarben bestens umzusetzen. Nach dem Beizen bindet man den Stoff mit Garn oder Kreppband ab, wild und möglichst gedankenlos oder aber nach einem feinen, selbst ausgeklügelten Muster. Dann könnte man zum Beispiel einmal mit Koschenille färben, das Tuch öffnen und in einem blauen Indigobad überfärben. So erhalten Sie ihr eigenes Batikdesign in Rot, Blau und Lila. Alle möglichen Farbkreationen können Sie mit dieser einfachen Technik ausprobieren, Grenzen Ihrer Fantasie gibt es dabei keine.

Selbstverständlich eignet sich auch die viel aufwendigere Klemmtechnik dazu, Schals oder Tücher zu färben. Um mit der japanischen Shibori-Technik ansehnliche Erfolge zu erzielen, bedarf es aber viel Übung und Erfahrung. Sie dürfen sich gerne in dieses Abenteuer stürzen; es ist noch kein Meister vom Himmel gefallen.

Ein Batikdesign auf einem feinen Wollstoff

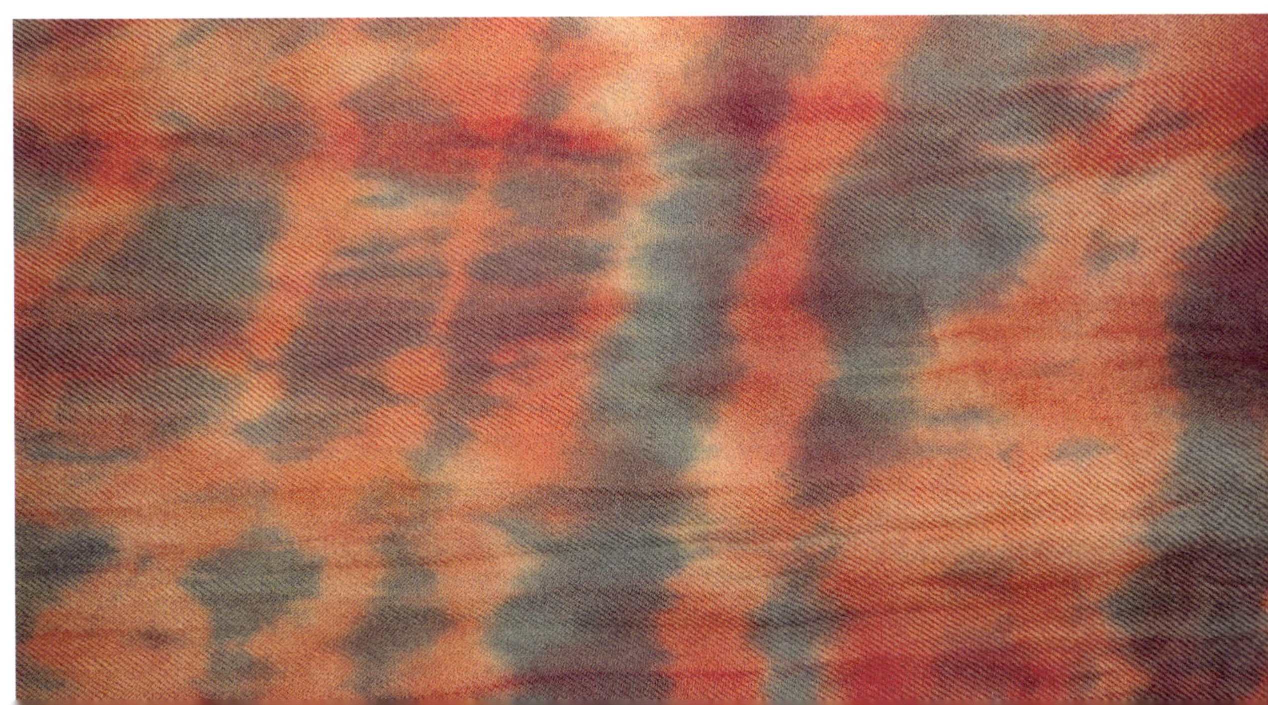

Noch mehr Pflanzen zum Färben

DIE WALNUSS

Wenn man sich mit Pflanzenfarben beschäftigt und dann noch ein stattlicher Walnussbaum im eigenen Garten im Sommer reichlich Schatten spendet, wird im Herbst das Färberherz mit vielen Früchten beglückt. Vor unserer Färbewerkstatt stand viele Jahre lang ein schöner Walnussbaum. Im September gab er uns Nüsse, von denen wir zu Beginn unserer Färberei oft die grünen Schalen verwendeten. Bei dem stetig wachsenden Bedarf an Wolle in unserem Großhandel war der Einsatz der frischen grünen Schalen irgendwann vorbei. Inzwischen steht von dem einst stattlichen Walnussbaum nur noch der Stamm. Es fiel uns nicht leicht, uns von ihm zu trennen, aber er war doch schon sehr alt und angegriffen. Der Baum fiel dem steigenden ökonomischen und ökologischen Anspruch zum Opfer: Eine Solaranlage auf dem Dach benötigt viel Sonne, ihr stand der Baum im Weg.

Falls Sie nicht zu den glücklichen Besitzern eines Walnussbaums gehören, können Sie sich trotzdem an den warmen Brauntönen erfreuen, die man mit den Schalen färben kann. Besorgen Sie sich im Handel getrocknete Walnussschalen. Es ist richtig, dass die grünen und frischen Schalen intensiver färben, das kennt man, wenn man einmal Walnüsse ohne Handschuhe geerntet hat. Der Farbstoff Juglon und die enthaltenen Gerbstoffe färben die Hände dauerhaft in einem Schwarzbraun ein. Aber auch mit getrockneten Schalen lohnt sich das Färben. Es wäre schade, auf diese Färbung zu verzichten, nur weil man keine grünen Schalen zur Hand hat. Auch getrocknete Walnussblätter enthalten Farbstoff, ein dunkles Braun ist damit jedoch nicht zu erreichen. Ein warmes und schön anzusehendes Beige ist aber auch nicht zu verachten.

Links oben: Getrocknete Walnussschalen
Rechts oben: Der ausgekochte Farbsack wird dem Farbbad entnommen
Links Mitte: Die Strickwolle im Farbbad
Rechts Mitte: Gebeizte und ungebeizte Wolle im gleichen Farbbad
Links unten: Der Nachzug reicht noch gut für eine weitere Farbe
Rechts unten: Einfach ein wunderschönes Braun

Grundsätzliches zum Färben mit Walnuss

Auch für das Färben mit Walnuss gibt es, wie sollte es anders sein, unendlich viele unterschiedliche Rezepte. Mal wird eine kontaktreiche Kaltfärbung empfohlen, ein andermal wird ausgekocht oder alles bleibt eine Woche lang im Kessel ruhen. Gebeizt oder ungebeizt, schon hier unterscheiden sich die vielen Rezepturen. Auch die Wasserqualität beeinflusst das Ergebnis. Wir haben die Rezepte alle mit Regenwasser durchgeführt, weil dadurch der Braunton tiefer wird. Es ist aber letztendlich ganz einfach, bei der Walnuss hat alles seine Berechtigung. Es gibt wirklich kein allgemein gültiges Rezept, es darf also munter probiert und experimentiert werden, so lange, bis Sie mit dem Ergebnis zufrieden sind.

Ein paar Dinge sind aber immer zu beachten. Die getrocknete Schale ist hart, deshalb ist ein Einweichen unbedingt ratsam. Gerne auch eine Woche, je länger, desto kürzer später die Auskochzeit, die mindestens eine Stunde betragen sollte. Anders als zum Beispiel bei der Reseda, sind dreißig Minuten viel zu kurz. Die Schalen kommen bei uns wie üblich immer in einen Färbe-

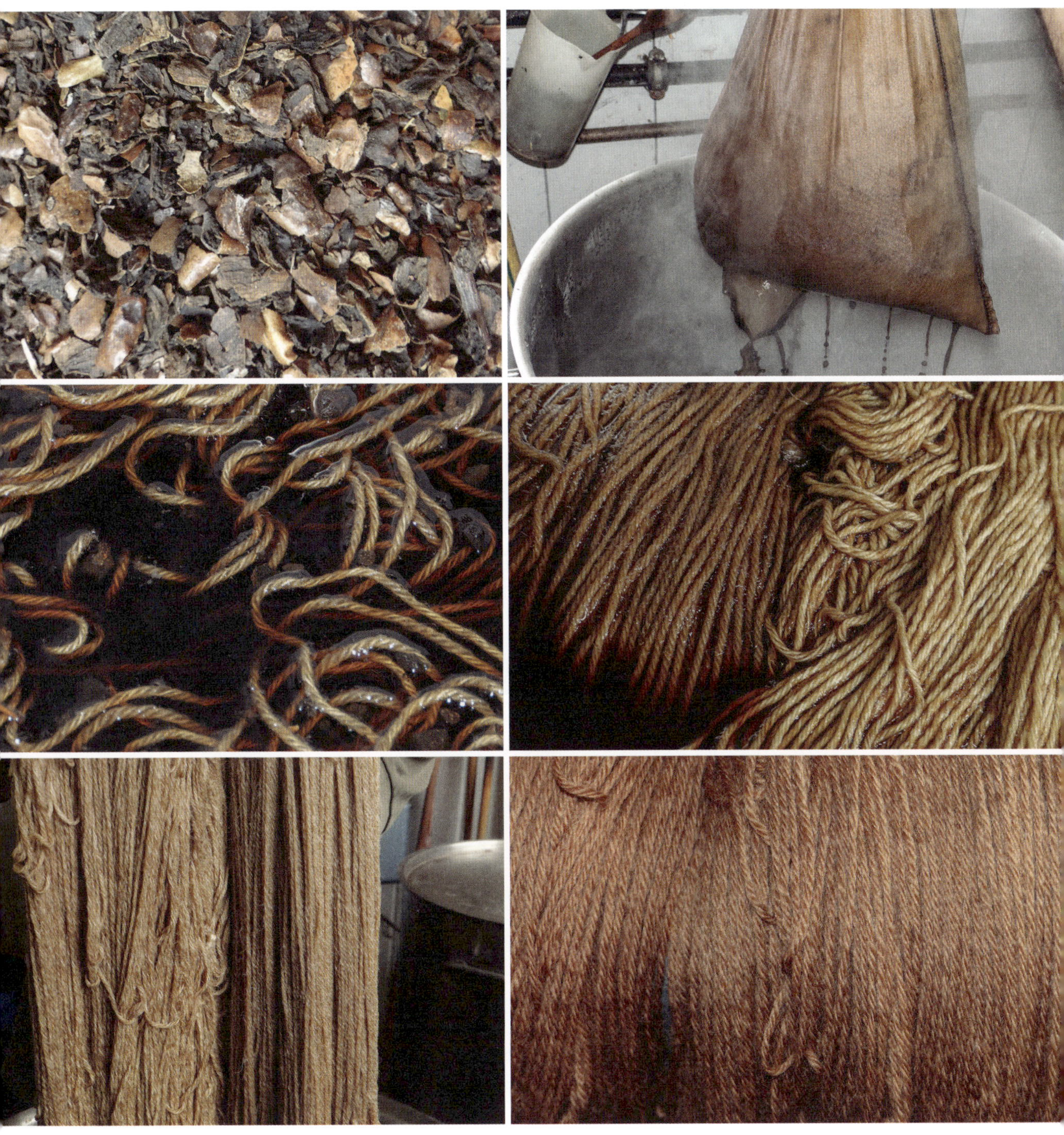

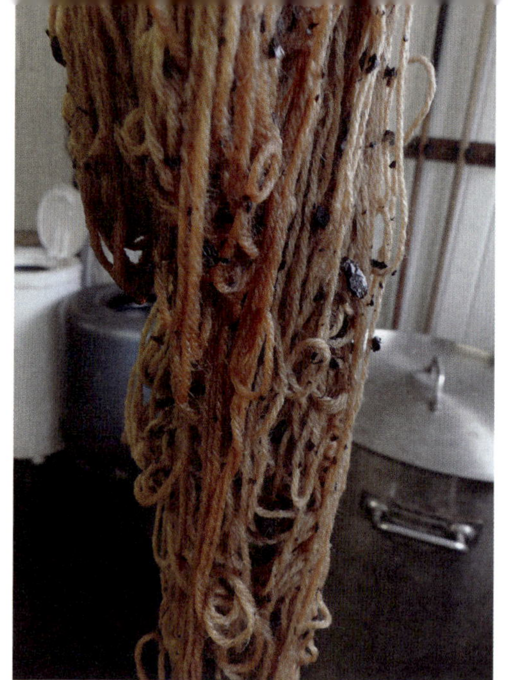

Kontaktfärbung mit Walnussschalen

sack, dies erleichtert das Auswaschen. Nach dem Auskochen wird die Wolle eingelassen und die Temperatur auf 90 Grad erhöht. Die Wolle im Farbbad über Nacht auskühlen zu lassen, vertieft den Farbton, er wird etwas dunkler. Was sich auch auf jeden Fall lohnt, ist eine Nachbehandlung mit Eisensulfat. Je nach vorgrundiertem Braun verwandelt sich der Farbton ganz erheblich zu einem dunklen Braun oder Grau. Um die Farbkraft voll auszuschöpfen, sind auch Nachzüge sinnvoll und äußerst schön. Falls Sie das Garn vorher mit Alaun gebeizt haben, ist dies eine gute Grundlage für ein weiteres Überfärben mit anderen Pflanzen nach dem bereits beschriebenen Vorgang. Je nach Farbtiefe des Brauntones erreichen Sie mit einer Überfärbung mit Indigo sehr schöne Grau- und Anthrazittöne, der helle Nachzug ergibt schöne Türkistöne.

Die aufgeführten Rezepte haben wir alle mit getrockneten Schalen durchgeführt, eine Anleitung für grüne Schalen finden Sie im Internet und anderen Publikationen.

REZEPTE

1. Helles Beige
Ohne Beize
Farbstoff 100 % Walnussschalen
Kalte Kontaktfärbung, Wolle zusammen mit den Schalen 3 Tage ziehen lassen

2. Braun
Ohne Beize
Farbstoff 100 % Walnussschalen

3. Schokobraun
Ohne Beize
Farbstoff 100 % Walnussschalen
Nachbehandlung mit 3 % Eisensulfat

4. Helles Beige
Ohne Beize
Nachzug von Rezept 2

5. Türkis
Ohne Beize
Rezept 4 mit Indigo überfärbt

6. Grau
Ohne Beize
Wolle von Rezept 2 mit Indigo überfärbt

7. Graubraun
Ohne Beize
Wolle von Rezept 2 mit Indigo überfärbt

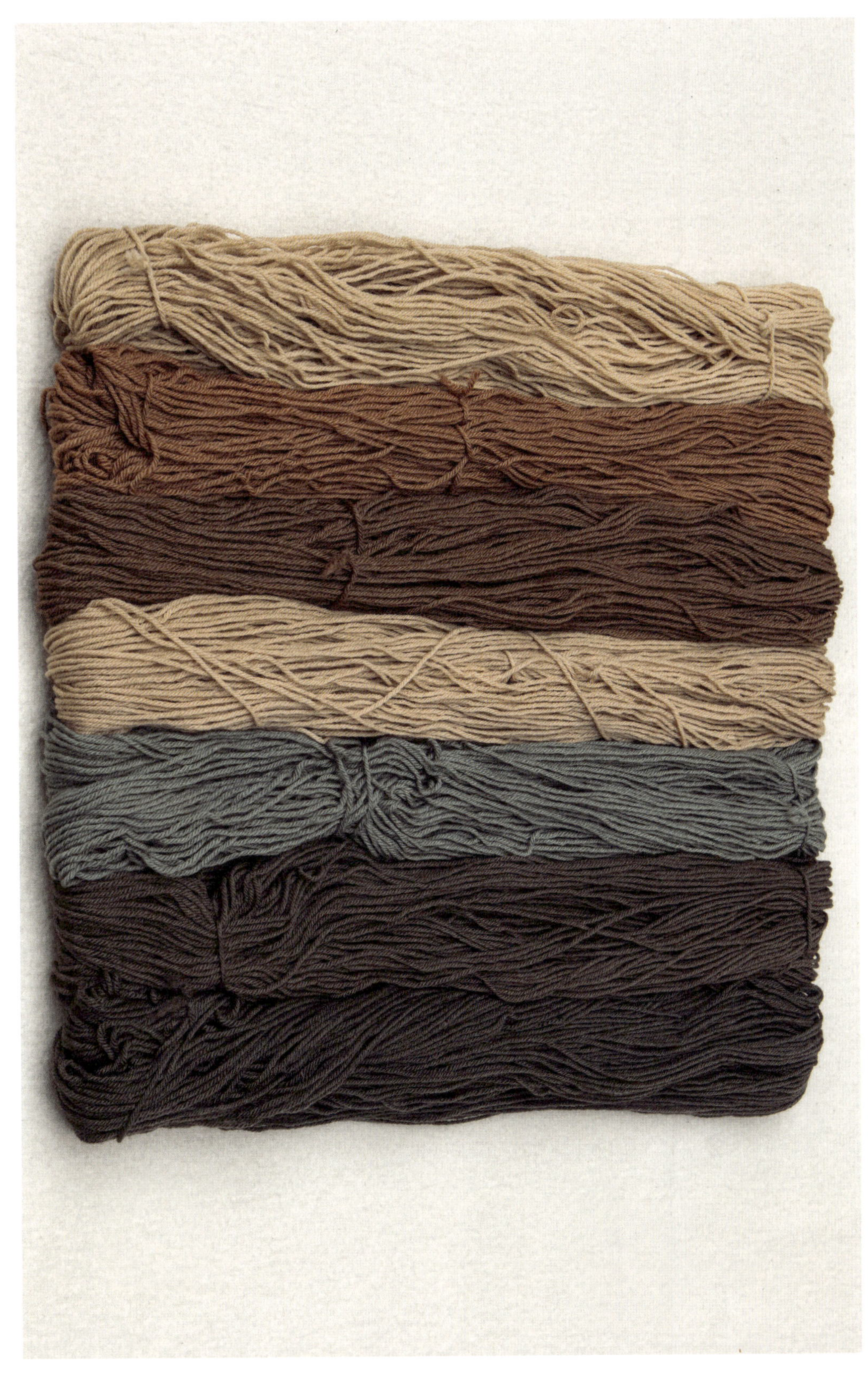

Farbmuster
getrocknete
Walnussschalen

DER GRANATAPFEL

Natürlich handelt es sich beim Granatapfel weder um eine gefährliche Waffe, noch um einen herkömmlichen Apfel, die Bezeichnung steht für die Frucht des Granatapfelbaumes. Er heißt schon seit Jahrhunderten so, lateinisch *Punica granatum*, Apfel mit vielen Kernen. Der bis zu fünf Meter hohe Baum stammt wie so viele Pflanzen aus den gemäßigten Zonen Asiens. Er liebt ein warmes Klima, deshalb ist er in unseren Breitengraden nicht zu finden. Die Frucht wird aber auch bei uns sehr gerne gegessen, heiß begehrt vor allem als gesunder Schlankmacher oder als Wunderwaffe für die Immunabwehr. Wenn man die rubinroten, mit leckerem Saft gefüllten Samenhülsen entfernt und verspeist hat, bleibt die äußere ledrige Schale übrig. Sie landet normalerweise auf dem Kompost oder im Biomüll. Nicht so zum Beispiel in Usbekistan. Dort ist landläufig noch bekannt, dass mit diesen Schalen wunderbare Farben erzeugt werden können. Deshalb werden sie gesammelt und an Färbereien verkauft. Nach unserer Arbeit in Usbekistan bei der Seidenfabrik Yodgorlik hat diese alte Tradition wieder richtig Fahrt aufgenommen.

Mit Granatapfelschalen zu färben, war für mich, vor allem vor Ort in Usbekistan, immer etwas ganz Besonderes. Das Wissen, dass mit ihnen seit Tausenden von Jahren Wolle für erlesene Teppiche eingefärbt wurde, versetzt mich immer wieder in einen unbeschreiblichen Gemütszustand. Oftmals sehe ich dann die alten Färbemeister vor mir, wie sie die Granatapfelschalen auskochen, sorgfältig den Farbsud vorbereiten und dann die Wolle nach einem langen und vorsichtigen Färbeprozess in herrlichen Gelbtönen erstrahlen lassen. Dann fühle ich mich in einer Linie mit den alten usbekischen Meistern, gebe genau wie sie das alte Wissen an die nächste Generation weiter. In diesem Fall war es Xalim, der Färber von Yodgorlik.

Getrocknete Granatapfelschalen

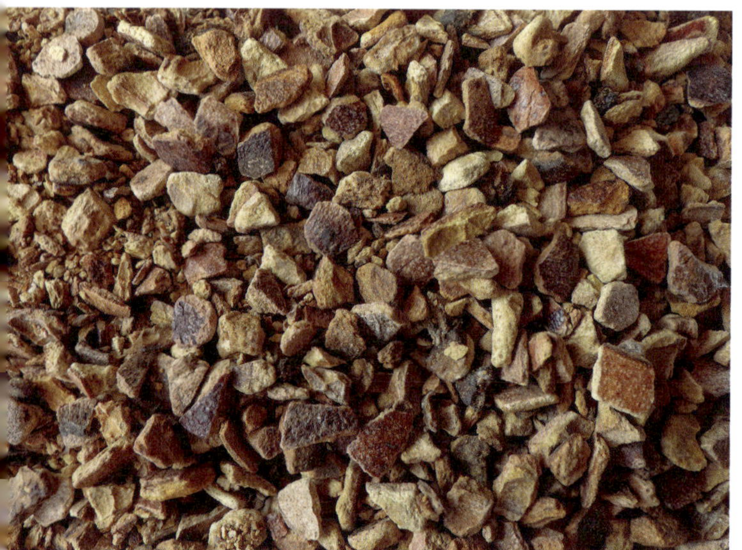

Grundsätzliches zum Färben mit Granatapfelschalen

Aber nun zurück zu unserer Färbepraxis. Was die Granatapfelschalen so bedeutsam für die Färberei macht, sind die Inhaltsstoffe, ganz wichtig die Gerbstoffe. Wie bei anderen Pflanzen, beispielsweise der Walnuss, sind diese für eine gute Haltbarkeit auch ohne Beize verantwortlich. Es kann also ohne Vorbeize gefärbt werden. Das heißt aber nicht, dass man Alaun nicht verwenden dürfte. Ganz im Gegenteil, je nach Vorbehandlung erhalten Sie verschiedene Farbtöne für eine vielfältige Farbpalette. Mit einer Vorbeize mit Alaun wird das Gelb leuchtender und kräftiger.

Die Schale ist nach dem Trocknen sehr hart, also ist ein Einweichen unbedingt erforderlich. Es gilt das Gleiche wie bei der Walnuss, je länger Sie einweichen, desto

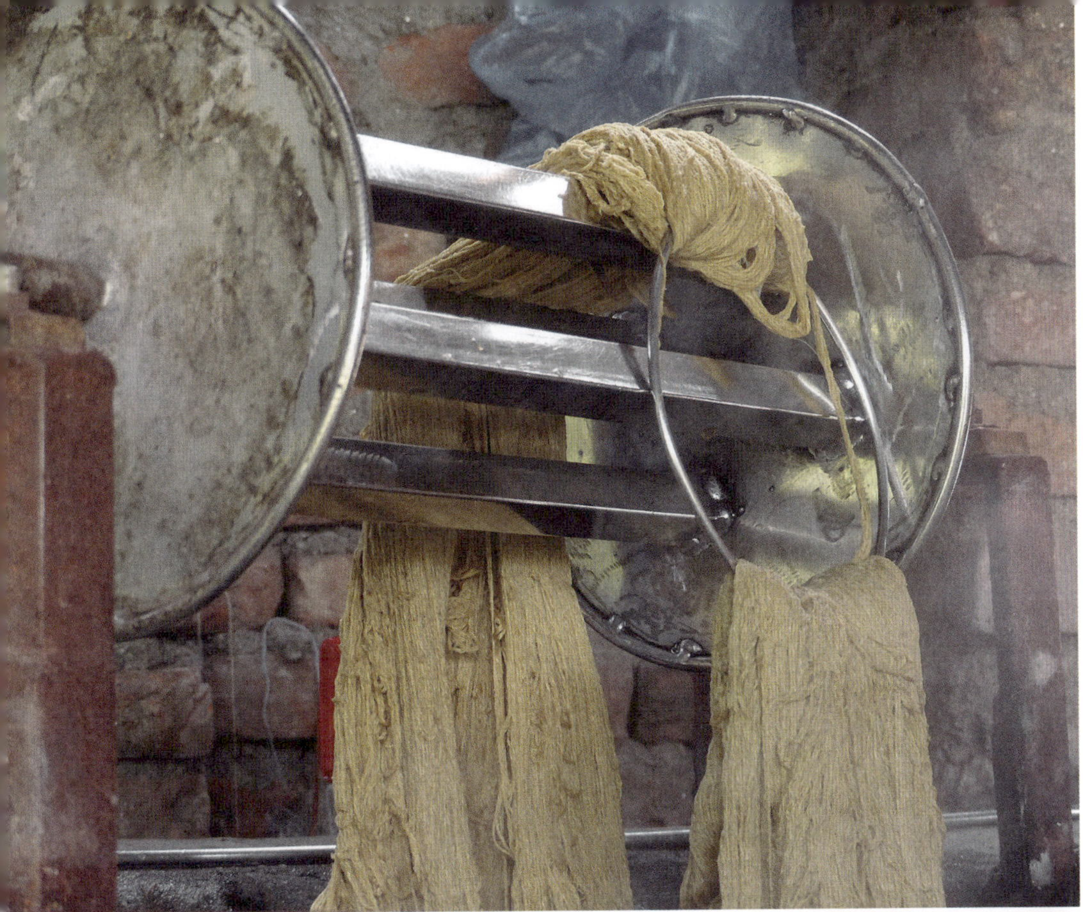

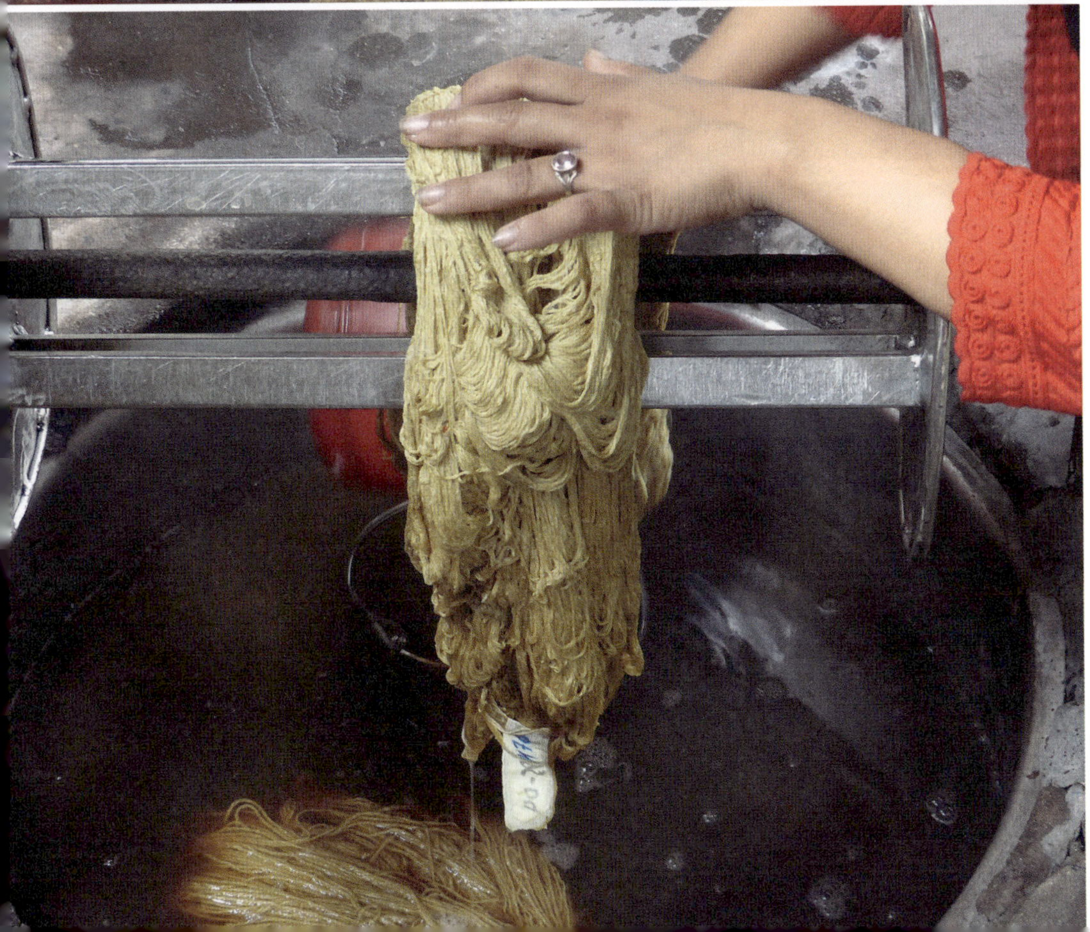

Oben: Die Strickwolle läuft auf der Haspel durch das Farbbad mit Granatapfelschalen
Unten: Die Farbe wird überprüft

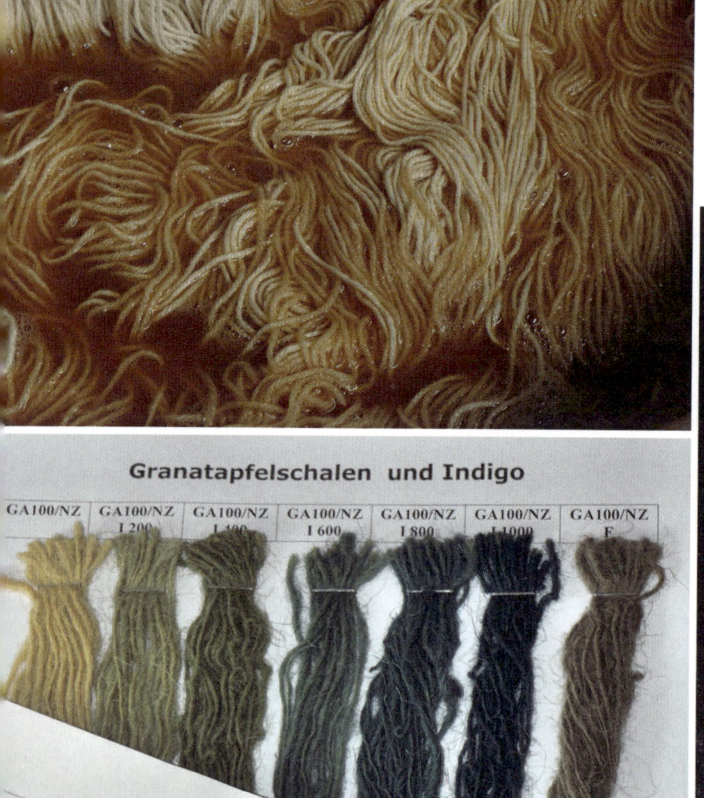

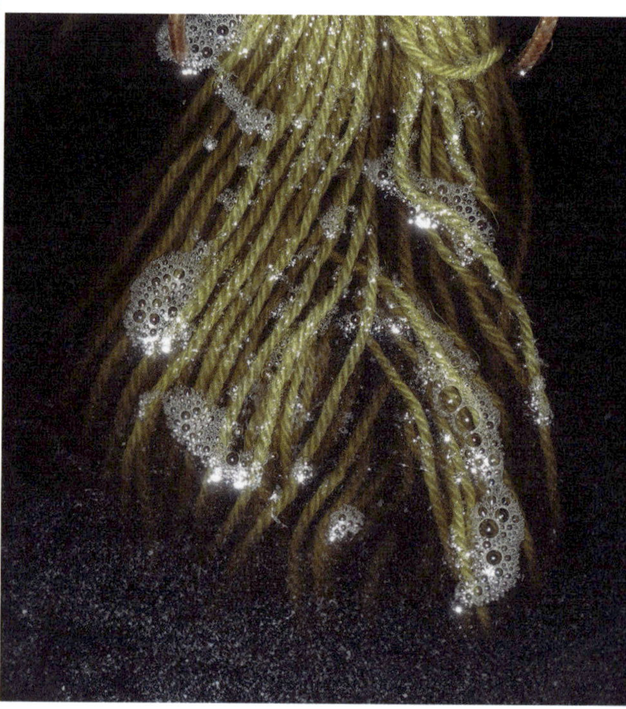

Links oben: Die Strickwolle schwimmt im ausgekochten Farbsud
Rechts: Weiterbehandlung im Eisenbad
Links unten: Musterkarte für die Granatapfelschalen

kürzer ist die Auskochzeit. Wir haben nach langem Experimentieren eine Formel ausgearbeitet, die sich in der Praxis bewährt hat. Sie lautet: drei Tage einweichen und eine Stunde auskochen. Die Wolle wird dann ins Farbbad eingelassen und die Temperatur auf 70 Grad erhöht. Die Erkenntnisse aus anderen Anleitungen lassen sich auf die Färbung mit Granatapfelschalen übertragen, zum Beispiel: Über Nacht ziehen lassen vertieft den Ton ein wenig.

Grundsätzlich sind Pflanzen, die Gerbstoffe enthalten, wunderbar geeignet für eine Nachbehandlung mit Eisensulfat, so auch in diesem Fall. Die kondensierten Gerbstoffe reagieren mit Eisen zu einem manchmal wirklich überraschenden Farbergebnis. Die Ergebnisse mit Pottasche halten sich dagegen in Grenzen. Denn anders als bei den flavonoiden Farbstoffen (z. B. Reseda) halten sich die Gerbstoffe im basischen Milieu zurück. Lohnenswert sind auf jeden Fall auch noch Nachzüge. Die schönen hellen Farben kann man für sich so stehen lassen oder weiterbehandeln.

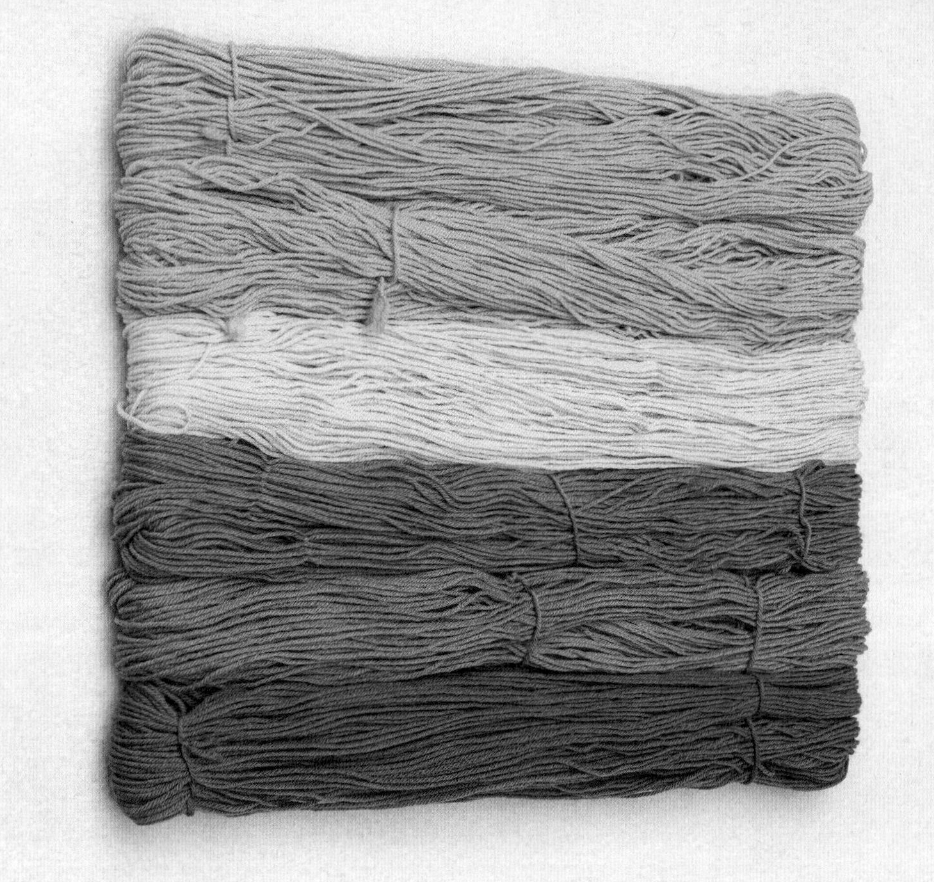

Farbmuster Granatapfel-schalen

REZEPTE

1. Gelb
Ohne Beize
Farbstoff 100 % Granatapfelschalen

2. Senfgelb
Vorbeize mit 15 % Alaun
Farbstoff 100 % Granatapfelschalen

3. Hellgelb
Vorbeize mit 15 % Alaun
Nachzug von Rezept 2

4. Olivgrün
Vorbeize mit 15 % Alaun
100 % Granatapfelschalen
Nachbehandlung mit 3 % Eisensulfat

5. Olivgrün
Ohne Beize
100 % Granatapfelschalen
Nachbehandlung mit 3 % Eisensulfat

6. Dunkelgrün
Ohne Beize
100 % Granatapfelschalen
Überfärbt mit Indigo

Im Unterschied zum Granatapfel lässt sich die Färberkamille im eigenen Garten anbauen. Sie sollten sie aber nicht aus den Augen lassen, sonst erobert sie ihre Nachbarschaft. Es ist zwar wunderbar anzusehen, wenn die brachliegenden Gemüsebeete dank der blühenden Kamille im Sommer in Gelb erstrahlen. Wenn Sie im nächsten Jahr wieder Gemüse anbauen möchten, sollten Sie die Pflanze jedoch sorgfältig aus den Beeten entfernen. Wir hatten einmal nicht aufgepasst und mussten in mühsamer Arbeit die Beete befreien. Jedes noch so kleine Wurzelstückchen, das wir übersehen hatten, fing wieder an zu sprießen. Färberkamille wieder in die Schranken zu weisen, ist gärtnerisch eine Herausforderung. Lässt man sie aber kontrolliert wachsen, freuen sich mit Ihnen die Bienen.

Links oben: Die blühende Färberkamille im Garten
Links unten: Getrocknete Färberkamille
Rechts: Die Wolle wird dem Farbbad entnommen

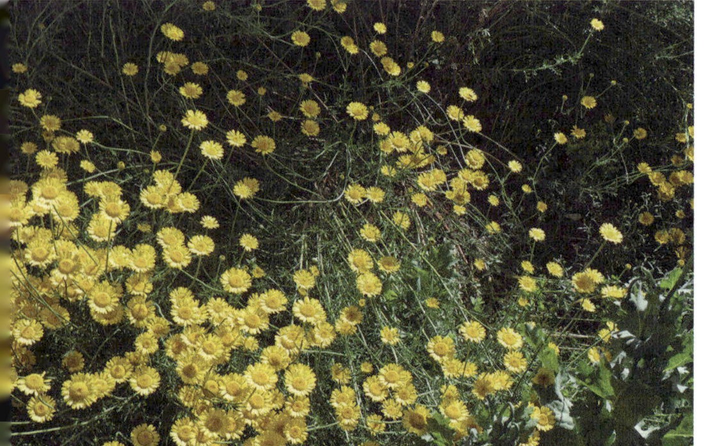

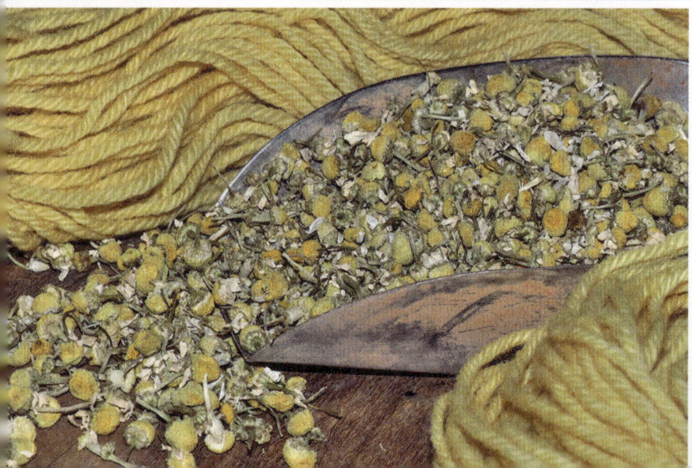

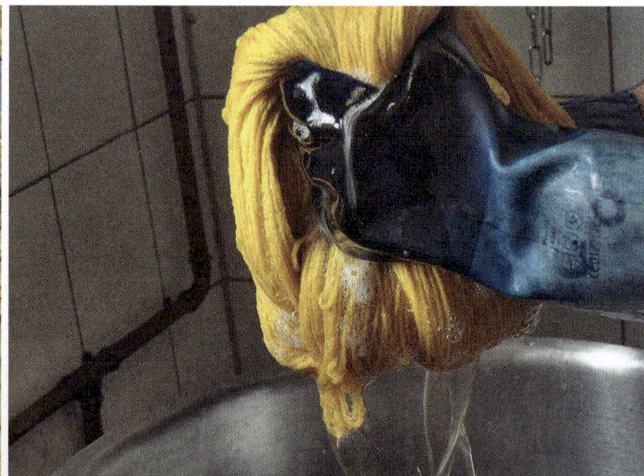

Grundsätzliches zum Färben mit Färberkamille

Der lateinische Name *Anthemis tinctoria* zeigt es uns an: Auch hier handelt es sich um eine klassische Färbepflanze. Schon sehr früh war den Menschen die Kraft der Farbe in den Blüten bekannt. Ein leuchtendes Gelb auf Wolle und Seide ist das Ergebnis von gut ausgeführter Färbearbeit. Da sich der Farbstoff in den Blüten befindet, ist ein langes Einweichen nicht erforderlich. Die Blüten werden 30 Minuten ausgekocht. In diesen Farbsud legen Sie die Wolle ein und lassen die Farbe langsam und ohne eine Temperaturerhöhung aufziehen. Es bleibt auch genügend Farbstoff für eine Nachfärbung im Kessel. Der Prozess ist ähnlich wie bei Reseda. Das hat seine Ursache im Farbstoff Luteolin, der sich in beiden Pflanzen nachweisen lässt. Deshalb ist eine Nachbehandlung mit Eisensulfat oder Pottasche auch bei der Färberkamille ratsam. Vor allem eine Veränderung des pH-Werts fördert ein schönes dunkles Goldgelb zutage. Die Lichtechtheit lässt allerdings zu wünschen übrig, deshalb ist Vorsicht geboten bei wertvollen Arbeiten. Greifen Sie da lieber auf die Reseda zurück.

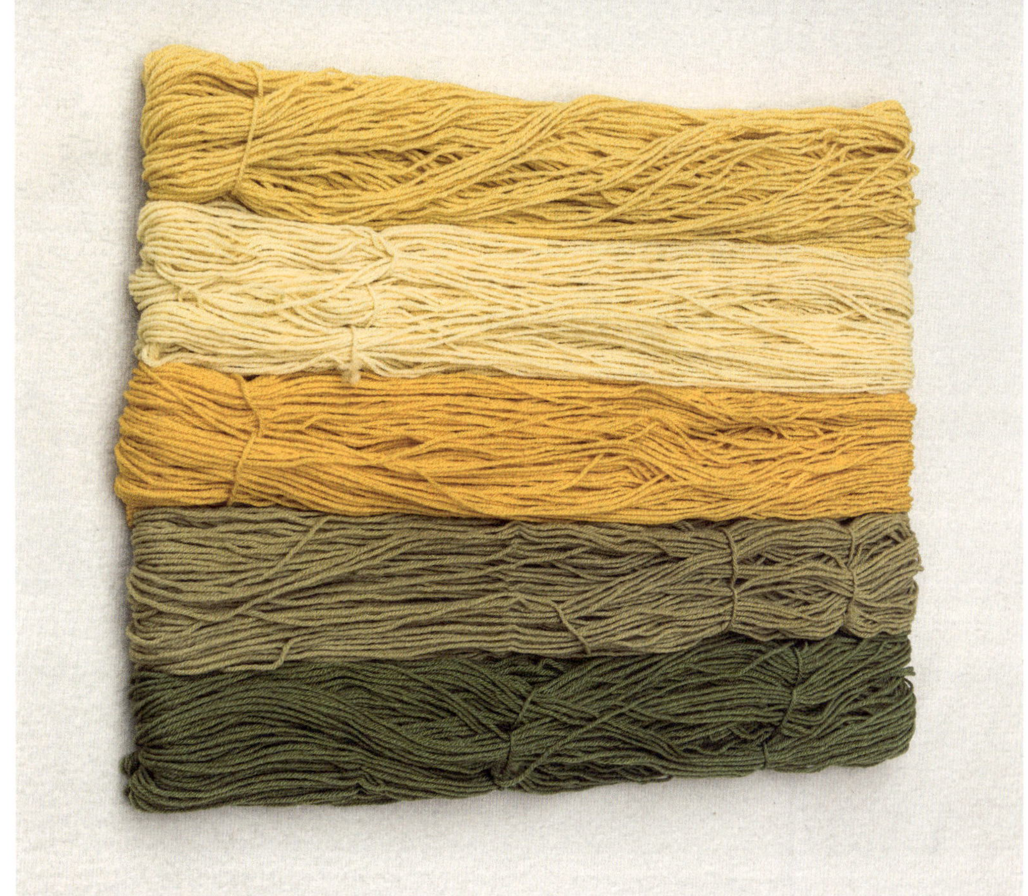

Farbmuster
Färberkamille

REZEPTE

1. Gelb
Vorbeize mit 15 % Alaun
Farbstoff 100 % Färberkamille

2. Hellgelb
Vorbeize mit 15 % Alaun
Nachzug von Rezept 1

3. Goldgelb
Vorbeize mit 15 % Alaun
Farbstoff 100 % Färberkamille
Nachbehandlung mit Pottasche

4. Olivgrün
Vorbeize mit 15 % Alaun
Farbstoff 100 % Färberkamille
Nachbehandlung mit Eisensulfat

5. Grün
Vorbeize mit 15 % Alaun
Farbstoff 100 % Färberkamille
Überfärbt mit Indigo

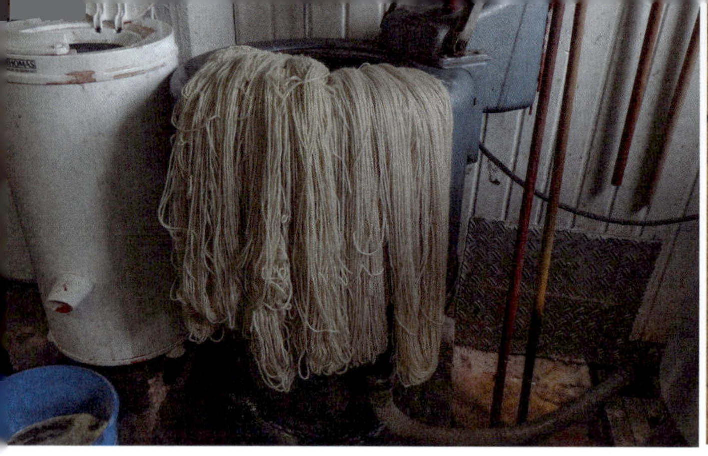

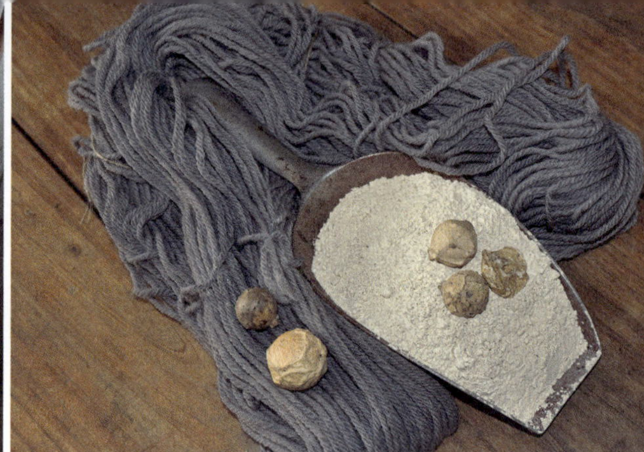

Links: Farblose Wolle mit Gallapfel gefärbt, vor der Behandlung mit Eisen
Rechts: Ganze und gemahlene Galläpfel mit schönem grauem Farbmuster

DER GALLAPFEL

Schon wieder ein Apfel, der keiner ist. Essen können Sie den Gallapfel nicht, die vielen bitteren Tannine würden ihre Geschmacksnerven auf ein Minimum zusammenziehen. Außerdem ist der Gallapfel winzig, gerade mal ein bis zwei Zentimeter im Durchmesser. Es handelt sich nämlich um Wucherungen, die auf der Blattunterseite von zum Beispiel Eichenblättern entstehen. Schuld daran sind Wespen. Gallwespen stechen die Blätter von Laubbäumen an, um ihre Eier abzulegen. Der Baum wehrt sich dagegen mit der Anreicherung von Bitterstoffen. Die Wespe kontert diesen Angriff und produziert ein Gegenmittel. Es kommt zu einer Wucherung. So entsteht der sogenannte Gallapfel. Wenn die Larven der Wespe ihr Nest verlassen, bleibt an der Blattunterseite der kleine Gallapfel, voll mit dem bei diesem Kampf erzeugten Gallotanninen. Diese Symbiose spielt sich nicht nur in unserer Umgebung auf Laubbäumen ab. Überall auf der Welt gibt es die unterschiedlichsten Arten von Gallwespen, die ihre Eier jeweils in die Blätter einer spezifischen Baumart legen.

Die Galläpfel zählen zwar zu den Färbepflanzen, aber Farbe ist in ihnen nur wenig enthalten. Bereits in frühen Zeiten hat man erkannt, dass durch eine Behandlung damit eine tote Haut zu weichem Leder wird. Es handelt sich nämlich um einen natürlichen Gerbstoff, das Gallotannin, der aus den getrockneten Galläpfeln gewonnen wird. Für die Färberei kommt nun das Eisensulfat ins Spiel: Auf mit Galläpfeln behandelter Wolle entstehen im Zusammenspiel mit Eisensulfat wunderschöne Grautöne. Aber nicht nur für Wolle war diese Erkenntnis von Bedeutung. Besonders im Mittelalter nutzte man die Galläpfel zur Herstellung der Eisengallustinte, deren Bestandteile, wie der Name schon sagt, Galläpfel in Verbindung mit Eisensulfat sind. Wegen ihrer Langlebigkeit wurden vor allem wichtige Dokumente mit dieser Tinte geschrieben und unterzeichnet.

Wenn Sie sich auf die Suche nach Galläpfeln im heimischen Wald begeben möchten, warten Sie besser, bis die Blätter im Herbst am Boden liegen. Von halsbrecherischen Kletterpartien rate ich ab. Es ist aber in jedem Fall einfacher, sich getrocknete Galläpfel im Fachhandel zu besorgen. In der Regel gibt es sie als fein gemahlenes Pulver, das an graues Mehl erinnert. Damit können Sie sich sofort ins Abenteuer stürzen.

Grundsätzliches zum Färben mit Gallapfel

Was die Wasserqualität betrifft, sind die bitteren Tannine nicht besonders wählerisch, insofern können Sie Leitungswasser oder Regenwasser verwenden. Die in der Literatur verwendete Menge für ein schönes Grau ist äußerst variabel. Auch beim Gallapfel ist in den vielen Färbebüchern keine einheitliche Linie zu erkennen. Aber versuchen Sie es bitte nicht mit 100 Prozent, wie in einem

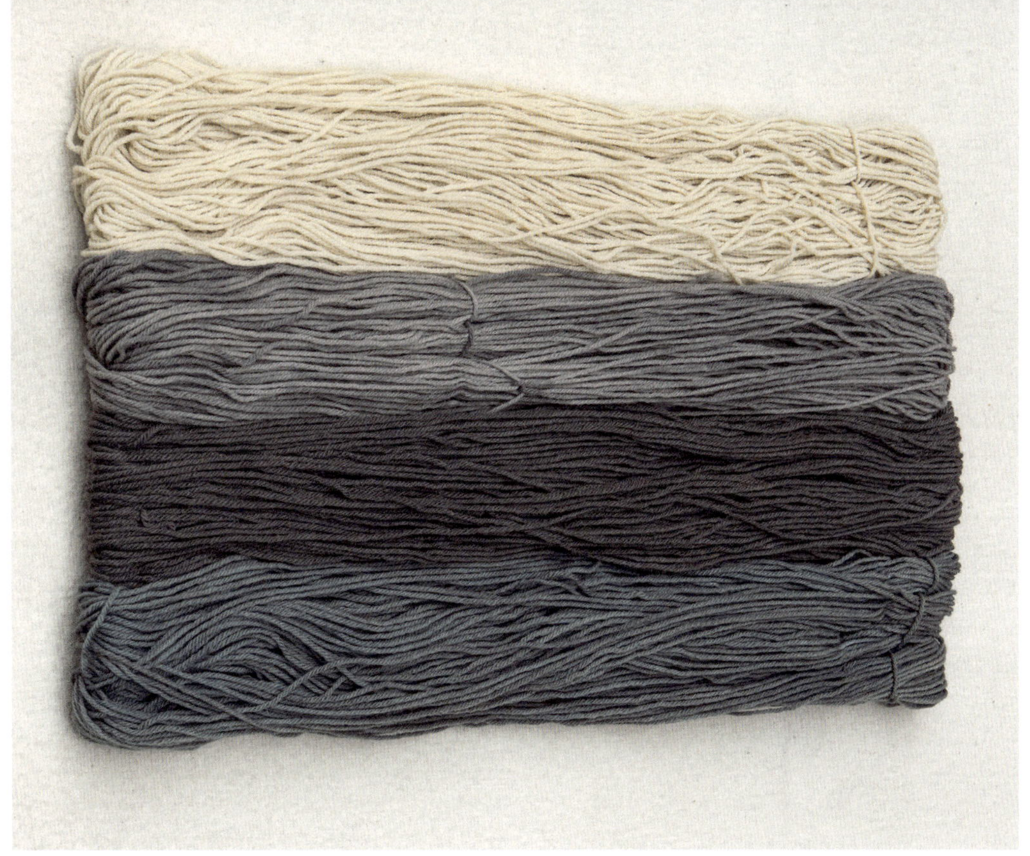

Farbmuster
Gallapfel

Buch angegeben. Es muss sich um einen Fehler handeln, da man Färbepflanzen sonst meistens mit diesem Anteil verarbeitet. Nehmen Sie 10 Prozent, das ist vollkommen ausreichend. Ein Einweichen entfällt. Das Pulver wird in einem Messbecher gut angerührt, dann in den Färbekessel geschüttet und 15 Minuten ausgekocht. Das Farbbad wird wie üblich mit kaltem Wasser aufgefüllt und die Wolle eingelassen. Nun noch die Temperatur auf 70 Grad erhöhen, nach dem Erreichen die Energiezufuhr abschalten und eine Stunde ziehen lassen. Einen kräftigen Farbton werden Sie nicht vorfinden, es wird ein helles, aber schönes Beige sein. Für die grauen Töne wird diese Wolle nun in einem separaten Eisensulfatbad nachbehandelt.

Eine Vorbeize mit Alaun ist aufgrund der enthaltenen Tannine nicht notwendig, aber die graue Farbpalette wird mit gebeizter Wolle doch wesentlich erweitert.

REZEPTE

1. Helles Beige
Vorbeize mit 15 % Alaun
Farbstoff 10 % Gallapfelpulver

2. Grau
Vorbeize mit 15 % Alaun
Farbstoff 10 % Gallapfelpulver
Nachbehandlung mit 3 % Eisensulfat

3. Dunkelgrau
Ohne Beize
Farbstoff 10 % Gallapfelpulver
Nachbehandlung mit 3 % Eisensulfat

4. Graublau
Ohne Beize
Farbstoff 10 % Gallapfelpulver
Nachbehandlung mit 3 % Eisensulfat
Überfärbt mit Indigo

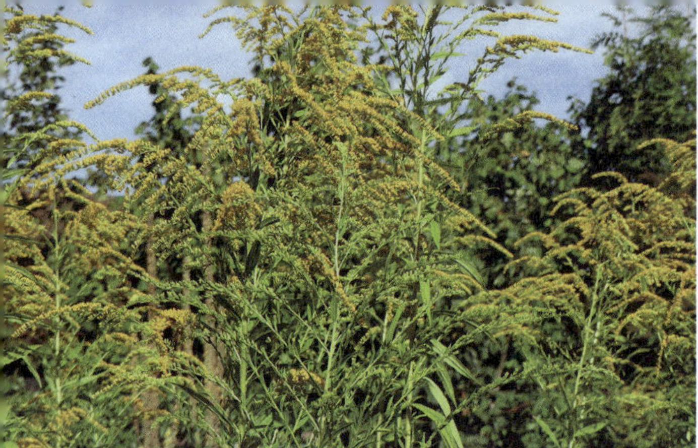

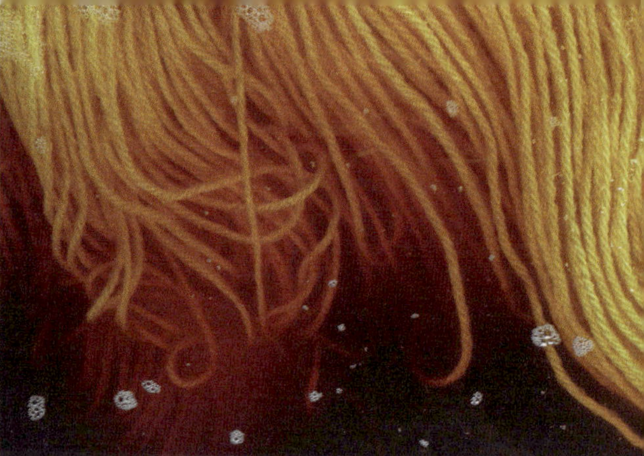

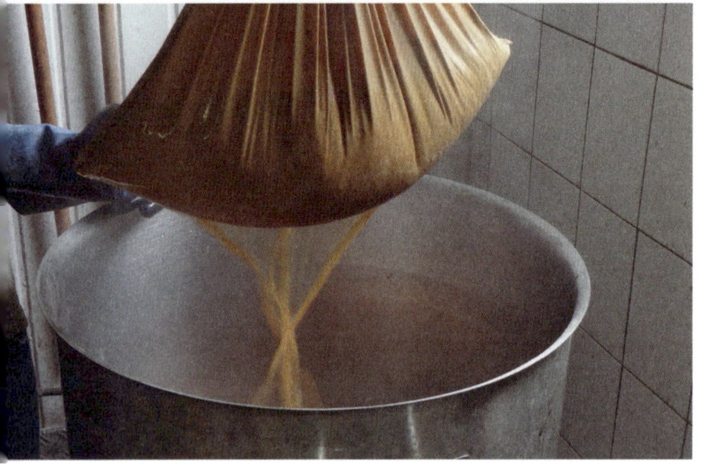

Links oben: Blühende Goldrute im Garten
Links unten: Der ausgekochte Farbsack wird ausgepresst
Rechts: Ein schönes Gelb im Farbbad

DIE GOLDRUTE

Die Gewöhnliche Goldrute (lat. *Solidago virgaurea*) hat natürlich auch in unserem Garten ihren Platz, sie ist eine mehrjährige Staude und beglückt uns deshalb jeden Sommer mit ihren wunderschönen gelben Blüten. Im Gegensatz zur Färberkamille liebt sie den immer gleichen Standort, die Nachbarschaft zu überwuchern liegt ihr fern. Vermutlich kennen Sie aber eher die viele Gärten zierende Kanadische Goldrute (lat. *Solidago canadensis*). Bei dieser Art handelt es sich um einen invasiven Neophyten, was bedeutet, dass diese Pflanze sich auch in der Natur ohne Rücksicht auf die einheimischen Arten verbreitet und andere Pflanzen verdrängt.
Ihr Anspruch an die Bodenqualität ist sehr gering, deshalb kann man sie mittlerweile an Bahndämmen, auf Schuttplätzen und brachliegenden Äckern beobachten. Zum Färben von Naturfasern eignen sich beide Arten.

Zu Beginn meiner Färbearbeit waren Goldrute und Birkenblätter meine bevorzugten Pflanzen für ein Gelb. Zum Färben wird, wie bei der Reseda, das ganze Kraut ohne die Wurzel verwendet. Der beste Erntezeitpunkt ist bei voller Blüte. Dann wird die Pflanze abgeschnitten, getrocknet und gehäckselt. Je feiner, desto besser für eine gute Farbe.

Grundsätzliches zum Färben mit Goldrute

Unsere Probefärbungen haben ergeben, dass auf ein Einweichen verzichtet werden kann. Die benötigte Menge an geschnittenem und getrocknetem Färbekraut wird, wie üblich, in einen Färbesack gegeben, darauf folgt eine Auskochzeit von mindestens 30 Minuten. Danach verfahren Sie wie gewohnt. Die mit Alaun gebeizte Wolle wird nach dem Auffüllen mit kaltem Wasser ins Farbbad eingelassen und anfänglich gut bewegt. Eine Temperaturerhöhung ist nicht notwendig, lassen Sie der Wolle aber Zeit zum Aufnehmen der Farbe. Nach Beendigung des Färbevorgangs ist noch genügend Farbstoff für einen Nachzug im Kessel. Eine weitere Behandlung mit Eisensulfat oder Pottasche ist auf jeden Fall empfehlenswert, mit Eisensulfat erzielen Sie ein kräftiges Olivgrün, das basische Pottaschebad verstärkt den Gelbton wesentlich.

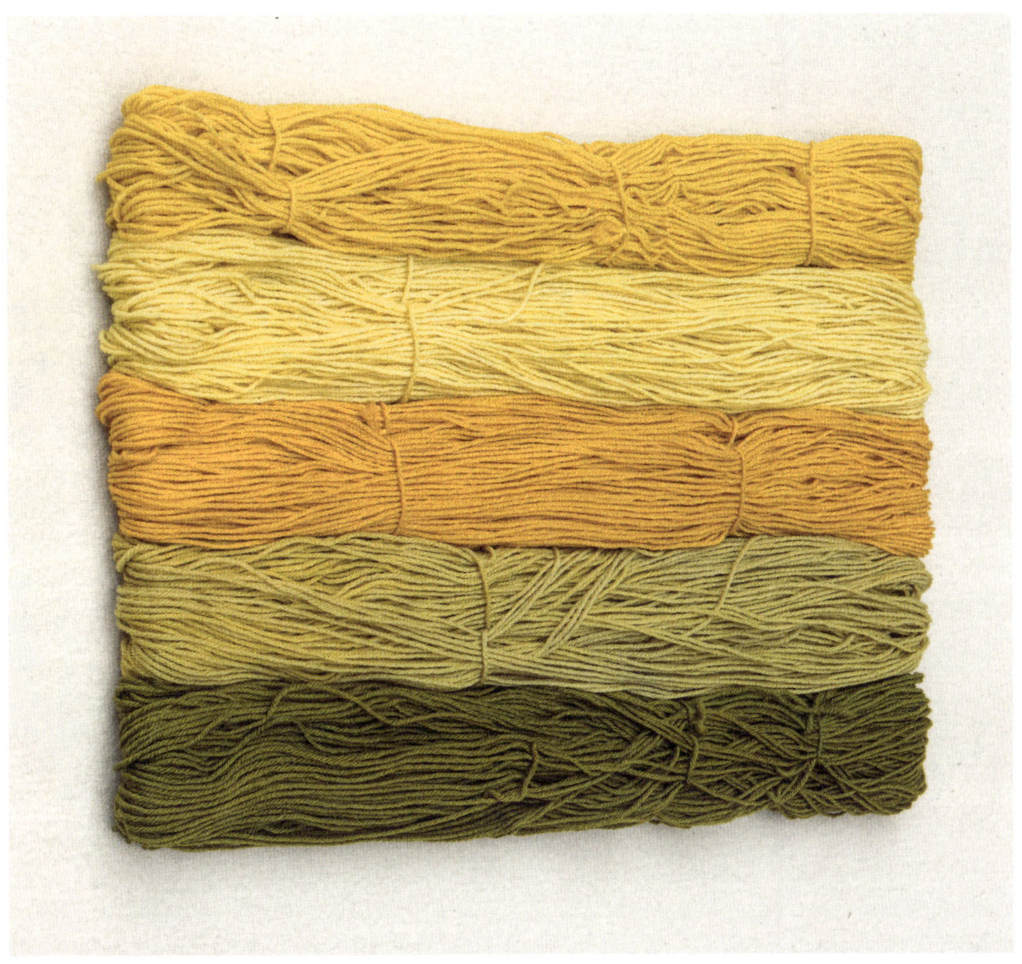

Farbmuster Goldrute

REZEPTE

1. Gelb
Vorbeize mit 15 % Alaun
Farbstoff 100 % Goldrute

2. Hellgelb
Vorbeize mit 15 % Alaun
Nachzug von Rezept 1

3. Goldgelb
Vorbeize mit 15 % Alaun
Farbstoff 100 % Goldrute
Nachbehandlung mit Pottasche

4. Olivgrün
Vorbeize mit 15 % Alaun
Farbstoff 100 % Goldrute
Nachbehandlung mit Eisensulfat

5. Grün
Vorbeize mit 15 % Alaun
Farbstoff 100 % Goldrute
Überfärbt mit Indigo

Einblicke und Ausblicke

BESTANDSAUFNAHME

Nach den vielen Rückblicken in unsere bunte und aufregende Zeit, die wir gemeinsam mit vielen Freunden bei der Arbeit verbracht haben, widmen wir uns jetzt der Gegenwart. Wie steht es um die Pflanzenfärberei heute? Dieser Frage werden wir auf den Grund gehen. Es ist wichtig, aufzuzeigen, in welchem Umfang das alte Handwerk noch betrieben wird und vor allem, welche Chancen für die Zukunft damit verbunden sind.

Beginnen wir mit der Frage der Wirtschaftlichkeit. Zunächst müssen wir ein sich ständig wiederholendes und leider in vielen Köpfen fest verankertes Vorurteil aus der Welt schaffen. Es lautet: Die Naturfärberei ist zu teuer und somit nicht wirtschaftlich. Dieser Argumentation liegt folgende Rechnung zugrunde. Nehmen wir zum Beispiel an, ein Kilogramm Wolle zu färben, kostet ungefähr das Dreifache wie bei einer chemischen Färbung. Also kostet das Endprodukt auch das Dreifache und wäre damit unerschwinglich und nicht absetzbar. Ein schlechter Geschäftsmann, wer so rechnet. Es ist nämlich völlig absurd. Lediglich einer von mehreren Prozessen im Lauf der Herstellung liegt bei den Kosten so hoch, nämlich das Färben. Die Kosten für die Rohwolle, das Waschen, Verspinnen und Stricken oder Weben ändern sich durch eine Färbung mit Pflanzen selbstverständlich nicht. Der Preis wird deshalb nicht um das Dreifache steigen, sondern ein moderater Aufschlag, der bestenfalls die erhöhten Unkosten, höchstens aber das Doppelte der Kosten für eine aufwendige Färbung betragen sollte, ist das Ergebnis einer soliden Kalkulation. Diese einfache und doch immer wieder falsch verstandene Rechnung ist ein Grund für die geringe Akzeptanz der Pflanzenfärberei im produzierenden Gewerbe. In Nepal zum Beispiel haben wir dies ständig erfahren. Trotz einer vorgelegten Kalkulation wurde die anfängliche Begeisterung für die neuen Farben nicht in verkaufsfertige Artikel umgesetzt. Offensichtlich ist die Angst vor den Mehrkosten so fest in den Köpfen verankert, dass sie den Blick für ein ökologisch sinnvolles und auch ohne große Probleme absetzbares Produkt verstellen. Aber wir sind guten Mutes, dass wir diese Mauer noch erfolgreich durchbrechen werden und sich eine Veränderung in den Köpfen einstellt. Pflanzengefärbte Teppiche in ihrer einzigartigen Schönheit sowie andere Produkte aus Nepal werden in Zukunft mit Sicherheit noch befriedigende Arbeitsplätze im Land sichern und viele Menschen erfreuen.

Vielleicht fehlt auch manchen Produzenten schlicht und einfach die Fantasie oder der Mut, sich mit der Wirtschaftlichkeit und der Anwendung von Naturfarben auseinanderzusetzen. Aber immer wieder kommt es zu einem Boom, einem Hype, der dann die Wollläden mit pflanzengefärbter Wolle flutet. So wie zum Beispiel in den Neunzigerjahren, plötzlich wollten alle in diesem Sog mitschwimmen, nach dem Motto, wenn es alle machen, kann es nicht

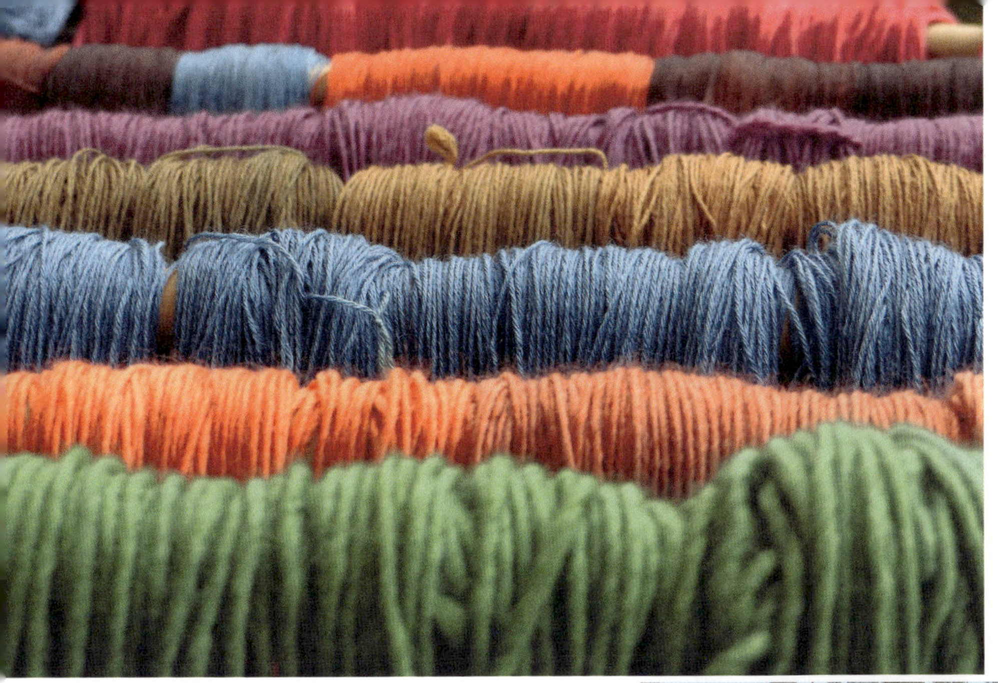

Oben: Strickwolle beim Trocknen
Unten: Der farblich unglaubliche Ockersteinbruch in Roussillon

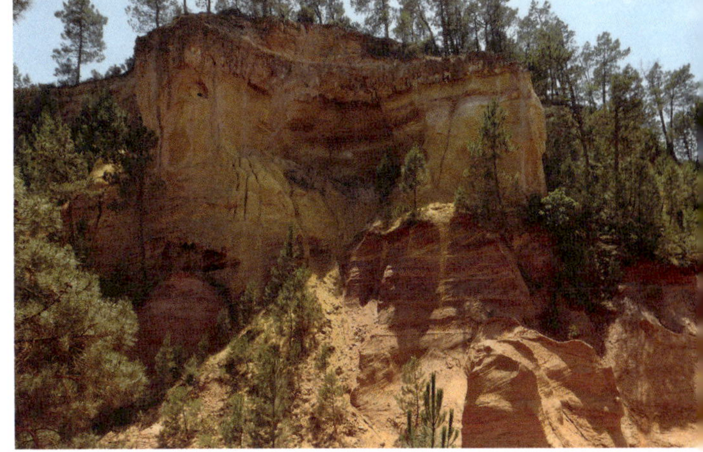

falsch sein. Momentan können wir feststellen, dass sich wieder deutlich mehr Menschen mit der Naturfärberei beschäftigen. Nicht nur das Interesse an Kursen steigt kontinuierlich, auch wirtschaftlich arbeitende Projekte werden angestoßen.

Zum Glück für die Pflanzenfärberei gibt es auch heute noch eine Handvoll kleiner Firmen in Deutschland, die sich bereits seit vielen Jahren ausführlich damit beschäftigen. Schon allein die Tatsache, dass diese Arbeit von manchen Firmen bereits seit Jahrzehnten erfolgreich betrieben wird, widerlegt das Argument der fehlenden Ökonomie. Zugegeben, es sind kleine Firmen, keine große Industrie steckt dahinter. Aber mit viel Leidenschaft und Passion werden pflanzengefärbte Produkte für den hiesigen und auch ausländischen Markt hergestellt. Diese Kontinuität ist auch ein Beleg dafür, dass ständig eine Nachfrage seitens der Verbraucher vorhanden ist. Im restlichen Europa stellt sich die Situation ähnlich dar. Auch hier leben Menschen, die sich der Naturfärberei verschrieben haben und mit ihrer Arbeit das wichtige Kulturgut am Leben erhalten. Besonders erwähnenswert ist der herrlich angelegte Färbergarten in Lauris. Wenn ein Aufenthalt in Südfrankreich auf Ihrer Agenda steht, sollten Sie einen Besuch nicht versäumen, egal, ob Sie sich für Pflanzen begeistern oder nicht. Bei einem Spaziergang durch den zauberhaften Garten begegnen Ihnen all die Pflanzen, die jahrtausendelang die Menschen in Farben gehüllt haben. Danach besuchen Sie am besten noch das dreißig Kilometer entfernte Städtchen Roussillon. Bei einer kleinen Wanderung durch die faszinierenden Ockersteinbrüche tauchen Sie ein in eine unvergessliche Farbenvielfalt. Selbstverständlich ist in beiden Fällen ein Laden angegliedert, in dem viele Produkte aus der Färberei und eine Menge an Fachwissen erhältlich ist. Es ist das Verdienst solcher Organisationen, kleiner Handwerksbetriebe und Händler wie auch von Privatpersonen, dass das Wissen um die Pflanzenfärberei nicht wieder verloren geht.

FARBSTOFFEXTRAKTE

Die Textilindustrie benötigt zur Herstellung von Kleidung in erster Linie gewebte Stoffe. Eine gleichmäßige Färbung ist bei ihnen unerlässlich, auch ein gewisses Maß an Reproduzierbarkeit ist wichtig. Dass dies in einer kleinhandwerklichen Färberei wie unserer nicht oder nur in kleinen Mengen machbar ist, liegt auf der Hand. Dafür bedarf es größerer Färbemaschinen, wie zum Beispiel einer »Jigger«, die imstande sind, lange Stoffbahnen gleichmäßig einzufärben. Aber genau für den Einsatz mit solchen Färbemaschinen werden Farbstoffextrakte entwickelt. Bei diesem Prozess wird der reine Farbstoff aus einer Pflanze extrahiert. Das Auskochen der Pflanzen entfällt, der Farbsud wird nach einer bestimmten Rezeptur angesetzt und damit die Färbemaschine befüllt. Mit diesen Extrakten ist es möglich, große Mengen Stoff für die Bekleidungsindustrie mit Pflanzen einzufärben. Schon vor über zwanzig Jahren haben sich Firmen mit der Herstellung von Farbextrakten aus Pflanzen beschäftigt, in Deutschland widmet sich die Nahrungsingenieurtechnik GmbH NIG in Magdeburg mit viel Enthusiasmus dieser Arbeit. Die Färberei Fritsch in Österreich setzt diese Farbextrakte zum Färben von Garnen und Stoffen ein und hat auf diesem Gebiet schon sehr viel Erfahrung aufzuweisen.

PRODUKTE AUS DER NATURFÄRBEREI

Es lohnt sich, einen Blick auf die vielfältigen Möglichkeiten für pflanzengefärbte Produkte zu werfen. Diese Auflistung ist aber nicht der Weisheit letzter Schluss, es sind lediglich die Erzeugnisse, die wir seit Jahren färben und erfolgreich in die ganze Welt exportieren. Die Anwendungsgebiete sind heute um ein Vielfaches höher, zumal dank der Forschung inzwischen auch Cellulosefasern gut mit Pflanzen eingefärbt werden können.

Flockenwolle

Gewaschene Schafwolle kann in der Flocke eingefärbt werden, eventuelle geringe Farbunterschiede bei kleinen Partien werden vor dem Kardieren ausgeglichen, in dem man sie mischt. Dass dies gut funktioniert, können wir versprechen. Das Ergebnis ist ein gleichmäßiger Farbton.

Seit vielen Jahren ist der Trend des Filzens ungebrochen, dadurch ergibt sich eine große Nachfrage nach kardierter Wolle. Leider hält sich in der Filzszene hartnäckig das Vorurteil, dass pflanzengefärbte Wolle nicht zum Filzen geeignet sei. Dem können wir nur deutlich widersprechen, und zwar aufgrund unserer langjährigen Praxis. Wird die Rohwolle behutsam gefärbt und dann gekämmt, nimmt die Faser keinen Schaden, der das Verfilzen verhindern würde. Insofern könnte der Markt für die Filzer und Handspinner problemlos um die nuancenreiche Farbpalette der Pflanzenfarben erweitert werden. Dazu gesellt sich noch die Möglichkeit der Mischung mit anderen Fasern, zum Beispiel Wolle mit Seide oder eine Mischung aus Wolle mit der Bastfaser Ramie. Dann können Sie auch beim Filzen oder Spinnen in einen natürlichen Farbenrausch verfallen.

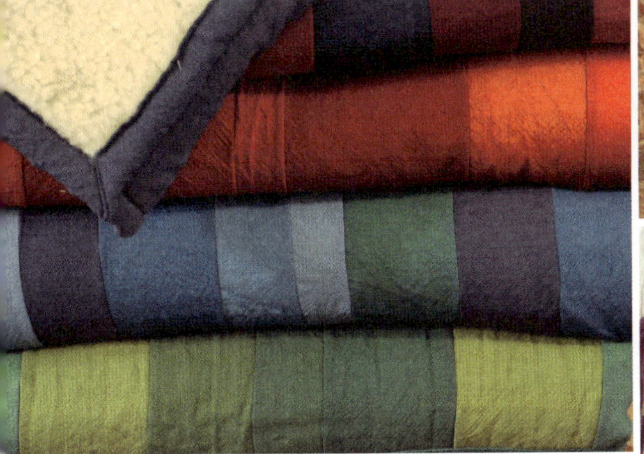

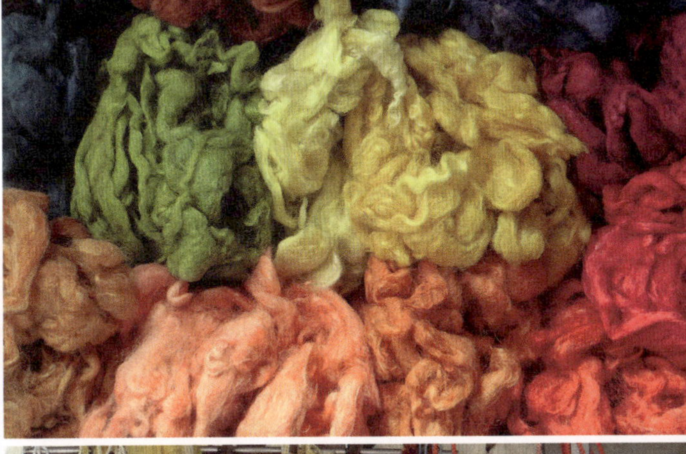

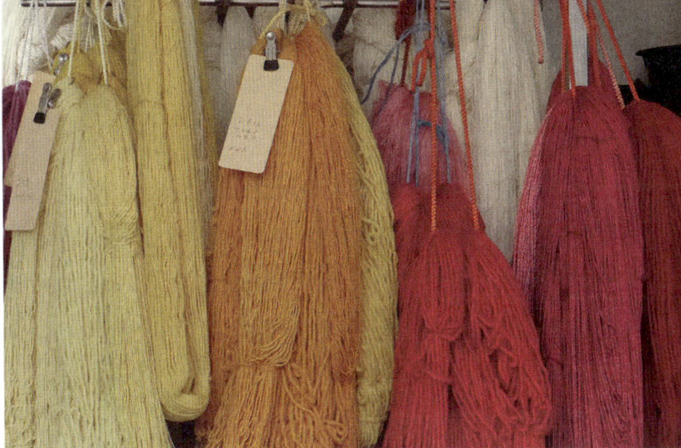

Links: Traumhafte Wolldecken, von Chrisse genäht
Rechts oben: Bunt gefärbte Flockenwolle
Rechts unten: Pflanzengefärbte Strickwolle hängt im Lager

Strickgarn

Erinnern Sie sich noch an den Strickboom in den Achtzigerjahren? Die Mitglieder der damals neu gegründeten Partei »Die Grünen« strickten sogar bei den Sitzungen im Bundestag. Auch wir erlagen dem Trend und eröffneten einen Naturwollladen. Meine Kenntnisse in der Naturfärberei waren zu diesem Zeitpunkt noch sehr bescheiden, aber es gab eine große Auswahl an pflanzengefärbten Garnen in vielen verschiedenen Mischungen und für die damalige Zeit in einer reichlichen Farbpalette. Ermöglicht hatte dies Ernst Bollhalder, der in Dornach in der Schweiz in einer sehr gut ausgestatteten Färberei große Mengen an Wolle färbte. Er war ein Pionier auf diesem Gebiet und beherrschte das Handwerk exzellent. Heute sind es die bereits erwähnten kleinen Manufakturen, die Strickwolle noch in kleinen Partien färben. Dies ist sehr erfreulich, aber warum diese herrlichen Farben durch eine größere Produktion nicht wieder den Weg in die Wollläden oder Versandhäuser finden, können wir nicht ganz verstehen. Bei dem heute nötigen Umweltbewusstsein ist ein Markt mit Sicherheit vorhanden, deshalb haben wir auch die Hoffnung, dass sich dies noch ändert.

Teppiche

Schafwollteppiche sind ein hervorragendes Medium, um die Farbkraft und Farbharmonie der Pflanzenfarben zu transportieren. Ob nun gewebt, getuftet oder geknüpft spielt dabei überhaupt keine Rolle. Das herrliche Farbenspiel der Natur findet sich in allen Varianten, gut gefärbt und verarbeitet, lassen Naturfarben jeden Teppich erstrahlen. Dies ist nun streng genommen keine neue Erkenntnis und schon gar keine neuzeitliche Erfindung. Solch traumhafte Teppiche sind jahrtausendelang mithilfe der Farben der Natur hergestellt worden, heute geschieht dies fast ausschließlich mit chemischen Farben. Das hat seine Berechtigung, es wäre schlichtweg unmöglich, alle Teppiche mit Pflanzenfarben herzustellen. Ein Faktor spielt dabei sicher eine Rolle, das ist der höhere Preis für die Pflanzenfarben. Dazu ist aber bereits am Anfang dieses Kapitels alles gesagt, für eine Wirtschaftlichkeit bedarf es ganz einfach einer vernünftigen Kalkulation. Dass dies ohne Probleme umsetzbar ist, haben wir mit unserem Betrieb jahrelang erfolgreich bewiesen.

Damit sind wir schon beim nächsten Thema: die Verarbeitung von heimischer Wolle. Normalerweise wird für Teppiche Wolle aus Neuseeland verarbeitet, meist die etwas raue Crossbredwolle. Es geht aber auch anders. Die Wolle der deutschen Heidschnucken ist lang und rau, für einen Pullover vollkommen untauglich. Aber für Teppiche ist genau diese Wolle bestens geeignet. Die vermeintlich negativen Eigenschaften zeigen sich dabei von großem Vorteil. Ein gewebter Teppich aus dieser Wolle zeichnet sich durch eine sehr lange Haltbarkeit aus, das grobe und lange Haar verleiht dem Teppich Dauerhaftigkeit. Fachleute werden einwenden, Heidschnuckenwolle sei grau-braun-schwarz meliert und unmöglich gleichmäßig zu färben. Das stimmt, aber genau das ist der Vorteil. Die unterschiedliche Melierung ergibt eingefärbt wunderbar gedämpfte Farbtöne für zeitlose Teppiche. Der Herstellungsprozess sieht dabei folgendermaßen aus: Die gewaschene Wolle wird mit Pflanzen eingefärbt, es folgt das Öffnen der Wolle mit einem Reißwolf. Nun landet die Wolle auf einer speziellen Spinn-

Zwei Teppichknüpferinnen in Usbekistan

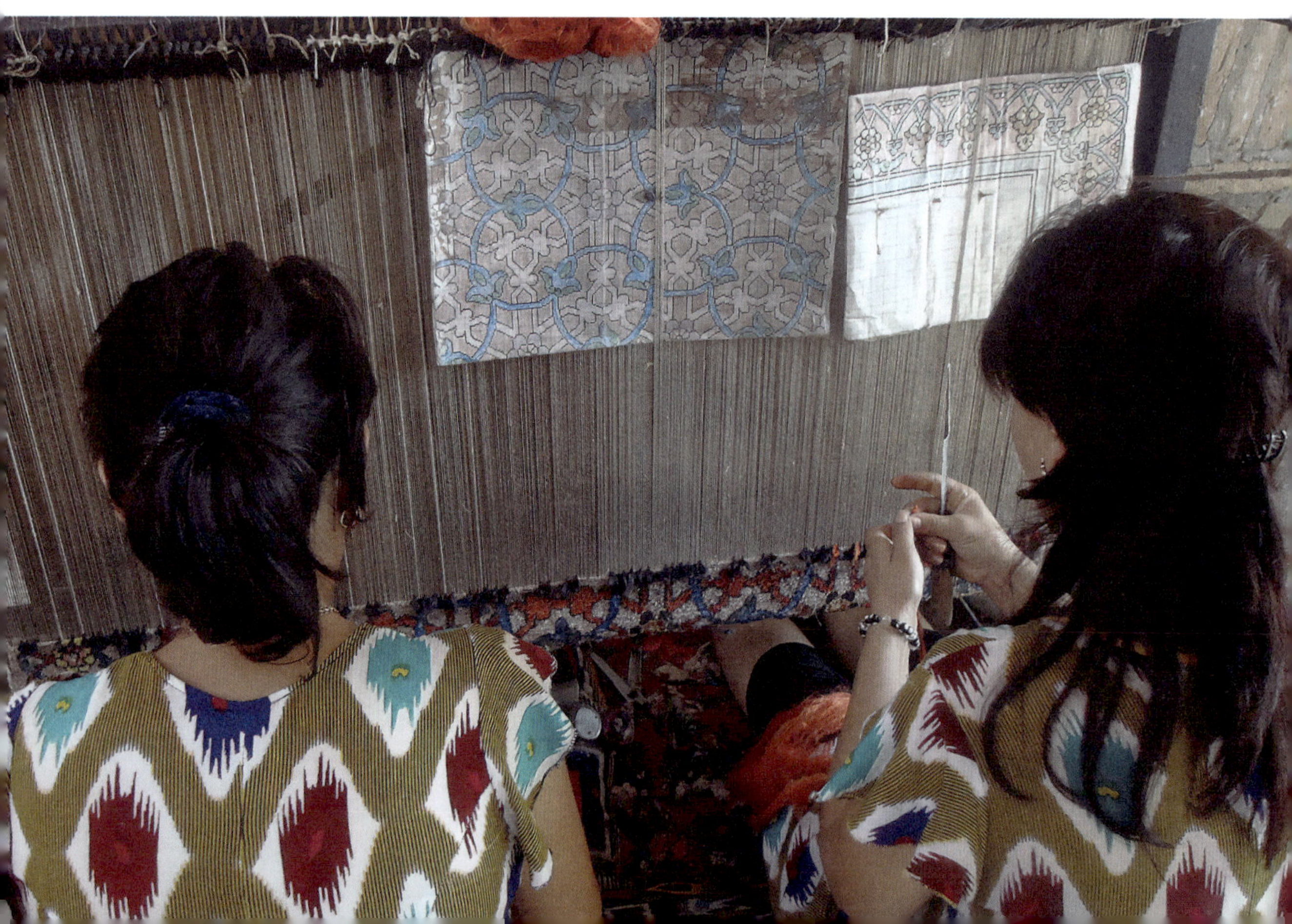

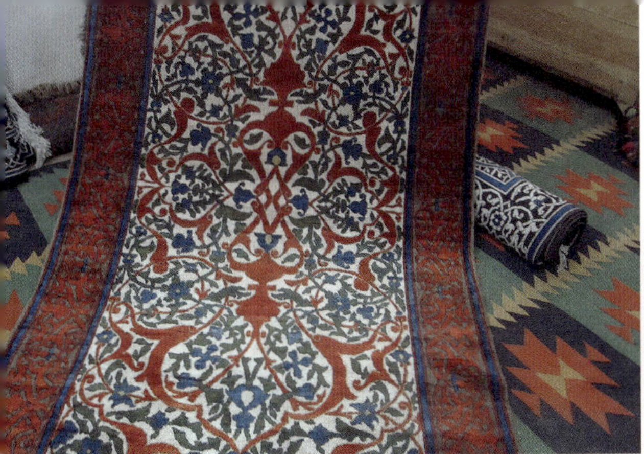

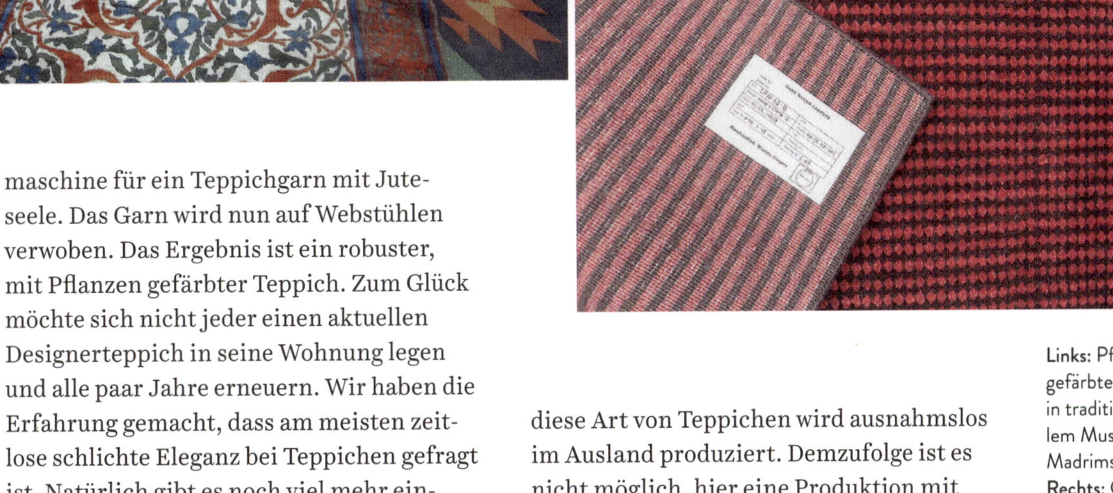

maschine für ein Teppichgarn mit Juteseele. Das Garn wird nun auf Webstühlen verwoben. Das Ergebnis ist ein robuster, mit Pflanzen gefärbter Teppich. Zum Glück möchte sich nicht jeder einen aktuellen Designerteppich in seine Wohnung legen und alle paar Jahre erneuern. Wir haben die Erfahrung gemacht, dass am meisten zeitlose schlichte Eleganz bei Teppichen gefragt ist. Natürlich gibt es noch viel mehr einheimische Wollsorten, die für Teppiche zu gebrauchen sind. Der Vorteil liegt klar auf der Hand: Wird einheimische Wolle verwendet, bekommt der Schäfer wieder einen gerechten Preis für seine Wolle. Also bleibt ein weiterer alter Beruf erhalten. Zudem wird ein Beitrag zum Naturschutz in der Kulturlandschaft geleistet.

Zusammengefasst bleibt festzuhalten, dass der Einsatz von Pflanzenfarben für gewebte Teppiche ein riesiges Spektrum an Farben bereithält. Dass die Lichtechtheit kein Thema mehr ist, brauche ich hier nicht noch einmal zu wiederholen. Zum Glück gibt es in Deutschland auch noch viele kleine und größere Handwebereien, damit eine Produktion von der Schur bis zum fertigen Produkt ohne lange Transportwege garantiert werden kann. Ganz im Sinn der heutigen Zeit.

Bis jetzt war nur die Rede von gewebter Ware, bei den geknüpften Teppichen stellt sich die Situation etwas anders dar, denn es gibt in Deutschland keine Knüpfereien; diese Art von Teppichen wird ausnahmslos im Ausland produziert. Demzufolge ist es nicht möglich, hier eine Produktion mit pflanzengefärbter Wolle aufzubauen. Das allerdings stellt auch keinen Hinderungsgrund dar, sich nicht doch mit diesem Thema zu beschäftigen. Wie bereits beschrieben, ist das notwendige Wissen über die Naturfärberei durch die chemischen Farben fast vollständig verschwunden, natürlich auch in den Ländern, die für geknüpfte Teppiche bekannt sind. Deshalb ist es erforderlich, das Wissen dort wiederzubeleben, so wie wir es bereits begonnen haben. Viel Aufklärungsarbeit und vernünftige Kalkulationen sind wichtige Bestandteile für einen Erfolg.

Woll- und Seidentücher

Schals und Tücher sind schon immer ein beliebtes Accessoire, deshalb ist beides auch in ausreichender Zahl in Läden und auf Märkten zu finden. Billige Ware aus China dominiert den Markt. Aber es gehören genauso aufwendige und luxuriöse Schals zum Beispiel aus Kaschmir dazu. In dieser Gemengelage ist es natürlich schwierig,

Links: Pflanzengefärbter Teppich in traditionellem Muster aus Madrims Werkstatt
Rechts: Gewebter Teppich mit Koschenille und Indigo gefärbt aus der Werkstatt von Toni und Johnny

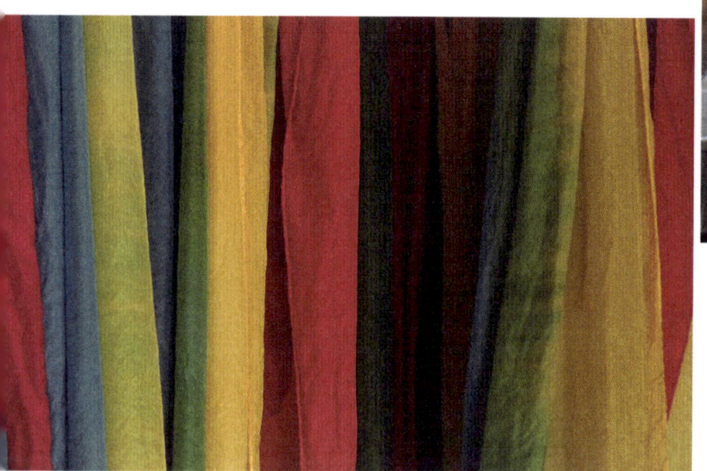

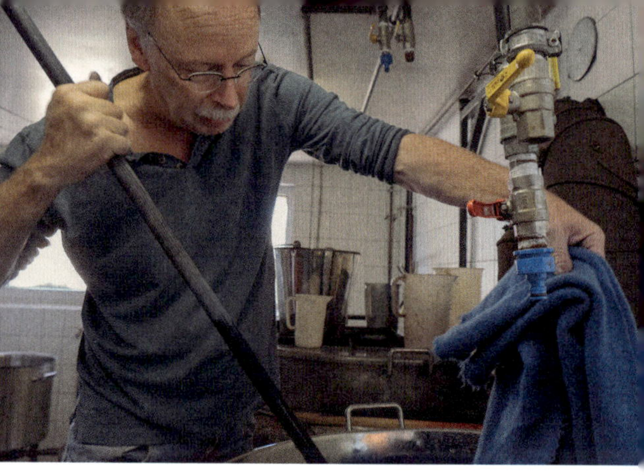

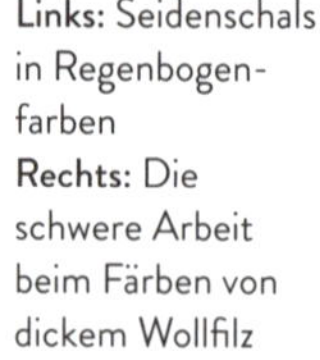

Links: Seidenschals in Regenbogenfarben
Rechts: Die schwere Arbeit beim Färben von dickem Wollfilz

pflanzengefärbte Schals erfolgreich am Markt zu platzieren. Mit dem richtigen Design und ansprechenden Farben ist es aber möglich, den stetig steigenden Markt für Naturwaren erfolgreich zu bedienen. Es sind die Nischen, die es zu besetzen gilt. Ein Bewusstsein ist aufgrund der Klimakrise vorhanden, mitunter ist auch eine Bereitschaft für eine Veränderung im Konsumverhalten zu erkennen. Die Zeiten, in denen ausschließlich »Hardcore-Ökos« mit pflanzengefärbten Tüchern durch die Landschaft stiefelten, gehören längst der Vergangenheit an. Heute gibt es Wolle aus artgerechter und biologischen Tierhaltung, viele andere Naturfasern eröffnen kreative Möglichkeiten für herrlich weiche Schals und Tücher. Ein kleines Beispiel aus unserer Arbeit belegt die ökonomische Substanz der Accessoires. Seit Jahrzehnten beliefern wir eine seit vierzig Jahren bestehende Naturwarenfirma mit unseren Seidenschals. Das einzige Problem für die Inhaber sind wir, beziehungsweise ihre große Sorge, wann wir altershalber unsere Arbeit beenden. Sie werden ein echtes Problem haben. Wer wird sie weiter mit den erfolgreich verkauften pflanzengefärbten Schals und Tüchern beliefern? Dies ist ein klarer Beweis für eine erfolgreiche Vermarktung. Da der Markt dafür noch bei Weitem nicht gesättigt ist, würden wir uns über mehr Bewegung und Aktivitäten in dem Sektor freuen. Mit einer eventuellen Reproduzierung unserer Farben und Muster haben wir kein Problem. Unser Freund Mike Ganzert hat dafür immer eine klare Aussage parat: »Nur was gut ist, wird kopiert.«

Filz und Stoffe

Mit Filz ist hier nicht die Wolle zum Filzen gemeint, die Rede ist von fertigen Matten. Sie sind genauso wie Meterware aus reiner Wolle hervorragend zum Einfärben geeignet. Kinder haben dadurch die Chance, sich bei Bastelarbeiten schon früh an der harmonischen Farbpalette der Pflanzenfarben zu erfreuen. Es müssen nicht immer die knalligen Chemiefarben sein, mit denen der Bastelfilz üblicherweise glänzt. Auch für die Meterware bieten sich vielfältige Möglichkeiten an. Wunderbar tragbare Jacken aus einem pflanzengefärbten Wollfilz haben die Werkstatt von Chrisse verlassen. Es sind keine einem Trend untergeordneten Kleidungsstücke, sondern zeitlose und lang haltbare, also nachhaltige Textilien. Durch den Einsatz von Extrakten könnte auch bei Wollstoffen eine große Nachfrage ohne Probleme bedient werden.

DIE PFLANZENFÄRBEREI IN ENTWICKLUNGSLÄNDERN

Wenn Sie das Kapitel über Peru gelesen haben, kennen Sie die positiven Auswirkungen für die dort mit uns arbeitenden Menschen. Damit die außerordentliche Bedeutung und die vielen Chancen, die damit zusammenhängen, genau erkannt werden, wollen wir dies anhand von Peru und auch unseren anderen Erfahrungen noch genauer vertiefen.

Begeben wir uns noch einmal in die Anden. Ein Alpaquero hat seine Alpakas geschoren und sitzt nun vor seiner Wolle. Ein Einkäufer eines der beiden führenden Wollkonzerne möchte seine Wolle kaufen, aber der Preis ist unterirdisch. Ihm bleibt aber keine andere Wahl als zuzustimmen. Der Einkaufspreis für die geschorene Wolle hängt mit dem weltweiten Dollarkurs zusammen. Ein so unsäglicher und unnötiger Krieg, wie jetzt in der Ukraine, lässt den Wechselkurs auf dem gesamten Globus in die Tiefe stürzen. Der arme Alpaquero bekommt zwar seinen Preis in der einheimischen Währung (Soles) bezahlt, aber der international agierende Konzern rechnet in Dollar und somit verfällt der Preis für die Rohwolle. Der Alpakabauer ist ein Opfer des Krieges in der Ukraine, beziehungsweise der Globalisierung. Auch eine sinkende Nachfrage nach Alpakawolle auf dem Weltmarkt lässt seinen Gewinn sinken. Im Normalfall ist es so, dass die Einnahmen gerade zum Überleben ausreichen. Um

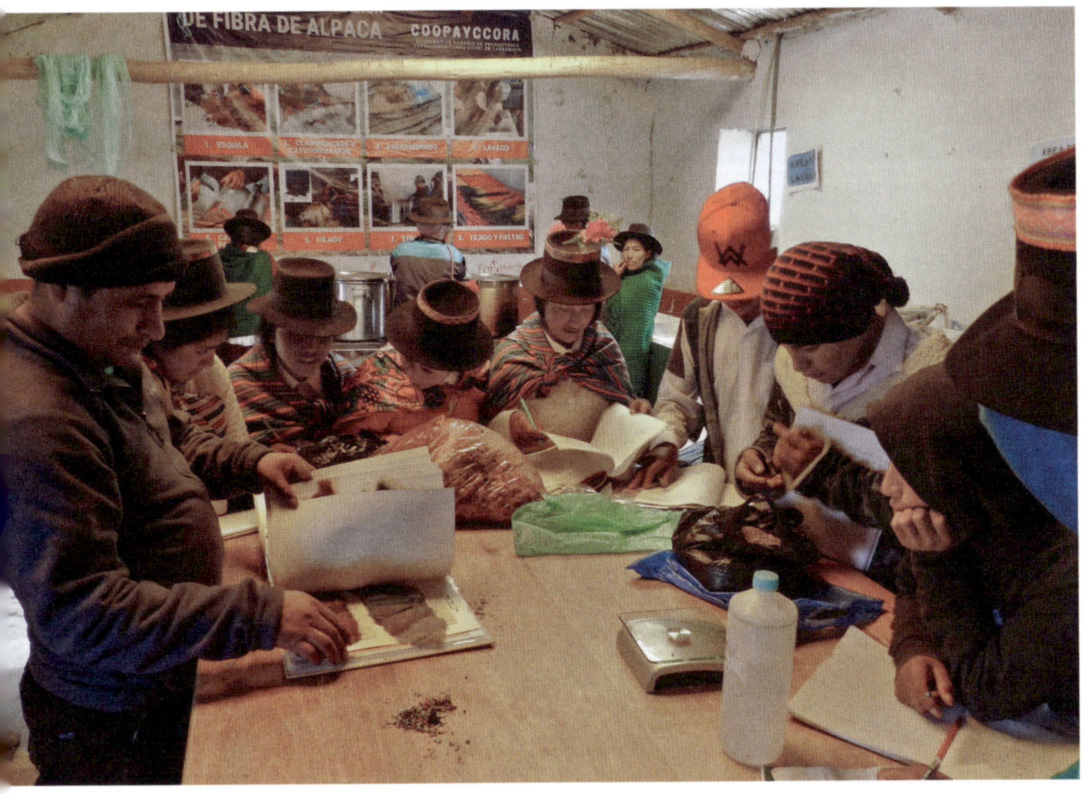

Beim Färbekurs mit Carlos in Pacha, Peru

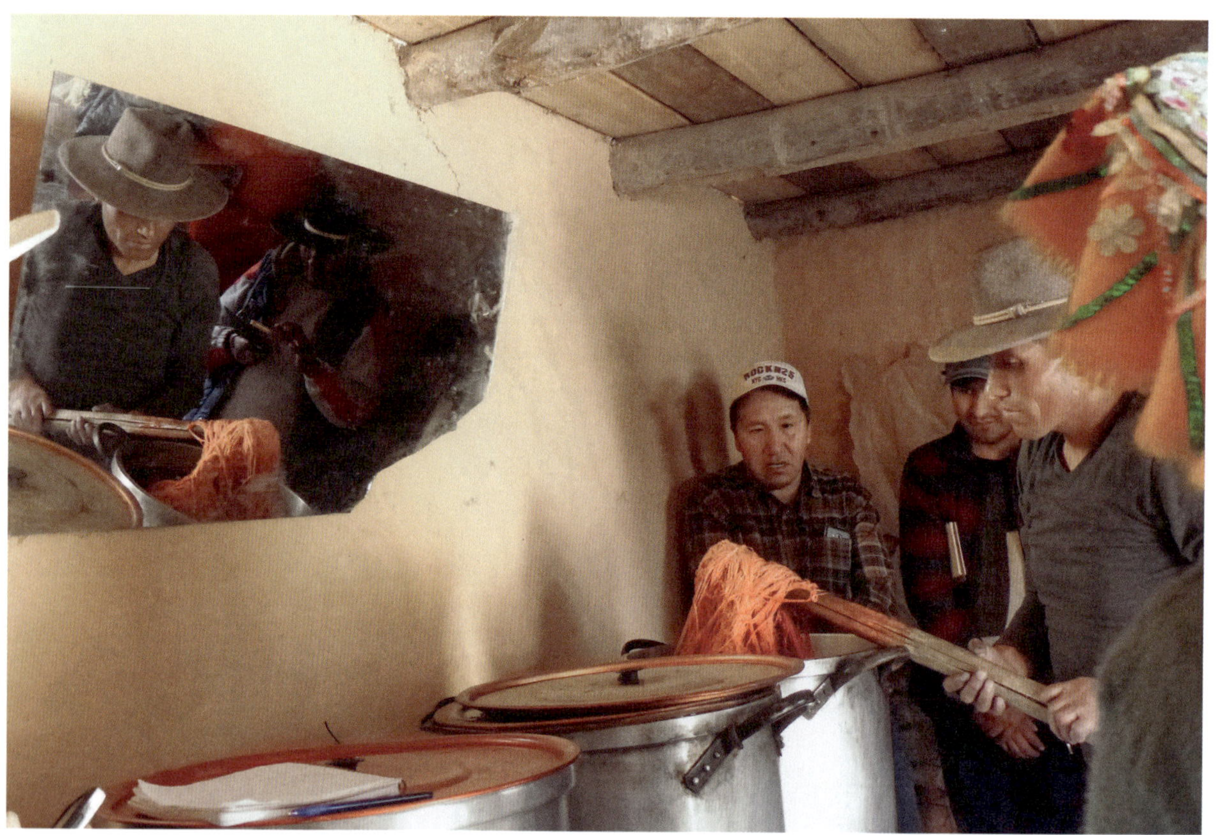

Beim Färbekurs mit Francisco in Tinki, Peru

diesen Zustand abzufedern oder noch besser ganz auszuschalten, bedarf es einer höheren Wertschöpfung aus seiner Wolle. Dieses Ziel kann mithilfe einer angegliederten Wollverarbeitung inklusive einer Naturfärberei ohne großen Aufwand und Probleme erreicht werden. Vergleichen wir dies einmal mit unserer einheimischen Landwirtschaft. Mehr und mehr Landwirte geben auf oder sie verlassen den Weg der Vermarktung über Großhändler – und am Ende die großen Discounter – aus finanziellem Druck. Sie geben ihre Milch oder ihr Fleisch nicht mehr zu deren niedrigem Preis ab, sondern versuchen, durch Weiterverarbeitung mehr Produkte entstehen zu lassen und diese möglichst auch selbst zu vermarkten. Dadurch erhöht sich die Wertschöpfung für den Landwirt. Ein Alpakawolle produzierender Bauer in den Anden hat natürlich nicht die Chance, an Subventionen aus EU-Töpfen zu gelangen. Deshalb ist es wichtig und richtig, mithilfe verschiedener Organisationen wie zum Beispiel der GIZ, NGOs und auch staatlichen Stellen die Errichtung von Werkstätten für die Wollverarbeitung voranzutreiben. Solch eine Unterstützung für einen Alpaquero ist nicht als Almosen zu werten oder als kurzfristige Überlebenshilfe. Ganz im Gegenteil, eine Hilfe zur Selbsthilfe wird gefördert, die Abhängigkeit von den Wolleinkäufern, die skrupellos den Preis diktieren, wird unterbrochen. Ganz zu schweigen von dem höheren Selbstwertgefühl der Menschen, das durch eine gerechte Entlohnung und eine selbstbestimmte Arbeit ihr Leben ins Positive verändert.

Nun benötigt natürlich nicht jeder Alpaquero seine eigene Wollverarbeitung oder Pflanzenfärberei. Kleine familiengeführte Unternehmen sind bei diesem Prozess genauso wichtig wie größere Koope-

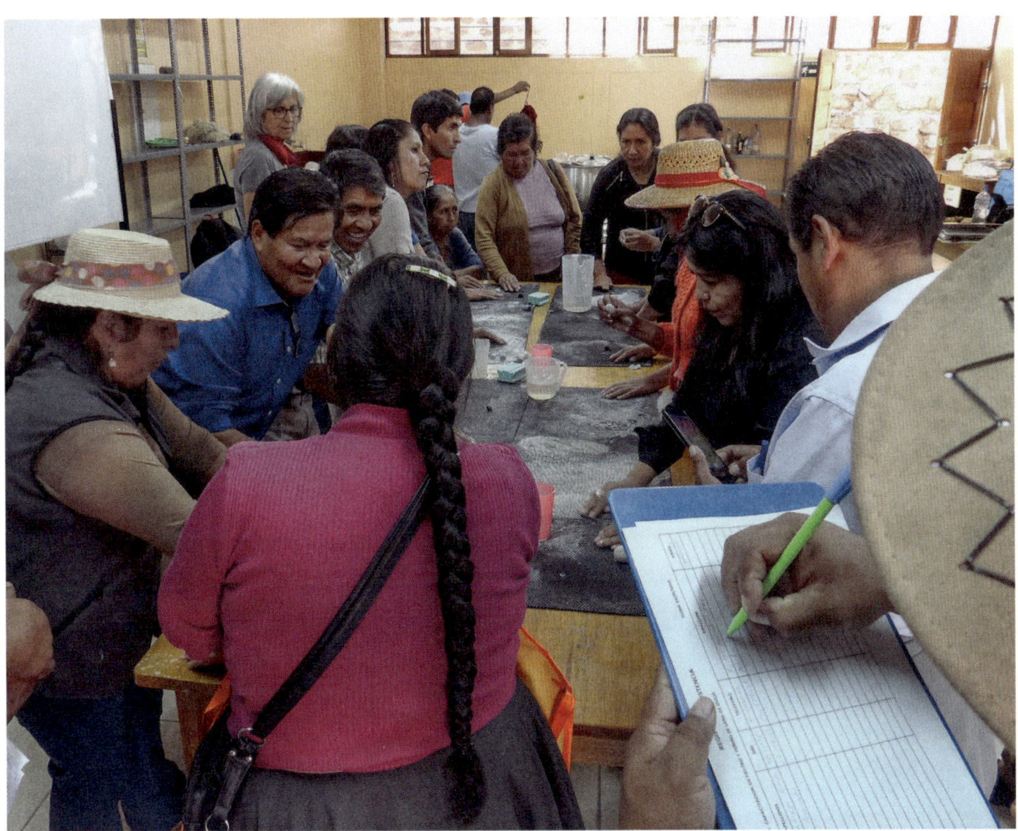

Färbe- und Filzkurs in der staatlichen Kunsthandwerkerschule CITE in Ayacucho, Peru

rativen, im besten Fall genossenschaftlich organisiert. Solche Initiativen sind die Grundsteine für eine erfolgreiche Durchbrechung des Status quo. Es gibt inzwischen in Peru viele solcher Projekte, sie funktionieren nicht nur vielversprechend, viele sind fest etabliert. Bei unserem letzten Besuch im Jahr 2019 haben wir etliche Kooperativen besucht, die nach unserem Vorbild arbeiten. Sie arbeiten erfolgreich mit Alpakawolle, die Produkte werden auf lokalen Märkten verkauft. Größere Vereinigungen wie zum Beispiel »Tres Alpaquitas« in Marcapata exportieren ihre Alpakaprodukte und beliefern Versandhäuser, unter anderem auch in Deutschland. Die Genossenschaft »Coopecan« ist ein Zusammenschluss vieler kleiner Alpaqueros. Dort wird die eigene Wolle zu hochwertigen Textilien aus Alpakawolle verarbeitet, die ebenfalls in viele Länder exportiert werden. Eine kleine Pflanzenfärberei ist fest in die Produktion integriert. Aber es wird nicht die gesamte Herstellung so eingefärbt, größtenteils wird mit chemischen Farben gearbeitet. Solange unbedenkliche Farbstoffe verwendet werden, ist das in Ordnung. Aber ein entsprechender Wunsch nach Naturfarben kann sofort umgesetzt werden. Reichlich pflanzengefärbte Alpakawolle hat auf diesem Weg bereits die Kooperative verlassen, und dies zum Wohl aller daran Beteiligten.

Das von uns in Peru entworfene Projekt ist letztendlich in seiner Gesamtheit so einfach wie überzeugend. Es funktioniert nicht nur in Peru. Schon als wir dort arbeiteten, wurde das Projekt von verschiedenen Organisationen kopiert und in andere Länder transferiert. Durch die Integrierung einer handwerklichen Wollverarbeitung

Oben: Pflanzengefärbte Produkte an einem Marktstand, irgendwo in Peru
Unten: Pflanzengefärbte Wolle für Teppiche in Chiwa, Usbekistan

wird die Abhängigkeit von einem durch die Globalisierung geprägten Wollpreis durchbrochen. Der dadurch erzielte Mehrwert sichert ein besseres Einkommen. Dies wiederum ermöglicht mehr Bildung für die Kinder und erhöht die Chancen auf eine bessere Zukunft. Die Pflanzenfärberei spielt insofern dabei eine wichtige Rolle, als dass der Umgang mit und der Einsatz von den billigen und gefährlichen chemischen Farbstoffen minimiert oder gar ganz ausgeschaltet wird. Zusätzlich wird ein Bewusstsein für einen sorgfältigen Umgang mit der Natur geschaffen, der heute wichtiger ist denn je. Und schließlich liegt der Grund für die Akzeptanz der Naturfärberei in ihrer Geschichte. Denn es ist auch die Geschichte dieser Menschen. Sie fühlen sich an die längst vergessene Arbeit ihrer Vorfahren erinnert und finden so ihre Identität wieder.

EIN TRAUM

Träume von gestern sind die Wirklichkeit von heute. Dieses Sprichwort diente uns als Basis unserer Motivation. Und wir hoffen, dass sich die Welt und das Leben vieler Menschen durch gelebte Träume verbessern wird. Viele kleine Wollwerkstätten mit integrierter Pflanzenfärberei, vielleicht auch einer Filzwerkstatt, angesiedelt in der ganzen Welt können einen kleinen Teil dazu beitragen. In touristisch viel besuchten Gegenden ist es mehr als empfehlens- und lohnenswert, solche Projekte zu installieren. Ob nun in Entwicklungsländern oder auch in Europa, das Prinzip bleibt immer das gleiche, mit selbstgestalteter und ökologischer Arbeit einen Mehrwert für die arbeitenden Menschen zu schaffen. Dieser Effekt wird dann durch die an Touristen verkauften Produkte in die Welt getragen. Nehmen wir zum Beispiel Marrakesch, die märchenhafte Stadt mit einem Souk, der die Besucher in eine vergangene Zeit versetzt. Millionen von Touristen lassen sich jährlich von dem orientalischen Flair verzaubern, wandern durch die endlos scheinenden Gassen des alten Markts. Marokko besitzt wie viele Länder eine alte Tradition der Teppichherstellung, natürlich mit Pflanzen gefärbt. Immer wieder träumen wir davon, eine Pflanzenfärberei in Marrakesch mitten in den quirligen Gassen des Souks zu installieren, eine funktionierende Werkstatt mit Tüchern, Textilien und Teppichen. Eine sinnbringende Arbeit für viele Menschen, Besucher können das Handwerk miterleben, die Düfte der Pflanzen riechen und sich ausführlich mit diesem jahrtausendealten Handwerk vertraut machen. Natürlich nicht nur in Marrakesch; es existieren leider viel zu viele Orte auf der Welt, in denen die Menschen auf Hilfe und Perspektiven warten. Das ist unser Traum, unser kleiner Beitrag für eine bessere Zukunft für die nächsten Generationen.

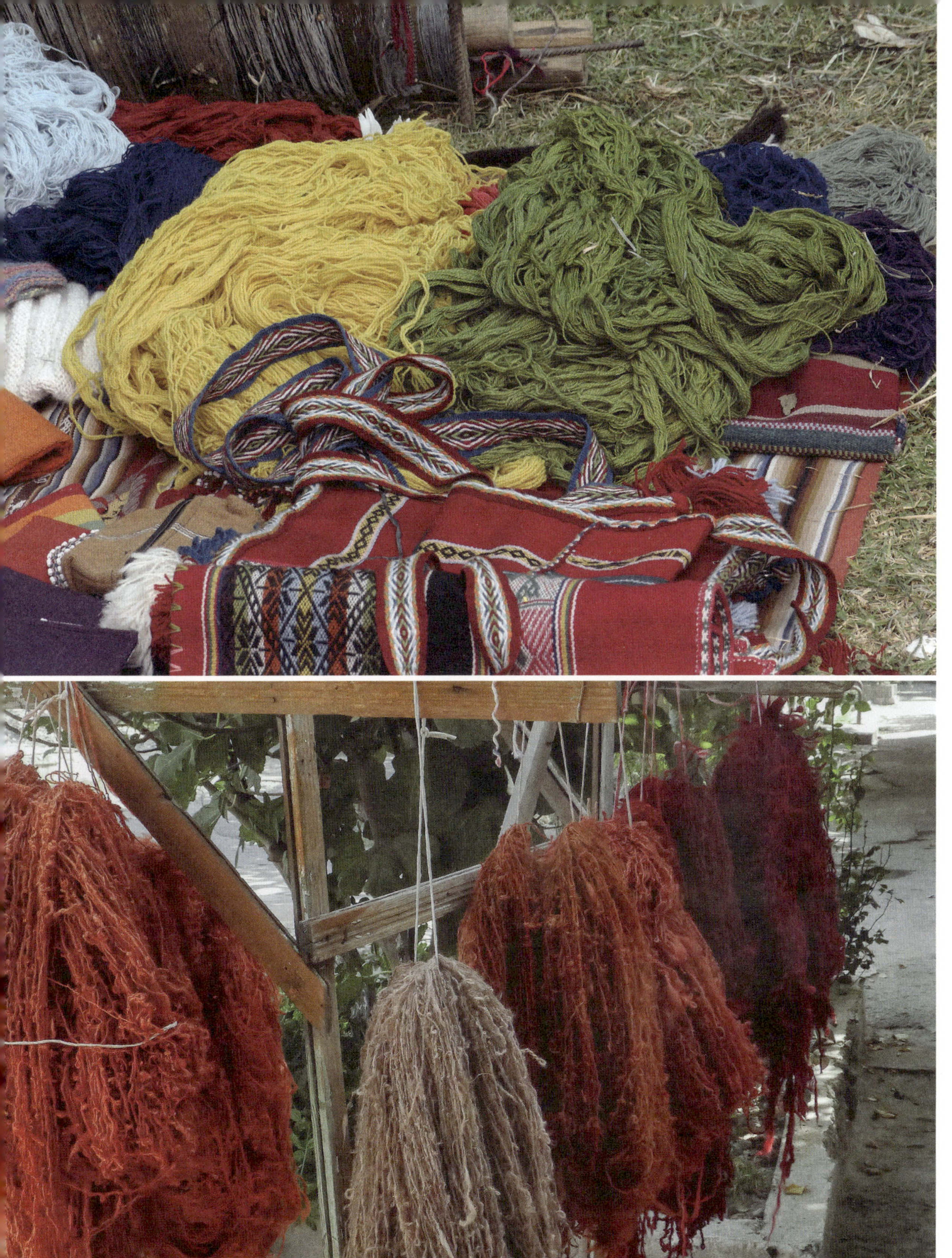

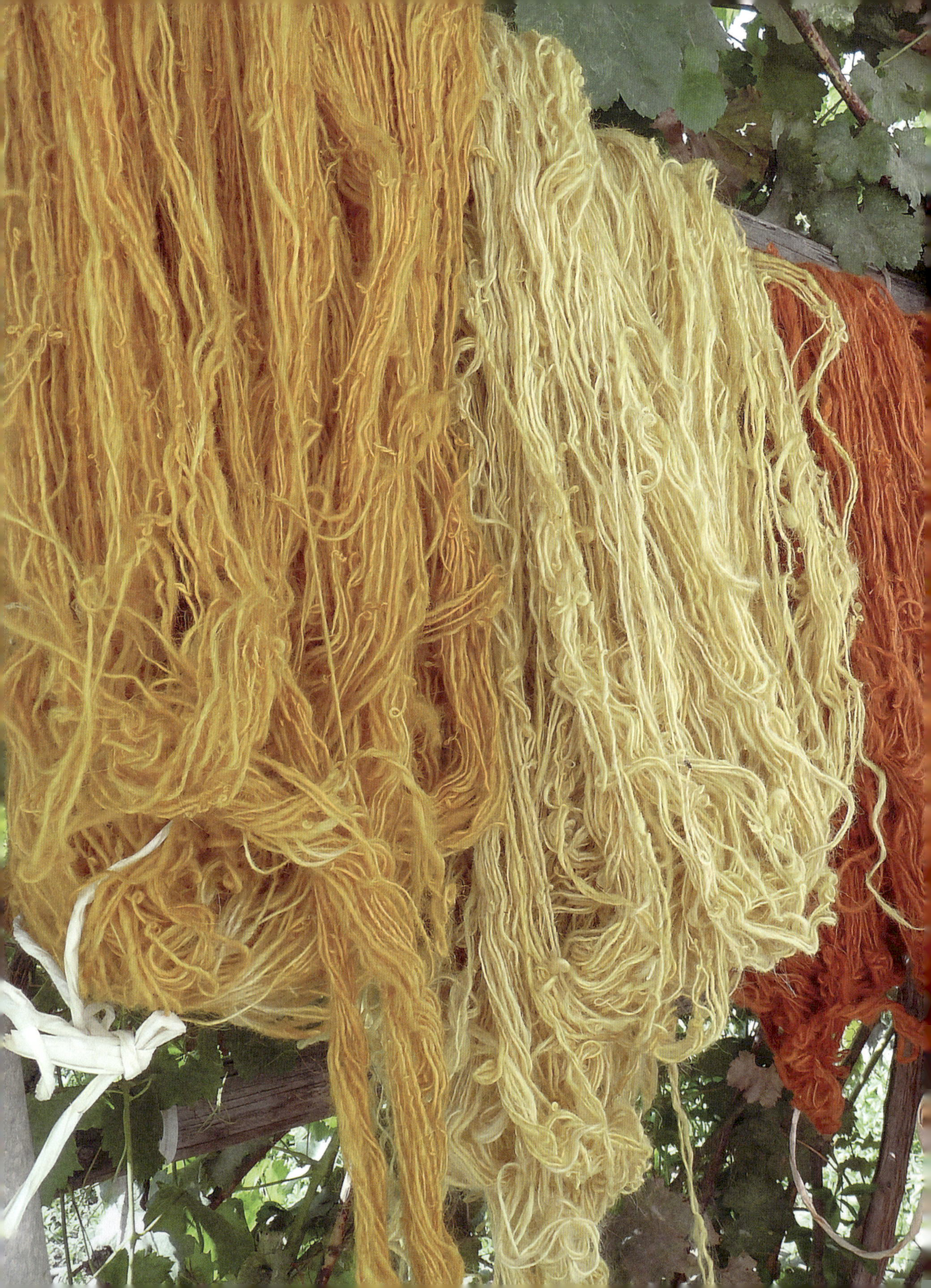

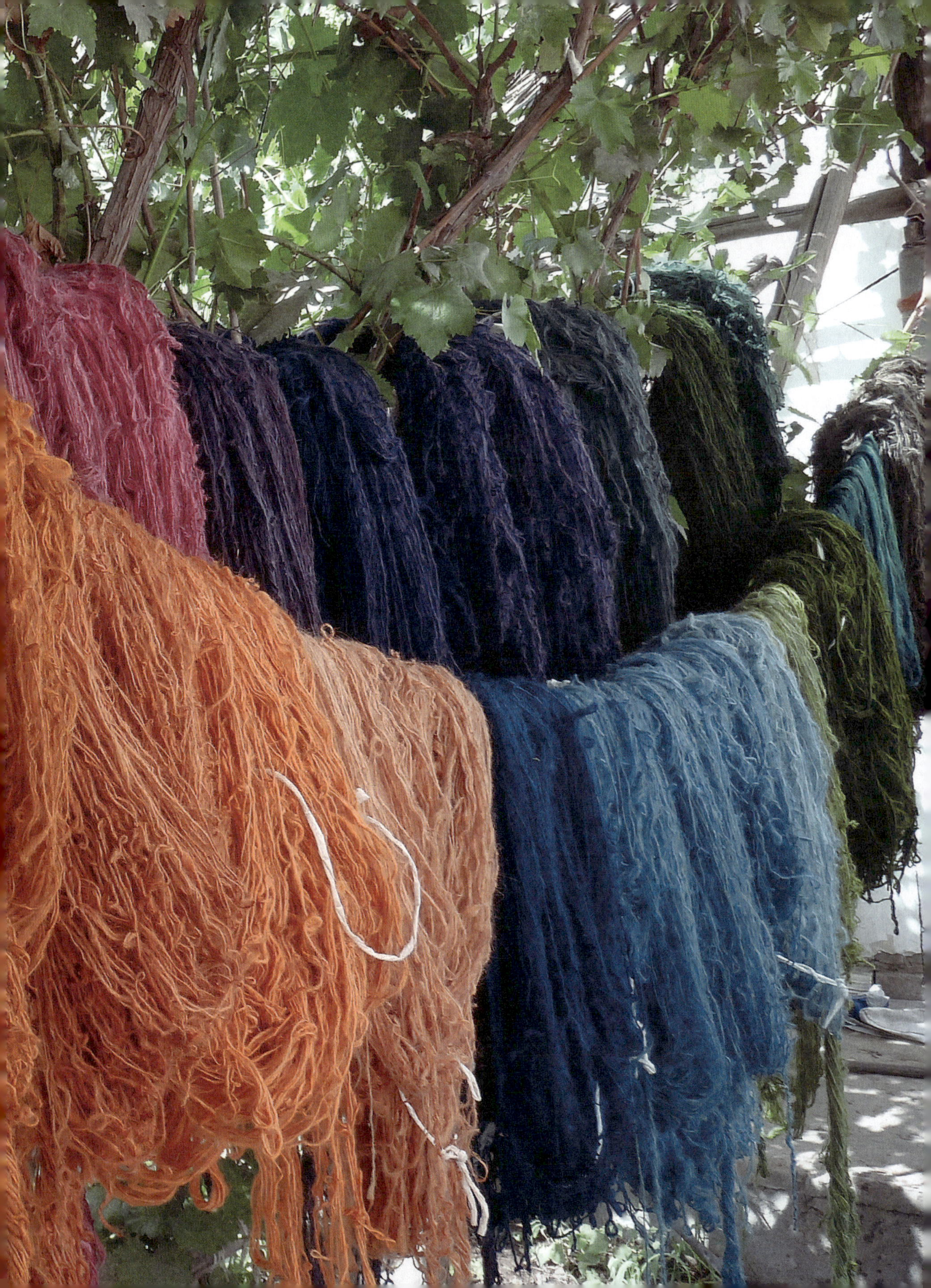

Bezugsquellen – Organisationen – Kontakte

Um die Suche nach Lieferanten, Herstellern und Organisationen zu erleichtern, finden Sie hier im Anhang eine Liste. Natürlich besteht kein Anspruch auf Vollständigkeit, es gibt noch mehr Firmen und sicher viele Menschen, die sich ebenfalls intensiv mit der Pflanzenfärberei beschäftigen. Die meisten der hier aufgeführten Firmen sind uns wohlbekannt, teilweise arbeiten wir schon seit Jahrzehnten mit ihnen zusammen. Manchmal geht die Kooperation weit über eine rein geschäftliche Beziehung hinaus, ein freundschaftliches Miteinander intensiviert die gemeinsamen Interessen.

Diese Liste dient auch dazu, den Austausch untereinander zu fördern, die Suche nach eventuellen Geschäftspartnern zu erleichtern und damit letztendlich noch mehr pflanzengefärbte Produkte auf dem Markt zu platzieren. Falls Sie diesbezüglich noch mehr Informationen, Hilfe bei der Entwicklung neuer Farben oder Artikel benötigen, können Sie sich gerne an uns wenden.
Wir freuen uns sehr, wenn mit diesem Buch ein frischer Wind die Pflanzenfärberei voranbringt.

FÄRBEMITTEL UND WOLLE

Wollknoll GmbH, www.wollknoll.eu
Naturfasern Seehawer, www.naturfasern.de
Seven Gardens Shop, www.sevengardens-shop.com

CHEMIKALIEN FÜR INDIGO

Otto Fischar GmbH & Co. KG, www.fischar.de

FÄRBEREIEN

Artis-Tinctoria, www.artis-tinctoria.de
Wollmanufaktur Filges, www.wollmanufaktur-filges.de
Färbehof, www.faerbehof.de
Färberei Richthof Lebensgemeinschaft, www.handwerksprodukte.de
Färberei Fritsch GmbH, Industriefärberei, hat aber sehr viel Erfahrung mit Pflanzenfarben, www.colortex.at
Pflanzenfärberei Stein, www.pflanzenfaerberei-stein.de
Seiden Atelier Gottlieben, www.seiden-atelier.ch
Renaissance dyeing, Frankreich, www.renaissancedyeing.com

FÄRBEKURSE

Artis-Tinctoria, www.artis-tinctoria.de
Christa Laiß und Dieter Kaiser:
Färbekurse, Ausbildungen, Vorträge

FÄRBEGARTEN

Jardin Conservatoire des plantes tinctoriales, F-84360 Lauris, www.couleur-garance.com

SPINNEN UND KARDIEREN

Striebelwatte e.Kfr., www.striebelwatte.de
Wollkämmerei Ahr-Eifel, www.wollkämmerei-ahr-eifel.de
Schafwollspinnerei Höfer, www.schafwolle-wendelstein.de

WOLLPRODUKTE – SEIDENPRODUKTE

Schäfereigenossenschaft Finkhof, www.finkhof.de
Assmus Naturtextilien, www.assmus-natur.de
Martin Drukenmüller, www.apulana.de

FÄRBEPFLANZEN

Rühlemanns Kräuter- und Duftpflanzen, www.kraeuter-und-duftpflanzen.de

FILME ÜBER DAS FÄRBEN

Barbara Trottnow ist eine sehr engagierte Filmemacherin mit einer großen Affinität zu Pflanzenfarben. Ihre Filme über dieses Thema sind sehenswert und sehr informativ.

Erwähnenswert ist ihr Film »Farben so bunt wie die Natur«. Der erste Teil ist der Naturfärberei in der Türkei gewidmet, der zweite Teil »Farbenrausch« veranschaulicht viele Verfahren zur Herstellung der in diesem Buch beschriebenen Farben in unserer Werkstatt.
naturfarben.bt-medienproduktion.de

Auf YouTube gibt es einen kurzen, aber sehr beeindruckenden Film über unsere Arbeit am gefühlten Ende der Welt, in dem kleinen Dorf Pacha in Peru auf 4500 Meter Höhe.
www.youtube.com/watch?v=5P1xAMDUt4A

ORGANISATIONEN

Senior Experten Service Bonn, www.ses-bonn.de
Der Senior Experten Service ist eine deutsche Entsendeorganisation für ehrenamtliche Fach- und Führungskräfte im Ruhestand oder in einer beruflichen Auszeit. Mit dem Weltdienst 30+ fördert der SES inzwischen auch das ehrenamtliche Engagement der mittleren Generation in der Entwicklungszusammenarbeit Deutschlands. Viele unserer Einsätze im Ausland wurden mit der Hilfe des SES durchgeführt.

GLS Zukunftsstiftung Entwicklung, www.zukunftsstiftung-entwicklung.de
Die Stiftung in Bochum ist seit 1980 in der Entwicklungszusammenarbeit tätig, momentan werden 77 Projekte in 18 Ländern gefördert. Ohne die Unterstützung der Stiftung wäre unsere Arbeit in Peru nicht so erfolgreich verlaufen, auch der Unterricht bei der Women's Foundation in Kathmandu hätte ohne diese Hilfe nicht so aussichtsreich begonnen.

GIZ Deutsche Gesellschaft für Internationale Zusammenarbeit, www.giz.de
Die alleinige Gesellschafterin der GIZ ist die Bundesrepublik Deutschland. Die GIZ unterstützt die Bundesregierung bei der Verwirklichung ihrer Ziele der internationalen Zusammenarbeit für nachhaltige Entwicklung. Im Auftrag der GIZ haben wir etliche Einsätze in Usbekistan durchgeführt.

Förderverein Thüringer Färbedorf Neckeroda e.V., www.faerbedorf-neckeroda.de

PERU

Pflanzenfärber und Wollverarbeitung
Carlos Huarcaya, Pilpicacha, +51 921751308
Francisco Huanca, Tinki bei Cusco, +51 950091025
Tres Alpaquitas, Marcapata, tresalpaquitas.wixsite.com

NEPAL

Johnny und Toni Harjani, Kathmandu, Nepal
Pflanzengefärbte Teppiche, Lohnfärberei mit Pflanzenfarben
Toni +977-9801074077 /
Johnny +977-9851122177
Floor works Pvt.Ltd, Boudha, Mahankal, Kathmandu, Nepal
The Women's Foundation Nepal, Kathmandu
Pflanzengefärbte Schals aus edlen Garnen wie Wolle, Seide und Kaschmir
womenepal.org
Telephone: 977-1-515-5160 oder 515-5080

USBEKISTAN

Yodgorlik Silkfactory, Margilan
Madrim Matkarimov, Chiva, www.khiva.info/khivasilk

Literaturverzeichnis

Bächi-Nussbaumer, Erna: »So färbt man mit Pflanzen«, Bern: Haupt 1980.

Behan, Babs: »Naturfarben – Färbemittel, Techniken und Projekte«, Aarau: AT Verlag 2019.

Berger, Dorit: »Färben mit Naturfarben«, Stuttgart: Ulmer Verlag 1998.

Böhmer, Harald: »Kökboya – Naturfarben und Textilien«, Ganderkesee: Remböb Verlag 2002.

Booth, Abigail: »Wild gefärbt – Pflanzen sammeln, Stoffe färben, Schönes nähen«, Bern: Haupt 2018.

Boutrop, Joy/Ellis, Catherine: »The Art and Science of Natural Dyes«, Atglen/PA: Schiffer Publishing 2018.

Cardon, Dominique: »Natural Dyes – Sources, Tradition, Technology and Science«, Paris: Éditions Belin 2003.

Ebner, Franziska/Hasenöhrl, Romana: »Natürlich Färben mit Pflanzen«, Graz: Stocker Verlag 2016.

Feddersen-Fieler, Gretel: »Farben aus der Natur«, Hannover: Verlag M. & H. Schapper 1985.

Fischer, Dorothea: »Wolle und Seide mit Naturstoffen färben«, Aarau: AT Verlag 1999.

Kircher, Ursula: »Mit Pflanzen färben«, Marburg: Kircher Verlag 1979.

Mussak, Rita: »Naturfarbstoffe in der modernen Textilindustrie«, Saarbrücken: VDM Verlag 2008.

Nencki, Lydie: »Die Kunst des Färbens mit natürlichen Stoffen«, Bern: Haupt 1984.

Neumüller, Kerstin/Lubanko, Douglas: »Indigo – Anbau, Färbetechniken, Projekte«, Bern: Haupt 2020.

Ploss, Emil Ernst: »Ein Buch von alten Farben«, Gräfelfing: Verlag Moss & Partner KG 1989.

Prinz, Eberhard: »Färbepflanzen«, Stuttgart: Schweizerbartsche Verlagsbuchhandlung 2009.

Schweppe, Helmut: »Handbuch der Naturfarbstoffe«, Landsberg: ecomed Verlagsgesellschaft 1993.

Seefelder, Matthias: »Indigo – Kultur, Wissenschaft und Technik«, Landsberg: ecomed Verlagsgesellschaft 1994.

Weinmayr, Elmar: »Der Regenbogenfarbendieb«, Kyoto: Verlag Shikosha 2011.

Wolk-Gerche, Angelika: »Natürlich bunt – Drucken & Färben mit Pflanzen«, Stuttgart: Verlag Freies Geistesleben 2020.

Glossar

Abklingbecken, separater Bottich, in dem ein Farbbad in Ruhe auskühlen und die Farbe weiter aufziehen kann

Abstandhalter, Gitterrost aus Edelstahl zwischen dem erhitzten Kesselboden und dem Färbegut

Alaun, $KAl(SO_4)_2 \cdot 12\ H_2O$, das geruchlose Salz wird seit der Antike als Beizmittel beim Färben eingesetzt

Alkalische Lösung, wässrige Lösung (Lauge) mit einem basischen pH-Wert über 7

Beize, Hilfsmittel wie zum Beispiel Alaun für eine feste Verbindung der Farbe mit der Wolle

Cellulosefaser, natürliche Fasern wie Baumwolle, Flachs, Hanf, Ramie, Jute usw.

Chromkali, giftiges Beizmittel, das nicht für die Pflanzenfärberei benutzt werden sollte

Einbadfärbung, die Wolle wird gemeinsam mit der Beize in ein ausgekochtes Farbbad eingelassen, nicht empfehlenswert

Eisensulfat, $FeSO_4$, das Eisensalz der Schwefelsäure wird zum Abdunkeln in der Färberei verwendet

Eiweißfaser, alle tierischen Fasern wie Schafwolle, Mohair, Seide, Alpaka usw.

Extrakte, aus Pflanzen gewonnener reiner Farbstoff

Farbbad, Wasserbad mit dem Farbstoff nach dem Auskochen der Färbepflanze

Flottenverhältnis, gibt an, wieviel Wasser für ein Kilogramm Färbegut mindestens benötigt wird

Hydrosulfit, Reduktionsmittel für Indigo, entzieht dem Farbbad den Sauerstoff

Indikan, farblose, wasserlösliche Verbindung, die durch Enzyme zu gelbem Indoxyl gespalten wird. Durch Oxidation entsteht aus Indoxyl der blaue Farbstoff Indigo

Kardieren, Kämmen bzw. Legen der gewaschenen Wollfasern in eine Richtung

Katechu, geläufiger Name für den gewonnenen braunen Farbstoff aus zum Beispiel Färberakazie

Kontaktfärbung, Wolle wird gemeinsam mit der Färbepflanze ohne Farbsack gefärbt, ist nur bedingt empfehlenswert

Küpe, Bezeichnung des blauen Farbbades mit Indigo

Kupfersulfat, giftiges Beizmittel, das in der Pflanzenfärberei nicht verwendet werden sollte

Lackmus-Papier, Teststreifen zum bestimmen des pH-Wertes

Märchenwolle, gefärbte und kardierte Wolle zum Basteln, Filzen oder Verspinnen

Micron, Bezeichnung für die Feinheit einer Wolle

Nachzug, zweiter Zug in einem bereits verwendeten Farbbad, ohne erneutes Auskochen

Natronlauge, alkalische Lösung von Natriumhydroxid, notwendig zum Ansetzen der Stanmmküpe mit Indigo

Nuancieren, weiteres Behandeln einer gefärbten Wolle mit Pottasche oder Eisensulfat

Oxidationsfärbung, Färbung, bei welcher der Farbstoff erst durch den Kontakt mit Sauerstoff sichtbar wird, wie beim Blaufärben mit Indigo

pH-Wert, Maßeinheit zur Bestimmung einer sauren oder alkalischen Lösung

Pottasche, K_2CO_3, Kaliumkarbonat verändert den pH-Wert eines Farbbades in den basischen Bereich

Sprungkraft, zeigt die Kräuselung einer Wolle an

Stammküpe, angesetztes Indigo, das zum Färben dem Farbbad zugesetzt wird

Tannin, in Pflanzen enthaltener Gerbstoff, pflanzliches Beizmittel

Vorbeize, das Färbegut wird mit der Beize vor dem Färben behandelt

Weinsteinrahm, $C_4H_5KO_6$, wichtiges Hilfsmittel bei der Koschenillefärbung

Weißheitsgrad, gibt an, wie weiß eine Wolle ist, wichtig für die Rezeptur beim Färben

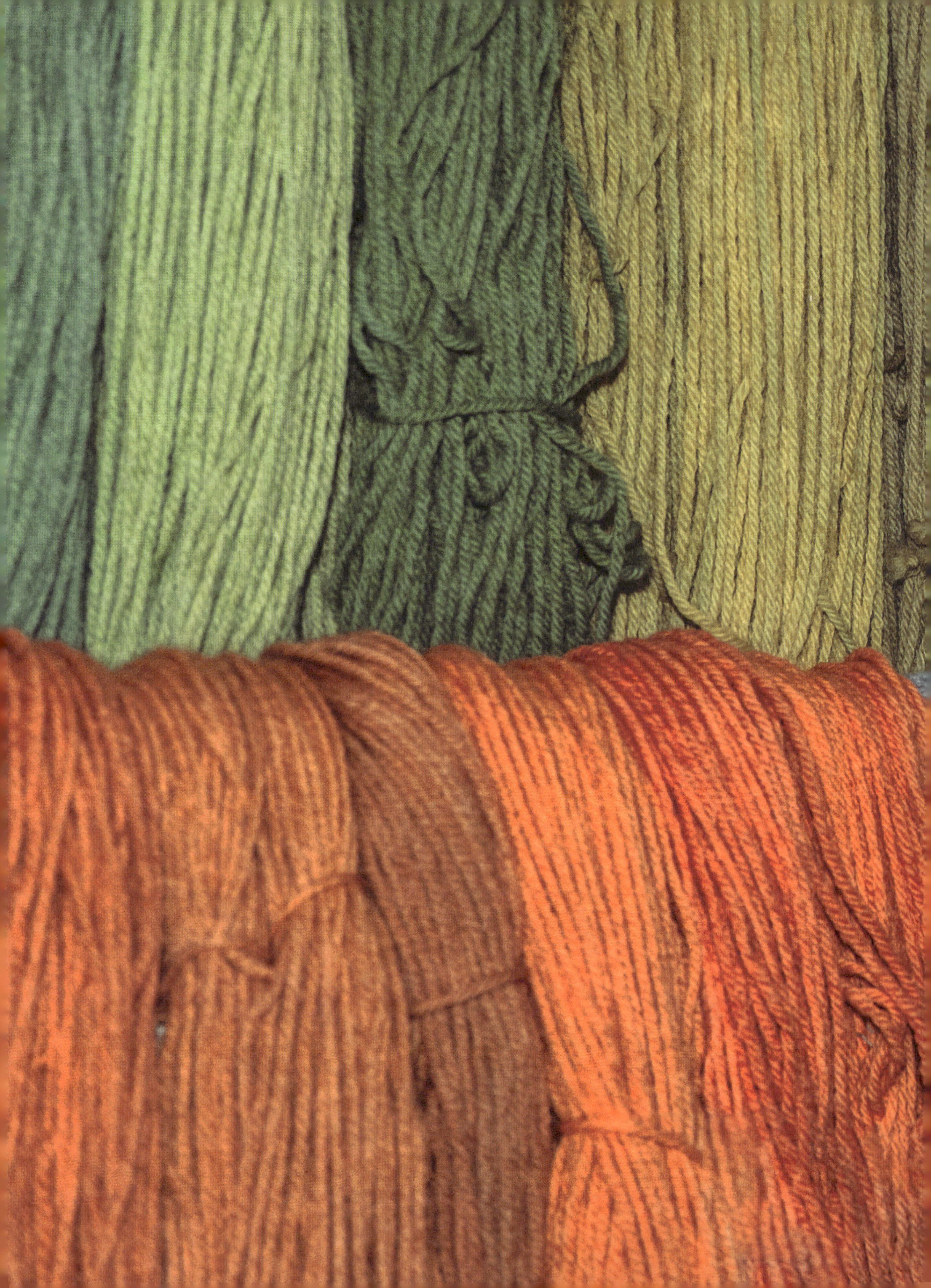

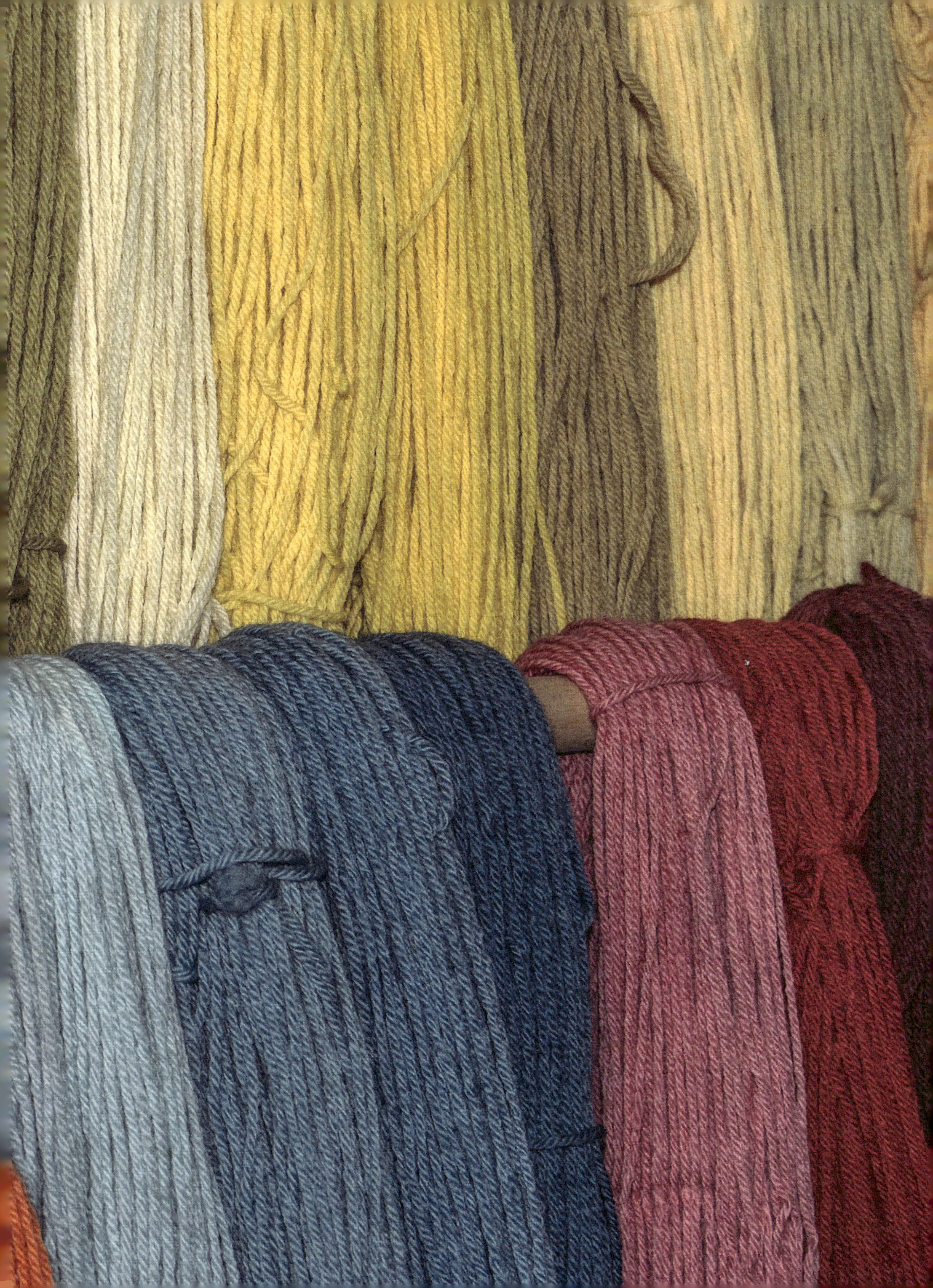

Dank

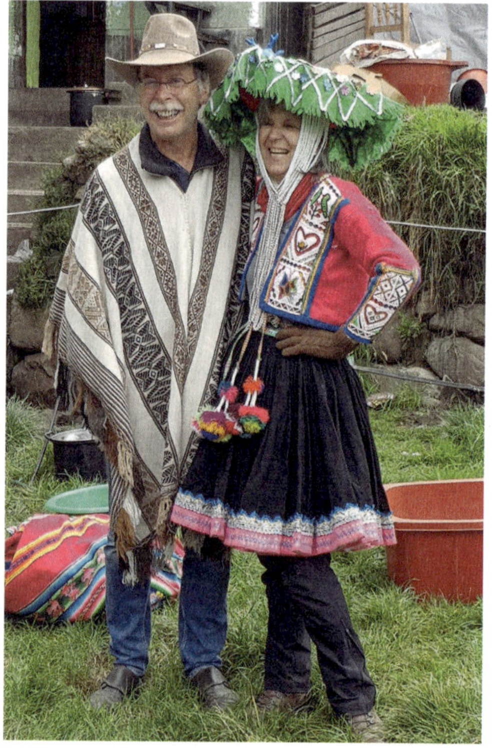

Dieter Kaiser und Christa Laiß

Viele Menschen haben mich auf der langen Reise mit der Pflanzenfärberei begleitet. Wir haben Erfahrungen ausgetauscht, Rezepturen weitergegeben, schwierige Diskussionen geführt, und manche Wege haben wir auch gemeinsam beschritten. Es ist unmöglich, alle hier zu erwähnen, aber der eine oder andere Mensch wird sich in diesem Buch wiederfinden. Mein Dank richtet sich aber auch an die nicht erwähnten, auch sie haben ihren Teil zu diesem Werk beigesteuert.

Beginnen wir die lange Dankesreise wie üblich mit der Familie. Über Chrisse, der dieses Buch gewidmet ist, muss ich hier keine Worte mehr verlieren, zu ihr ist schon alles gesagt oder geschrieben. Aber unsere Tochter Anna muss ich noch erwähnen. Ihr danken wir beide ganz besonders für ihre in den frühen betrieblichen Hoch-Zeiten aufgebrachte Geduld mit uns. Auch wenn der tägliche Mittagstisch nur ihr gehörte, so ist sie doch ab und zu in dem damaligen geschäftlichen Wahnsinn untergegangen. Es ist schön, dass sie uns heute noch zuhört.

Setzen wir die Reise fort mit allen Freunden und Bekannten, die nicht ganz unbeteiligt an diesem Buch sind. Nicht aus alphabetischen Gründen, sondern aufgrund der enormen Wichtigkeit ihrer Arbeit, starten wir mit Barbara Wittstatt-Oft. Aus Kursbesuchen bei uns ist mehr als eine fruchtbare Zusammenarbeit für dieses Buch entstanden. Mit ihrer Erfahrung mit Pflanzenfarben und ihrer wirklich äußerst methodischen Arbeitsweise hat sie alle Kapitel und vor allem die Rezepte auf Fehler untersucht – und auch immer wieder welche gefunden und mich so vor einer Blamage bewahrt. Mein herzlicher Dank geht auch an Tina Nowakowski, als professionelle Texterin war sie zu Beginn eine große Hilfe auf dem Weg zu den Geschichten über die Färberei. Es war immer lehrreich, sich mit ihr über einen neuen Text zu unterhalten.

Ab und zu erreichen einen bei der Arbeit mit dem Schreiben tiefe Hänger, im Kopf festsitzende Blockaden und Selbstzweifel verhindern ein Vorwärtskommen. Dann habe ich meinen alten Freund (in unserem Alter ist diese doppelt gemeinte Bezeichnung erlaubt) Micki Gross angerufen. Er kennt sich bestens aus mit Computer und Werbung, diese Arbeit erledigt er für uns schon seit Jahrzehnten. Fertige Texte durfte er dann frei nach seiner Erfahrung mit Fotos zu bunten Buchseiten gestalten. Und schon war jegliche Blockade gelöst. Was für eine wichtige Motivation, das Geschriebene in bunte Bilder eingebettet zu betrachten!

Dreißig Jahre Altersunterschied sind offensichtlich kein Hinderungsgrund für lange gemeinsame Reisen ins Ausland. Und dann auch noch so, dass man danach immer noch gemeinsam an einem Tisch sitzt und sich unterhält. Martin Drukenmüller, unser junger, gelehriger und enorm wissbegieriger Freund bezüglich der Pflanzenfärberei, scheut sich nicht, mit mir nach Nepal oder Peru zu reisen. Oder die Musterfärbungen für das Buch geduldig gemeinsam durchzuführen. Deshalb hat er auch seinen Platz im Buch, taucht in dem einen oder anderen Kapitel auf. Das hat seine volle Berechtigung, es ist meine Art, »Danke« zu sagen.

Jetzt folgt Barbara Trottnow. Die engagierte Dokumentarfilmerin stand eines Tages bei uns im Hof, voller Neugier auf unsere bunte Arbeit. Auch sie ist schon seit langer Zeit der Harmonie der Pflanzenfarben erlegen, bei ihr schlägt sich dieser Umstand aber filmisch nieder. Tolle Dokumentationen über dieses Thema hat sie entstehen lassen und somit auch der Vergessenheit entgegengearbeitet. Unsere Färbungen für das Buch hat sie mit ihrem Sohn Jonas in einer für uns unvorstellbaren Geduld aufgenommen, daraus haben sie einen weiteren Film über die Pflanzenfarben erschaffen. Auch das war ein wirklich sichtbarer Motivationsschub. Und Jonas ist nicht nur ein erfahrener und einfühlsamer Kameramensch, sondern dazu auch noch ein IT-Genie. Sein speziell für mich zusammengebauter Rechner hat die Arbeit an dem Buch bestens überstanden. Vermutlich hat der Rechner eine sehr gute Kühlung, anders kann ich mir nicht erklären, dass er bei diesem dauerhaften Gebrauch nicht in die Knie gegangen ist.

Schon das erste Telefonat mit einem bisher unbekannten Menschen kann manchmal das Herz erfreuen. So erging es mir mit unserem Fotografen Horst Stange. Keine Scheu, ganz im Gegenteil, sofort voller Interesse an unserer bunten Arbeit. Und keine Frage, trotz einer langen Anreise erscheint er eines Sonntagmorgens um acht Uhr für die schwierigen Musterfotos. Den Rest sehen Sie im Buch. Die beachtlichen farblich zutreffenden Musteraufnahmen sind sein Verdienst. Da hat Herr Stange sich noch einen extra Wildschweinbraten verdient.

Gegensätze ziehen sich sprichwörtlich an. Das kann ich von unserem ersten Zusammentreffen mit Mike Ganzert nicht behaupten. Er war für mich ein omnipräsentes Alphatier, ich in seiner Welt ein pflanzengefärbter Hardcore-Ökofreak. Die ersten für die GIZ gemeinsam durchgeführten Einsätze waren für uns beide nicht immer einfach. Zum Glück sind wir beide kritikfähig, können andere Standpunkte akzeptieren und sind tolerant. Diese Eigenschaften führten letztendlich dazu, dass wir heute wirklich gute Freunde sind. Erwähnen muss ich Mike deshalb, weil ohne ihn dieses Buch wesentlich ärmer wäre. Er hat uns die Arbeit in Usbekistan ermöglicht, genauso wie die Zusammenarbeit mit den Brüdern Harjani in Nepal. Lieber Mike, wir hoffen auf noch weitere fruchtbare gemeinsame Unternehmungen.

Unser Freund Mike in der Werkstatt in Kathmandu

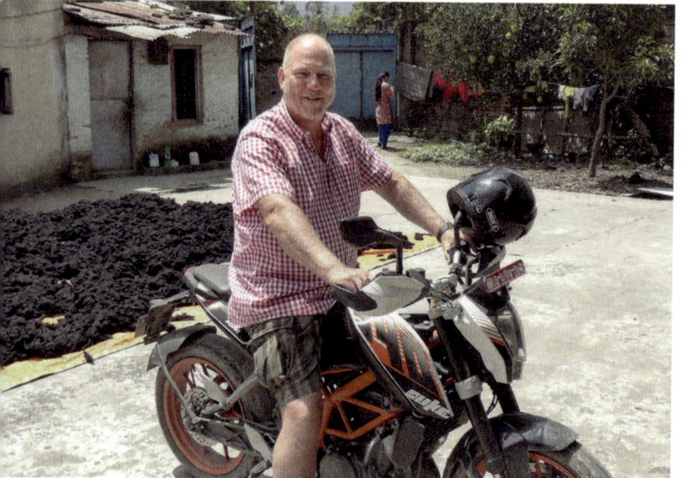

Jetzt machen wir einen großen Sprung über den Atlantik nach Peru. Mit vielen Menschen dort sind wir aufgrund der vielen Arbeitsaufenthalte eng verbunden, ganz besonders aber mit den Ihnen inzwischen bekannten Freunden Carlos, Francisco und seiner Familie. Diese beiden haben die vielen Möglichkeiten einer Veränderung der Lebenssituation durch die Färberei, das Filzen und der Wollverarbeitung erkannt und nicht nur für sich behalten. Ganz im Gegenteil, dem oft geäußerten Wunsch, dies alles ebenfalls zu erlernen, haben sie immer tatkräftig und gerne entsprochen. Ohne diese Einsicht wäre kein Schneeballeffekt in Peru eingetreten. Nur so konnte sich das Wissen weiterverbreiten und letztendlich zu einer großen Veränderung führen. Muchas Gracias!

Nun weiter nach Nepal: danke den Brüdern Toni und Johnny Harjani. Ihre soziale und ökologische Einstellung hat die Arbeit in Kathmandu überhaupt erst ermöglicht, ihre Neugier und Offenheit für Pflanzenfarben waren die Grundlage für die dort wirklich traumhaft erzeugten Farben. Der Schneeballeffekt ist in Nepal noch klein, aber er wird größer werden. Dazu bedarf es ein wenig Geduld und Beharrlichkeit. Zum Wachsen trägt auch die Women's Foundation in Kathmandu bei, die bei den Färbeausbildungen anwesenden Teilnehmerinnen saugen das Wissen gleich einem Schwamm in sich auf. Wie in Peru wird es sich auch in Nepal weiterverbreiten.

Noch ein Ortswechsel, dieses Mal nach Usbekistan. Der Färbemeister Xalim in Margilan und sein Chef Assamhon sind offenherzige und neugierige Menschen, diese Wesensart war die Grundlage für eine wunderbare Zeit und erfolgreiche Zusammenarbeit in der Färbewerkstatt. Genauso verhält es sich mit dem Färbemeister Madrim in Chiwa, auch er hat mit seiner Offenheit Neuem gegenüber viel für die Färberei geleistet. Und selbstverständlich darf man auch die vielen interessierten Kursteilnehmer nicht vergessen, auch dank ihnen hat sich die Pflanzenfärberei weiterentwickelt.

Zurück nach Europa, in ein flächenmäßig kleines, aber mit hoch gefalteten Bergen versehenes Land. Wir landen in der Schweiz, dort in dem schönen Aarau hat der AT Verlag seinen Sitz. Wenn man wie ich ein Manuskript bei einem Verlag einreicht und dann wirklich zu einem Termin eingeladen wird, hat man leider keine Augen für die schöne Umgebung. Eine leichte Nervosität mit lauem Bauchgefühl verhinderte den Blick in die Landschaft. Aber schon nach 15 Minuten bei dem Termin mit dem Verlagschef und der Cheflektorin löste sich jede Anspannung in Wohlgefallen auf. Eine herzliche Kommunikation auf Augenhöhe gestaltete die Besprechung schnell zu einem nicht nur rein sachlichen Dialog. Am Ende war klar, wir werden das Buch gemeinsam angehen. Dafür und für das Vertrauen wirklich den herzlichsten Dank an Herrn Hofmann, Frau Licata, Frau Käppeli und alle anderen Mitarbeiter des AT Verlags.

Mein Manuskript habe ich verfasst, wie ich meine Färbekurse gestalte: streng und exakt in der Materie, aber mit viel Witz und im Plauderton bei allem anderen. Meine Lektorin Ricarda Berthold hat die Fakten mit Sachverstand geprüft und die manchmal allzu flapsige Umgangssprache in ein lesbares Buch verwandelt, ohne meinen persönlichen Stil zu verlieren. Herzlichen Dank dafür und auch für die gelungene Zusammenarbeit.

Mein Dank gilt aber auch noch vielen Menschen auf diesem Globus, die ich nicht kenne, von denen ich aber weiß, dass sie ebenfalls der Pflanzenfärberei verfallen sind und alles tun, um dieses Handwerk am Leben zu erhalten. Und falls sich jemand nicht erwähnt fühlt, darf er sich gerne bei mir melden.

Fotos
Dieter Kaiser und Christa Laiß

außer
Lars Becker: 112, 113

Fotos Farbmuster
Horst Stange: 71, 95, 111, 121, 141, 145, 146, 147, 151, 152, 154, 155, 156, 162, 165, 166, 167, 173, 187, 191, 193, 195, 197

AT Verlag AG, Aarau und München
Umschlag: AT Verlag
Lektorat: Ricarda Berthold
Gestaltung und Satz: AT Verlag
Druck und Bindearbeiten: APPL, aprinta druck, Wemding
Printed in Germany

ISBN 978-3-03902-190-1

www.at-verlag.ch

Der AT Verlag wird vom Bundesamt für Kultur
für die Jahre 2021–2024 unterstützt.